普通高等教育"十二五"规划教材

信息管理实验教程

主　编　董德民

中国水利水电出版社
www.waterpub.com.cn

内容提要

本书依据信息管理与信息系统课程的实验教学大纲编写，运用了真实环境实验与模拟环境实验相结合、理论知识介绍与实验操作指导相结合的方法，并选择了合适的实验案例与软件进行实验指导，一方面让学生深入理解理论知识，另一方面培养学生的创新实践能力。

本书分为两篇，上篇为信息管理基础实验，主要包括信息交流实验、信息获取与组织实验、信息分析与评价实验和信息检索与服务实验 4 章，是从基本信息活动环节的视角出发，来完成对信息交流、信息获取与组织、信息分析与评价、信息检索和服务实务的介绍和实验。下篇为信息管理系统实验，主要包括数据库实验、系统开发实验和系统应用实验 3 章，是由信息、人和机器等要素构成的信息管理系统的视角出发，来完成对信息管理系统的基础数据库构建、系统开发和系统应用实务的介绍和实验。

本书可作为各类大专、中专、本科院校学生的信息管理和信息系统课程实验教学用书，也可作为自学者学习信息管理与信息系统实务的参考书。

图书在版编目（C I P）数据

信息管理实验教程 / 董德民主编. -- 北京 ：中国
水利水电出版社，2014.1
普通高等教育"十二五"规划教材
ISBN 978-7-5170-1659-5

Ⅰ. ①信… Ⅱ. ①董… Ⅲ. ①信息管理－实验－高等
学校－教材 Ⅳ. ①G203

中国版本图书馆CIP数据核字(2014)第012348号

书　　名	普通高等教育"十二五"规划教材 **信息管理实验教程**
作　　者	主　编　董德民
出版发行	中国水利水电出版社 （北京市海淀区玉渊潭南路 1 号 D 座　100038） 网址：www.waterpub.com.cn E-mail: sales@waterpub.com.cn 电话：（010）68367658（发行部）
经　　售	北京科水图书销售中心（零售） 电话：（010）88383994、63202643、68545874 全国各地新华书店和相关出版物销售网点
排　　版	北京零视点图文设计有限公司
印　　刷	三河市鑫金马印装有限公司
规　　格	184mm×260mm　16 开本　21.75 印张　529 千字
版　　次	2014 年 1 月第 1 版　2014 年 1 月第 1 次印刷
印　　数	0001—3000 册
定　　价	44.00 元

前　　言

当代社会，信息化的浪潮正在快速地向广度和深度推进，不论是政府机构，还是企事业单位，都把信息化和信息管理作为一件大事、要事来抓，纷纷提出了建设数字政府、数字城市和数字化企业的目标，加大了信息化的投资，提高了对信息管理工作的重视度。

信息管理从狭义上讲就是对信息本身的管理，即采用各种技术方法和手段对信息进行组织、控制、存储、检索和规划等，并将其引向预定目标；从广义上讲不单单是对信息的管理，而是对涉及信息活动的各种要素（信息、人、机器、机构等）进行合理的组织和控制，以实现信息及有关资源的合理配置，从而有效地满足社会的信息要求。同样，信息管理从狭义上讲主要包括人们信息活动过程中的信息交流、获取、组织、分析、评价、检索与服务等基本内容，但从广义上讲也包含了由人、机器和各种信息资源共同构成的信息管理系统的内容。

信息管理课程的教学目的是让学生掌握信息管理的基本知识和方法，掌握如何进行信息的交流、获取、组织、分析、评价、检索与服务，以及如何进行信息系统的开发与应用。本信息管理实验教程是配合信息管理理论课教学，依据信息管理课程的实验教学大纲编写的，运用了真实环境实验与模拟环境实验相结合、理论知识介绍与实验操作指导相结合的方法，一方面让学生深入理解理论知识，另一方面让学生掌握信息管理的基本方法。

本书分为两篇，上篇为信息管理基础实验，主要包括信息交流实验、信息获取与组织实验、信息分析与评价实验和信息检索与服务实验 4 章，是从基本信息活动环节的视角出发，来完成对信息交流、信息获取与组织、信息分析与评价、信息检索和服务实务的介绍和实验。下篇为信息管理系统实验，主要包括数据库实验、系统开发实验和系统应用实验 3 章，是从由信息、人和机器等要素构成的信息管理系统的视角出发，来完成对信息管理系统的基础数据库构建、系统开发和系统应用实务的介绍和实验。

本书是在总结多年的信息管理课程教学经验与教训的基础上编写的。由董德民总体设计编写提纲、统稿，并编写了第 1 章实验 1、第 2～4 章和第 6 章实验 1；马玲编写了第 5 章；孟万化编写了第 6 章实验 2 和第 7 章实验 1；丁志刚编写了第 6 章实验 3 和第 7 章实验 2；严兴尧编写了第 1 章实验 2。

本书编写过程中参考了大量出版物与网上资料，采用了不少实验软件和网上系统，在此一并表示感谢。由于信息管理技术发展很快，加之时间仓促，作者水平有限，书中难免有不当之处，敬请有关专家、学者、同行批评指正。

董德民

2013 年 10 月

目 录

上篇　信息管理基础实验

信息管理是现代计算机和通信技术广泛应用于人类信息活动各环节的基础上发展起来的新兴学科，主要研究信息的生存、传播、分布、获取、加工、利用的特征、规律及其控制和管理的理论、原理、原则、技术方法与社会机制。信息管理基础实验是从人们信息活动环节的视角出发，运用现代信息管理技术方法与手段，选择一些合适的案例数据，进行信息管理的实务操作，完成信息交流实验、信息获取与组织实验、信息分析与评价实验和信息检索与服务实验。

第 1 章　信息交流实验

信息交流是人类社会和自然界中最普遍的现象，只要宇宙间有事物的存在和运动，就有相应的信息产生，就会伴随着信息的交流。信息交流是不同时间或不同空间上的认知主体（人或由人组成的机构、组织）之间相互交换信息的过程。传统上理解的信息交流是在同一时间平面上实现的，是一种横向交流或共时交流，主要功能是克服交流的空间障碍，达到及时的信息共享；而历时信息交流或纵向信息交流的主要功能在于消除交流的时间障碍，填补过去和现在的鸿沟，将古代与现代联系起来，为继承和发展提供条件。

实验 1.1　共时（横向）信息交流实验

共时（横向）信息交流的手段有许多，包括各种互联网络工具、传真、电话、电报、广播、电视、身势、旗语、钟、鼓、灯、烽火、口语、实物等。网络工具又以其方便、快速、低成本和多功能成为人们进行共时信息交流的首选。本实验选择若干主流共时交流手段进行介绍。

实验 1.1.1　即时通信实验

1.1.1.1　实验目的
（1）掌握即时通信工具的安装。
（2）掌握利用即时通信工具添加联系人。
（3）掌握利用即时通信工具发送即时消息。
（4）掌握利用即时通信工具传送文件。

1.1.1.2　预备知识
1. 即时通信工具的概念
所谓即时通信工具（IM）就是基于互联网网络通信协议产生的点对点或点对面通信的一

种软件。可以提供即时文件、文字、图像、语音、视频等多种格式的媒体数据使人们方便地进行沟通。即时通信工具对每个在互联网上存在的人来说已经成了必备的工具。

国际上最有影响力即时通信工具软件有：ICQ 、MSN 、AOL 等，国内最早诞生于 1998 年的 OICQ （当时称 OICQ 网络传呼机）即现在的腾讯 QQ，以及现在流行的网易 PoPo、新浪 UC、雅虎通等都属于此类工具。

每一种即时通信工具用户在此工具里面全球拥有唯一的号码及 ID 资源，拥有精悍、短小、好记的号码及账户一直是网民们所向往的。IM 主要有个人 IM 和商务 IM，随着移动网络的快速发展，移动 IM 也随之兴起。

- 个人 IM：主要是以个人用户使用为主，开放式的会员资料，非赢利目的，方便聊天、交友、娱乐，如 QQ、雅虎通、网易 PoPo、新浪 UC、百度 HI、盛大圈圈、移动飞信（PC 版）等。此类软件，以网站为辅、软件为主，免费使用为辅、增值收费为主。
- 商务 IM：如阿里旺旺贸易通、阿里旺旺淘宝版、惠聪 TM、QQ、MSN、SKYPE。主要功能是实现寻找客户资源或便于商务联系，以低成本实现商务交流或工作交流。此类以中小企业、个人实现买卖为主，外企方便跨地域工作交流为主。
- 移动 IM：主要是移动手机用户使用，一般以手机客户端为主，如手机 QQ、手机 MSN、手机飞信等。移动 IM 是对互联网 IM 的扩展，优势在于可以随时随地使用，无需再坐在电脑前，增加了 IM 的方便性。

2．常见的即时通信工具

目前国内较流行的即时通信软件有以下几种：

（1）QQ：是深圳市腾讯计算机系统有限公司开发的一款基于 Internet 的即时通信软件。腾讯 QQ 支持在线聊天、视频电话、点对点断点续传文件、共享文件、网络硬盘、自定义面板、QQ 邮箱等多种功能。并可与移动通信终端等多种通信方式相连。1999 年 2 月，腾讯正式推出第一个即时通信软件——"腾讯 QQ"，QQ 在线用户由 1999 年的 2 人（2 人指马化腾和张志东）到现在已经发展到上亿用户，是目前使用最广泛的聊天软件之一。

（2）MSN：MSN（Microsoft Service Network，微软网络服务）是微软公司推出的即时消息软件，可以与亲人、朋友、工作伙伴进行文字聊天、语音对话、视频会议等即时交流，还可以通过此软件来查看联系人是否联机。微软 MSN 移动互联网服务提供包括手机 MSN（即时通信 Messenger）、必应移动搜索、手机 SNS（全球最大 Windows Live 在线社区）、中文资讯、手机娱乐和手机折扣等创新移动服务，满足了用户在移动互联网时代的沟通、社交、出行、娱乐等诸多需求，在国内拥有大量的用户群。

（3）雅虎通：是由全球领先的互联网公司雅虎(Yahoo!)推出的即时聊天工具，是国际主流即时通信工具之一，其自身功能和 MSN 类似。雅虎通秉承了雅虎网一贯简洁明了的风格，给人以非常舒适的感觉。雅虎通支持网页上单对单、单对多的语音视频交流。不仅如此，雅虎通还提供与 MSN 的跨平台交流。

（4）阿里旺旺：阿里旺旺是将原先的淘宝旺旺与阿里巴巴贸易通整合在一起的新品牌，是淘宝网和阿里巴巴为商人度身定做的免费网上商务沟通软件，它能帮您轻松找客户，发布、管理商业信息；及时把握商机，随时洽谈做生意。这个品牌分为阿里旺旺（淘宝版）与阿里旺旺（贸易通版）、阿里旺旺(口碑网版)三个版本，这三个版本之间支持用户互通交流。

（5）Skype：Skype 是网络即时语音沟通工具。具备 IM 所需的其他功能，比如视频聊天、多人语音会议、多人聊天、传送文件、文字聊天等功能。它可以免费地、高清晰地与其他用户语音对话，也可以拨打国内国际电话，无论固定电话、手机、小灵通均可直接拨打，并且可以实现呼叫转移、短信发送等功能。

本实验采用 MSN、阿里旺旺和手机 QQ 等 IM 工具。

1.1.1.3　实验内容

【例 1.1】MSN 的使用

1．下载安装 MSN

（1）到 MSN 官方中文网站（http://cn.msn.com）下载最新版 MSN 软件。

（2）双击下载的 MSN 安装软件，出现安装界面如图 1.1 所示。

（3）选择"安装 Windows Live Messenger"，单击"进入安装"按钮，稍后出现如图 1.2 所示的界面。

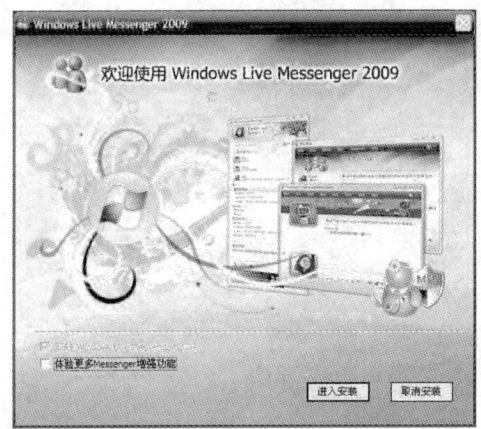
图 1.1

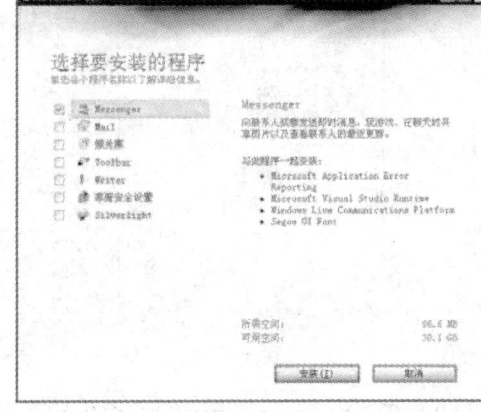
图 1.2

（4）选择安装 Messenger，单击"安装"按钮，按提示需关闭一些程序，然后单击"继续"按钮，开始安装程序，如图 1.3 所示。

（5）完成后需选择设置默认搜索提供程序、主页等，然后单击"继续"按钮，即完成 MSN 的安装，出现如图 1.4 所示的界面。单击"关闭"按钮即可。

图 1.3

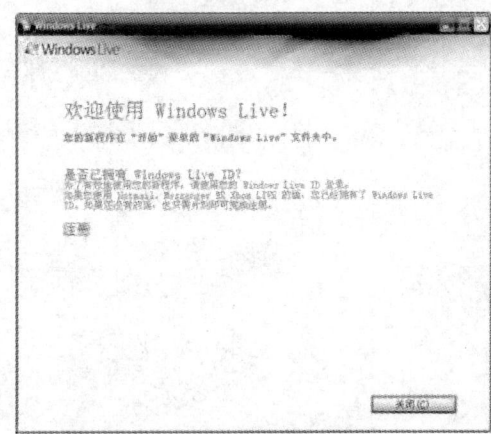
图 1.4

2．使用 Windows Live Messenger 注册、登录和添加联系人

（1）单击"开始"→"所有程序"→"Windows Live"→"Windows Live Messenger"，启动"Windows Live Messenger"软件，如图 1.5 所示。单击"注册"按钮，注册 Windows live ID，如图 1.6 所示。如果已拥有一个 hotmail 或者 MSN 的邮箱，可直接录入该邮箱，即为 Windows live ID。

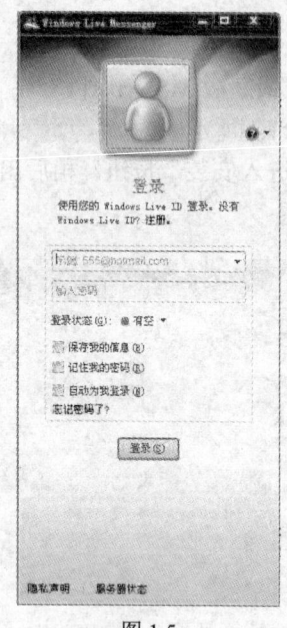
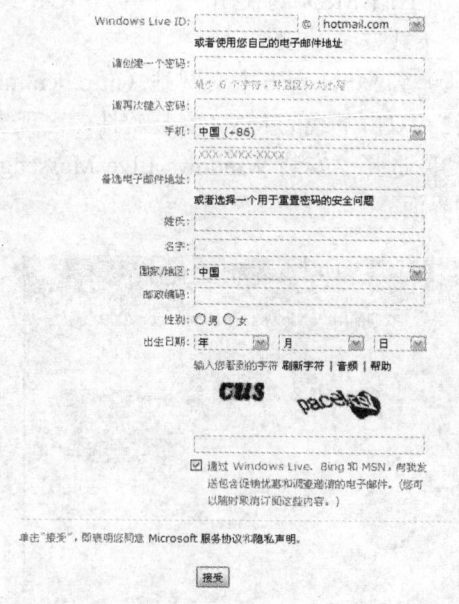

图 1.5　　　　　　　　　　　　　　　　　图 1.6

（2）在"Windows Live ID"栏内输入 Windows Live ID，并在密码栏内输入密码。然后单击"登录"按钮。如图 1.7 所示，显示正在登录状态，登录后如图 1.8 所示。

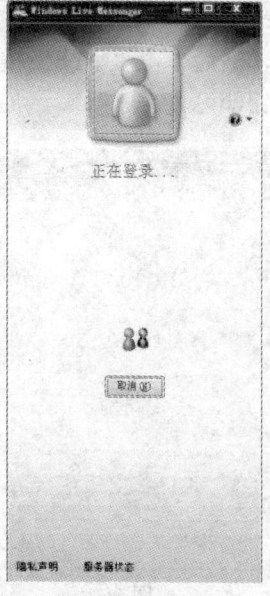
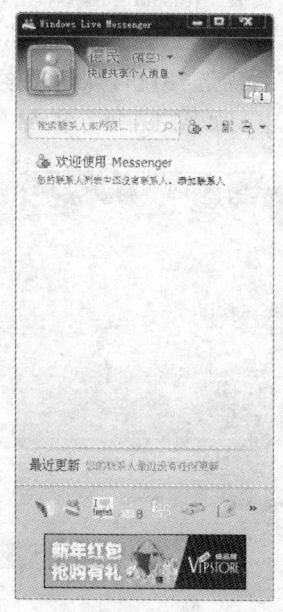

图 1.7　　　　　　　　　　　　　　　　　图 1.8

（3）选择"联系人"菜单下的"添加联系人"或者单击界面上"添加联系人"按钮，弹出输入此人信息对话框，如图1.9所示。

（4）在"即时消息地址"文本框内输入要添加的对方 E-mail 地址，选择国家/地区，输入移动电话号码，添加到一个组，单击"下一步"按钮，如图1.10所示。

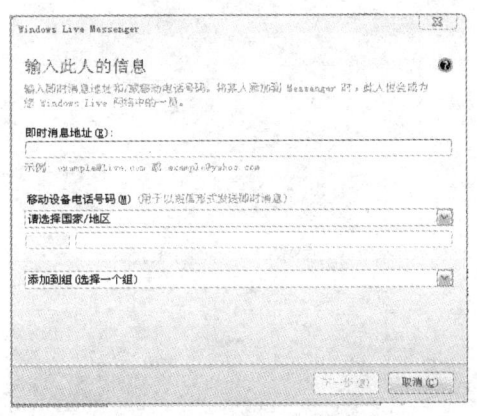

图 1.9

图 1.10

（5）在"显示您的个人消息"文本框内输入发送给联系人的消息之后，单击"发送邀请"按钮。如图1.11所示。操作完成后出现的界面如图1.12所示。可以选择"同时将此人添加到我的联机个人资料页"，然后单击"关闭"按钮。一旦此人接受了邀请，就可以在网上聊天了。

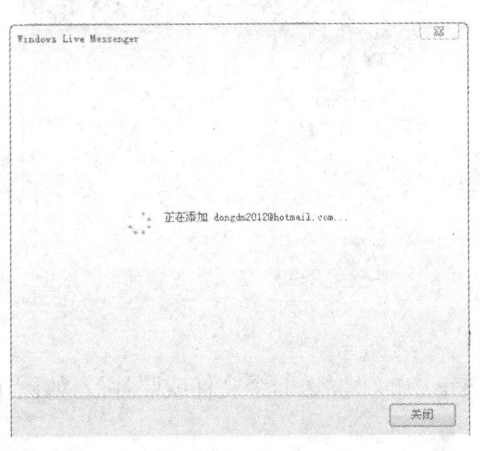

图 1.11

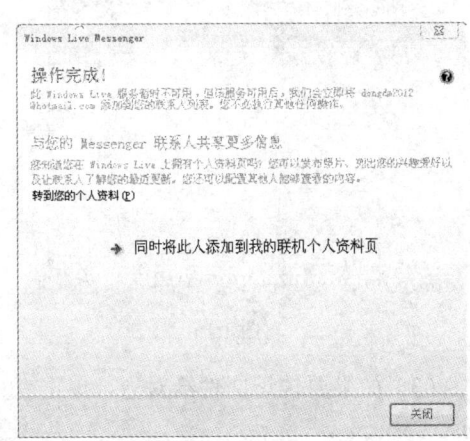

图 1.12

（6）等对方同意后，此时在你的联系人列表中就会显示对方的昵称，如图1.13所示，demin就被添加进来了。

3．使用 Windows Live Messenger 发送即时消息

（1）启动 Windows Live Messenger 软件并登录。

（2）在联系人列表中找到需要发送即时消息的联系人，双击联系人，弹出如图1.14所示的对话框。

（3）在对话框中输入信息，然后按 Enter 键，信息就发送出去了，如图1.15所示。此时如果对方在线，就会在状态栏右下角收到你所发送的信息，此时双方就可以相互交谈了。

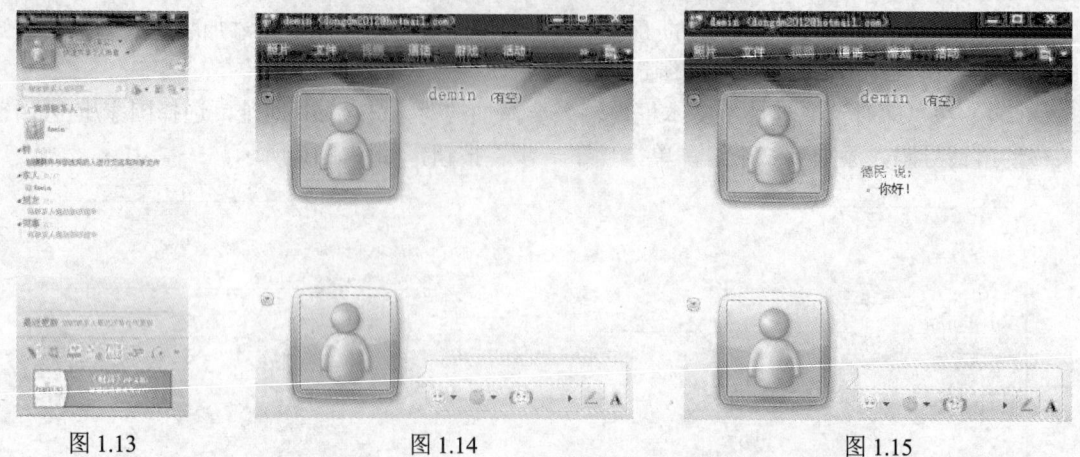

图 1.13   图 1.14   图 1.15

（4）对方在线回复如图 1.16 所示。

4．使用 Windows Live Messenger 传送文件

（1）启动 Windows Live Messenger 软件并登录。

（2）在联系人列表中找到需要传送文件的联系人（需要对方在线），双击联系人，弹出如图 1.17 所示的对话框。

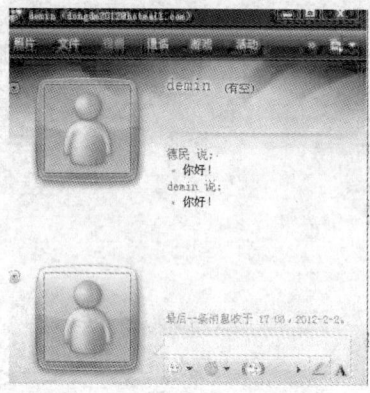

图 1.16   图 1.17

（3）如果要传送文件给对方，单击"文件"菜单中的"发送一个文件或照片"，如图 1.18 所示。

图 1.18

（4）选择需传送的文件，单击"打开"按钮，如图 1.19 所示。等待对方接受。

（5）对方接受后，如图 1.20 所示。

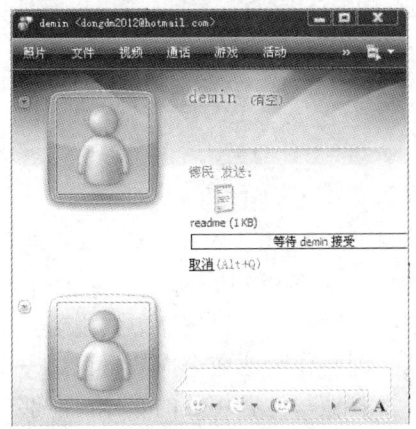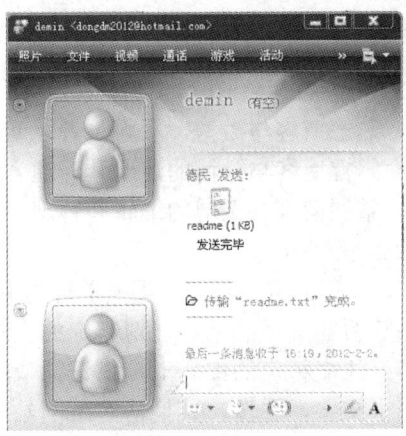

图 1.19　　　　　　　　　　　　　图 1.20

　　（6）对方传送文件时，接受界面如图 1.21 所示。可单击"接受"或"另存为"保存到本地磁盘，也可以拒绝接受。单击"接受"保存到"我的文档"，如图 1.22 所示。

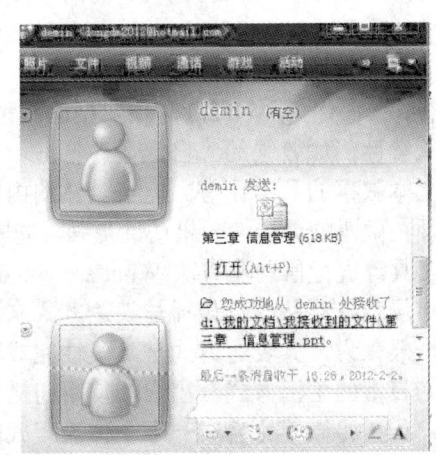

图 1.21　　　　　　　　　　　　　图 1.22

1.1.1.4　实验习题

1．MSN 实验

（1）把上课老师添加到你的联系人列表中。

（2）通过 Windows Live Messenger 传送上课作业给老师。

（3）把你 Windows Live Messenger 中的联系人列表进行分类。

2．阿里旺旺实验

（1）下载并安装阿里旺旺淘宝版。

（2）增加联系人。

（3）发送信息。

（4）发送文件。

3．手机 QQ 实验

下载安装手机 QQ，并与同学进行手机 QQ 聊天。

实验 1.1.2　博客与微博实验

1.1.2.1　实验目的

（1）熟悉博客与微博，了解二者之间的区别。

（2）掌握博客与微博的注册和开通方法。

（3）掌握博客与微博的编辑和管理。

1.1.2.2　预备知识

博客，又称为网络日志，英文单词为 BLOG（Web Log 的缩写），是一种通常由个人管理、不定期粘贴新的文章的网站。博客上的文章通常根据粘贴时间，以倒序方式由新到旧排列。许多博客专注在特定的课题上提供评论或新闻，其他则被作为比较个人的日记。一个典型的博客结合了文字、图像、其他博客或网站的链接，及其他与主题相关的媒体。能够让读者以互动的方式留下意见，是许多博客的重要要素。大部分的博客内容以文字为主，仍有一些博客专注在艺术、摄影、视频、音乐、播客等各种主题。博客是社会媒体网络的一部分，可以理解为一种个人思想、观点、知识等在互联网上的共享。

微博，即微博客（Micro Blog）的简称，是一个基于用户关系的信息分享、传播以及获取平台，也是一种通过关注机制分享简短实时信息的广播式的社交网络平台。用户可以通过 Web、WAP 以及各种客户端组建个人社区，以 140 字左右的文字更新信息，并实现即时分享。

博客、微博作为 Web 2.0 时代典型的两种网络应用，其在传播理念和核心价值层面，具有内在的承续性，如较强的"自媒体"特征、公共性与私人性的交融与汇合、信息传递实时而交互、文本叙事的私语化等。但在具体的内容架构与传播方式层面，微博与博客又有不同，主要体现在微博的灵活性和机动性更强，局限于 140 字左右。可通过 Web、E-mail、手机、即时通信工具等进行信息发布，"What are you doing?"的宣传口号、随时随地地沟通与交流是其主要的市场卖点。从信息传播与表达方式来讲，博客受限于网络与物理世界的隔膜与表达的成本。一般来说，其表达方式是阶段性完成的，文本一般是成系统的，而微博让普通人的表达恢复为日常的生活方式，用户的使用门槛进一步降低，随时随地可以在互联网中发出自己的声音。如果将微博比喻成一个个体流程式的动态新闻的连续发布，那么，博客更像是一个深度报道，两者互为补充，从内容层面极大地充实、完善了互联网内的信息架构。

博客、微博一些共同的传播规律和文本特点如下：

（1）从传播主体来讲。博客、微博都存在较强的草根性和角色化特征。只需要简单注册一个账号，就可以拥有独属于自己的一个"频道"和空间，在这个空间内，你可以是记者、编辑、作家，通过书写与别人分享自己的所见所闻，冷暖人生；同时也可以只做一个"小草般"的凡人，通过点滴记录为自己留下一点生活的零星记忆。

（2）从文本特征来讲。博客、微博呈现出一种交会于公共性与私密性之间、更为中性与杂糅的文本风格。作为一种自媒体性质的公共平台，博客、微博模糊了公共性与私密性的边界。它们"类似于一个敞开大门的私人房间，保留着通往公共场所的通道 却依然带有私人活动的深刻印记"。

（3）从传播方式来讲。博客、微博不同于 IM、E-mail 的"一对一"、BBS 的"多对多"、"群言式"的讨论特点，它们同时包容了"一对一"（如微博私信、博客的好友关注）、"多对多"（如博客蜂群、微话题）、"一对多"（公民新闻和名人博客）的传播模式。其中，由于新浪、搜狐等门户网站走名人博客营销路线，大量名人纷纷加入，导致精英话语和草根话语力量呈现出严重的失衡态势，以名人等舆论领袖为中心的一对多的传播模式在博客、微博中占据了主体，这种信息传播对互联网的信息生态以及现实社会产生了深远的影响。

　　近期又出现了轻博，轻博是介于博客与微博之间的一种网络服务，博客是倾向于表达的，微博则更倾向于社交和传播，轻博吸收双方的优势。它既不同于微博也不同于博客，轻博是一种全新的网络媒体。总体而言，轻博突出的是简单的发布流程和交互方式、精致的内容和美观的视觉设计，相较于交互更注重内容及其展示。具体而言，轻博是简化版的博客，去掉了第一代博客复杂的界面、组件和页面样式，用极简的风格重点显示用户产生的文字、照片等内容。同时，轻博也是扩展版的微博，主要表现则是突破了 140 字的限制，保留了微博的转发、喜欢等社区特性。形象地说，微博是一份报纸，博客是一本书，那么轻博则是一本杂志。

1.1.2.3　实验内容

【例 1.2】新浪博客

1. 注册登录新浪博客

　　（1）如果没有新浪邮箱，请先在新浪邮箱页面注册新浪邮箱，获得新浪邮箱账号。如果已有新浪邮箱，请直接访问新浪博客首页（http://blog.sina.com.cn/），如图 1.23 所示。

图 1.23

　　（2）在中间输入登录名和密码后登录，如图 1.24 所示。

图 1.24

（3）单击"我的博客"，进入博客编辑界面，如图 1.25 所示。

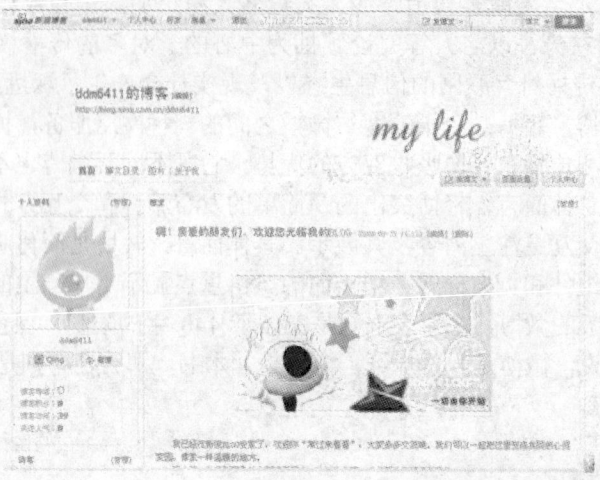

图 1.25

2．新浪博客的编辑管理

（1）单击"页面设置"，可进行风格设置、版式设置和组件设置，也可自定义风格。风格设置如图 1.26 所示。

图 1.26

版式设置如图 1.27 所示。

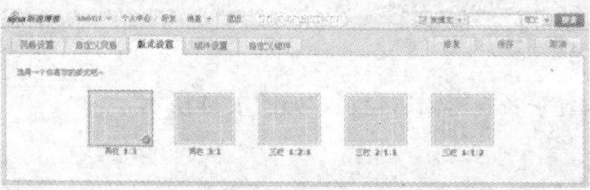

图 1.27

组件设置如图 1.28 所示。

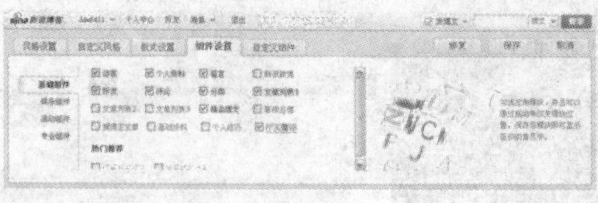

图 1.28

完成后页面如图 1.29 所示。

图 1.29

（2）单击博客名称旁的"[编辑]"，可编辑博客名称，如图 1.30 所示。单击"个人简介"旁的"[管理]"，可到输入个人简介的页面进行输入，如图 1.31 所示。

图 1.30　　　　　　　　　　　　　　　　　　　图 1.31

（3）单击"发博文"，如图 1.32 所示。可输入标题和博文正文。还可为博文设置分类、标签等，分类可以自己创建，标签可以自动匹配，如图 1.33 所示。然后单击"发博文"按钮，提示如图 1.34 所示。单击"确定"按钮后，可见已发布的博文，如图 1.35 所示。此博文还可进行编辑和删除操作。

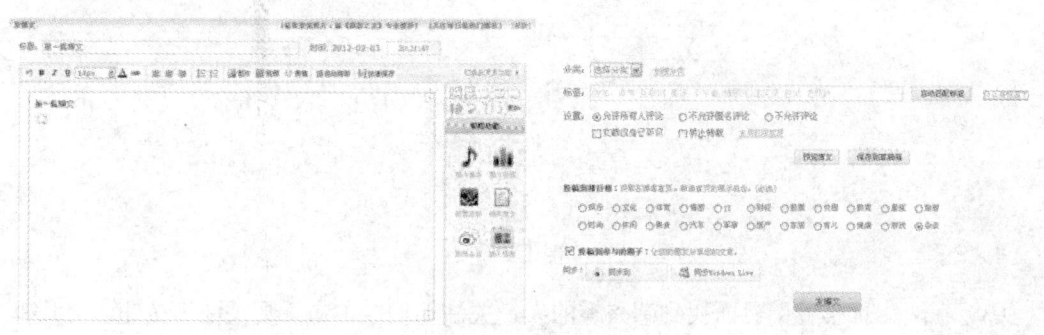

图 1.32　　　　　　　　　　　　　　　　　　　图 1.33

图 1.34　　　　　　　　　　　　　　　　　　　图 1.35

（4）博客中还有个人资料、图片、博文目录需进行编辑与管理。

【例 1.3】新浪微博

1．登录新浪微博

（1）访问新浪微博（http://weibo.com/），如图 1.36 所示。

图 1.36

（2）输入账号与密码，单击"登录微博"，第一次登录需开通微博，如图 1.37 所示。需录入昵称、性别、所在地、手机号等，然后手机获取验证码录入，单击"立即开通"按钮。正确后需再次回答问题验证，然后才进入"为你推荐"界面，如图 1.38 所示。

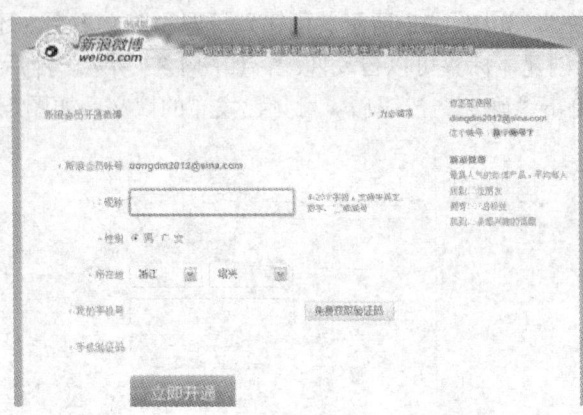

图 1.37

（3）在"为你推荐"界面找到感兴趣的人，关注他们；单击"加关注"按钮，之后变为"已关注"，可从搜索框和分类中搜索感兴趣的人，然后进行"加关注"。然后单击"下一步，找到朋友"。

图 1.38

（4）"找到朋友"界面如图 1.39 所示，可以通过 MSN 账号、公司名称和学校名称查找找朋友并进行关注。如图 1.40 所示，可在"公司"文本框中输入"绍兴文理学院"，可以找到绍兴文理学院官方微博，可"加关注"。然后单击"进入首页"，就进入到新浪微博首页。

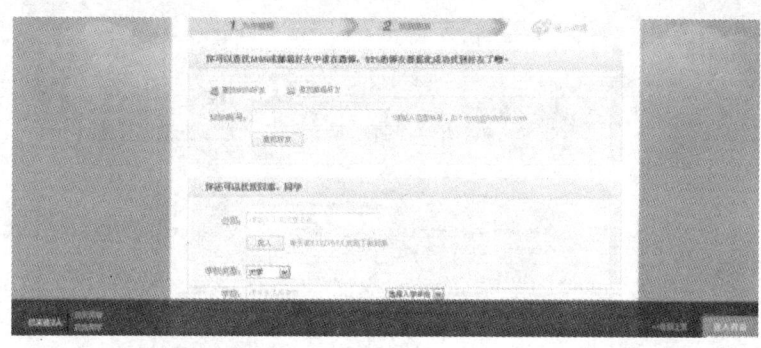

图 1.39

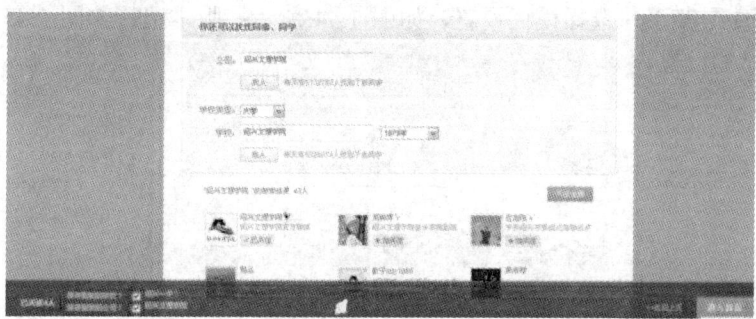

图 1.40

（5）进入首页后要求上传头像，如图 1.41 所示，可以跳过或上传头像。接着是推荐可能感兴趣的人，如图 1.42 所示，可以跳过或选择感兴趣的加关注，接着就进入了你的微博首页，如图 1.43 所示。

图 1.41

图 1.42

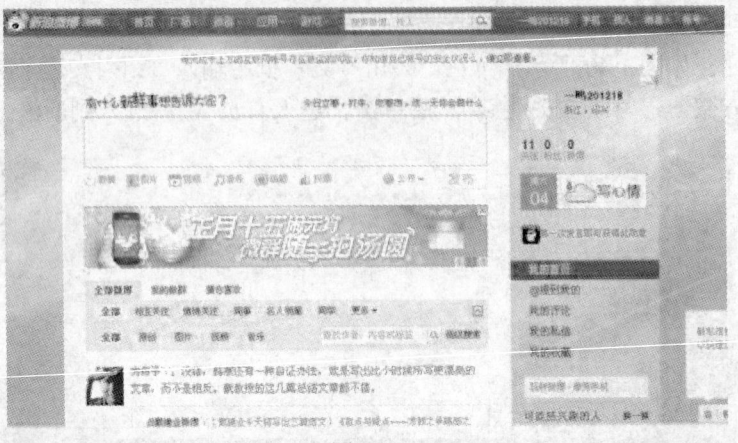

图 1.43

2．微博设置和发微博

（1）展开账号菜单，选择模板设置，如图 1.44 所示；版本选择如图 1.45 所示，还可进行其他个人信息的设置。

图 1.44

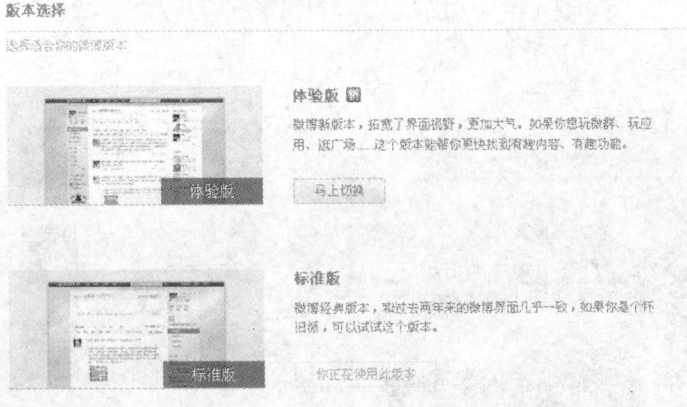

图 1.45

（2）在上方文本框中输入微博文（小于 140 字），然后单击"发布"按钮即可发布你的微博文，稍后会有"发布成功"消息，即可看到你的微博文了，如图 1.46 所示。

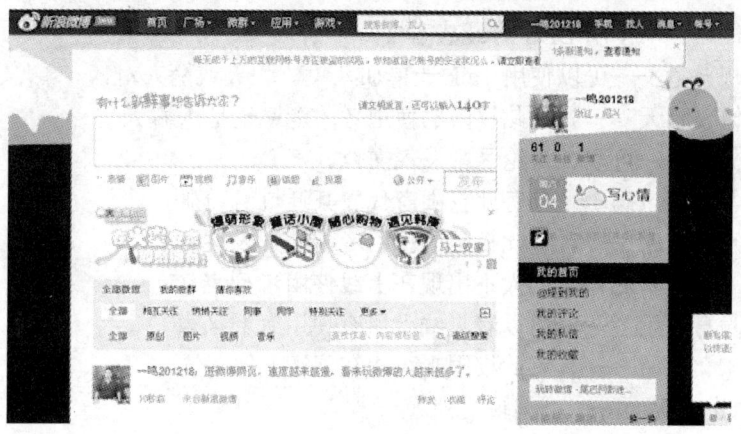

图 1.46

1.1.2.4 实验习题

（1）选择一博客网站，注册自己的个人博客，发表博文，并对博客进行编辑和管理，发送博客地址给老师。

（2）选择一微博网站，注册自己的微博，发表微博文。

（3）了解什么是轻博，注册自己的轻博，发表轻博文。

实验 1.1.3 BBS 与 WiKi

1.1.3.1 实验目的

（1）理解 BBS 与 WiKi 的原理。

（2）掌握 BBS 电子公告板的使用。

（3）掌握 WiKi 的使用。

1.1.3.2 预备知识

1.1.3.2.1 BBS 电子公告板

BBS 是 Bulletin Board System 的简称，意即电子公告板。BBS 是 Internet 上最知名的服务之一，它开辟了一块"公共"空间供所有用户读取其中的信息。BBS 通常会提供一些多人实时交谈、游戏服务，公布最新消息甚至提供各类免费软件。各个 BBS 站点涉及的主题和专业范围各有侧重，我们可选择自己感兴趣的站点进入 BBS，参与讨论，发表意见，征询建议，结交朋友。

BBS 起源于 20 世纪 80 年代早期，最初的 BBS 只提供消息传递和阅读功能，使用者通常是一些计算机爱好者。随后，系统允许用户之间分享软件、文件，进行实时网络对话、信件传输等。为了提供更好的服务，一些站点实行收费政策。但目前 Internet 上还是有无数免费 BBS 站点。一般 BBS 站点地址以域名形式出现，这些站点可通过远程登录进行连接。

1. 主要功能

供用户自我选择阅读若干感兴趣的专业组和讨论组内的信息；定期检查是否有新消息发布并选择阅读；用户可在站点内发布消息或文章供他人查阅；用户可就站点内其他人的消息或文章进行评论；免费软件获取和文件传输；同一站点内的用户互通电子邮件，进行实时对话。

2. 权限级别

以 BBS 水木清华系统为例，以下是典型的权限安排方式。系统所定义的各种权限如下：

（1）基本权力——使用 BBS 的最基本权力。

（2）进入聊天室——可以使用 Talk 选单加入集体聊天或两人对谈。

（3）呼叫他人聊天——具有此权限的使用者才能邀请他人聊天。

（4）发表文章——可以在讨论区中发表文章。

（5）使用者资料正确——具有此权限者代表其通过身份确认。

（6）禁止发表文章——具有此权限的使用者无法发表文章。

（7）隐身——具有此权限的人不出现在上线使用者列表。

（8）看见隐身使用者——可以看见线上所有使用者的列表。

（9）账号永久保留——具有此权限者可永久保留其账号。

（10）编辑进站画面——可编辑文档。

（11）讨论区版主——协调讨论区的讨论事宜，能删除文章。

（12）账号管理员——负责账号的核实。

（13）聊天室隐身术——可在聊天室中隐身。

（14）投票管理员——可开启系统投票。

（15）使用者分级：

● 系统管理员：能使用全部功能，具有全部权限。

● 讨论区版主（Board Moderator）：除了拥有正式注册使用者的权利以外，还具有下面的权利，可删除讨论区的文章，并且整理此讨论区的讨论精华。

● 未注册使用者（Registered Accounts）：具有（1）、（2）、（3）等权利。

● 正式注册使用者（Unregistered Accounts）：具有（1）、（2）、（3）、（4）、（5）、（7）、（13）等权利。

● 暂时丧失权利的使用者（Disabled Account）：无法发表文章。

1.1.3.2.2　WiKi 多用户协同写作系统

WiKi 一词来源于夏威夷语的 wee kee wee kee，发音 WiKi，原本是"快点快点"的意思，被译为"维基"或"维客"，是一种多人协作的写作工具。WiKi 站点可以有多人（甚至任何访问者）维护，每个人都可以发表自己的意见，或者对共同的主题进行扩展或者探讨。WiKi 也指一种超文本系统。这种超文本系统支持面向社群的协作式写作，同时也包括一组支持这种写作的辅助工具。WiKi 的发明者是一位 Smalltalk 程序员沃德·坎宁安（Ward Cunningham）。

WiKi 是任何人都可以编辑的网页。在每个正常显示的页面下面都有一个编辑按钮，单击这个按钮就可以编辑页面了。WiKi 体现了一种哲学思想："人之初，性本善"。WiKi 认为不会有人故意破坏 WiKi 网站，大家来编辑网页是为了共同参与。虽然如此，还是不免有很多好奇者无意中更改了 WiKi 网站的内容，那么为了维持网站的正确性，WiKi 在技术上和运行规则上做了一些规范，做到既持面向大众公开参与的原则又尽量降低众多参与者带来的风险。这些技术和规范包括：

（1）保留网页每一次改动的版本：即使参与者将整个页面删掉，管理者也会很方便地从记录中恢复最正确的页面版本。

（2）页面锁定：一些主要页面可以用锁定技术将内容锁定，外人就不可再编辑了。

（3）版本对比：WiKi 站点的每个页面都有更新记录，任意两个版本之间都可以进行对比，WiKi 会自动找出它们的差别。

（4）更新描述：你在更新一个页面的时候可以在描述栏中写上几句话，如你更新内容的依据、或是与管理员的对话等。这样，管理员就知道你更新页面的情况了。

（5）IP 禁止：尽管 WiKi 倡导"人之初，性本善"，人人都可参与，但破坏者、恶作剧者总是存在的，WiKi 有记录和封存 IP 的功能，将破坏者的 IP 记录下来他就不能再胡作非为了。

（6）Sand Box(沙箱)测试：一般的 WiKi 都建有一个 Sand Box 的页面，这个页面就是让初次参与的人先到 Sand Box 页面做测试，Sand Box 与普通页面是一样的，这里你可以任意涂鸦、随意测试。

（7）编辑规则：任何一个开放的 WiKi 都有一个编辑规则，上面写明大家建设维护 WiKi 站点的规则。没有规矩不成方圆的道理任何地方都是适用的。

1.1.3.3　实验内容

【例 1.4】BBS 实验

1. 通过 Telnet 访问南京大学小百合 BBS

（1）单击"开始"按钮，选择"运行"命令，输入"telnet 210.28.129.4"或者输入"telnet bbs.nju.edu.cn"，如图 1.47 所示。单击"确定"按钮，即可进入南京大学小百合 BBS，如图 1.48 所示。

图 1.47　　　　　　　　　　　　　　　　　　图 1.48

（2）输入用户名，或者通过 guest 登录进行浏览，如图 1.49 所示。

（3）可用上下箭头键、回车键等进行操作，如图 1.50 所示，进入到分类讨论区。

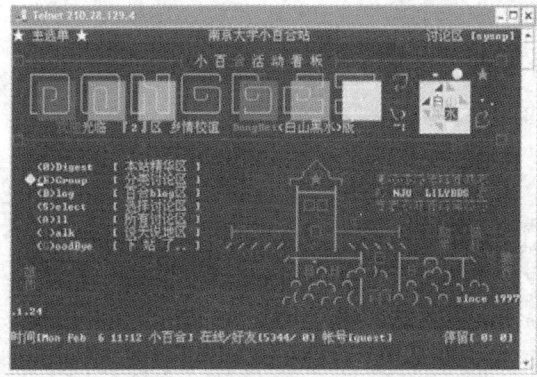

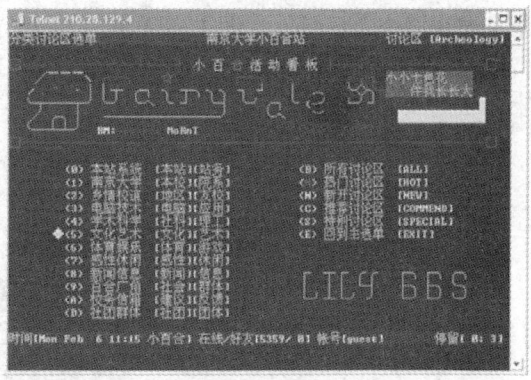

图 1.49　　　　　　　　　　　　　　　　　　图 1.50

2．BBS 的应用

（1）登录进站。以 BBS 水木清华站为例，说明进站程序。首先，必须了解到正确的站点地址和进站方式。水木清华的地址是 bbs.tsinghua.edu.cn（IP 地址：166.111.8.238），如图 1.51 所示。

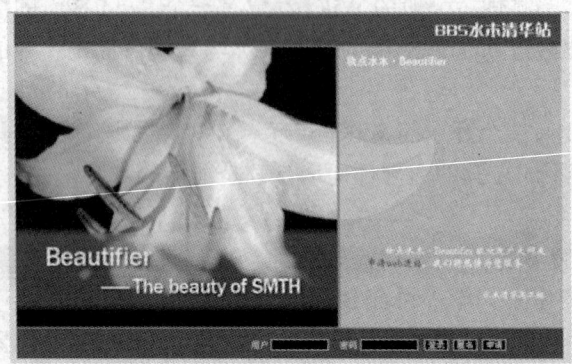

图 1.51

可选择试用 guest 身份或注册身份进站。以 guest 身份进站不需要用户账号，但 guest 不能享用发言权，如图 1.52 所示。

图 1.52

以注册身份进站，要求输入已经注册的用户名和密码；如果您是第一次进站，则需要按照要求注册个人资料，如图 1.53 和图 1.54 所示。

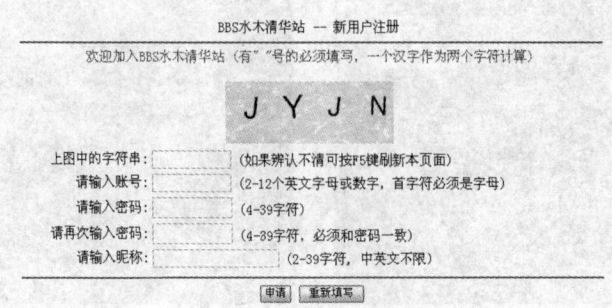

图 1.53

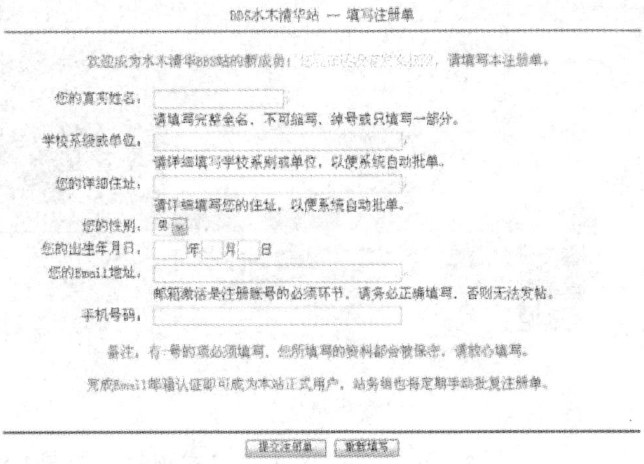

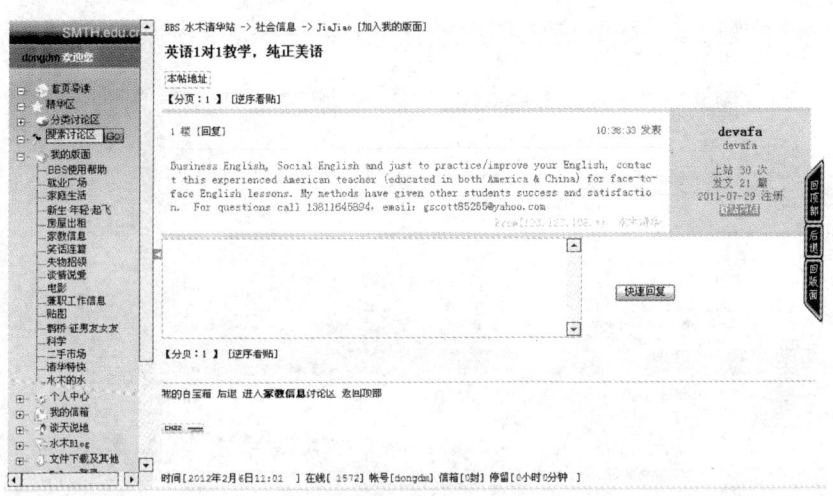

图 1.54

（2）阅读和发言。进入 BBS 站后，移动光标至感兴趣的讨论区，双击进入各篇文章进行阅读，也可在回复框中输入文字进行回复，如图 1.55 所示。

图 1.55

【例 1.5】维基百科实验

维基百科（Wikipedia），网址：http://www.wikipedia.org/，是一个语言、内容开放的网络百科全书计划。英文的 Wikipedia 是 wiki（一种可供协作的网络技术）和 encyclopedia（百科全书）结合而成的混成词。其中文名称"维基百科"是经过投票讨论后所决定的，"维基"两字除了音译之外，"维"字义为系物的大绳，也做网解释，可以引申为互联网，"基"是事物的根本，或是建筑物的底部。"维基百科"合起来可引申为互联网中装载人类基础知识的百科全书。在维基百科的条目内有许多链接，可引导使用者前往有关的页面，并获得更进一步的信息。

维基百科由来自全世界的自愿者协同写作。自 2001 年 1 月 15 日英文维基百科成立以来，维基百科不断地快速成长，已经成为最大的资料来源网站之一。

（1）访问维基百科网站，如图 1.56 所示。

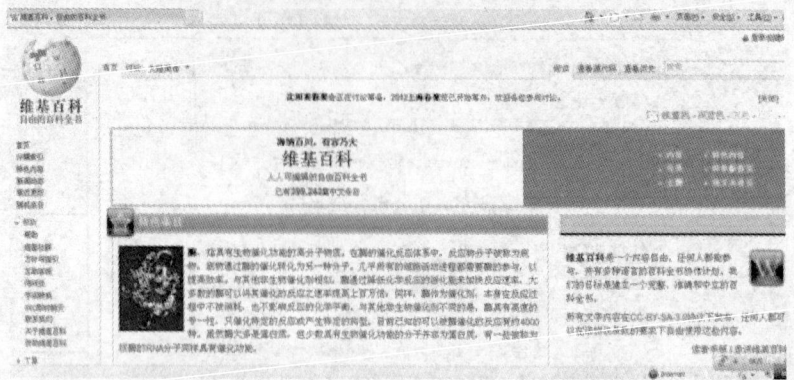

图 1.56

（2）浏览维基百科，可按内容、分类和主题 3 种方式浏览，如图 1.57～图 1.59 所示。

图 1.57

图 1.58

图 1.59

（3）也可通过搜索框搜索，如搜索"学校"条目，到学校条目页面，如图 1.60 所示。单击"[编辑]"就可以按规则进行编辑，如图 1.61 所示。但考虑到是测试实验，所以可以到"沙盒"中进行编辑测试，如图 1.62 所示。在测试区中单击"[编辑]"，如图 1.63 所示。可以单击高级显示工具条，输入文字并进行格式编辑，并可以显示预览，如图 1.64 所示。

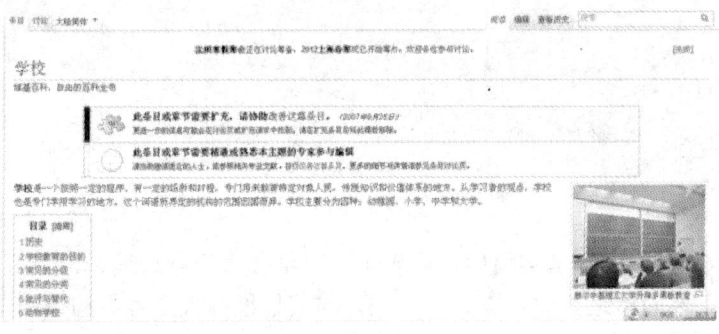

图 1.60

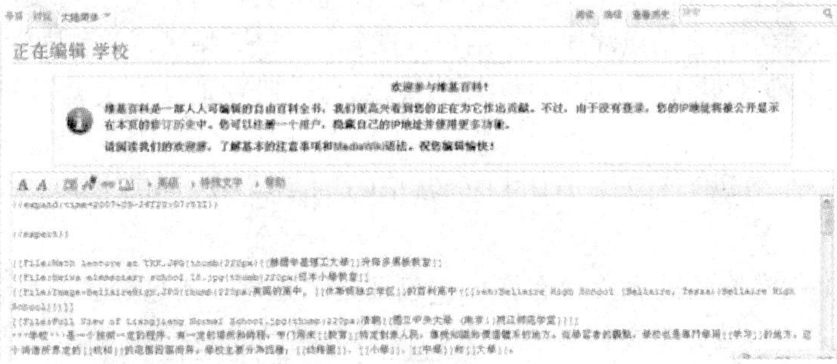

图 1.61

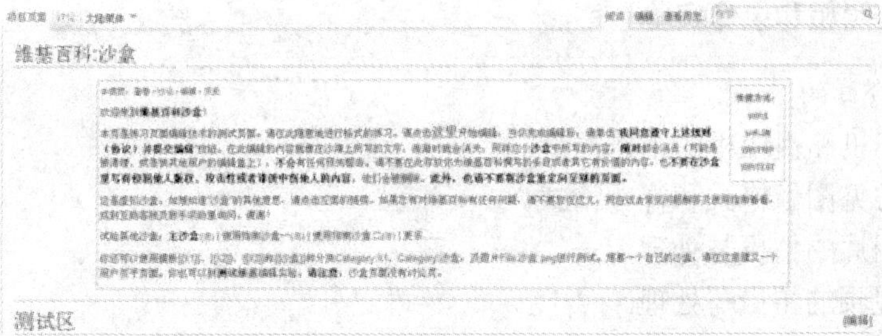

图 1.62

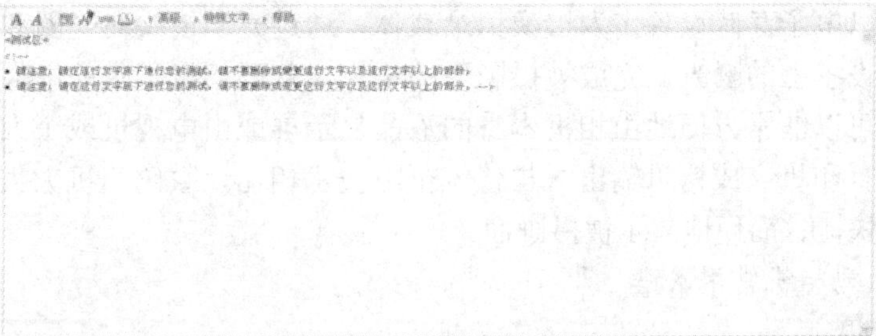

图 1.63

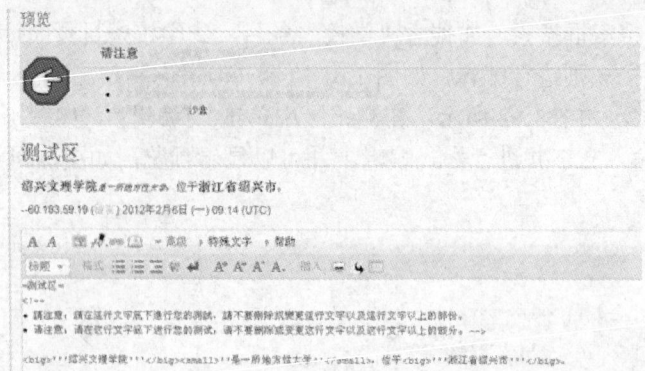

图 1.64

（4）当在沙盒中完成测试实验后，可以正式对维基百科进行编辑，最好能注册登录进行编辑，这样会留下你的标记。你也成为维基人，与其他维基人更容易沟通。

1.1.3.4　实验习题

（1）通过 Telnet 的方式登录北大未名 BBS，获得分类读者讨论区列表。

（2）在南京大学小百合站点注册一个用户，试着去发一个帖子，并和同学们进行互相交流。

（3）访问一个维基网站，先在沙盒中试写，然后注册登录试着去编辑一些名词。

实验 1.2　历时（纵向）信息交流实验

历时（纵向）信息交流的手段也有许多，包括刻录光盘、拷贝磁盘、录音、录像、照相、绘画、文献、档案、古迹、文物等。现代数码技术手段已成为历时信息交流的首选。本实验也选择若干主流历时交流手段进行介绍。

实验 1.2.1　照相和录像实验

1.2.1.1　实验目的

（1）了解相机和摄像机的工作原理。

（2）理解常见图像格式和视频格式。

（3）掌握图片的拍摄与处理。

（4）掌握视频的拍摄与处理。

1.2.1.2　预备知识

1.2.1.2.1　数码相机工作原理

数码相机是以电子存储设备作为摄像记录载体，通过光学镜头在光圈和快门的控制下，实现在电子存储设备上的曝光，完成被摄影像的记录。数码相机记录的影像，不需要进行复杂的暗房工作就可以非常方便地由相机本身的液晶显示屏或由电视机或个人电脑再现被摄影像，也可以通过打印机完成拷贝输出。与传统摄影技术相比，数码相机大大简化了影像再现加工过程，可以快捷、简便地显示被摄画面。

1.2.1.2.2　数码相机常用术语

1．ISO 感光度

ISO 感光度指感光材料产生光化作用的能力，以规定基准密度的相应曝光量的倒数度量。

数码相机的 ISO 是通过调整感光器件的灵敏度或者合并感光点来实现的，也就是说是通过提升感光器件的光线敏感度或者合并几个相邻的感光点来达到提升 ISO 的目的。

ISO 感光度一般有 ISO50、100、400、800、1000、1600 等，一般而言，感光度设置得越高，底片的颗粒越粗，放大后的效果较差。低 ISO 值会延长相机的曝光时间，但会让产品拍摄的更加细腻，突出更多细节；高 ISO 值会使得照片的颗粒感变得严重，带来更多的噪点，同时也会损失更多的细节。

2．白平衡

由于不同的光照条件的光谱特性不同，拍出的照片常常会偏色，例如，在日光灯下会偏蓝、在白炽灯下会偏黄等。为了消除或减轻这种色偏，数码相机和摄像机可根据不同的光线条件调节色彩设置，以使照片颜色尽量不失真，使颜色还原正常。因为这种调节常常以白色为基准，故称白平衡。

一般的数码相机都有晴天、阴天、白炽灯、日光灯、节能灯和手动白平衡几种选项可以设置。

3．景深

在进行拍摄时，调节相机镜头，使距离相机一定距离的景物清晰成像的过程，叫做对焦，那个景物所在的点，称为对焦点，因为"清晰"并不是一种绝对的概念，所以，对焦点前（靠近相机）、后一定距离内的景物的成像都可以是清晰的，这个前后范围的总和，就叫做景深。

景深的大小，首先与镜头焦距有关，焦距长的镜头，景深小，焦距短的镜头景深大。其次，景深与光圈有关，光圈的大小，决定着进入相机的光线多少。光圈越小（数值越大，例如 F/16 的光圈比 F/11 的光圈小），景深就越大；光圈越大（数值越小，例如 F/2.8 的光圈大于 F/5.6），景深就越小。其次，前景深小于后景深，也就是说，精确对焦之后，对焦点前面只有很短一点距离内的景物能清晰成像，而对焦点后面很长一段距离内的景物，都是清晰的。

1.2.1.2.3　数码相机 Auto/A/S/P/M 档的使用

1．Auto 档

Auto 档顾名思义，就是全自动档，俗称"傻瓜"档。在传统相机中 Auto 档会根据内置测光表给定一个快门一个光圈，就这么简单，你所需要做的就是按下快门就可以了。在数码相机中还要再多做一步，那就是白平衡，当然在默认模式下，也是 Auto 白平衡。

2．A 档

所谓 A 档，是指光圈优先模式。在这个档内所能调节的只是光圈，相机会根据内置测光表给出一个恰当的快门速度保证正确的曝光量。当然，在数码相机内还可以手动控制白平衡，控制曝光补偿、控制测光模式（点测/矩阵/中重）这些是 Auto 档所不能的。俗称"半自动"，光圈优先可以很好地控制景深，也可以用光圈控制快门速度（光圈越大快门越快，反之越小）。

3．S 档

S 档和 A 档刚好相反，是指快门速度优先模式。在这种模式下调节的不是光圈，而是速度，当然也可以调节诸如白平衡、曝光补偿测光模式等，相机会根据所选定的速度给出一个合适的光圈，这个模式一般用在运动摄影，或者固定速度摄影，比如拍流水，要固定快门速度 1/4，此时用 S 档最好了。

4．P 档

P 档就是 Program 档，即程序曝光，其实就是一个 A 档和 S 档的组合，在这个档可以调节白平衡、曝光补偿、测光模式，相机会根据内置测光表给出一组合理的光圈快门组合，你只需要用拨盘从中间选出一个合适的，其他的和 A/S 是一样的。

5. M 档

M 档就是全手动档，在这个档绝大多数相机会关闭内置测光表，光圈速度虽已调节，但如果经验不足，没有外之测光表，这个档很容易出现曝光不足或者曝光过度。

1.2.1.2.4 数码摄像机工作原理

数码摄像机就是 DV，DV 是 Digital Video 的缩写，译成中文就是"数字视频"的意思，它是由索尼（SONY）、松下（PANASONIC）、JVC（胜利）、夏普（SHARP）、东芝（TOSHIBA）和佳能（CANON）等多家著名家电巨擘联合制定的一种数码视频格式。然而，在绝大多数场合 DV 则是代表数码摄像机。

数码摄像机工作的基本原理简单地说就是光—电—数字信号的转变与传输。即通过感光元件将光信号转变成电流，再将模拟电信号转变成数字信号，由专门的芯片进行处理和过滤后得到的信息还原出来就是我们看到的动态画面了。

1.2.1.2.5 摄像机的制式

1. NTSC 制式

NTSC 制式（简称 N 制），是 1952 年由美国国家电视制定委员会制定的彩色电视广播标准。美国、加拿大、日本、韩国、菲律宾等国家以及中国台湾地区采用的是这种制式。N 制式机器是每秒 29.97 帧图像。

2. PAL 制式

PAL 制式（简称 P 制）是由西德在 1962 年指定的彩色电视标准。它克服了 NTSC 制式因相位敏感造成的敏感失真的缺点。德国、英国、新加坡、澳大利亚、新西兰、中国等国家以及中国香港地区采用的是这种制式。PAL 制式是每秒 25 帧图像。

1.2.1.2.6 主要文件格式介绍

1. JPEG 格式

在 World Wide Web 和其他网上服务的 HTML 文档中，JPEG 文件格式普遍用于显示图片和其他连续色调的图像文档。JPEG 格式是所有压缩格式中最卓越的，JPEG 格式支持 CMYK、RGB 和灰度颜色模式，不支持 Alpha 通道。与 GIF 格式不同，JPEG 保留 RGB 图像中的所有颜色信息，通过选择性地去掉数据来压缩文件。

2. TIFF 格式

TIFF（标记图像文件格式）用于在应用程序之间和计算机平台之间交换文件。TIFF 是一种灵活的位图图像格式，实际上被所有绘画、图像编辑和页面排版应用程序支持，而且几乎所有桌面扫描仪都可以生成 TIFF 图像。TIFF 和 JPEG 是两种最常见的数码相机图像格式。

3. MPG 格式

MPG 又称 MPEG（Moving Pictures Experts Group）即动态图像专家组。MPEG 是运动图像压缩算法的国际标准，现已被几乎所有的计算机平台支持。它包括 MPEG-1、MPEG-2 和MPEG-4。MPEG-1 被广泛地应用在 VCD（Video Compact Disk）的制作，绝大多数的 VCD 采用 MPEG-1 格式压缩。MPEG-2 应用在 DVD（Digital Video/Versatile Disk）的制作方面、HDTV（高清晰电视广播）和一些高要求的视频编辑、处理方面。MPEG-4 是一种新的压缩算法，使用这种算法的 ASF 格式可以把一部 120 min 长的电影压缩到 300 M 左右的视频流，可供在网上观看。MPEG 格式视频的文件扩展名通常是 MPEG 或 MPG。

4．AVI 格式

AVI 的英文全称为 Audio Video Interleaved，即音频视频交错格式。是将语音和影像同步组合在一起的文件格式。它对视频文件采用了一种有损压缩方式，但压缩比较高，因此尽管画面质量不是太好，但其应用范围仍然非常广泛。AVI 支持 256 色和 RLE 压缩。AVI 信息主要应用在多媒体光盘上，用来保存电视、电影等各种影像信息。

5．RMVB 格式

RMVB 是一种视频文件格式，RMVB 中的 VB 指 VBR，Variable Bit Rate（可改变之比特率），较上一代 RM 格式画面要清晰了很多，原因是降低了静态画面下的比特率，可以用 RealPlayer、暴风影音、QQ 影音等播放软件来播放。

6．WMV 格式

WMV 是微软推出的一种流媒体格式，它是由"同门"的 ASF（Advanced Stream Format）格式升级延伸得来的。在同等视频质量下，WMV 格式的体积非常小，因此很适合在网上播放和传输。

7．3GP 格式

3GP 是一种 3G 流媒体的视频编码格式，使用户能够发送大量的数据到移动电话网络，从而明确传输大型文件，如音频、视频和数据网络的手机。3GP 是 MP4 格式的一种简化版本，减少了储存空间和较低的频宽需求，方便在手机有限的储存空间中使用。

8．MTS 格式

MTS 文件即是后缀名为 MTS 的一种视频文件。MTS 格式是一种目前新兴的高清视频格式。Sony 高清 DV 录制的视频常常是这种格式，其视频编码通常采用 H264，音频编码采用 AC-3，分辨率为全高清标准 1920×1080 或 1440×1080，其中，1920×1080 分辨率 MTS 达到全高清标准，意味着极高画质。因此，MTS 更是迎接高清时代的产物。

1.2.1.3　实验内容

1．图片的拍摄

本实验以佳能 60D 数码相机为拍摄工具。

（1）手持数码相机，对准拍摄体，如图 1.65 所示。

（2）将数码相机电源开关从 OFF 档拨到 ON 档，打开相机电源，如图 1.66 所示

图 1.65

图 1.66

（3）根据拍摄的物体和拍摄的场景不同，将相机的拨盘拨到相应的拍摄模式，初学者也可以直接拨到 Auto 档，如图 1.67 所示。

（4）此时在数码相机的液晶显示屏上显示如图 1.68 所示的内容，可以通过相机上相应的按钮调节参数，如 ISO、快门等。

图 1.67　　　　　　　　　　　　　　　　　图 1.68

（5）手动转动光圈（图 1.69），调节拍摄物在整个取景视野中的位置大小。

（6）在保持相机稳定的状态下，快速按下快门（图 1.70），然后将电源开关置于 OFF 档。

（7）打开相机 Mini USB 口盖板（图 1.71），然后将 USB 连接线一端接入相机，一端接入电脑。

图 1.69　　　　　　　　　　图 1.70　　　　　　　　　　图 1.71

（8）打开相机电源开关，此时电脑显示找到 USB 设备，待电脑自动安装完即插即用设备驱动后，双击"我的电脑"，在"可移动存储的设备"下会显示数码相机对应的可移动磁盘。双击"可移动磁盘"，再双击 DCIM 文件夹，即可看到所拍摄的图片。然后通过复制、粘贴的方式把所拍摄的图片拷贝到自己的文件夹下。最后退出"即插即用"设备，关闭相机电源。

2．图片的处理

本实验以"光影魔术手"为图片处理工具。

（1）单击"开始"→"所有程序"→"光影魔术手"→"光影魔术手"，启动光影魔术手软件。

（2）单击工具栏中的"打开"按钮，在弹出的对话框中找到所拍摄的图片，然后单击"打开"按钮，如图 1.72 所示。

（3）单击工具栏中的"裁剪"按钮，在弹出的对话框中用光标拉选图片需要的范围，然后单击"确定"按钮，如图 1.73 所示。

图 1.72

（4）单击工具栏中的"缩放"按钮，弹出"调整图像尺寸"对话框，可以填入需要的图片长宽像素，然后单击"开始缩放"按钮，如图 1.74 所示。

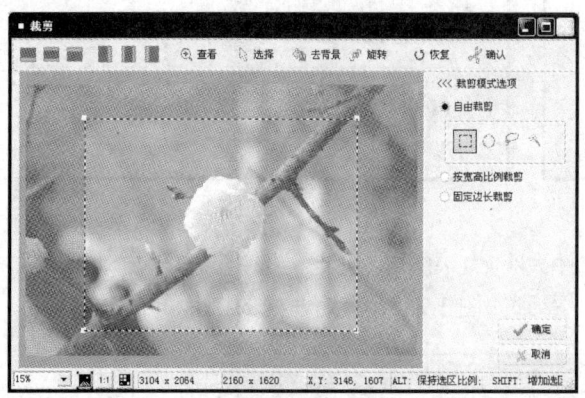

图 1.73

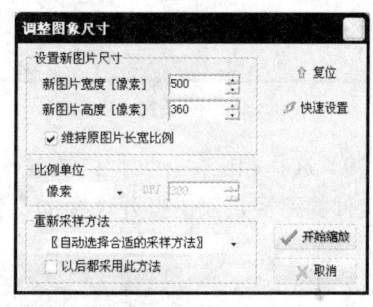

图 1.74

（5）通过工具栏中的其他相应按钮，还可以进行图片的旋转、曝光、补光等操作。

（6）单击"工具"菜单栏中的"花样边框"，在弹出的对话框右侧选择"本地素材"标签，选择 stamp3，最后单击"确定"按钮，效果如图 1.75 所示。

图 1.75

（7）单击"工具"菜单栏中的"文字标签"，在弹出的对话框中选择"插入标签 1"，然后输入需要插入标签的文字，并设置相应的文字大小和字体格式，最后单击"确定"按钮，如图 1.76 所示。

（8）单击"文件"菜单下的"另存为"命令，确定保存路径并输入文件名后单击"保存"按钮，弹出如图 1.77 所示的对话框，可以设置保存文件大小和质量。

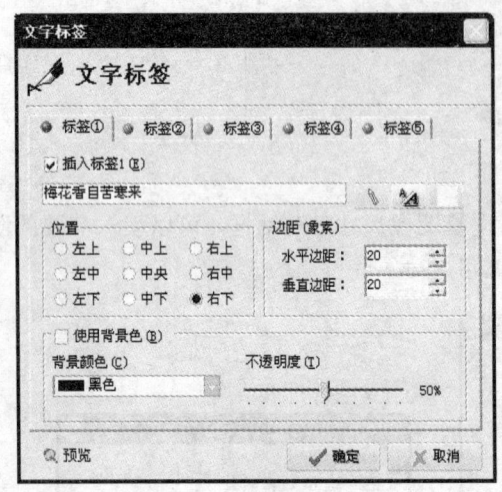
图 1.76

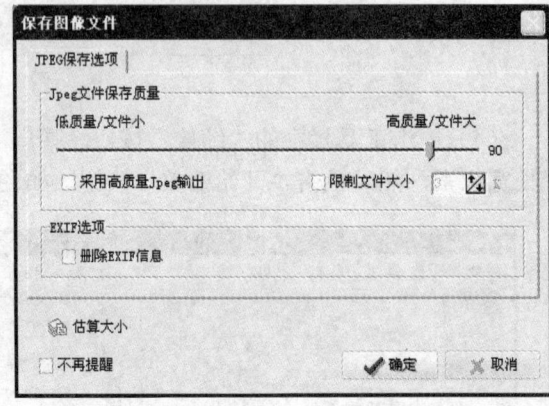
图 1.77

（9）选择相应保存文件的质量和文件大小后，单击"确定"按钮。文件自动保存，找到保存文件的路径，双击打开保存的文件，看到如图 1.78 所示处理好的图片。

图 1.78

3．视频的拍摄

本实验以索尼 HDR-XR260E 数码摄像机为拍摄工具。

（1）手持数码摄像机，打开液晶屏，对准拍摄体，如图 1.79 所示。

（2）按下数码摄像机液晶屏内侧的 POWER 电源开关（图 1.80），打开摄像机电源。

（3）按下摄像机上方的 MODE 键（图 1.81）。使如图 1.82 所示的动画指示灯处于绿色状态。

图 1.79　　　　　　　　　　　　　图 1.80　　　　　　　　　　图 1.81

（4）然后通过 "变焦控制杆"（图 1.83）左右拨动，调节拍摄物在整个取景视野中的位置大小。

（5）在保持摄像机稳定的状态下，按下拍摄按钮即 START 键（图 1.84），摄像机开始拍摄。在拍摄过程中可以通过移动方向和调节 "变焦控制杆"来控制画面的拍摄。

（6）再次按下拍摄按钮（START 键），摄像机停止拍摄。

（7）打开摄像机液晶屏内测 USB 口盖板（图 1.85），然后将 USB 连接线一端接入摄像机，一端接入电脑。

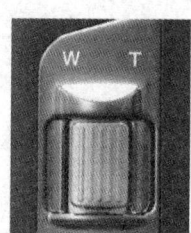

图 1.82　　　　　　　　　图 1.83　　　　　　　　　图 1.84　　　　　　　图 1.85

（8）打开摄像机 POWER 开关，此时电脑显示找到 USB 设备，待电脑自动安装完即插即用设备驱动后，双击"我的电脑"，在"可移动存储的设备"下会显示数码摄像机对应的可移动磁盘。双击"可移动磁盘"，双击 AVCHD 文件夹，双击 BDMV 文件夹，找到 STREAM 文件夹，双击即可看到所拍摄的视频短片，如图 1.86 所示。然后通过复制、粘贴的方式把所拍摄的视频拷贝到自己的文件夹下。最后退出"即插即用"设备，关闭摄像机电源，闭合液晶屏。

图 1.86

4. 视频的处理

本实验以"格式工厂"为视频处理工具。

（1）单击"开始"→"所有程序"→"格式工厂"→"格式工厂"，启动格式工厂软件，如图 1.87 所示。

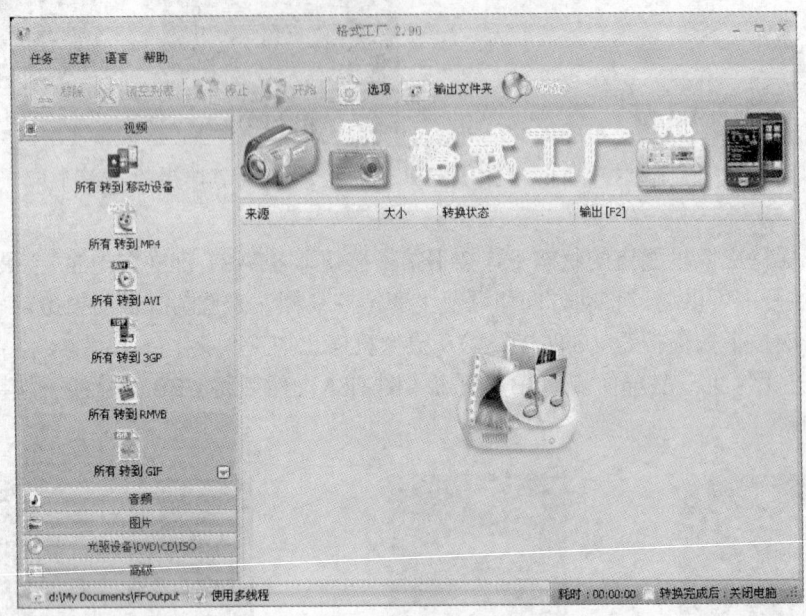

图 1.87

（2）单击左侧视频列表下的"所有转到 WMV"按钮，弹出如图 1.88 所示的对话框。

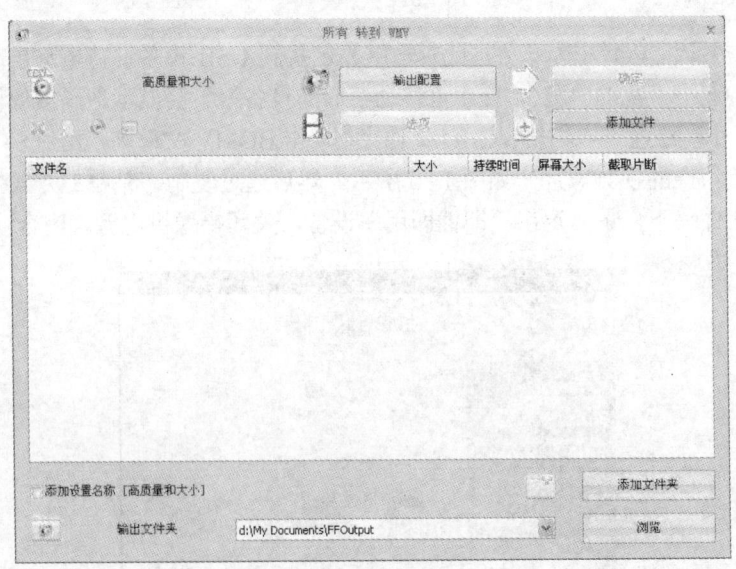

图 1.88

（3）单击"添加文件"按钮，找到前面所拍摄的视频片段，然后单击"打开"按钮。在对话框中导入需要处理的视频文件。

　　（4）单击"选项"按钮，在弹出的对话框中（图 1.89）可以通过预览的方法定义所截取片断的开始时间和结束时间，然后单击"确定"按钮。

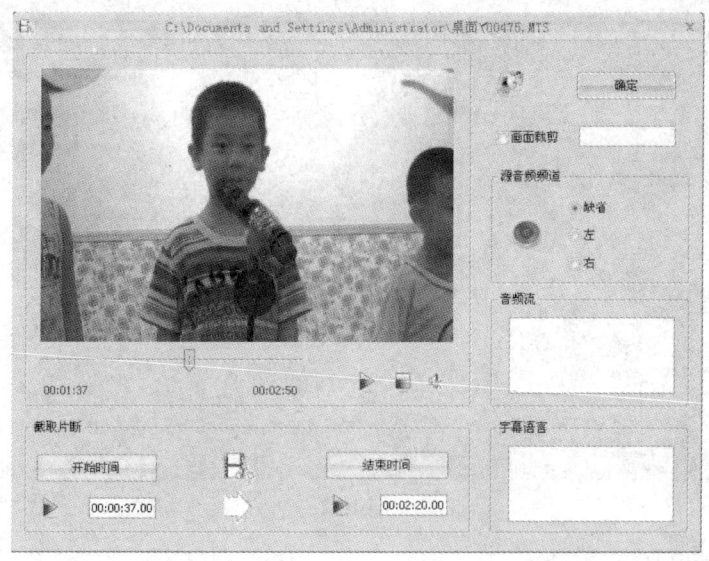

图 1.89

　　（5）单击图 1.88 中的"输出配置"按钮，在弹出的"视频设置"对话框中（图 1.90）可以设置相应输出视频格式的视频流、音频流等信息，设置完成后单击"确定"按钮。

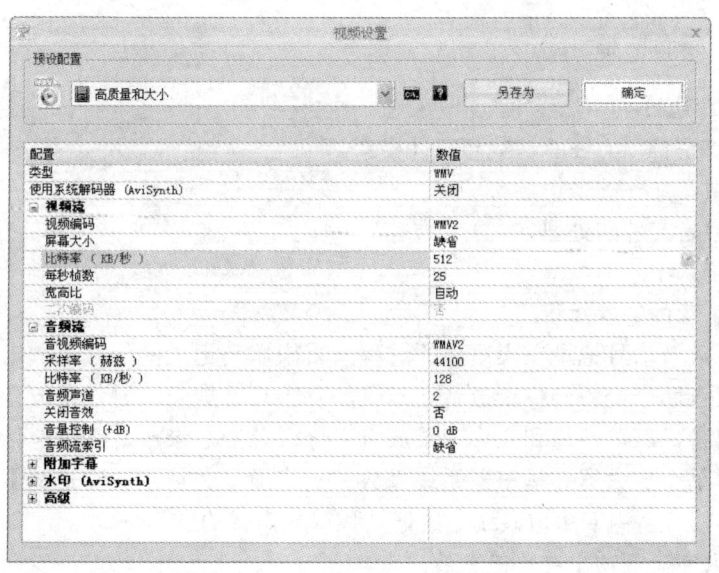

图 1.90

　　（6）单击"浏览"按钮，设置需要保存的视频路径，最后单击"确定"按钮，返回到格式工厂主界面，如图 1.91 所示。
　　（7）单击工具栏中的"开始"按钮，视频文件开始处理，等转换状态显示 100%后，表示视频已经处理完成，可以打开输出文件夹查看已经处理好的视频。

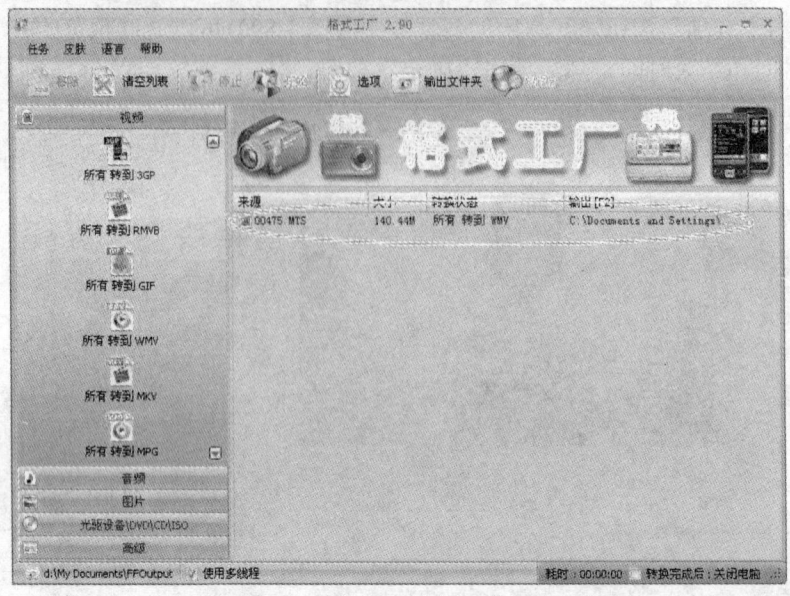

图 1.91

1.2.1.4　实验习题

（1）利用数码相机拍摄一张人物照，然后利用图片处理软件给图片加上相应的边框和水印。

（2）利用数码摄像机拍摄一段视频，然后利用格式工厂导出成 WMV 文件，并适当进行剪切。

实验 1.2.2　录音实验

1.2.2.1　实验目的

（1）了解数字音频的性能参数和文件格式。

（2）掌握声音文件的采集。

（3）掌握声音文件的处理。

1.2.2.2　预备知识

1.2.2.2.1　录音的基本知识

录音即是将声音信号记录在媒质上的过程。将媒质上记录的信号重放出声音的过程称为放音。录音和放音两个过程合称录放音。常见的有唱片录放音、磁带录放音和光学录放音。就录放音制式而言，有单声道和立体声录放音之分。单声道录放音过程包括传声器拾音、放大、录音，再由单个放大器和扬声器系统重放。双声道立体声录放音是基于人的双耳定位效应和双声源听音效应，由双声道系统完成记录和重放声音的过程。

1.2.2.2.2　数字音频的主要性能参数

声音的技术表现主要是指声音在采集、处理、输出的整个过程中，声音的采样频率、取样大小和声道数等技术特性。

1.　采样频率

采样频率是将模拟声音波形转换成数字音频时，每秒钟对声音波形进行采样的次数。采样频率越高，声音的质量越好，保真度也就越高，但占用的信息数据量也就越大。目前通用的标准采样频率有 5kHz、11.025 kHz、22.05 kHz、44.1 kHz 和 48 kHz。

2．量化位数

量化位数即量化精度，量化位数越多，量化精度越高，它决定了模拟信号数字化以后的动态范围。由于计算机按字节运算，一般的量化位数为 8 位和 16 位。

位数越多，声音的质量越高，需要的存储空间也越多；位数越少，声音的质量越低，需要的存储空间越少。

3．声道数

声道数是指所使用的声音通道的个数，它表明声音记录只产生一个波形还是两个波形，也就是单声道或是双声道。

双声道也称立体声，它比单声道听起来更为丰满，但它占用的存储空间也是单声道的两倍。

4．数据速率

数据速率既与计算机中实时传输信息有关，又与计算机的存储容量有关。

$$数据速率=采样频率×量化位数×声道数（bit/s）。$$

1.2.2.2.3　数字音频文件常见格式

1．WAV 格式

WAV 格式是微软公司开发的一种声音文件格式，也叫波形声音文件，是最早的数字音频格式，被 Windows 平台及其应用程序广泛支持。WAV 格式支持许多压缩算法，支持多种音频位数、采样频率和声道，采用 44.1 kHz 的采样频率，16 位量化位数，因此 WAV 的音质与 CD 相差无几，但 WAV 格式对存储空间需求太大不便于交流和传播。

2．MP3 格式

MP3 是一种音频压缩技术，全称为 MPEG Audio Layer3，简称 MP3。MP3 是利用 MPEG Audio Layer 3 的技术，将音乐以 1:10 甚至 1:12 的压缩率，压缩成容量较小的 File，换句话说，能够在音质丢失很小的情况下把文件压缩到更小的程度。而且还非常好地保持了原来的音质。正是因为 MP3 体积小、音质高的特点使得 MP3 格式几乎成为网上音乐的代名词。

3．WMA 格式

WMA 的全称是 Windows Media Audio，是微软力推的一种音频格式。WMA 格式是以减少数据流量但保持音质的方法来达到更高的压缩率为目的，其压缩率一般可以达到 1:18，生成的文件大小只有相应 MP3 文件的一半。

1.2.2.3　实验内容

1．录音笔声音的采集

本实验以三星 YV-150Z 录音笔为录音工具。

（1）将录音笔放置在靠近录音者前的桌面上，如图 1.92 所示。

（2）按住录音笔中间的按钮（图 1.93），大约 3 秒钟左右，录音笔液晶屏自动开启，并处于待机状态，如图 1.94 所示。

（3）按下录音笔右侧的 REC 键，录音笔开始录音，屏幕中的"待机"两字变成"正在录制"，待录音者讲话完成后，再次按下录音笔右侧的 REC 键，录音完毕。

（4）打开录音笔 USB 口盖板，然后将 USB 连接线一端接入相机，一端接入电脑。此时电脑显示找到 USB 设备，待电脑自动安装完即插即用设备驱动后，双击"我的电脑"，在"可移动存储的设备"下会显示录音笔对应的可移动磁盘。双击 V150，再双击 VOICE 文件夹，即可看到所录音的 MP3 文件。然后通过复制、粘贴的方式把所录音的音频文件拷贝到自己的文件夹下，最后退出"即插即用"设备即可。

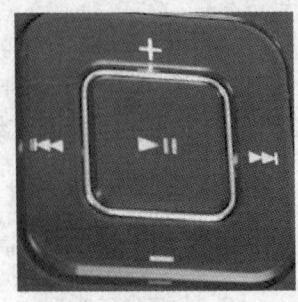

图 1.92　　　　　　　　　　　图 1.93　　　　　　　　　　　图 1.94

2. 声音的处理

本实验以"格式工厂"为音频处理工具。

（1）单击"开始"→"所有程序"→"格式工厂"→"格式工厂"，启动格式工厂软件。如图 1.95 所示。

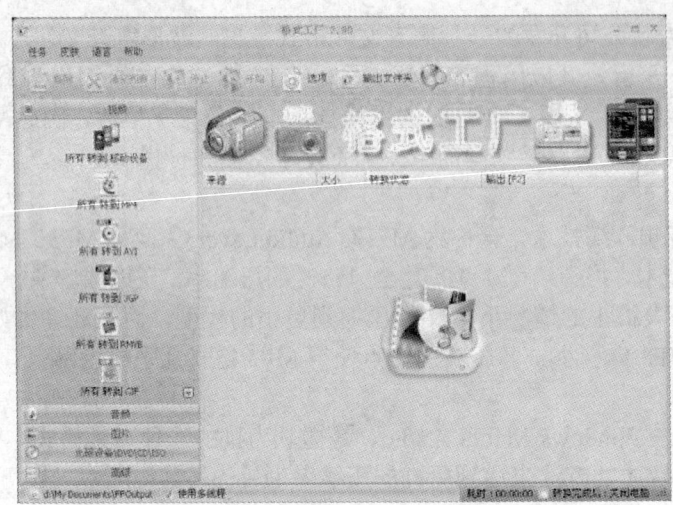

图 1.95

（2）单击左侧音频列表下"所有转到 WAV"按钮，弹出如图 1.96 所示的对话框。

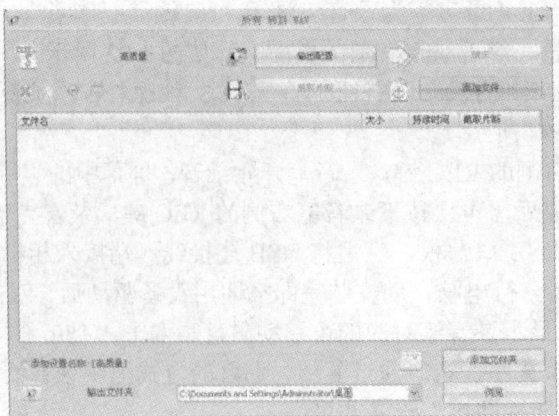

图 1.96

（3）单击"添加文件"按钮，找到前面所录的声音片段，然后单击"打开"按钮，在对话框中导入需处理的录音文件。

（4）单击"选项"按钮，在弹出的对话框中可以通过试听的方式定义所截取片断的开始时间和结束时间，然后单击"确定"按钮。

（5）单击图 1.96 的"输出配置"按钮，在弹出的"音频设置"对话框中（图 1.97）可以设置相应输出音频格式的采样率、音频声道和音量等信息，设置完成后单击"确定"按钮。

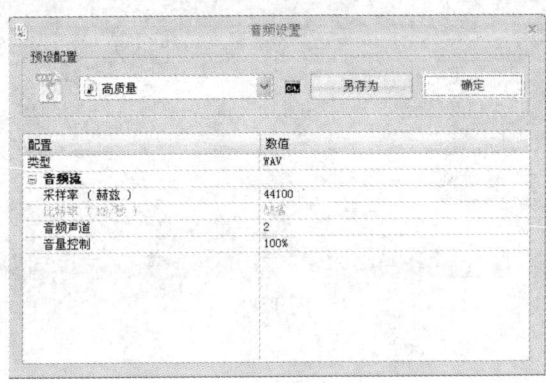

图 1.97

（6）单击"浏览"按钮，设置需要保存的视频路径，最后单击"确定"按钮，返回到格式工厂主界面，如图 1.98 所示。

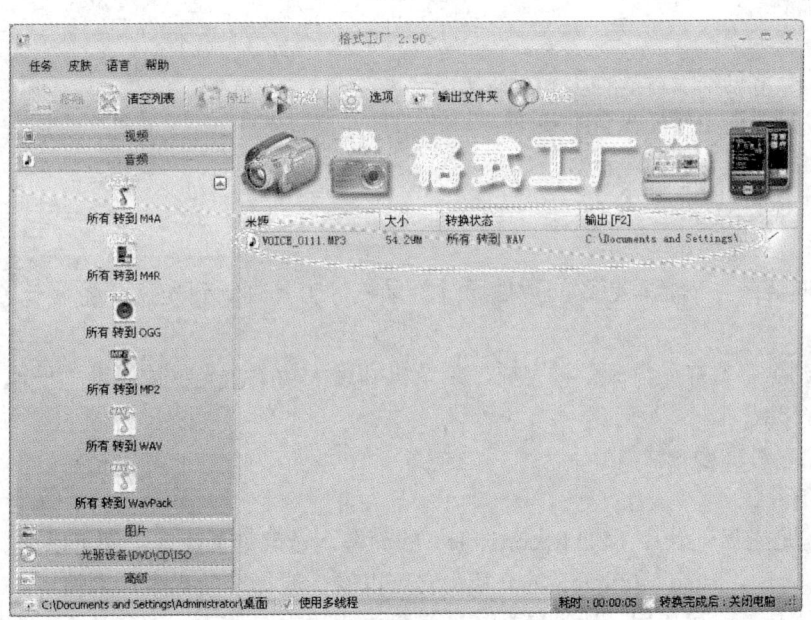

图 1.98

（7）单击工具栏中的"开始"按钮，音频文件开始处理，如图 1.99 所示，等转换状态显示 100%后，表示音频已经处理完成，可以打开输出文件夹查看已经处理好的音频。

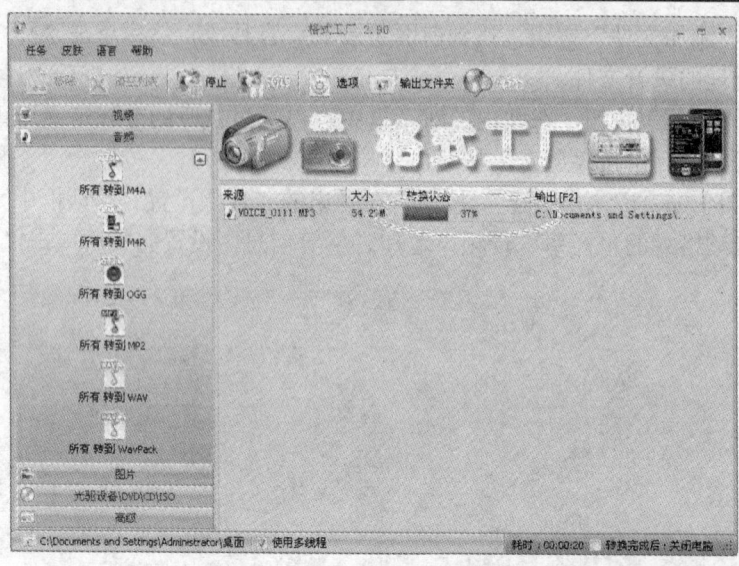

图 1.99

1.2.2.4 实验习题

（1）利用录音笔或者其他数码设备录一段话。

（2）利用格式工厂把所录音频转换成 WAV 格式。

实验 1.2.3 刻制光盘实验

1.2.3.1 实验目的

（1）了解常见刻录盘的种类和刻录方式。

（2）掌握数据文件的光盘刻录。

（3）掌握镜像文件的光盘刻录。

1.2.3.2 预备知识

1.2.3.2.1 刻录的定义

刻录也叫烧录，就是把想要的数据通过刻录机等工具刻制到光盘、烧录卡（GBA）等介质中。

光盘的刻录主要靠光盘刻录机完成，刻录机利用大功率激光将数据以"平地"或"坑洼"的形式烧写在光盘上。

1.2.3.2.2 刻录盘的种类

1. CD-R

CD-R 就是光盘刻录片（CD Recordable）的简写。光盘刻录片是一种可以单次写入，多次读取（Write Once，Read Multiple）的介质，它可以像一般标准的光盘片来使用。CD-R 与其他介质相比，优点是它可以用一般标准型式的光盘机来播放、使用。缺点是不能把它重新再写。

2. CD-RW

CD-RW 是 CD-Rewritable 的缩写，代表一种"重复写入"的技术，利用这种技术可以在特殊光盘上的相同位置重复写入数据。

3. DVD-R/RW

DVD-R 的全称为 DVD-Recordable（可记录式 DVD），为区别于 DVD+R，它被定义为 Write

once DVD（一次写入式 DVD）。DVD-RW 的全称为 DVD-Rewritable（可重写式 DVD），为区别于 DVD+RW，被定义为 Re-recordable DVD（可重记录型 DVD）。

4．DVD+R/RW

DVD+R 被称为 DVD Recordable（可记录式 DVD），DVD+RW 被称为 DVD ReWritable（可重写式 DVD）。DVD+R/RW 与 DVD-R/RW 仅仅是格式上不同。

1.2.3.2.3　刻录的方式

1．TAO

即 Track-At-Once，是在一个刻录过程中逐个刻录所有轨道，如果多于一个轨道，则在上一轨道刻录结束后再刻录下一轨道，且上一轨道刻录结束后不关闭区段。以 TAO 方式刻录的轨道之间有间隔缝隙。如果是数据轨道和音轨之间，则间隔为 2～3 秒，如果是音轨之间则间隔为 2 秒。

2．DAO

即 Disc-At-Once，是在一个刻录过程中在一片光盘中刻入全部数据的方式，无论有多少轨道都一气呵成。整张光盘可以刻满数据，也可以不刻满。DAO 模式在刻录结束时自动关闭光盘，即使还有剩余空间也不能再进行追加刻录。DAO 方式在刻录多轨道时，在转换轨道之间不打开和关闭写激光头，可以清除轨道间的 2 秒间隔，这是与 TAO 方式的不同之处。

3．SAO

即 Session-At-Once，是在一个刻录过程中只刻录一个区段，且关闭区段并保持光盘不关闭，以后还可以继续追加刻录下一区段。

4．MS

即 Multi-Session，这是多区段刻录方式。每个刻录过程只刻录并且关闭一个区段，剩余空间下次可以继续刻录下一区段。因此，往往光盘上存在多个区段，称为多区段光盘。如果光盘中只有一个区段，但光盘没有关闭，也可成为多区段光盘。这种方式多用于数据光盘的刻录，方便之处在于不必一次刻满整盘。

5．PW

即 Packet Writing，CD-RW 盘片的刻录方式，是增量包写方式，是以 64KB 的数据包为写入单位进行写操作，这也是 CD-RW 刻录类型所采取的唯一刻录方式。

1.2.3.3　实验内容

1．数据光盘的刻录

本实验以三星 SE-S084 外置刻录机为刻录工具。

（1）将外置刻录机 USB 线连接至计算机 USB 口，此时电脑显示找到 USB 设备，待电脑自动安装完即插即用设备驱动后，双击"我的电脑"后，在"可移动存储的设备"下会显示"DVD-RAM 驱动器"。

（2）打开刻录机开关，弹出驱动器托盘仓，放入待刻录的空白 CD-R 盘，关闭托盘仓，此时 DVD-RAM 驱动器名称变成"CD 驱动器"，如图 1.100 所示。

（3）双击"CD 驱动器"图标，打开 CD 驱动器，然后将要刻录的内容直接拷贝到 CD 驱动器打开窗口的右侧空白区域，如图 1.101 所示。

CD 驱动器（H:）

图 1.100

（4）单击"文件"菜单下的"将这些文件写入 CD"命令，弹出如图 1.102 所示的"CD 写入向导"对话框。

（5）在弹出对话框的"CD 名称"文本框中输入光盘名称（默认为当前刻录日期），单击"下一步"按钮。此时刻录机正在将数据文件写入到 CD，并显示剩余时间，如图 1.103 所示。

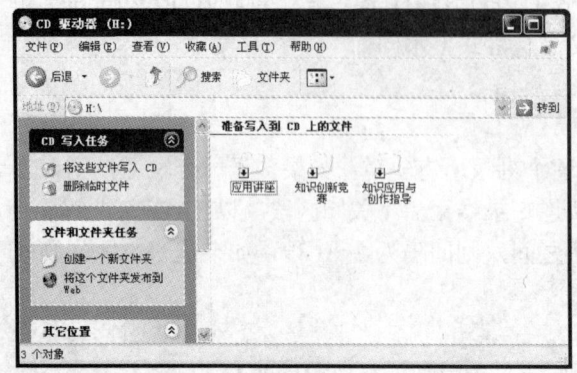

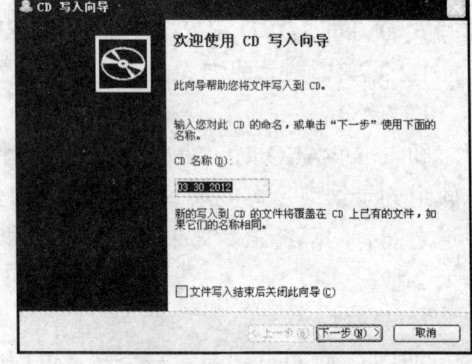

图 1.101　　　　　　　　　　　　　　图 1.102

（6）等待写入完成后，弹出如图 1.104 所示的对话框，显示"您已成功将文件写入到 CD"，并提示"是否将这些文件写入到另一张 CD"，然后单击"完成"按钮。此时刻录驱动器自动弹出托盘仓，刻录完成。

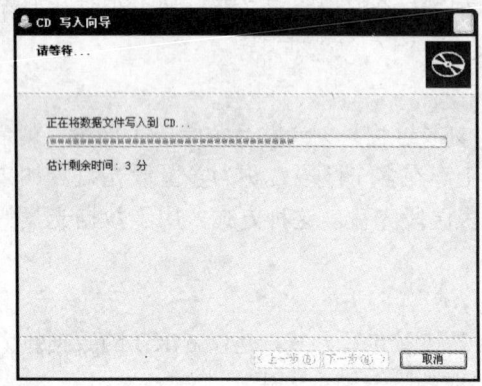

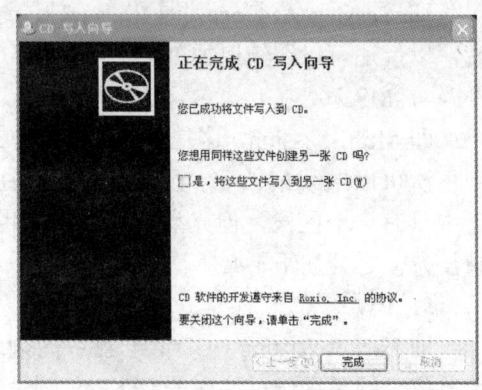

图 1.103　　　　　　　　　　　　　　图 1.104

（7）退出"即插即用"外置刻录机设备。

2. 镜像文件的刻录

本实验以三星 SE-S084 外置刻录机为刻录工具，以 Nero Burning Rom 为刻录软件。

（1）将外置刻录机 USB 线连接至计算机 USB 口，此时电脑显示找到 USB 设备，待电脑自动安装完即插即用设备驱动后，双击"我的电脑"，在"可移动存储的设备"下会显示"DVD-RAM 驱动器"。

（2）打开刻录机开关，弹出驱动器托盘，放入待刻录的空白 CD-R 盘，关闭托盘仓。

（3）单击"开始"→"所有程序"→Nero Burning Rom→Nero Burning Rom，启动 Nero Burning Rom 软件，并单击左侧的 CD-ROM（ISO）图标，如图 1.105 所示。

（4）单击"新编辑"窗口下方的"打开"按钮，通过浏览找到所要刻录的镜像（ISO）文件，如图 1.106 所示。

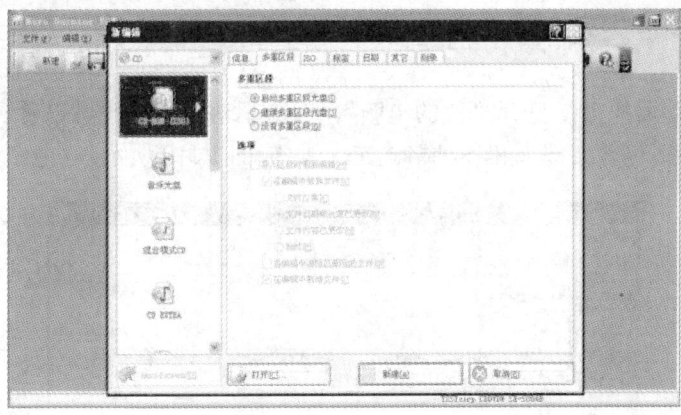

图 1.105

（5）单击"打开"按钮，弹出"刻录编译"对话框，如图 1.107 所示，在弹出的对话框中可以对刻录的速度、写入方式和刻录份数等进行简单设置。

（6）设置完相应信息后，单击"刻录"按钮，开始写入光盘。在写入过程窗口中可以看到相关的状态信息，如图 1.108 所示。

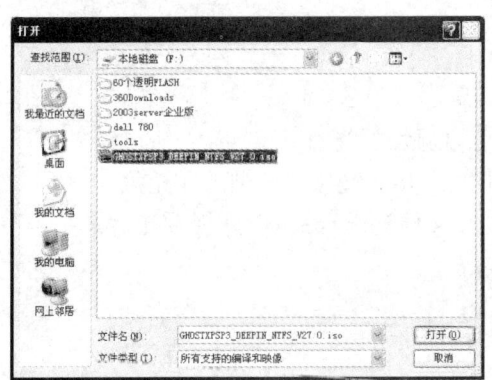

图 1.106

图 1.107

（7）等进度条到 100%时，弹出如图 1.109 所示的对话框，显示刻录完毕，并可以保存刻录日志。

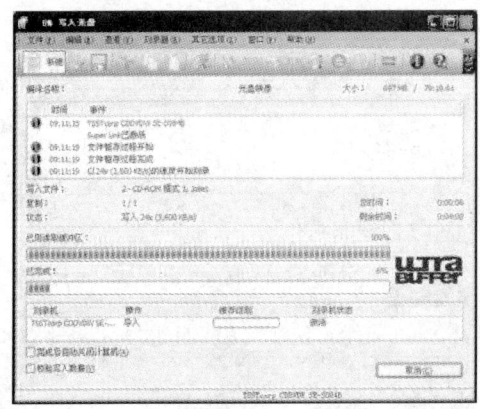

图 1.108

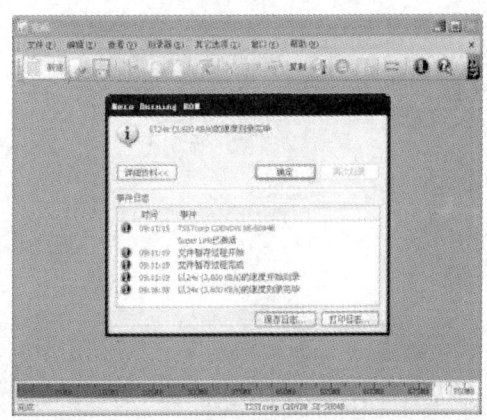

图 1.109

（8）单击"确定"按钮，刻录完成，驱动器托盘自动弹出，最后关闭 Nero Burning Rom 软件。

（9）关闭驱动器托盘，打开"我的电脑"，双击驱动器盘符，可以看到刻录完成的 ISO 镜像中的所有文件（包含文件夹和各种格式文件），如图 1.110 所示。

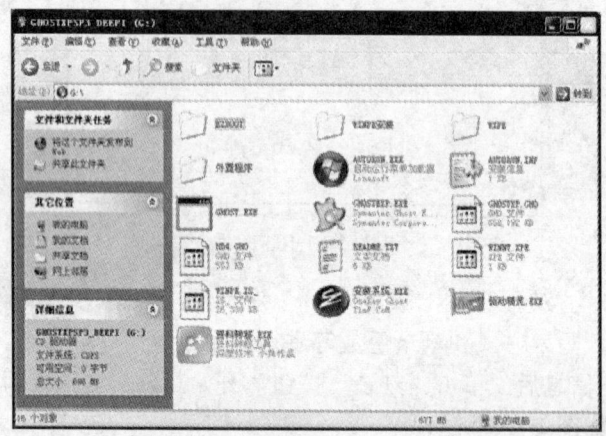

图 1.110

（10）退出"即插即用"外置刻录机设备。

1.2.3.4　实验习题

（1）将实验 1.2.1 拍摄的视频文件刻录成一张视频数据光盘。

（2）从互联网上下载一个 ISO 文件，并把下载的 ISO 镜像文件刻录成光盘。

（3）借助于 Nero 软件和实验 1.2.1 拍摄的视频文件制作一张 DVD 视频光盘。

第2章 信息获取与组织实验

信息获取是信息管理的重要环节,是开展信息服务的物质基础。信息获取采用一定的方法与途径从各种信息源中搜集信息。信息组织,也称信息整序,是利用一定的规则、方法和技术对信息的外部特征和内容特征进行揭示和描述,并按给定的参数和序列公式排列,使信息从无序集合转换为有序集合的过程。

实验 2.1 信息获取实验

信息获取的原则有:针对性,根据信息需求有针对性地确定信息搜集的范围和重点;系统性,了解和掌握信息源的动态变化,系统地、连续地搜集和积累有关的信息;预见性,预见可能产生的新的信息源和信息渠道;科学性,采用科学方法研究信息源的分布规律,选择和确定信息密度大,信息含量多的信息源;计划性,事先制定比较周密详尽的信息搜集计划,以便按计划有目的、有步骤地搜集信息。信息获取的方法有:采购、调查、交换、索取、检索等。本实验主要用调查与网络检索的方法进行。

实验 2.1.1 访问与问卷调查实验

2.1.1.1 实验目的
(1)理解访问与问卷调查的原理。
(2)掌握访问与问卷调查的基本方法。
(3)体会访问与问卷调查的过程。

2.1.1.2 预备知识
访问是社会调查中以交谈方式搜集资料的一种方法,又称访谈。与其他方法相比,访问的最大特点是通过交谈获取资料,可以作为搜集研究所需资料的主要方法,也可以作为辅助方法去验证或补充其他方法获得的资料。它适用于研究较复杂的问题,或对问题进行深入的探索。当研究对象的构成成分较复杂时,访问能较快地了解不同人员的情况。

按照不同的标准,访问可分为不同的类型。按照与访问对象的接触方式分为直接访问与电话访问等。其中,最常见的是按访问前是否拟定详细的标准化的访谈提纲,将访问分为结构性访问和非结构性访问。

1. 结构性访问

访问者在访问前,制定好详细的标准化的访谈提纲,对被访者进行访问。特点是:获得的资料便于比较和进行量化处理,能减少交谈中的主观成分,避免被访者含糊的回答或偏离访谈提纲的谈话。在进行结构性访问时,所有的访问员都要遵循事先制定好的访谈提纲,按照一定的顺序提出问题,不能随意偏离访谈提纲。制定访谈提纲是进行结构性访问的一项重要工作。研究人员将需要询问的问题及其可能出现的答案筛选排列,分类编码,制成统一的访问调查表。访谈提纲中可以包括少量的开放性问题(见问卷),以及供当场使用的较为复杂的量表和图表。

2．非结构性访问

访问者不依照某种统一的访问调查表，而是围绕研究的问题与被访者进行自由交谈。特点是：交谈自然，可以深入了解多方面的情况。它常用于探索性研究。与结构性访问相比，它对访问员的要求较高，访问耗费的时间较多，访问员与被访者之间的社会互动对访问调查的结果的影响更为显著。进行非结构性访问的关键在于有效地控制谈话，准确地作好访谈记录。访问员要在保持融洽的交谈气氛的前提下主动地引导交谈，随时纠正偏离研究主题或冗长的谈话。

问卷调查是社会研究中用来搜集资料的一种工具。它的形式是一份精心设计的问题表格，用途在于测量人们的态度、行为等特征，以邮寄、网络、当面作答或者追踪访问方式填答。

问卷可以分为三大部分：前言、主体和结语。在前言部分应该讲明白这次问卷调查的目的、意义、简单的内容介绍、关于匿名的保证以及对回答者的要求，一般是要求回答者如实回答问题，最后要对回答者的配合予以感谢，并且要有调查者的机构或组织的名称，调查时间。

第二部分是问卷的主要部分，这一部分应包括调查的主要内容，以及一些答题的说明。一般把问卷的主体又分为两部分，一部分是被调查者的背景资料，即关于个人的性别、年龄、婚姻状况、收入等问题；另一部分就是调查的基本问题。一般我们把这两部分分开，很多问卷出于降低敏感性的考虑把背景资料的问题放在基本内容的后面，这是可以的。对于回答问题的说明也要写清楚，如怎么写答案，跳答的问题，哪些人不回答等的说明，有经验的研究者还会留出编码位以便于录入方便。

最后一部分是调查的一些基本信息，如调查时间、地点、调查员姓名、被调查者的联系方式等信息的记录。最后我们还要对被调查者的配合再次给予感谢。

问卷调查对于调查问卷的设计要求较高，设计者不仅要在内容上了解相关专业的知识背景和被访者的心理行为规律，而且在形式上要合理地搭配各种题型，做出美观的布局设计。在问卷设计中，常见的题型包括单选题、多选题、排序题和问答题。

2.1.1.3　实验内容

【例 2.1】某市企业信息化现状调查

1．收集相关资料

根据课题目标，收集与企业信息化相关的文献、资料，以及某市企业资料，包括企业信息系统建设的文献资料、电子商务建设的文献资料，以及某市企业基本情况资料等。

2．制作调查问卷

通过对相关文献资料的阅读、分析，结合本课题的目标，确定需要调查的内容、项目，制作调查问卷如下。

某市企业信息化现状调查表

企业同志：您好！

我们是关于《某市企业信息化现状调查》课题组，为了了解某市企业信息化现状，包括信息系统和电子商务建设现状，并通过研究提出对策，特制定以下调查表进行调研，希望得到您的支持，在百忙中填写此表，十分感谢！本次调研结束后我们将向您提供调研报告一份，谢谢您的帮助！

我们承诺本调查只作总量统计分析，不作个样分析，决不向外界透露有关贵企业信息，也不作为评比、考核所用。

请在□内用 √ 和填写回答下述问题：

一、填表人与企业基本信息

姓　　名：＿＿＿＿＿＿＿＿　所在部门：＿＿＿＿＿＿＿　　职　务：＿＿＿＿＿＿＿

联系电话：＿＿＿＿＿＿＿　手　　机：＿＿＿＿＿＿＿＿＿　E_mail：＿＿＿＿＿＿＿＿

1．企业名称：＿＿＿＿＿＿＿＿＿＿＿＿＿＿＿＿＿＿＿＿　邮编：＿＿＿＿＿＿＿＿＿

2．企业地址：＿＿＿＿＿＿＿＿＿＿＿＿＿＿＿＿＿＿＿＿　电话：＿＿＿＿＿＿＿＿＿

3．所属行业：□纺织印染　□机械电子　□节能环保　□医药化工　□食品饮料　□新材料
　　　　　　□软件和信息服务业　□其他＿＿＿＿＿＿＿＿＿＿＿＿＿＿＿＿＿＿＿

4．企业规模：（按统计口径填写）

□大型　　　　　□中型　　　　　□小型　　　　　□其他(请注明)　＿＿＿＿＿＿

5．经营规模（年销售额：人民币）：　□>30亿元　□10亿～30亿元　□1亿～10亿元　□<1亿元

二、企业信息化现状

1．企业计算机拥有量（包括：台式机、笔记本电脑）：＿＿＿＿＿台
　　企业计算机每百人拥有量（包括：台式机、笔记本电脑）：＿＿＿＿＿台/百人

2．企业是否建立局域网：　□是　　　　　　　□否

3．企业 Internet 线路带宽：

□无　□512K 以下(含 512K)　□2M 以下(含 2M)

□10M 以下(含 10M)　　□10M 以上

4．企业是否有自己独立域名的国际互联网站：　　□是　　　　　□否

如有，域名为：＿＿＿＿＿＿＿＿＿＿＿＿

　　企业网站：□自主开发　　　　□购买定型产品　　　　□专业公司定制开发

　　企业网站是否实现信息互动：　　□是　　　　□否

5．企业是否有自己独立域名的邮件系统：　　　　□是　　　　　□否

6．企业信息系统维护方式 ：　□使用者自己维护　　　□有专人维护　　□外包

7．企业有无专门负责信息化建设和运行的部门？（单选）

□是　　　　　　　　　□否

8．是否设有 CIO（首席信息官）？

A.有，CIO 的职务级别相当于：□副总以上　　□总监　　□总工　　□部门负责人

　　姓名：＿＿＿＿＿＿＿　　联系方式：＿＿＿＿＿＿＿＿＿＿＿＿＿＿＿＿＿

B.无，专职主管信息化工作的人员所属部门和职务：＿＿＿＿＿＿＿＿＿＿＿＿＿＿＿

9．企业现有专职 IT 技术员工为＿＿＿＿＿＿人，占员工总数比例为：＿＿＿＿＿ %。

具体硕士以上学历占＿＿＿%，本科学历占＿＿＿＿%。

10．信息系统应用满意度：□很好　□较好　□一般　□较差　□很差　□未用

（部分题）

问卷时间：＿＿＿＿＿＿＿＿＿＿＿＿调查员：＿＿＿＿＿＿＿＿＿＿＿＿＿

调查地点：＿＿＿＿＿＿＿＿＿＿＿＿＿＿＿＿＿＿＿＿＿＿＿＿＿＿＿＿＿＿

电　话：＿＿＿＿＿＿＿＿＿＿＿E-mail：＿＿＿＿＿＿＿＿＿＿＿＿＿＿＿＿

3．发放调查问卷

通过各种方式发放调查问卷，最常用的方式有邮寄、E-mail、现场发放，现场发放成本较高，但有效性较高。目前网络方法比较流行，可通过网站、BBS、即时通信工具等来进行发放，但有效性较低。

4．回收调查问卷

2.1.1.4　实验习题

（1）以调查中小企业信息管理现状为主题，对一名中小企业员工做一次非结构化访问。

（2）以调查中小企业电子商务现状为主题，制作一份调查问卷，并对 5 名中小企业员工做一次问卷调研。

实验 2.1.2　网络搜索实验

2.1.2.1　实验目的

（1）理解网络搜索的原理。

（2）掌握常用的网络搜索工具。

（3）掌握网络搜索的方法。

2.1.2.2　预备知识

1．网络搜索引擎的概念

网络搜索引擎是万维网中的特殊站点，专门用来帮助人们查找存储在其他站点上的信息。随着 Internet 的迅猛发展、Web 信息的增加，用户要在信息海洋里查找信息，就像大海捞针一样，搜索引擎技术恰好解决了这一难题。搜索引擎以一定的策略在互联网中搜集、发现信息，对信息进行理解、提取、组织和处理，并为用户提供检索服务，从而起到信息导航的目的。

2．搜索引擎的分类

按照信息搜集方法和服务提供方式的不同，搜索引擎系统可以分为三大类。

（1）目录式搜索引擎。以人工方式或半自动方式搜集信息，由编辑员查看信息之后，人工形成信息摘要，并将信息置于事先确定的分类框架中。信息大多面向网站，提供目录浏览服务和直接检索服务。该类搜索引擎因为加入了人的智能，所以信息准确、导航质量高，缺点是需要人工介入、维护量大、信息量少、信息更新不及时。这类搜索引擎的代表是 Yahoo!、Sohu 等。

（2）机器人搜索引擎。由一个称为蜘蛛（Spider）的机器人程序以某种策略自动地在互联网中搜集和发现信息，由索引器为搜集到的信息建立索引，由检索器根据用户的查询输入检索索引库，并将查询结果返回给用户。服务方式是面向网页的全文检索服务。该类搜索引擎的优点是信息量大、更新及时、不需人工干预，缺点是返回信息过多，有很多无关信息，用户必须从结果中进行筛选。这类搜索引擎的代表是 Google、Baidu 等。

（3）元搜索引擎。这类搜索引擎没有自己的数据，而是将用户的查询请求同时向多个搜索引擎递交，将返回的结果进行重复排除、重新排序等处理后，作为自己的结果返回给用户。服务方式为面向网页的全文检索。这类搜索引擎的优点是返回结果的信息量更大、更全，缺点是不能够充分使用所使用搜索引擎的功能，用户需要做更多的筛选。这类搜索引擎的代表是 WebCrawler 等。

3．几种常用的搜索引擎

（1）百度（http://www.baidu.com/）：全球最大的中文搜索引擎。百度（简称：BIDU）是全球最大的中文搜索引擎，2000 年 1 月由李彦宏、徐勇两人创立于北京中关村，致力于向人们提供"简单，可依赖"的信息获取方式。提供网页、MP3、图片、视频、地图等多样化的搜索，提供网页快照，和百度 Hi 、百度贴吧、知道、百科、空间等社区产品，还提供百度有啊、百度团购导航、乐酷天等电子商务产品。

（2）Google（http://www.google.com/）：目前最优秀的支持多语种的搜索引擎之一。Google（Google Inc.，NASDAQ 简称：GOOG）是一家美国上市公司（公有股份公司），于 1998 年 9 月 7 日以私有股份公司的形式创立，以设计并管理一个互联网搜索引擎。Google 公司的总部称作 Googleplex，它位于加利福尼亚山景城。Google 创始人 Larry Page 和 Sergey Brin 在斯坦福大学的学生宿舍内共同开发了全新的在线搜索引擎，然后迅速传播给全球的信息搜索者。提供网页搜索、图片搜索、视频搜索、地图搜索、新闻搜索、购物搜索、博客搜索、论坛搜索、学术搜索、财经搜索。包括中文简体、繁体、英语等 35 个国家和地区的语言的资源。

（3）阿里巴巴雅虎:（http://cn.yahoo.com/）是一家极富创造性的国际化的互联网公司，由原雅虎中国演变而成，1999 年 9 月由雅虎全球创立，2005 年 8 月被阿里巴巴全资收购。2005 年 11 月 9 日，阿里巴巴雅虎宣布：未来阿里巴巴雅虎的业务重点方向全面转向搜索领域。作为全球搜索创新企业，阿里巴巴雅虎致力于打造"中国人做的面向全球的最好的搜索"。提供雅虎邮箱、雅虎知识堂、雅虎论坛、雅虎财经、雅虎体育、娱乐频道、搜索资讯、雅虎教育等产品和服务。

（4）搜狐（http://www.sohu.com/）：是 2008 年北京奥运会互联网内容服务赞助商，是中国最领先的新媒体、通信及移动增值服务公司，是中文世界最强劲的互联网品牌。"搜狐"在中国是家喻户晓的名字，是中国网民上网冲浪的首选门户网站。作为中文世界最大的网络资产，搜狐矩阵所提供的互联网服务从媒体资讯、无线增值、互动沟通扩展到产业服务、搜索引擎、网络游戏和生活服务等多个领域。

2.1.2.3　实验内容

【例 2.2】搜索绍兴旅游的相关信息。

1. 利用目录式搜索

（1）登录中国雅虎网站（http://cn.yahoo.com/），如图 2.1 所示。

图 2.1

（2）要查绍兴旅游的相关信息，可通过旅游目录来查，如图 2.2 所示。然后单击"浙江"，即可看到浙江的相关旅游信息，如图 2.3 所示。

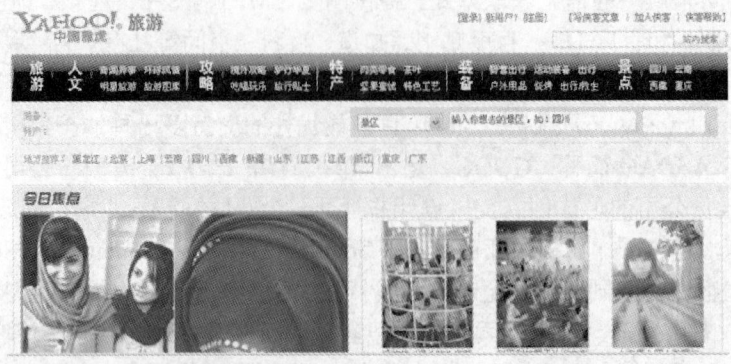

图 2.2

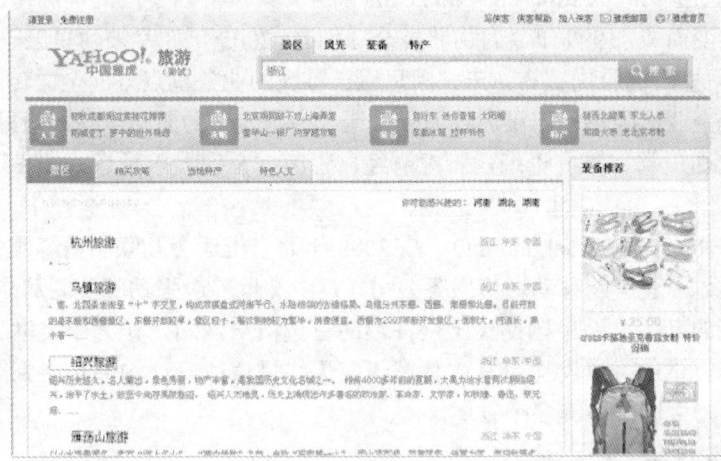

图 2.3

（3）单击"浙江绍兴旅游"，即可看到绍兴的相关旅游信息，如图 2.4 所示。

图 2.4

2．利用关键词搜索

（1）登录 Baidu 网站（http://www.baidu.com），如图 2.5 所示。

图 2.5

（2）输入"绍兴旅游"，即可搜索到包含"绍兴旅游"的网页信息，如图 2.6 所示。

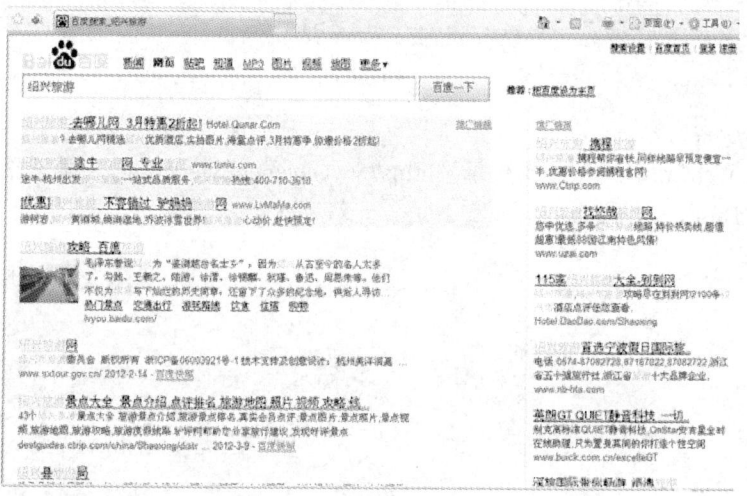

图 2.6

3．利用高级搜索

（1）百度高级搜索，如图 2.7 所示。

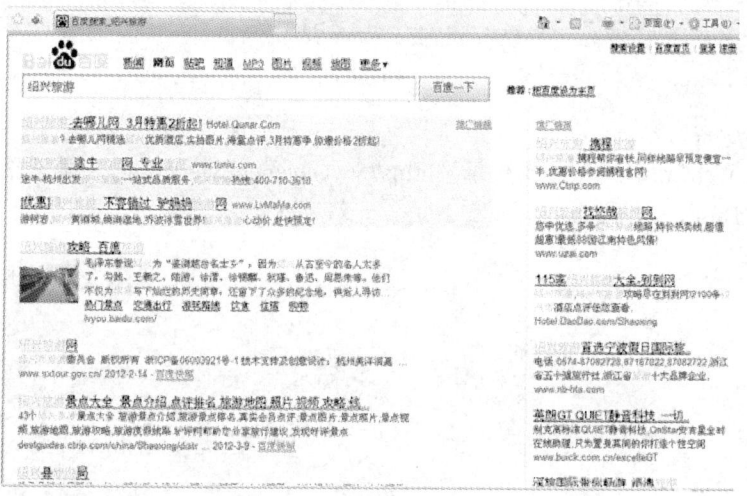

图 2.7

（2）查找包含"绍兴旅游"全部的字词，格式为 Word（.doc）的文件，然后单击"百度一下"按钮，如图 2.8 所示，就可以搜索到有关"绍兴旅游"的 DOC 格式文件。

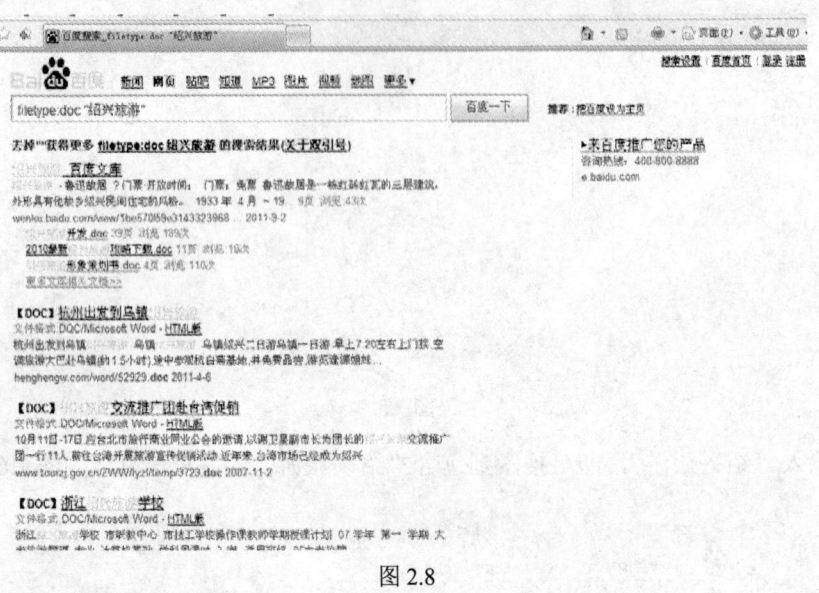

图 2.8

4．利用元搜索引擎

（1）登录 WebCrawler 元搜索引擎（http://www.webcrawler.com/）。搜索结果来自 google、Yahoo!Search，Bing，如图 2.9 所示。

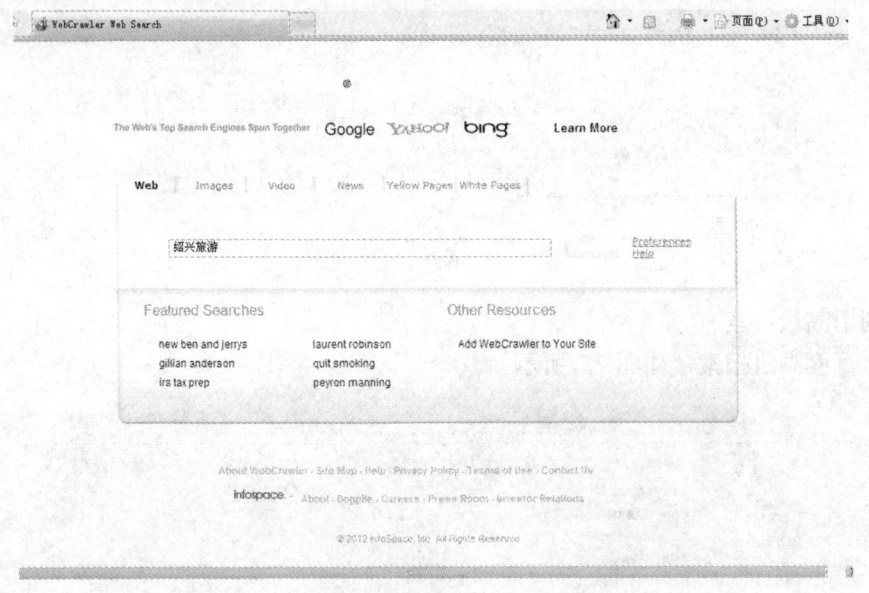

图 2.9

（2）输入"绍兴旅游"，单击"Search"按钮，可见相关搜索结果，每个结果后附有源搜索引擎名。如图 2.10 所示。

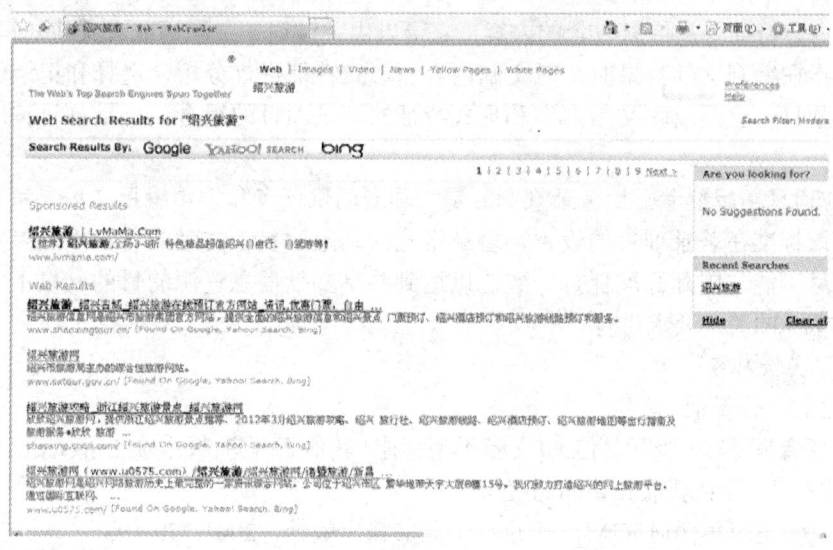

图 2.10

2.1.2.4　实验习题

（1）通过 Yahoo！搜索鲁迅的文学作品。

（2）通过 Baidu 搜索有关古越文化的相关信息，.doc 格式的文件等。

（3）通过 WebCrawler 搜索绍兴纺织的相关信息。

实验 2.2　信息组织实验

信息组织的基本内容包括：

（1）信息选择，就是从采集到的、处于无序状态的信息流中甄别出有用的信息，剔除无用的信息。

（2）信息分析，按照一定的逻辑关系从语义、语用和语法上对选择过的信息内、外表特征进行细化、挖掘、加工整理并归类的信息活动。

（3）信息描述与揭示，指根据信息组织和检索的需要，对信息资源的主题内容、形式特征、物质形态等进行分析、选择、记录的活动。

（4）信息存储，经过加工整理序化后的信息按照一定的格式与顺序存储在特定的载体。主要内容是信息描述与揭示，包括著录和标引。

实验 2.2.1　著录实验

2.2.1.1　实验目的

（1）理解著录的概念。

（2）掌握著录的方法。

2.2.1.2　预备知识

信息的外部形式特征是指信息的物理载体直接反映的信息对象，构成信息的外在的、形式的特征。包括：信息载体的物理形态、题名、作者、出版或发表日期、流通或传播的标记等方面的特征。

信息的内容特征就是信息包含的内容，它可以由关键词、主题词或者其他知识单元表达。

著录是指在编制文献目录时，对文献内容和形式特征进行分析、选择和记录的过程。著录的结果是款目，它是反映文献内容和形式特征的著录项目的组合。一批款目按序编排而成目录。

GB/T 7714《文后参考文献著录规则》是一项专门供著者和编辑编撰文后参考文献使用的国家标准，该标准在著录项目的设置、著录格式的确定、参考文献的著录以及参考文献表的组织等方面尽可能与国际标准保持一致，以达到共享文献信息资源的目的。以下实验内容主要按 GB/T 7714 的著录要求进行。

2.2.1.3　实验内容

【例 2.3】专著著录

主要责任者.题名:其他题名信息[文献类型标志].其他责任者.版本项.出版地:出版者,出版年:引文页码[引用日期].获取和访问路径.

[1] 余　敏. 出版集团研究[M]. 北京：中国书籍出版社，2001:179-193.

[2] [英]昂　温 G, 昂温 PS. 外国出版史[M]. 陈生铮，译. 北京：中国书籍出版社，1988.

【例 2.4】专著中析出文献著录

析出文献主要责任者. 析出文献题名[文献类型标志]. 析出文献其他责任者//专著主要责任者. 专著题名：其他题名信息. 版本项. 出版地：出版者，出版年：析出文献的页码[引用日期]. 获取和访问路径.

[1] 程根伟. 1998 年长江洪水的成因与减灾对策[M]//许厚泽，赵其国. 长江流域洪涝灾害与科技对策. 北京：科学出版社，1999:32-36.

[2] 陈晋镶，张惠民，朱士兴，等. 蓟县震旦亚界研究[M]//中国地质科学院天津地质矿产研究所. 中国震旦亚界. 天津：天津科学技术出版社，1980:56-114.

【例 2.5】连续出版物著录

主要责任者题名:其他题名信息[文献类型标志].年，卷(期).出版地:出版者,出版年[引用日期].获取和访问路径.

[1] 中国地质学会.地质论评[J].1936,1(1). 北京：地质出版社，1936.

[2] 中国图书馆学会.图书馆学通信[J].1957(l)-1990(4).北京:北京图书馆，1957-1990.

【例 2.6】连续出版物中的析出文献著录

析出文献主要责任者.析出文献题名[文献类型标志].连续出版物题名:其他题名信息，年，卷(期):页码[引用日期].获取和访问路径.

[1] 李晓东，张庆红，叶瑾琳.气候学研究的若干理论问题[J].北京大学学报:自然科学版，1999,35(1):101-106.

[2] 刘武，郑良，姜础.元谋古猿牙齿测量数据的统计分析及其在分类研究上的意义[J].科学通报，1999,44(23):2481-2488.

【例 2.7】专利文献著录

专利申请者或所有者.专利题名:专利国别,专利号[文献类型标志].公告日期或公开日期[引用日期].获取和访问路径.

[1] 姜锡洲.一种温热外敷药制备方案:中国,88105607.3[P].1989-07-26.

[2] 西安电子科技大学.光折变自适应光外差探测方法:中国,01128777.2[P/OL].2 002-03-06

[2002-05-28].http://211.152.9.47/sipoasp/zljs/hyjs-yx-new.asp? recid = 01128777.2 &Ieixin=0.

【例 2.8】电子文献著录

主要责任者.题名:其他题名信息[文献类型标志/文献载体标志].出版地:出版者，出版年(更新或修改日期) [引用日期].获取和访问路径.

[1]PACSL.the public-access computer systems forum [EB/OL].Houston,Tex:U niversity of Houston Libraries,1989[1995-05-17].http://info.lib.uh.edu/pacsl. html.

[2] On line Computer Library Center,Inc. History of OCLC[EB/OL].[2000-01-08].http://www.oclc.org/about/history/default.htm.

2.2.1.4　实验习题

假设写一篇题为：政府信息管理研究的论文，把收集到的各种文献资料进行著录。

实验 2.2.2　标引实验

2.2.2.1　实验目的

（1）理解标引的概念。

（2）掌握标引的方法。

2.2.2.2　预备知识

文献标引：分析文献的内容属性（特征）及相关外表属性，并用特定语言表达分析出的属性或特征，从而赋予文献检索标识的过程。

文献标引过程一般包括两个环节：①主题分析；②转换标识：用专门的主题概念，构成一定形式的检索标识。

标引语言，是专门的主题概念系统，也即一些分类表、主题词表。如中图分类法、公文主题词表等。

标引分类：

（1）分类标引——以文献内容的学科、专业属性为主要依据进行标引（以分类表为依据——《中国图书馆分类法》）。

（2）主题标引 ——以文献研究的对象为主要依据进行标引（说明文献主题构成因素之间的关系。以主题词表为依据——《汉语主题词表》）。

主题标引与分类标引一样，都是揭示文献主题内容的方法。在标引过程中均需对文献进行主题分析，而且一般都要以预先编制好的、反映主题概念的工具——分类表或主题词表为依据。分类法也可视为广义的主题法。

分类法用的是号码标识，即分类号作为文献的主题标识。而主题法采用的却是语词标识，即经规范的自然语言——主题词，作为文献的主题标识。因此在主题概念的表达方面，主题法比分类法更直观。

目前分类主题标引向一体化发展，是指分类系统和主题系统实现完全兼容，既能充分发挥各自特有的功能，又能相互配合，发挥最佳的整体效应。《中国分类主题词表》是分类主题一体化的成果，现已有第二版，2005 年 9 月由北京图书馆出版社正式出版。

2.2.2.3　实验内容

【例 2.9】草原调查规划学

分类标引：S812. 5

主题标引：草原调查 草地-规划

【例 2.10】下颌骨骨折治疗

分类标引：R782.4

主题标引：下颌骨 骨折 治疗

【例 2.11】Word 2000 快易通

分类标引：TP317.2

主题标引：文字处理程序　Word 2000

【例 2.12】当代美国农业生产管理文集

分类标引：F371.24-53

主题标引：农业 企业管理 美国 现代 文集

2.2.2.4　实验习题

对以下文献进行标引：

（1）企业地下管线信息管理系统的开发与应用。

（2）论宗教文化遗产资源开发的政府规制。

（3）基于电子商务平台的大学生创业教育研究。

第3章　信息分析与评价实验

信息分析是揭示客观事物的运动规律的过程，主要任务就是运用科学的理论、方法和手段，对信息进行分析，透过表面现象，把握内容本质。信息评价用于确定信息获取的价值，一般考虑：信息是否满足需求、信息的及时性与全面性、信息的可信度和易获取性、以及信息获取的成本等。

实验 3.1　信息分析实验

信息分析方法有许多种，不同学科有不同的信息分析方法。如商业学科的信息分析方法有：联合分析、回归分析、时间序列分析、因子分析、财务报表分析、产业结构分析、价值链分析、利益相关者分析、SWOT 分析等。信息学科信息分析方法有：比较类比法、引文分析法、层次分析法、内容分析法等。又可分为定量和定性两大类方法，定量方法关注的是目标样本过去和现在的状态，利用数学模型对未来进行预测。定性方法注重于目标样本的实时状态，关注事物的瞬时变化特征。

实验 3.1.1　统计分析实验

3.1.1.1　实验目的
（1）掌握建立数据集的方法。
（2）掌握数据集的预处理方法。
（3）掌握图表处理的方法。
（4）掌握描述性统计方法。

3.1.1.2　预备知识
1. 定性变量的数据描述
由于定性变量主要是计数，比较简单，常用的概括就是比例、百分比、中位数和众数。
中位数（Median）是数据按照大小排列之后位于中间的那个数（如果样本量为奇数），或者中间两个数目的平均（如果样本量为偶数）。
众数就是数据中出现次数或出现频率最多的数值。
2. 定量变量的数据描述
除了图表之外，可以用少量汇总统计量或概括统计量（Summary Statistic）来描述定量变量的数据。
通常有均值（平均数）、中位数、总数；标准差、方差、标准误差。
如果这些数字是从样本数据得来的，称为统计量（Statistic）。
如果这些数字是从总体数据得来的，称为总体参数（Statistic）。
由于样本本身是随机的，从同一个总体抽出来的不同样本也不一样。因此，对于不同数据或样本，统计量的取值也不一样；所以统计量是随机的。

一些统计量前面有时加上"样本"二字，以区别于总体的同名参数。

比如后面的从样本产生的均值和标准差严格说来应该叫做"样本均值"和"样本标准差"，以区别于总体的均值和标准差；但在不会混淆时可以只说"均值"和"标准差"。

3.1.1.3　实验内容

【例 3.1】统计分析学生上网和成绩情况

1．实验资料

（1）学生数据集 data1-1.sav 的变量属性和数据表见表 3.1 和表 3.2。

表 3.1　变量属性

序号	Name	Type	Label	Values	Measure
1	Number	Numeric	序号	None	Ordinal
2	Gender	Numeric	性别	1=男，2=女	Nominal
3	Howmuch	Numeric	上网频率	1=偶尔，2=有时，3=经常，4=从不	Nominal
4	Doingwha	Numeric	上网活动	1=看新闻，2=聊天，3=游戏，4=其他	Nominal
5	Niews	Numeric	对上网看法	1=好，2=较好，3=一般，4=差	Nominal
6	attact	Numeric	是否影响成绩	1=会，2=不会	Nominal

表 3.2　数据表

number	gender	howmuch	doingwha	niews	attact
1	1	3	1	1	2
2	1	1	2	1	2
3	1	1	2	2	1
4	1	3	1	3	1
5	1	3	1	2	1
6	1	2	2	3	1
7	1	3	2	3	1
8	1	2	2	3	1
9	1	2	2	3	1
10	1	2	1	2	1
11	1	2	2	1	1
12	1	1	2	1	1
13	1	2	4	1	2
14	1	1	4	2	2
15	1	1	3	4	2
16	1	1	2	2	2
17	1	1	1	3	1
18	1	3	4	1	2
19	1	1	3	3	1
20	1	1	3	1	2

（2）学生成绩表 data2-1.xls 见表 3.3。

表 3.3 成绩表

number	English	Math	Economics	Statistics
1	79	79	81	78
2	90	90	92	89
3	73	73	75	72
4	84	84	86	83
5	75	75	77	74
6	75	63	77	62
7	80	80	82	79
8	75	75	77	74
9	79	77	81	76
10	76	76	78	75
11	82	82	84	81
12	76	71	78	70
13	76	76	78	75
14	77	79	79	78
15	80	78	82	77
16	77	77	79	76
17	78	78	80	77
18	78	80	80	79
19	78	78	80	77
20	84	88	86	87

2．实验步骤

（1）建立数据集 data1-1.sav。

1）单击打开 SPSS 软件，如图 3.1 所示，单击“取消”按钮即可出现图 3.2。

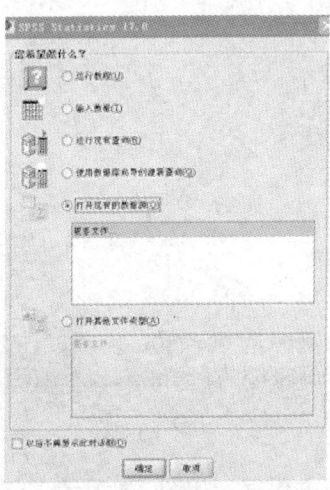

图 3.1

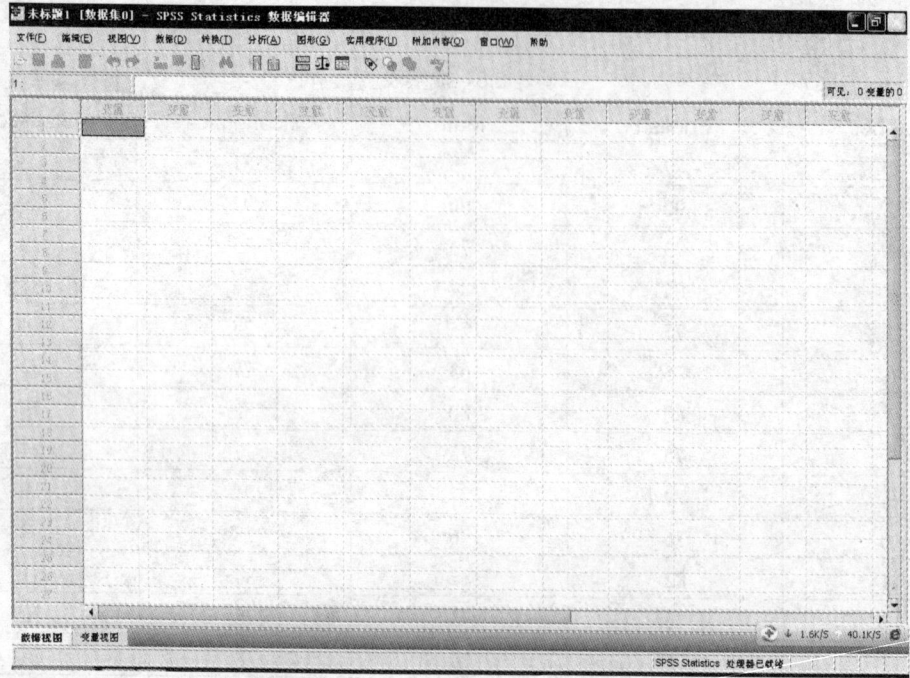

图 3.2

2）单击变量视图，输入名称、类型、宽度、小数、标签、值、度量标准等，并保存为文件 data1-1.sav，如图 3.3 所示。

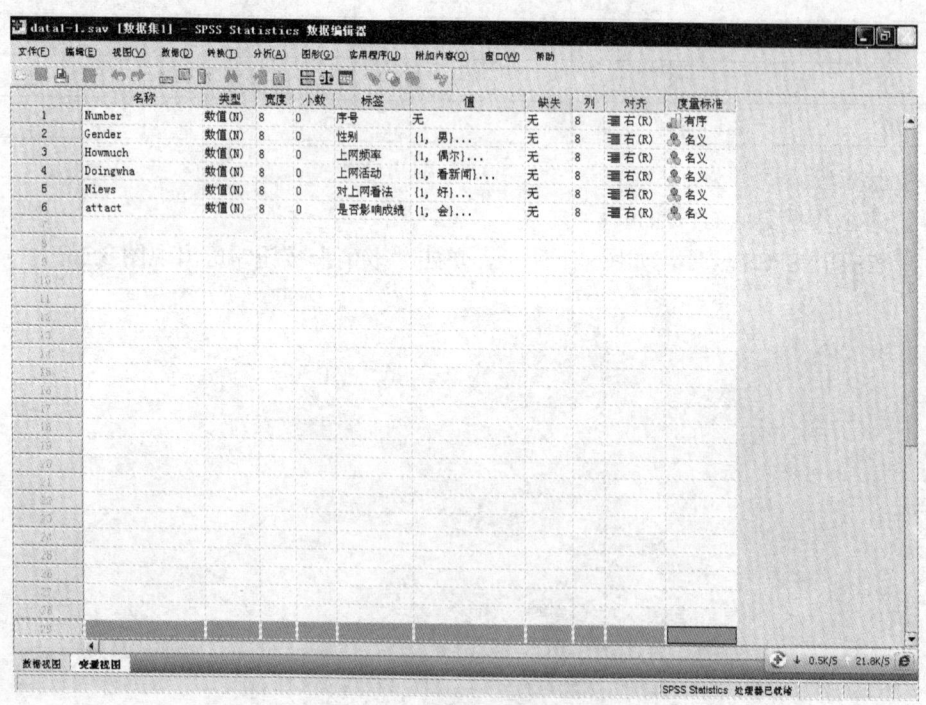

图 3.3

3）单击数据视图，输入数据并保存，如图 3.4 所示。

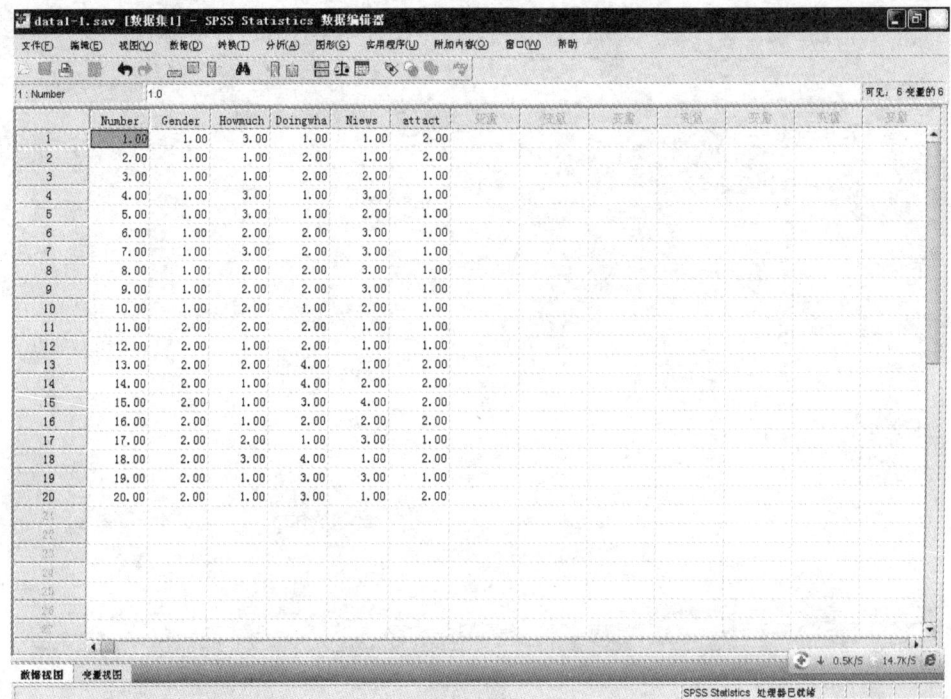

图 3.4

（2）转换 Excel 格式文件 data2-1.xls 为 SPSS 数据集 data2-2.sav。

1）在 SPSS 中单击"打开"文件按钮，"文件类型"选为"Excel 类型"，可以看到文件 data2-1.xls，如图 3.5 所示。

2）选中文件 data2-1.xls，单击"打开"按钮，出现如图 3.6 所示的对话框。选中"从第一行数据读取变量名"单选项，工作表 Sheet1 区域 A1:E21 中读取数据。

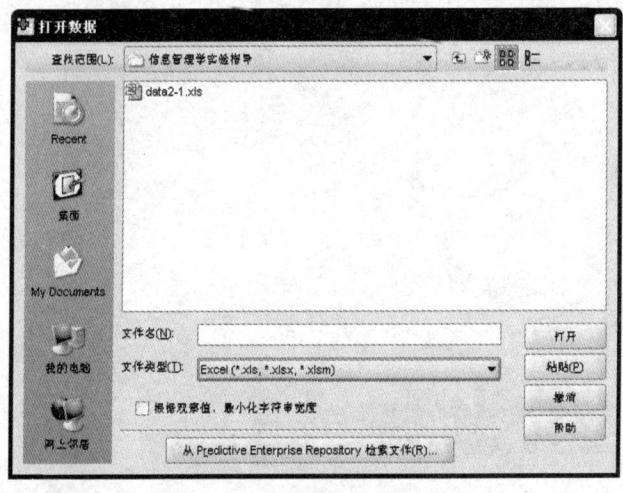

图 3.5　　　　　　　　　　　　　　　　图 3.6

3）单击"确定"按钮后，出现如图 3.7 所示的界面。

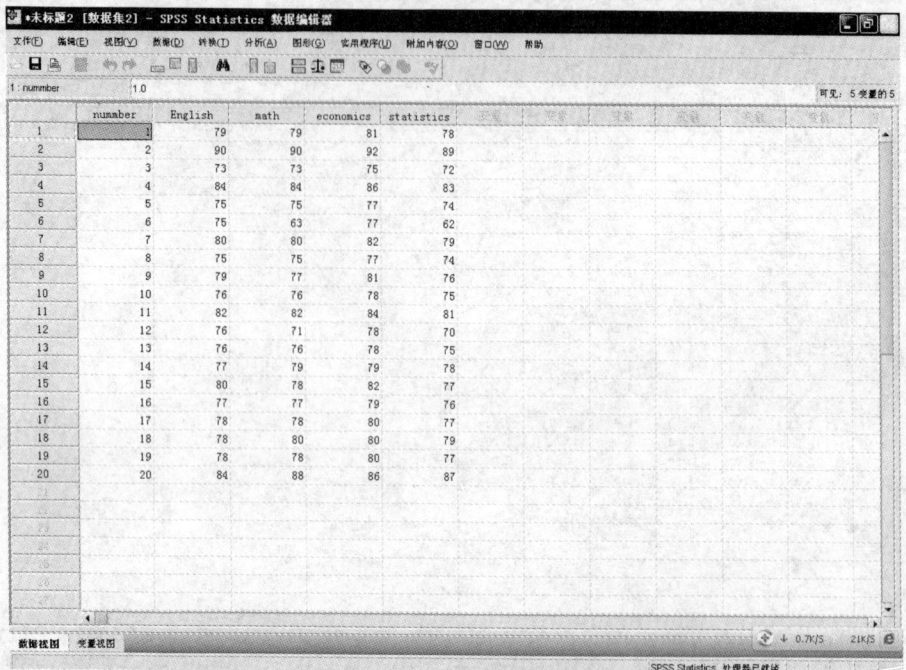

图 3.7

4）保存为 data2-2.sav 文件，单击"变量视图"标签，调整宽度、输入标签，如图 3.8 所示。

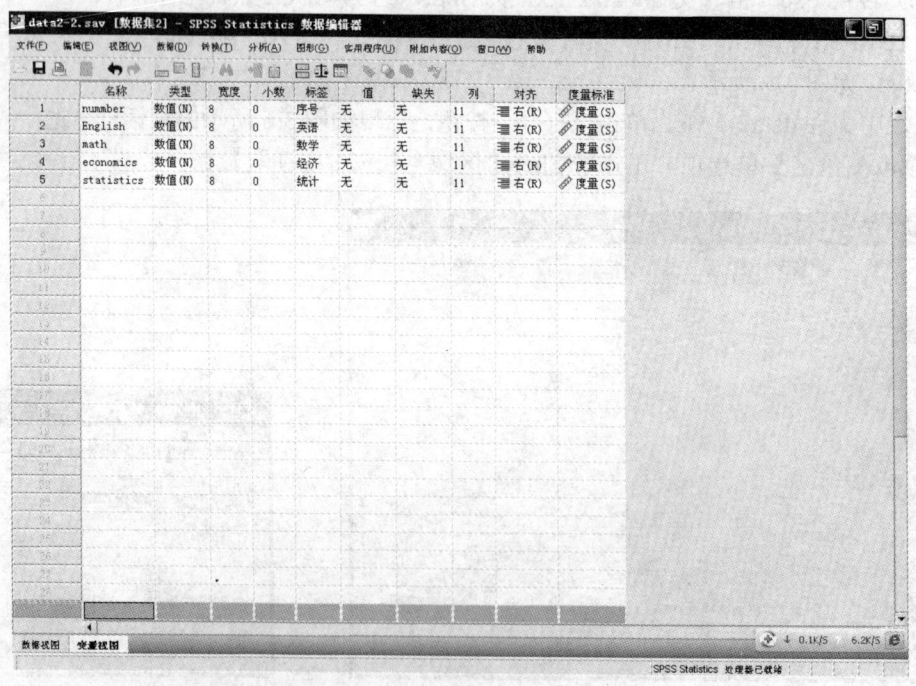

图 3.8

（3）合并数据集。将文件 data1-1.sav 与 data2-2.sav 合并。

1）单击"数据"菜单中"合并文件"中的"添加变量"，弹出如图 3.9 所示的对话框。

2）选择打开数据集 data2-2.sav，如图 3.10 所示。

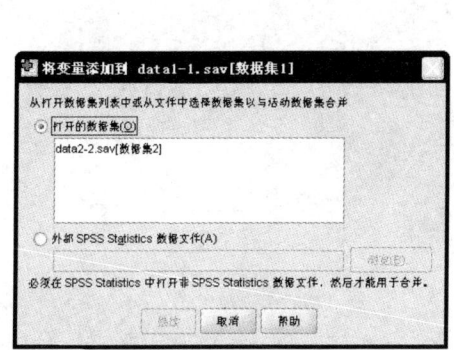
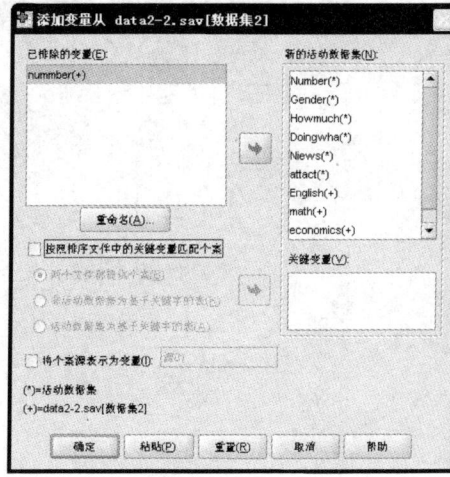

图 3.9　　　　　　　　　　　　　　　　图 3.10

3）排除重复的 number 变量，单击"确定"按钮，就添加了变量，如图 3.11 所示。

图 3.11

4）单击"数据视图"标签，可见数据，如图 3.12 所示。

（4）排序。按统计学考试成绩升序排序。

1）单击"数据"菜单中的"排序个案"，出现如图 3.13 所示的对话框。

2）选定统计学成绩变量为排序依据，排列顺序为"升序"，单击"确定"按钮，如图 3.14 所示，已按统计学成绩升序排列了。

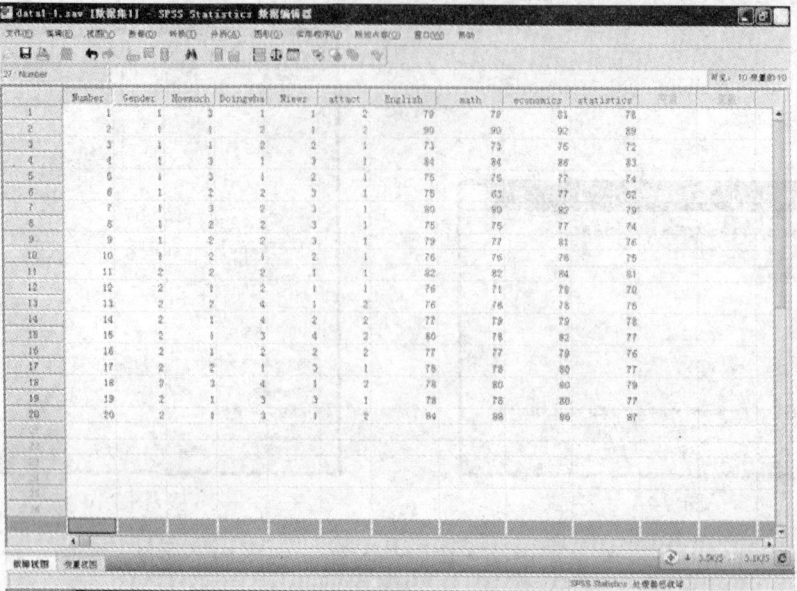

图 3.12

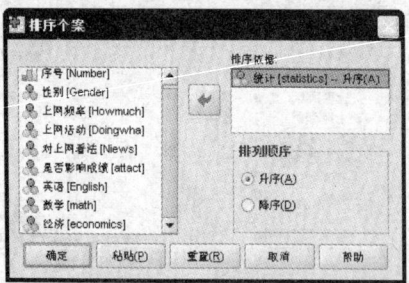

图 3.13

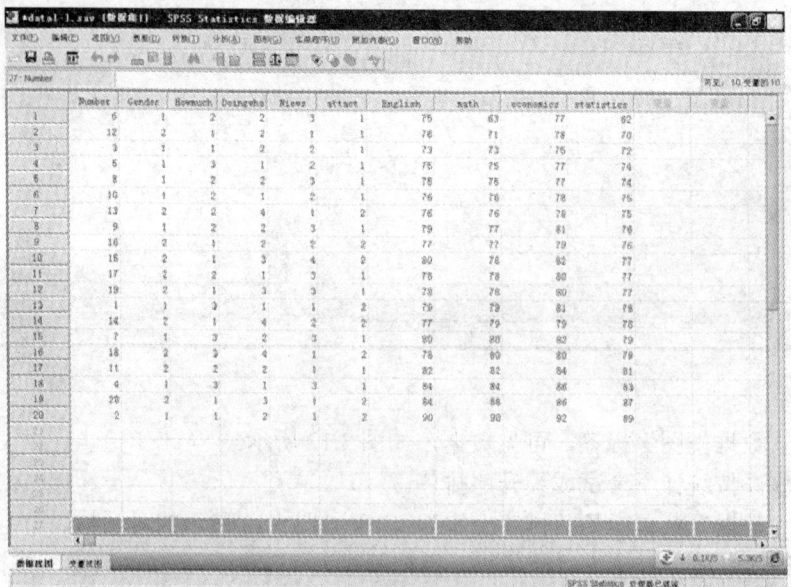

图 3.14

（5）简单计算。计算每位被访者四门课程的平均考试分数。

1）单击"转换"菜单中的"计算变量"，出现如图 3.15 所示的对话框。

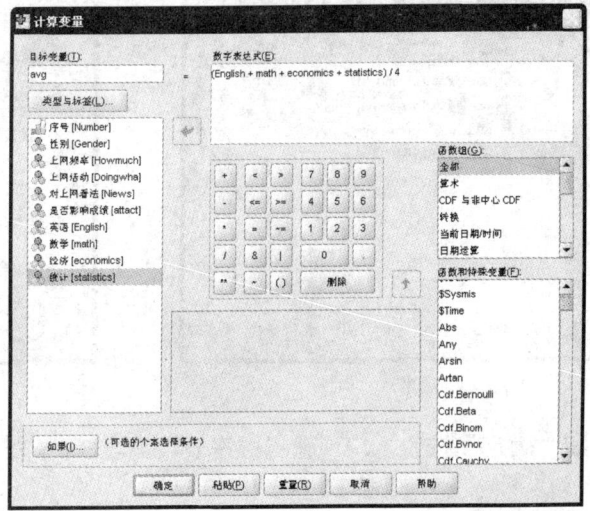

图 3.15

2）输入目标变量：avg（平均分），输入如图 3.15 所示的计算公式，单击"确定"按钮，如图 3.16 所示，已计算出平均分。

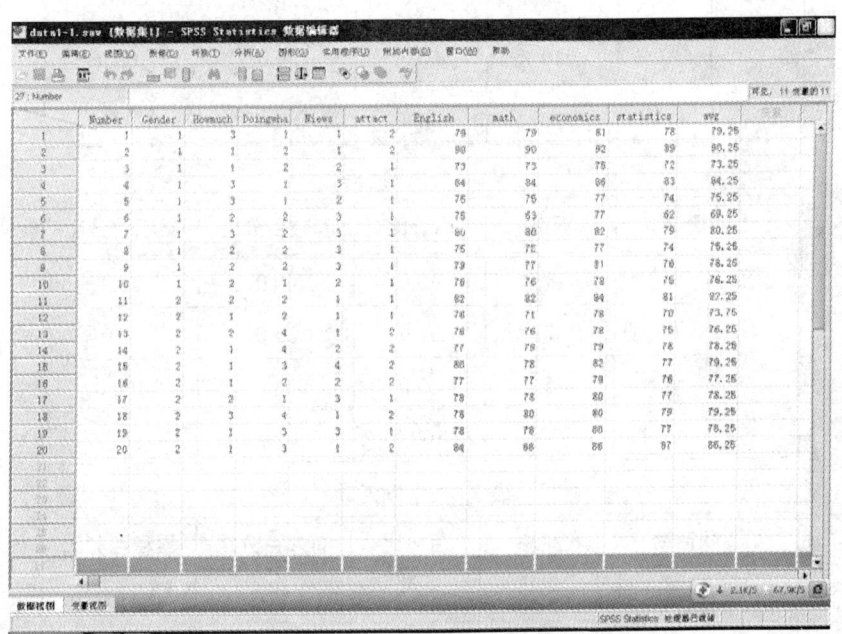

图 3.16

（6）频度分析。

1）单击"分析"菜单中"描述统计"下的"频率"，如图 3.17 所示的对话框。

2）选择性别、上网频率、上网活动、对上网看法、是否影响成绩等变量，单击"图表"按钮设置为"饼图"，"图表值"为"频率"，如图 3.18 所示。

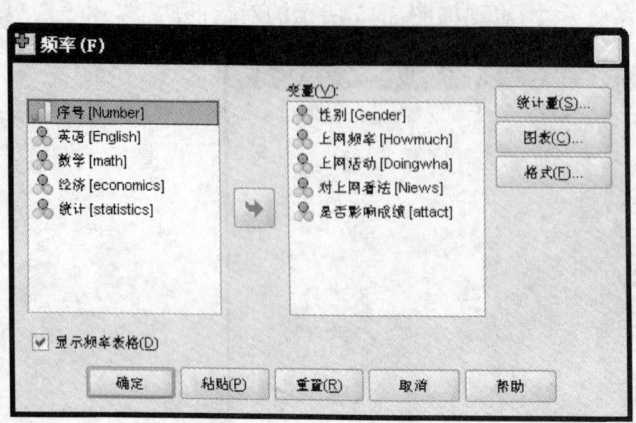

图 3.17

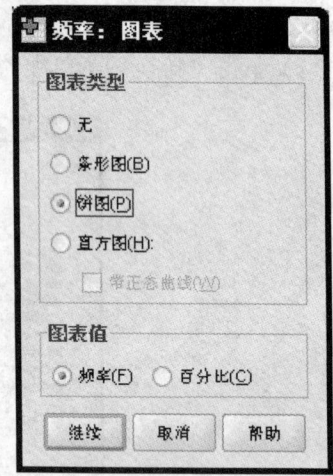

图 3.18

3）单击"继续"和"确定"按钮，出现输出频率表，见表 3.4～表 3.8，饼图如图 3.19～图 3.23 所示。

表 3.4　性别

上网情况		频率	百分比	有效百分比	累积百分比
有效	男	10	50.0	50.0	50.0
	女	10	50.0	50.0	100.0
	合计	20	100.0	100.0	

表 3.5　上网频率

上网情况		频率	百分比	有效百分比	累积百分比
有效	偶尔	8	40.0	40.0	40.0
	有时	7	35.0	35.0	75.0
	经常	5	25.0	25.0	100.0
	合计	20	100.0	100.0	

表 3.6　上网活动

上网活动		频率	百分比	有效百分比	累积百分比
有效	看新闻	5	25.0	25.0	25.0
	聊天	9	45.0	45.0	70.0
	游戏	3	15.0	15.0	85.0
	其他	3	15.0	15.0	100.0
	合计	20	100.0	100.0	

表 3.7　对上网看法

对上网看法		频率	百分比	有效百分比	累积百分比
有效	好	7	35.0	35.0	35.0
	较好	5	25.0	25.0	60.0
	一般	7	35.0	35.0	95.0
	差	1	5.0	5.0	100.0
	合计	20	100.0	100.0	

表 3.8　是否影响成绩

上网影响调查		频率	百分比	有效百分比	累积百分比
有效	会	12	60.0	60.0	60.0
	不会	8	40.0	40.0	100.0
	合计	20	100.0	100.0	

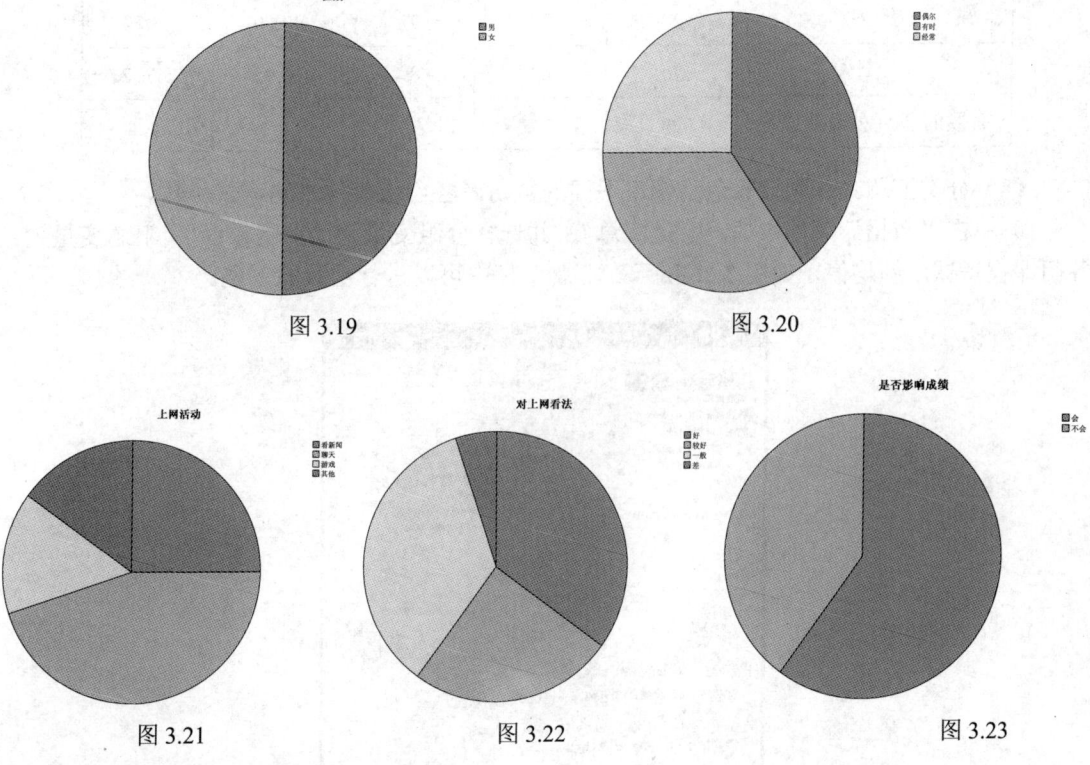

图 3.19　　　　　　　　　　　　　　图 3.20

图 3.21　　　　　　　　图 3.22　　　　　　　　图 3.23

（7）描述性统计分析。

1）单击"分析"菜单中"描述统计"下的"描述"，弹出如图 3.24 所示的对话框。

2）选择英语、数学、经济、统计 4 个变量，默认选项，如图 3.25 所示。

3）单击"继续"按钮和"确定"按钮，得到描述统计量值，见表 3.9。

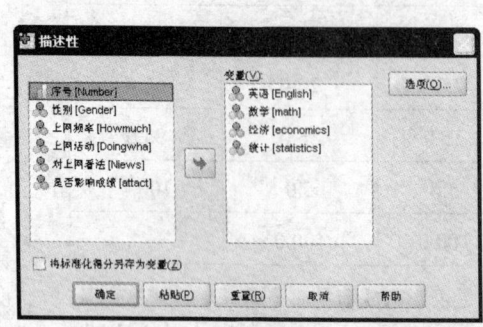

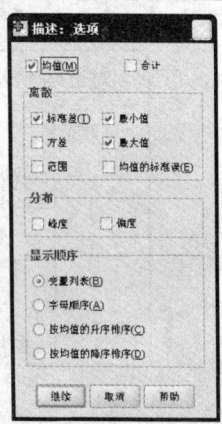

图 3.24　　　　　　　　　　　　　　　　　　　　　　图 3.25

表 3.9　描述统计量

学科	N	极小值	极大值	均值	标准差
英语	20	73	90	78.60	3.979
数学	20	63	90	77.95	5.772
经济	20	75	92	80.60	3.979
统计	20	62	89	76.95	5.772
有效的 N（列表状态）	20				

（8）分类汇总。分别计算上网频率不同的被访者各门课程的平均考试分数。

1）单击"数据"菜单中的"分类汇总"，并选择分组变量为"上网频率"。汇总变量为：各门课程考试成绩均值，如图 3.26 所示。汇总变量中可以进行函数的调整。

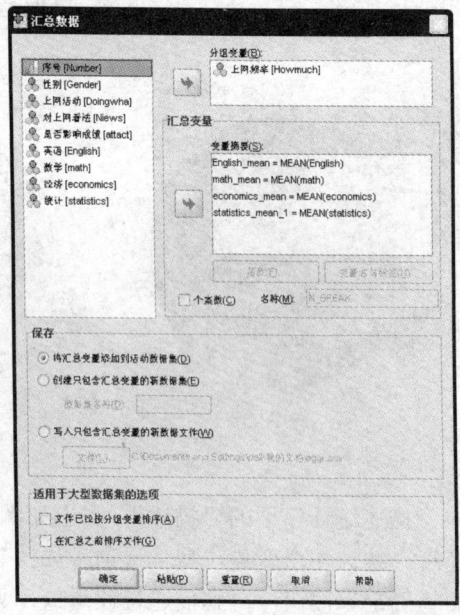

图 3.26

2）单击“确定”按钮，如图 3.27 所示，增加了 English_mean、math_mean、economics_mean、statistics_mean 4 个汇总变量的值。

	ath	economics	statistics	English_mean	math_mean	economics_mean	statistics_mean
1	79	81	78	79.20	79.60	81.20	78.60
2	90	92	89	79.38	79.25	81.38	78.25
3	73	75	72	79.38	79.25	81.38	78.25
4	84	86	83	79.20	79.60	81.20	78.60
5	75	77	74	79.20	79.60	81.20	78.60
6	63	77	62	77.29	75.29	79.29	74.29
7	80	82	79	79.20	79.60	81.20	78.60
8	75	77	74	77.29	75.29	79.29	74.29
9	77	81	76	77.29	75.29	79.29	74.29
10	76	78	75	77.29	75.29	79.29	74.29
11	82	84	81	77.29	75.29	79.29	74.29
12	71	78	70	79.38	79.25	81.38	78.25
13	76	78	75	77.29	75.29	79.29	74.29
14	79	79	78	79.38	79.25	81.38	78.25
15	78	82	77	79.38	79.25	81.38	78.25
16	77	79	76	79.38	79.25	81.38	78.25
17	78	80	77	77.29	75.29	79.29	74.29
18	80	80	79	79.20	79.60	81.20	78.60
19	78	80	77	79.38	79.25	81.38	78.25
20	88	86	87	79.38	79.25	81.38	78.25

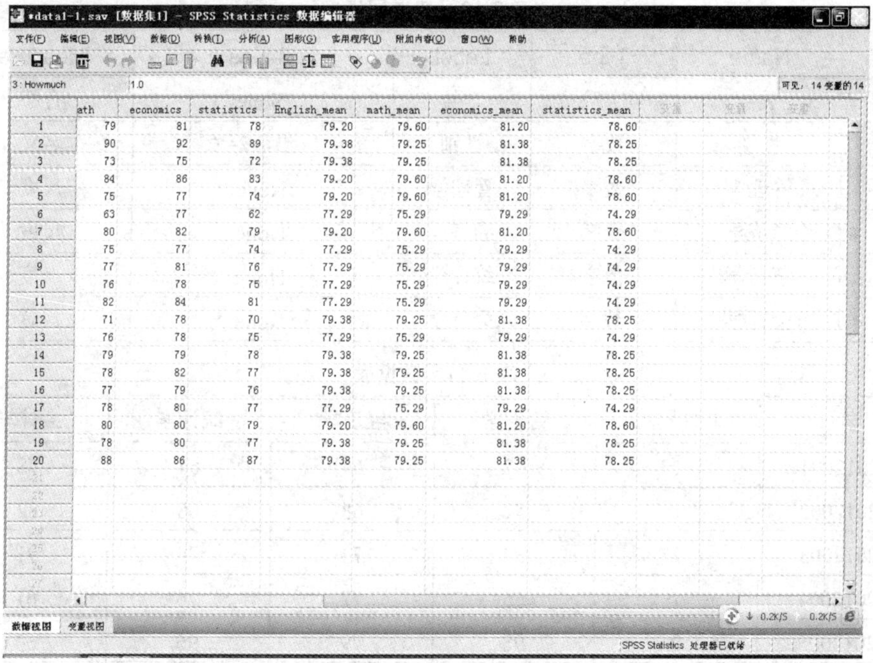

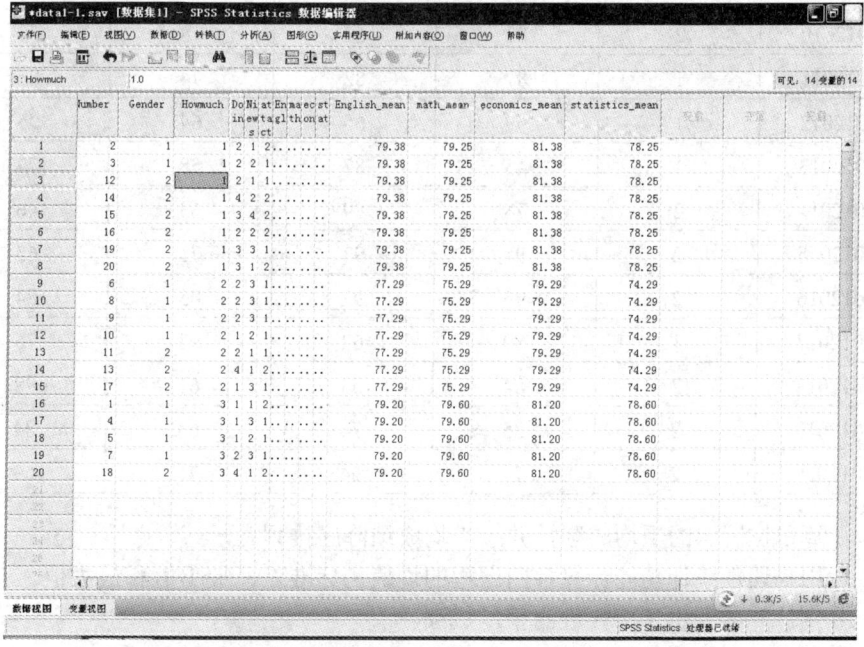

图 3.27

3）对分组变量的上网频率进行升序排序后，可以看出各科平均成绩随上网频率增加的趋势，如图 3.28 所示。

	Number	Gender	Howmuch	Doin	Niews	atact	Engl	math	econ	stat	English_mean	math_mean	economics_mean	statistics_mean
1	2	1	1	2	1	2	..	..	..	..	79.38	79.25	81.38	78.25
2	3	1	1	2	2	1	..	..	..	..	79.38	79.25	81.38	78.25
3	12	2	1	2	1	1	..	..	..	..	79.38	79.25	81.38	78.25
4	14	2	1	4	2	2	..	..	..	..	79.38	79.25	81.38	78.25
5	15	2	1	3	4	2	..	..	..	..	79.38	79.25	81.38	78.25
6	16	2	1	2	2	2	..	..	..	..	79.38	79.25	81.38	78.25
7	19	2	1	3	3	1	..	..	..	..	79.38	79.25	81.38	78.25
8	20	2	1	3	1	2	..	..	..	..	79.38	79.25	81.38	78.25
9	6	1	2	2	3	1	..	..	..	..	77.29	75.29	79.29	74.29
10	8	1	2	2	3	1	..	..	..	..	77.29	75.29	79.29	74.29
11	9	1	2	2	3	1	..	..	..	..	77.29	75.29	79.29	74.29
12	10	1	2	1	2	1	..	..	..	..	77.29	75.29	79.29	74.29
13	11	2	2	2	1	1	..	..	..	..	77.29	75.29	79.29	74.29
14	13	2	2	4	1	2	..	..	..	..	77.29	75.29	79.29	74.29
15	17	2	2	1	3	1	..	..	..	..	77.29	75.29	79.29	74.29
16	1	1	3	1	1	2	..	..	..	..	79.20	79.60	81.20	78.60
17	4	1	3	1	3	1	..	..	..	..	79.20	79.60	81.20	78.60
18	5	1	3	1	2	1	..	..	..	..	79.20	79.60	81.20	78.60
19	7	1	3	2	3	1	..	..	..	..	79.20	79.60	81.20	78.60
20	18	2	3	4	1	2	..	..	..	..	79.20	79.60	81.20	78.60

图 3.28

3.1.1.4 实验习题

（1）按表 3.10 的变量属性和表 3.11 的数据，建立数据集 data.sav。

表 3.10 变量属性

序号	Name	Type	Label	Values	Measure
1	学号	字符	学号	None	有序
2	性别	数字	性别	1=男，2=女	名义
3	管理学	数字	管理学	None	尺度
4	经济学	数字	经济学	None	尺度
5	统计学	数字	统计学	None	尺度
6	会计学	数字	会计学	None	尺度

表 3.11 数据表

学号	性别	管理学	经济学	统计学	会计学
2012001	1	67	64	64	78
2012002	1	52	68	68	82
2012003	2	32	74	74	91
2012004	1	65	72	76	61
2012005	2	98	79	96	64
2012006	1	78	89	78	74
2012007	1	77	46	85	82
2012008	1	68	51	89	36
2012009	2	79	58	82	65
2012010	2	82	69	78	75
2012011	1	87	82	74	85
2012012	1	69	65	64	95
2012013	1	45	87	58	72
2012014	2	78	89	63	46
2012015	2	91	93	71	65
2012016	2	96	97	85	84
2012017	1	80	62	93	76
2012018	2	84	63	61	78
2012019	2	85	74	63	84
2012020	2	74	64	71	69

（2）计算每位同学的平均成绩，并按平均成绩降序排列。

（3）运用描述性统计功能计算各门课程的均值、标准差、最小值和最大值。

（4）分别计算男女生各门课程的平均成绩。

实验 3.1.2 联机分析实验

3.1.2.1 实验目的

（1）掌握建立系统数据源连接。

（2）掌握建立数据库和数据源。

（3）掌握建立编辑多维数据集方法。

（4）掌握设计存储和处理多维数据集。

3.1.2.2 预备知识

联机分析（OLAP，OnLine Analytical Processing）是多种角度对从原始数据中转化出来的、能够真正为用户所理解的并真实反映企业多维特征的信息进行快速、一致、交互地存取，从而获得对数据的更深入了解的一类软件技术。OLAP 应当提交对共享的多维信息的快速分析。

多维数据结构主要包括两种形式：

（1）超立方结构（Hypercube）：指三维或更多维结构。

（2）多立方结构（Multicube）：多个多维结构或大立方结构的多个子集。

多维分析的基本分析动作：

（1）切片和切块（Slice and Dice）。切片：按二维进行切片；切块：按三维进行切块。

（2）钻取（Drill）。钻取包含向下钻取（Drill-down）和向上钻取（Drill-up）/上卷（Roll-up）操作。

（3）旋转（Rotate）/转轴（Pivot）。通过旋转可以得到不同视角的数据。

3.1.2.3 实验内容

3.1.2.3.1 建立系统数据源连接，设置系统数据源名称。

（1）Microsoft® Windows NT® 4.0 用户：单击"开始"→"设置"→"控制面板"，然后双击"数据源（ODBC）"。

Windows® 2000 用户：单击"开始"→"设置"→"控制面板"，然后双击"管理工具"，再双击"数据源（ODBC）"。

（2）在"系统 DSN"选项卡中单击"添加"按钮。

（3）选择"Microsoft Access 驱动程序(*.mdb)"，然后单击"完成"按钮。

（4）在"数据源名"文本框中输入"教程"，然后在"数据库"下单击"选择"按钮。如图 3.29 所示。

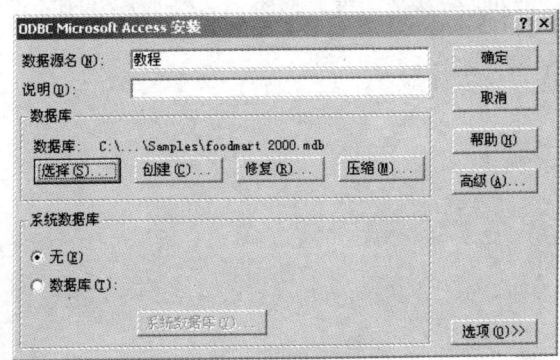

图 3.29

（5）在"选择数据库"对话框中选择浏览路径"C:\Program Files\Microsoft Analysis Services\Samples"，然后单击 FoodMart 2000.mdb，单击"确定"按钮。

（6）在"ODBC Microsoft Access 安装"对话框中单击"确定"按钮。

（7）在"ODBC 数据源管理器"对话框中单击"确定"按钮。

3.1.2.3.2　启动 Analysis Manager

单击"开始"→"程序"→Microsoft SQL Server→Analysis Services，然后单击 Analysis Manager，如图 3.30 所示。

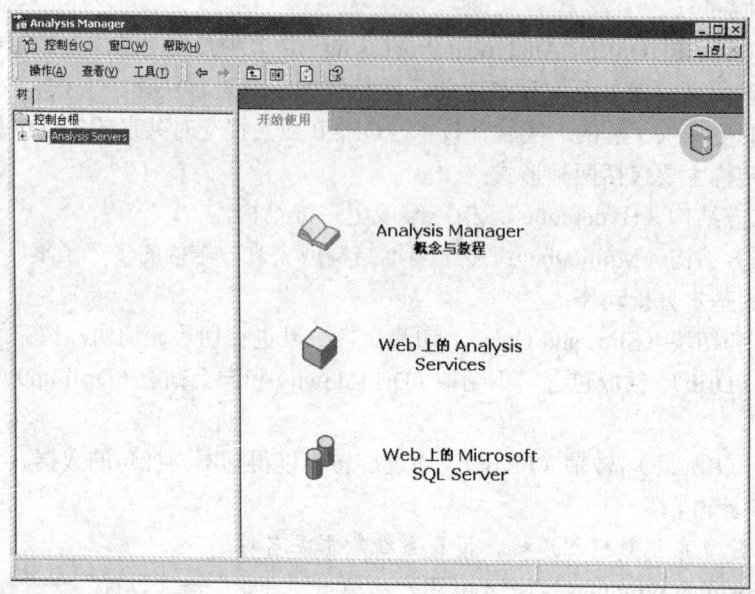

图 3.30

3.1.2.3.3　建立数据库和数据源

1．建立数据库结构

（1）在 Analysis Manager 树视图中展开 Analysis Servers。

（2）单击服务器名称，即可建立与 Analysis Servers 的连接。

（3）右击服务器名称，然后单击"新建数据库"命令。

（4）在"数据库"对话框的"数据库名称"文本框中输入"教程"，然后单击"确定"按钮。

（5）在 Analysis Manager 树窗格中展开服务器，然后展开刚才创建的"教程"数据库，如图 3.31 所示。

新的"教程"数据库包含下列项目：

1）数据源。

2）多维数据集。

3）共享维度。

4）挖掘模型。

5）数据库角色。

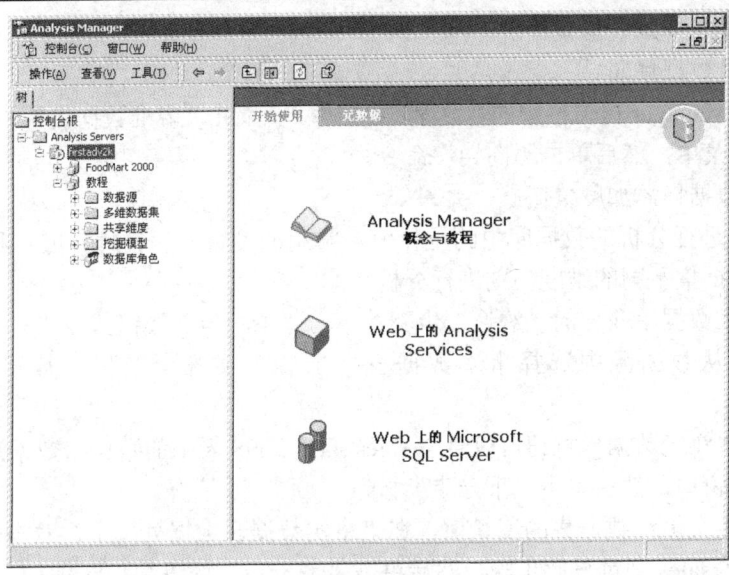

图 3.31

2．建立数据源

（1）在 Analysis Manager 树窗格中右击"教程"数据库下的"数据源"文件夹，然后单击"新数据源"命令。

（2）在"数据链接属性"对话框中单击"提供者"选项卡，单击 Microsoft OLE DB Provider for ODBC Drivers，如图 3.32 所示。

（3）单击"连接"选项卡，然后从"使用数据源名称"下拉列表中单击"教程"，如图 3.33 所示。

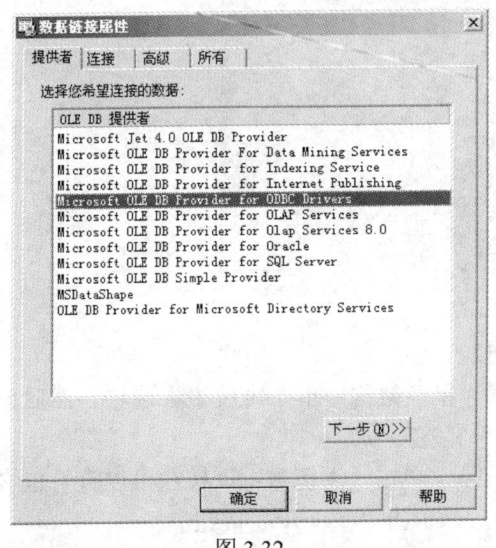

图 3.32

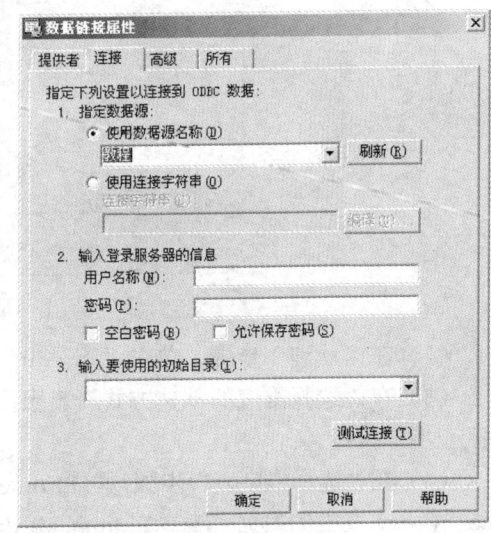

图 3.33

（4）单击"测试连接"按钮以确保一切工作正常。在"Microsoft 数据链接"对话框中应出现一条消息，说明连接成功。

（5）在消息框中单击"确定"按钮。关闭"数据链接属性"对话框。

3.1.2.3.4　建立多维数据集

1．打开多维数据集向导

在 Analysis Manager 树窗格中的"教程"数据库下，右击"多维数据集"文件夹，单击"新建多维数据集"菜单，然后单击"向导"命令。

2．向多维数据集添加度量值

度量值是要进行分析的数据库中的量化值。常用的度量值为销售、成本和预算数据。度量值根据多维数据集不同的维度类别进行分析。

（1）在多维数据集向导的"欢迎"步骤，单击"下一步"按钮。

（2）在"从数据源中选择事实数据表"步骤，展开"教程"数据源，然后单击 sales_fact_1998。

（3）单击"浏览数据"按钮可以查看 sales_fact_1998 表中的数据。数据浏览完毕后，关闭"浏览数据"窗口，然后单击"下一步"按钮。

（4）若要定义多维数据集的度量值，在"事实数据表数据列"下，双击 store_sales。对 store_cost 和 unit_sales 列重复此步骤，然后单击"下一步"按钮。

3．建立时间维度

（1）在向导的"选择多维数据集的维度"步骤，单击"新建维度"命令。此操作将调用维度向导，如图 3.34 所示。

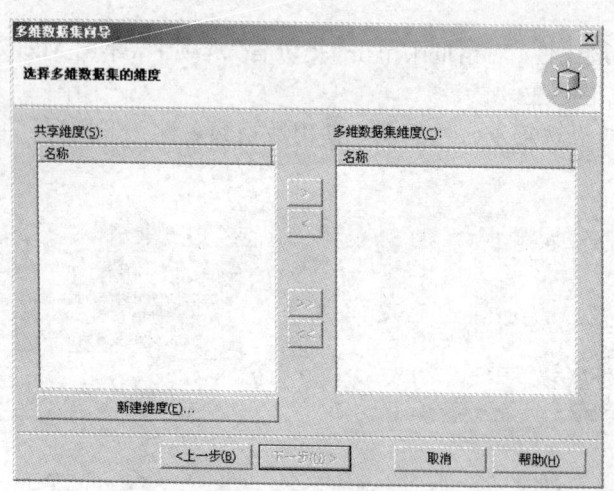

图 3.34

（2）在"欢迎"步骤，单击"下一步"按钮。

（3）在"选择维度的创建方式"步骤，选择"星型架构：单个维度表"选项，然后单击"下一步"按钮。

（4）在"选择维度表"步骤，单击 time_by_day。单击"浏览数据"按钮可以查看包含在 time_by_day 表中的数据。查看完 time_by_day 表后，单击"下一步"按钮。

（5）在"选择维度类型"步骤，选择"时间维度"选项，然后单击"下一步"按钮，如图 3.35 所示。

（6）接下来，将定义维度的级别。在"创建时间维度级别"步骤，单击"选择时间级别"，单击"年、季度、月"，然后单击"下一步"按钮。

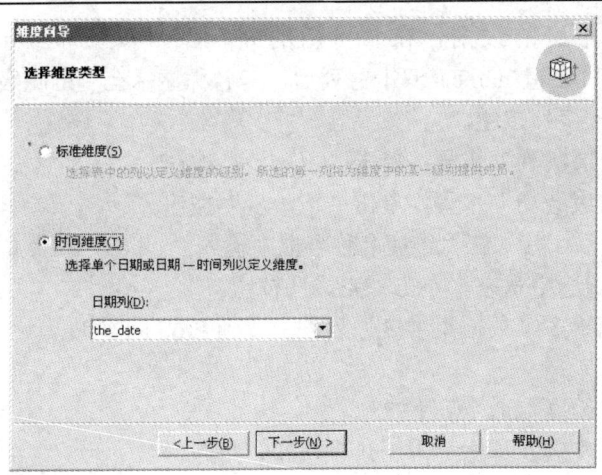

图 3.35

（7）在"选择高级选项"步骤，单击"下一步"按钮。

（8）在向导的最后一步，输入 Time 作为新维度的名称。

注意： 使用"与其他多维数据集共享此维度"复选框，可以指定此维度是共享的，还是专用的。该复选框位于屏幕的左下角。保持该复选框的选中状态。

（9）单击"完成"按钮返回到多维数据集向导。

（10）在多维数据集向导中，现在应能在"多维数据集维度"列表中看到 Time 维度。

4．建立产品维度

（1）再次单击"新建维度"命令。在"欢迎进入维度向导"步骤，单击"下一步"按钮。

（2）在"选择创建维度的方式"步骤，选择"雪花架构：多个相关维度表"选项，然后单击"下一步"按钮。

（3）在"选择维度表"步骤，双击 Product 和 product_class 将它们添加到"选定的表"，单击"下一步"按钮。

（4）在维度向导的"创建和编辑联接"步骤，显示在上一步选定的两个表以及它们之间的联接，单击"下一步"按钮，如图 3.36 所示。

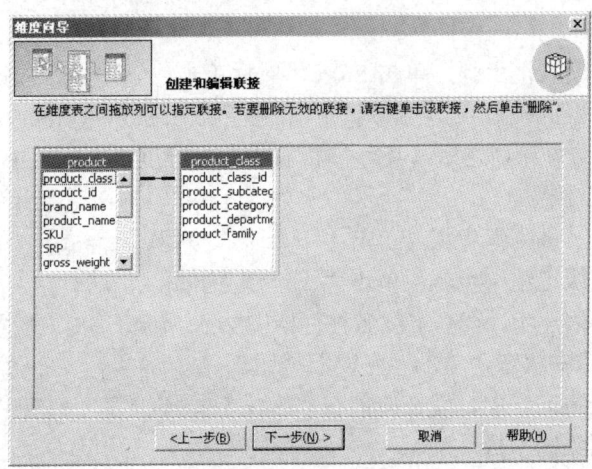

图 3.36

（5）若要定义维度的级别，在"可用的列"下，按顺序双击 product_category、product_subcategory 和 brand_name。双击每列后，其名称显示在"维度级别"下。在选择了所有 3 列后，单击"下一步"按钮。

（6）在"指定成员键列"步骤，单击"下一步"按钮。

（7）在"选择高级选项"步骤，单击"下一步"按钮。

（8）在向导的最后一步，在"维度名称"框中输入 Product，并保持"与其他多维数据集共享此维度"复选框为选中状态。单击"完成"按钮。

（9）现在应能在"多维数据集维度"列表中看到 Product 维度。

5．建立客户维度

（1）单击"新建维度"命令。

（2）在"欢迎"步骤，单击"下一步"按钮。

（3）在"选择创建维度的方式"步骤，选择"星型架构：单个维度表"选项，然后单击"下一步"按钮。

（4）在"选择维度表"步骤，单击 Customer，然后单击"下一步"按钮。

（5）在"选择维度类型"步骤，单击"下一步"按钮。

（6）若要定义维度的级别，在"可用列"下，按顺序双击 Country、State_Province、City 和 lname 列。双击每一列后，其名称将显示在"维度级别"下方。选择完所有 4 个列之后，单击"下一步"按钮。

（7）在"指定成员键列"步骤，单击"下一步"按钮。

（8）在"选择高级选项"步骤，单击"下一步"按钮。

（9）在向导的最后一步，在"维度名称"框中输入 Customer。保持"与其他多维数据集共享此维度"复选框的选中状态。单击"完成"按钮。

（10）在多维数据集向导中，现在应能在"多维数据集维度"列表中看到 Customer 维度。

6．生成商店维度

（1）单击"新建维度"命令。

（2）在"欢迎"步骤，单击"下一步"按钮。

（3）在"选择创建维度的方式"步骤，选择"星型架构：单个维度表"选项，然后单击"下一步"按钮。

（4）在"选择维度表"步骤，单击 Store，然后单击"下一步"按钮。

（5）若要定义维度的级别，在"可用列"下，按顺序双击 store_country、store_state、store_city 和 store_name 列。双击每一列之后，其名称将显示在"维度级别"框下。选择了所有 4 个列之后，单击"下一步"按钮。

（6）在"指定成员键列"步骤，单击"下一步"按钮。

（7）在"选择高级选项"步骤，单击"下一步"按钮。

（8）在向导的最后一步，在"维度名称"框中输入 Store，并保持"与其他多维数据集共享此维度"复选框的选中状态。单击"完成"按钮。

（9）在多维数据集向导中，现在应能在"多维数据集维度"列表中看到 Store 维度。

7．完成多维数据集的生成

（1）在多维数据集向导中，单击"下一步"按钮。

（2）在"事实数据表行数"消息给出提示时，单击"是"按钮，如图 3.37 所示。

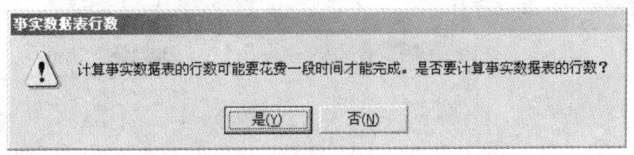

图 3.37

（3）在多维数据集向导的最后一步，将多维数据集命名为 Sales，然后单击"完成"按钮。

（4）向导将关闭并随之启动多维数据集编辑器，其中包含刚刚创建的多维数据集。单击蓝色或黄色的标题栏，对表进行排列，使其符合图 3.38 所示的样子。

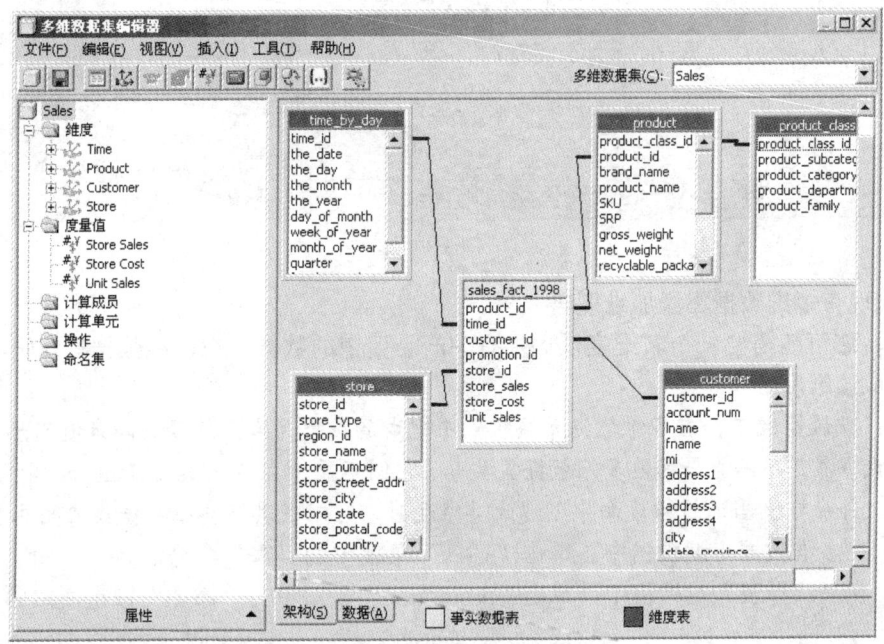

图 3.38

注意：无须关闭多维数据集编辑器，在下一节将编辑该多维数据集。如果需要现在退出，请在关闭多维数据集之前先保存更改，并在出现其他提示时，一律选择"否"。

3.1.2.3.5 编辑多维数据集

1．在多维数据集编辑器内编辑多维数据集

可以使用以下方法启用多维数据集编辑器：在 Analysis Manager 树窗格中右击一个现有的多维数据集，然后单击"编辑"命令。

如果是从上一节的操作接着下来的，则应该已经在多维数据集编辑器中。

在多维数据集编辑器的"架构"窗格中，可以看到事实数据表（黄色标题栏）及联接的维度表（蓝色标题栏）。在多维数据集编辑器树窗格中，可以在层次树中预览多维数据集的结构。通过单击左窗格中底部的"属性"按钮，可以编辑多维数据集的属性，如图 3.39 所示。

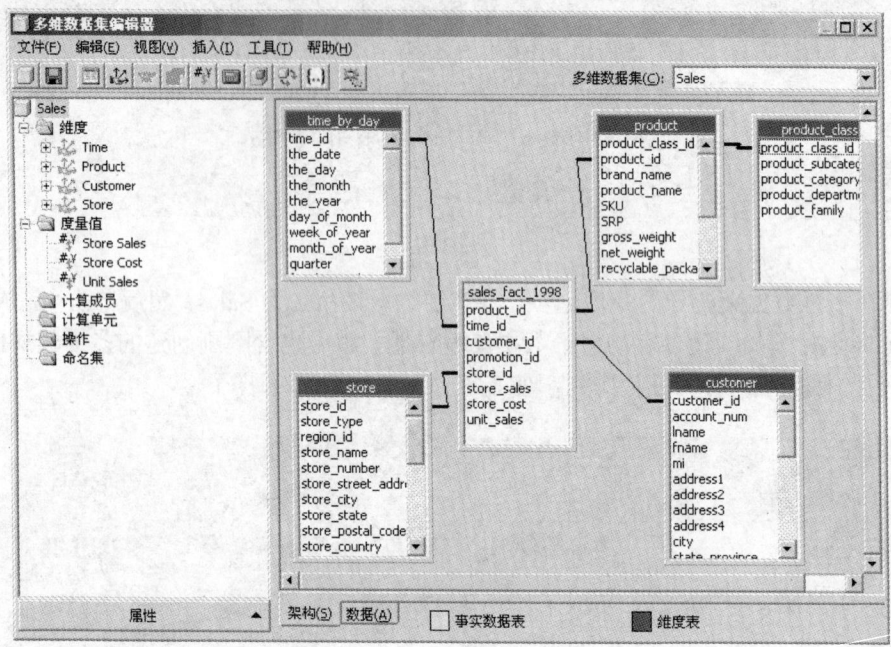

图 3.39

2.向现有多维数据集添加维度

此时，您可能需要一个新维度以提供有关产品促销的数据。在多维数据集编辑器内可以方便地生成该维度。

注意：默认情况下，在多维数据集编辑器中生成的维度为专用维度，即只能用于当前所处理的多维数据集，而不能与其他多维数据集共享。它们不显示在 Analysis Manager 树视图的"共享维度"文件夹中。当通过维度向导创建此类维度时，可以使其在多维数据集之间共享。

（1）在多维数据集编辑器中，单击"插入"菜单中的"表"命令。

（2）在"选择表"对话框中，单击"promotion"表，单击"添加"按钮，然后单击"关闭"按钮。

（3）若要定义新的维度，请双击 promotion 表中的 promotion_name 列。

（4）在"映射列"对话框中选择"维度"选项，然后单击"确定"按钮，如图 3.40 所示。

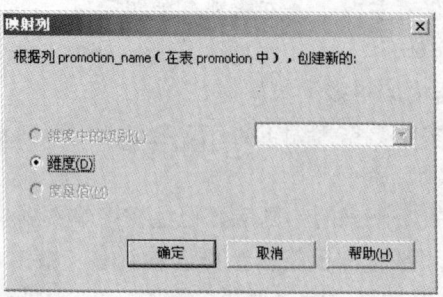

图 3.40

（5）在树视图中选择 Promotion Name 维度。

（6）单击"编辑"菜单中的"重命名"命令，键入 Promotion，按 ENTER 键，保存所做的更改。

（7）关闭多维数据集编辑器。当系统提示是否设计存储时，单击"否"，将在下节中设计存储。

3.1.2.3.6　设计存储和处理多维数据集

使用存储设计向导设计存储的步骤如下：

（1）在 Analysis Manager 树窗格中，在"教程"数据库下展开"多维数据集"文件夹，右击"Sales"多维数据集，然后单击"编辑"命令。

（2）在"欢迎"步骤中单击"下一步"按钮。

（3）选择 MOLAP 作为数据存储类型，然后单击"下一步"按钮。

（4）在"设置聚合选项"下单击"性能提升达到"，在后面的文本框中输入 40 作为指定百分比。

（5）单击"启动"按钮。

（6）在 Analysis Services 设计聚合时，可以查看向导右边的"性能与大小"示意图。从中可以看出增加性能提升对使用额外磁盘空间的需求。完成设计聚合的进程之后，单击"下一步"按钮，如图 3.41 所示。

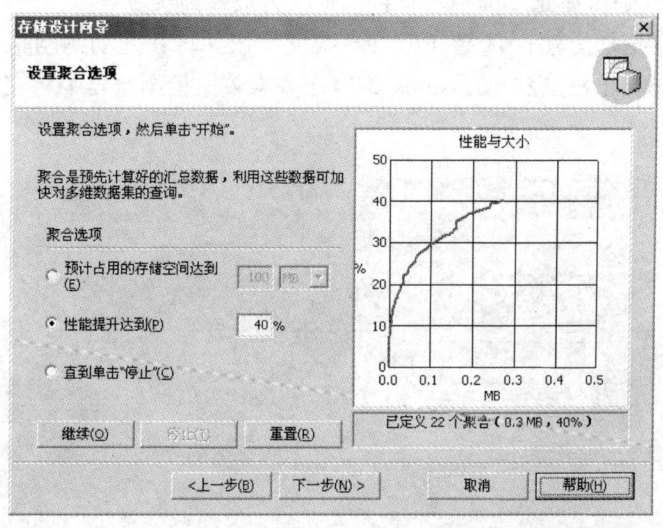

图 3.41

（7）在"您希望做什么？"下选择"立即处理"，然后单击"完成"按钮。

注意：处理聚合可能会花费一些时间。

（8）在处理时可以在出现的窗口中查看多维数据集。处理完成之后将出现一则信息，确认处理已成功完成。

（9）单击"关闭"按钮返回 Analysis Manager 树窗格。

3.1.2.3.7　浏览多维数据集数据

1．使用多维数据集浏览器查看多维数据集数据

（1）在 Analysis Manager 树窗格中右击 Sales 多维数据集，然后单击"浏览数据"命令。

（2）出现多维数据集浏览器，显示由多维数据集的一个维度和度量值组成的网格。其他 4 个维度显示在浏览器的上方，如图 3.42 所示。

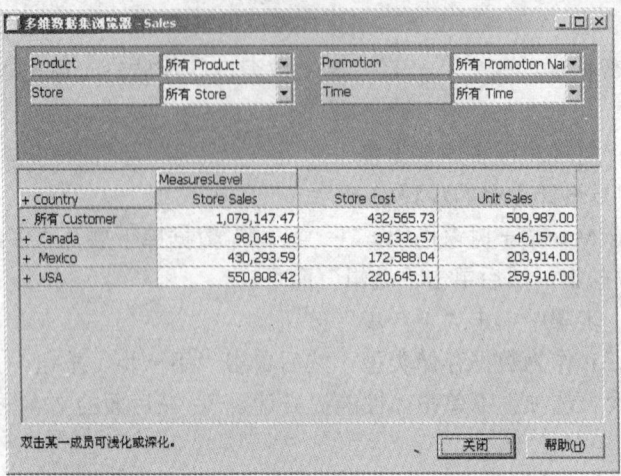

图 3.42

2．替换网格中的维度

（1）要用另一个维度替换网格中的维度，拖动上方框中的维度，然后直接将该维度放在要与其交换的列上。确保在此过程中，指针的形状为双端箭头。

（2）使用这种拖放方法，选择 Product 维度按钮并将其拖动到网格上，然后直接放在 Measures 上方。Product 维度和 Measures 维度在多维数据集浏览器中将交换位置，如图 3.43 所示。

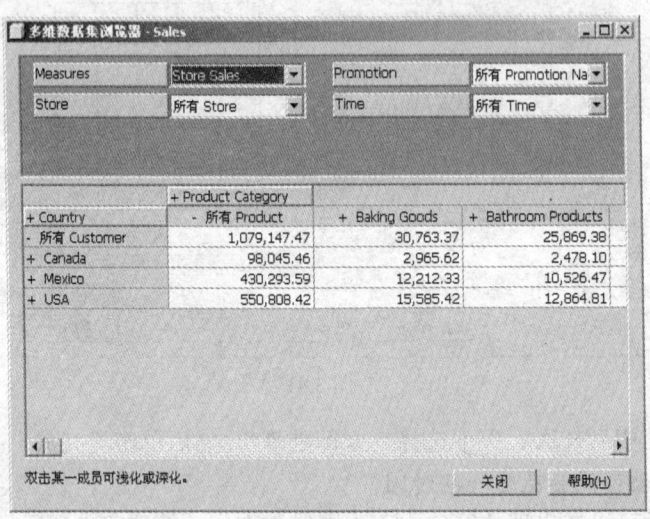

图 3.43

注意：如果想将维度添加到网格，而不是用另一个维度进行替换，则将该维度拖动到网格的中间。

3．按时间筛选数据

（1）单击 Time 维度旁边的箭头。

（2）展开"所有 Time"和 1998 节点，然后单击 Quarter 1。将对网格中的数据进行筛选，使筛选出的数据为仅反映该季度情况的数字，如图 3.44 所示。

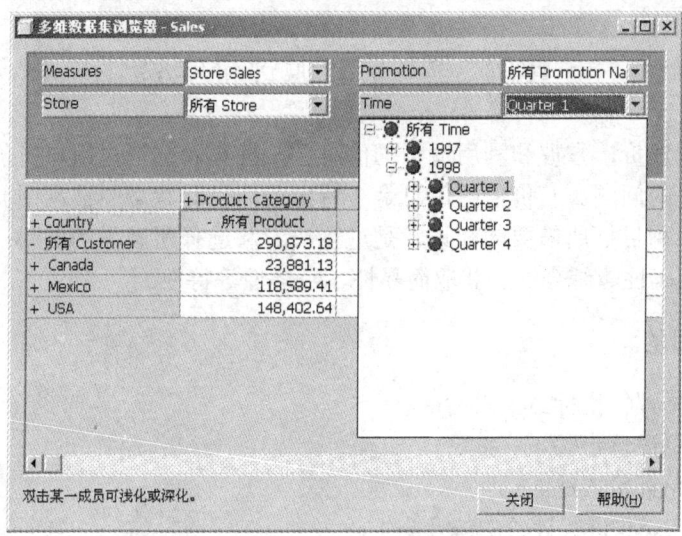

图 3.44

4．深化

（1）使用拖放方法交换 Product 和 Customer 维度。单击 Product 并将其拖到 Country 维度上。

（2）双击网格中包含 Baking Goods 的单元。多维数据集展开以包括子类别列，如图 3.45 所示。

注意：双击已经展开的单元可以关闭子类别列。

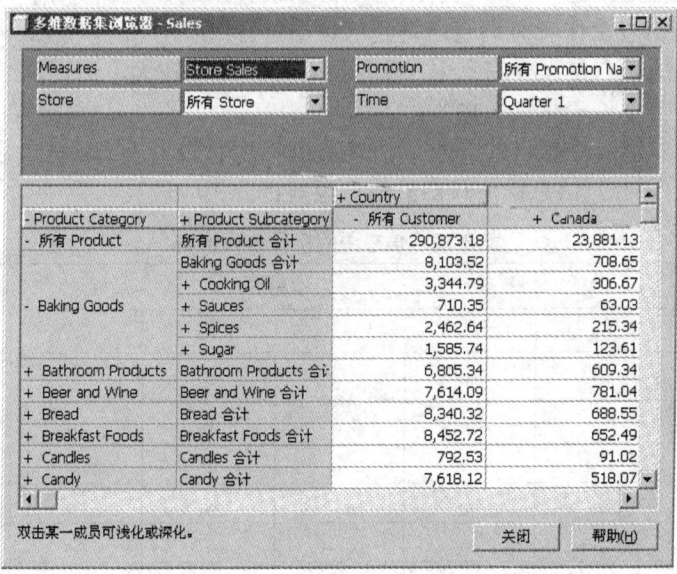

图 3.45

（3）完成后，单击"关闭"按钮关闭多维数据集浏览器。

3.1.2.4　实验习题

在已建立的多维数据集的基础上，进行替换网格中的维度、按时间筛选数据、深化等操作。

实验 3.2　信息源评价实验

对信息源进行评价，掌握和利用适合的信息源，搜集、选择对用户有价值的信息是信息管理活动急需解决的问题。有价值的信息是在特定的问题和状态中被利用并有效发挥其功能的信息，是实现某种目标所需要的知识，是进行决策和选择所必需的资料。有价值的信息必须具备及时性、准确性、综合性、获取简易性、经济性等特性。

3.2.1　实验目的

（1）了解信息评价指标。
（2）掌握信息评价步骤。
（3）掌握信息评价方法。
（4）会运用 Excel 进行评价的统计分析。

3.2.2　预备知识

信息评价的方法有直接评价法和间接评价法。

3.2.2.1　直接评价法

信息工作者根据对信息源的一般要求对信息源进行评分评价，从不同角度和侧面对信息源的价值给予评分评价。现常采用五项指标、十分制，并按总分多少可对信息源进行排序。

3.2.2.2　间接评价法

间接评价法是通过信息用户来评价信息源。以调查表的方式调查用户对信息源的需求和利用情况，然后由信息工作者对调查所得到的数据进行统计分析和对比，对信息源的价值做出评定。这种方法的特点是需要信息用户密切配合，工作量较大，但评价结果较为客观。

信息源间接评分评价表见表 3.12。

设信息工作者将有 n 个项目的 m 张调查表收回后汇总成下表的形式。表中 a_{ij} 是被调查者 i 对第 j 个信息源的评分，信息价值较高的信息源其评分相应较高。

表 3.12　信息源间接评分评价表

被调查人	信息源					
	F_1	F_2	…	F_j	…	F_n
一	a_{11}	a_{21}	…	a_{1j}	…	a_{1n}
二	a_{21}	a_{22}	…	a_{2j}	…	a_{2n}
…	…	…	…	…	…	…
I	a_{i1}	a_{i2}	…	a_{ij}	…	a_{in}
…	…	…	…	…	…	…
M	a_{m1}	a_{m2}	…	a_{mj}	…	a_{mn}
总计	R_1	R_2	…	R_j	…	R_n

四种相对重要性指标的计算如下。

1. 评分平均值

用被调查者（指有效的被调查人）的人数去除这些被调查者给某一信息源的评分之和。

$$R_j= \Sigma \, a_{ij}/m \qquad\qquad (3.1)$$

式中　R_j——信息源 j 的平均评分；

　　　m——被调查人数；

　　　a_{ij}——被调查人 i 给信息源 j 的评分。

　　2．评分比重

　　某一信息源所得全体被调查者的评分和，在全体被调查者给所有信息源的评分总和中所占的比重 。

$$p_j= \Sigma \, a_{ij}/ \Sigma \, \Sigma \, a_{ij} \qquad\qquad (3.2)$$

式中　p_j——信息源 j 的评分比重；

　　　n——信息源数；

　　　a_{ij}——被调查人 i 给信息源 j 的评分；

　　　m——被调查人数。

　　3．最高评分频度

　　全体被调查者给某一信息源的全部评分中评最高分数的人数所占的比例，称为最高评分频度。

$$P_{max}=m'/m \qquad\qquad (3.3)$$

式中　P_{max}——最高评分频度；

　　　m'——给最高评分的被调查人数；

　　　m——被调查人数。

　　4．平均名次指标。

　　将全部信息源分别就各个被调查者的评分排队，列出名次，然后用被调查者总数去除名次的数值和，便是相应项目的平均名次。

$$M_j= \Sigma \, C_{ij}/m \qquad\qquad (3.4)$$

式中　M_j——信息源 j 的平均名次；

　　　C_{ij}——被调查 i 给信息源 j 的评分排队名次；

　　　m——被调查人数。

3.2.3　实验内容

【例 3.2】媒介评价

（1）信息工作者对媒介按五项指标，十分制进行评分，如表 3.13 所示。

（2）计算总分见表 3.13。

表 3.13　媒介评价评分表

评定准则	信息源				
	大众媒介	期刊	专著	科技报告	产品样品
及时性	10	5	1	8	8
综合性	4	6	10	8	6
经济性	8	7	4	9	10

续表

评定准则	信息源				
	大众媒介	期刊	专著	科技报告	产品样品
准确性	5	8	8	10	3
易获取性	8	7	4	7	10
总分	35	33	27	42	37

（3）进行排序，次序为：科技报告、产品样品、大众媒介、期刊、专著。科技报告总分最高，专著总分最低。

【例 3.3】纺织行业网站评价

（1）发放纺织行业网站的调查表（表 3.14），对行业网站服务质量进行打分。

表 3.14 纺织行业网站评价表

被调查人	中国纺织网					网上轻纺城					全球纺织网					中华纺织网				
	1	2	3	4	5	1	2	3	4	5	1	2	3	4	5	1	2	3	4	5
1																				
2																				
3																				
4																				
5																				

用 5 分制打分，分别为：1-差、2-较差、3-一般、4-较好、5-好，打钩即可。
中国纺织网（http://www.texnet.com.cn），网上轻纺城（http://www.qfc.cn），中华纺织网（http://www.texindex.com.cn），全球纺织网（http://www.tnc.com.cn）。

（2）浏览相关行业网站，并进行评价打分。

（3）每位同学互相收集交流 5 份调查表，并记录它们的评分值。

（4）运用 Excel 计算 4 个纺织行业网站的评分总计：B7=SUM(B2:B6)，其他单元格使用填充柄进行拖拉，见表 3.15。

表 3.15 评分计算表

	A	B	C	D	E	F
1	被调查人	中国纺织网	网上轻纺城	全球纺织网	中华纺织网	总计
2	1	1	2	3	5	
3	2	1	2	5	3	
4	3	1	3	3	2	
5	4	5	3	2	1	
6	5	1	5	2	3	
7	总计	9	17	15	14	55
8	平均评分	1.8	3.4	3	2.8	
9	评分比重	0.1636364	0.30909091	0.2727273	0.2545455	
10	最高评分频度	0.2	0.4	0.2	0.2	

（5）平均评分：B8=B7/5，其他填充柄拖拉。

（6）所有评分总计：F7=SUM(B7:E7)；评分比重：B9=B7/$F7，其他单元格使用填充柄进行拖拉。

（7）最高评分频度：B10=COUNTIF(B2:B6,5)/5，其他单元格使用填充柄进行拖拉。

（8）平均名次指标：先列出各被调查人对各被调查单位评分的名次，然后计算各被调查单位评分的名次的总和，再计算平均名次，见表 3.16。

表 3.16　平均名次计算表

被调查人数 被调查单位	1	2	3	4	5	总名次	平均名次
中国纺织网	4	4	4	1	4	17	3.4
网上轻纺城	3	3	1	2	1	10	2
全球纺织网	2	1	2	3	3	11	2.2
中华纺织网	1	2	3	4	2	12	2.4

3.2.4　实验习题

（1）对技术档案、政府出版物、学位论文、会议录、直接对话等 5 种信息源，进行及时性、综合性、经济性、准确性、易获取性打分（十分制）评价，并计算总分和排序。

（2）选择机械行业的 4 个行业网站，对它们的服务质量进行打分评价（五分制），并计算各网站平均评分、评分比重、最高评分频度和平均名次。

第4章　信息检索与服务实验

信息检索是指为了个人或他人的需要，去发现适当的信息资源或信息对象。信息服务（Information Service）是信息管理活动的出发点和归宿，信息服务活动通过研究用户、组织服务，将有价值的信息传递给用户，最终帮助用户解决问题。

实验 4.1　信息检索实验

信息检索是一种时间性的通信形式，是从信息集合中查找用户所需信息的过程。主要通过一个信息检索系统（Information Retrieval System,简称 IRS）进行检索。信息检索系统是一个满足信息用户的信息需求而建立的、存储经过加工了的信息集合，拥有特定的存储、检索与传送的技术装备，提供一定存储与检索方法及检索服务功能的一种相对独立的服务实体，包括 3 个基本要素：人、检索工具和信息资料。

4.1.1　实验目的

（1）熟悉常用的信息检索的工具和方法。

（2）熟悉信息检索的程序。

（3）掌握信息检索策略优化的基本思想。

4.1.2　预备知识

1．布尔逻辑检索模型

布尔逻辑检索模型（Boolean Retrieval Model，简称 BRM），包括逻辑"与"AND（或*）、逻辑"或"OR（或+）、逻辑"非"NOT（或-）。

2．信息检索策略

信息检索策略是针对检索提问、运用检索方法和技术而设计的信息检索方案，其目的是要达到一定的检准率和检全率。

3．信息检索的程序

（1）分析研究信息检索课题。明确信息检索课题所涉及的领域和范围；明确所需信息的内容及其内容特征；明确所需信息的类型，包括文献媒体、出版类型、所需文献量、年代范围、涉及的语种、有关著者及机构等；明确信息检索课题对查新、查准和查全的指标要求。

（2）选择信息检索工具。信息检索工具是人们为了充分、准确、有效地利用已有的信息资源而加工编制的，用来报道、揭示、存储和查找信息资源的卡片、表册、计算机信息系统和特定出版物。需了解检索工具的特征，进行正确选择，主要数据库检索工具特征如表 4.1 所示。

（3）检索式的制定与优化。检索式是在分析检索课题，发掘检索点，确定检索词的基础上，灵活运用检索运算符构造的能够代表用户的信息提问到检索工具中匹配信息的表达式。检索者需要根据自己的检索目的不断调整查全率和查准率（优化），并最终确定满意的检索结果，进一步获取原文信息。

表 4.1　主要数据库检索特征综合比较

检索特征 数据库	学科专业范围	文献类型	文献语种	检索途径
CNKI	自然科学、工程技术、农业、医药卫生、社会科学、电子技术与科息科学	全文（期刊、学位论文、报纸、会议论文、专利、图书、年鉴）	中文	分类检索、初级检索、高级检索、跨库检索、专业检索、刊名导航
维普资讯数据库	自然科学、工程技术、农业、医药卫生、经济管理、教育、图书情报	全文（期刊、报纸、产品说明书）	中文英文	快速检索、传统检索、高级检索、分类检索、期刊导航
万方数据库	基础科学、农业科学、人文科学、医药卫生、工业技术	全文（期刊、会议论文、书目、题录、报告、学位论文、标准、专利、法律法规）	中文	分类检索、个性化检索、高级检索、跨库检索
工程索引 EI	工程技术	文摘（期刊、会议论文、技术报告、专利、学位论文、图书、综述、标准）	英文	快速检索、简易检索、高级检索
科学文摘 SA	物理、电子与电气工程、计算机与控制工程、信息技术、生产与制造工程、情报科学与文献工作	文摘（期刊论文、研究报告、会议论文、图书、学位论文、专利）	英文	跨库检索、快速检索、高级检索
科学引文索引 SCI	工程技术、自然科学、社会科学、艺术与人文、化学、医学与生命科学	索引（图书、期刊、会议论文、研究报告、专利）	英文	普通检索、被引文献检索、高级检索、组配检索
化学文摘 CA	化学化工、物理学、冶金、能源、生物学、医学、轻工、地球化学、环境化学	文摘（期刊论文、政府出版物、会议论文、学位论文、图书、综述、专利）	英文	主题检索、索引浏览式检索、分子式检索、序号检索、著者检索

1）缩小检索范围的方法如下：
● 提高检索词的专指度，增加或换用下位词和专指性较强的自由词。
● 增加概念词，并用 AND 连接一些进一步限定主题概念的相关检索项，用逻辑非 NOT 来排除一些无关的检索项。
● 限制检索词出现的可检字段，如常限定在题名字段和关键词字段中进行检索。
● 使用限定词，通过对关键词的年代、语种、数量、学科等的限定能够有效地缩小查询范围，使检索结果接近用户需求。
● 利用进阶检索功能，进阶检索（二次检索）。
2）扩大检索范围的方法如下：
● 增加选取检索词的同义词、近义词及相关词，并利用逻辑运算符 OR 将其与前者联系起来。
● 逐渐减少不太重要的概念词，降低检索词的专指度，从词表或检出文献中选择一些上位词或相关词，并减少检索表达式中的 AND 运算。
● 利用某些检索工具所具备的自动扩检功能进行相关检索，以扩大检索范围。

● 取消某些过于严格的限制符。

（4）掌握获取原始信息的线索。在获取信息线索时要仔细阅读，判断所检出的信息是否符合检索的要求，不仅看篇名，还要阅读整个著录，进行综合分析。

（5）获取原始信息。判断文献的出版类型，根据文献出处中已有的信息，判断其出版类型；整理文献出处，将文献出处中有缩写语、音译刊名的还原成全称或原刊名；根据出版类型在图书馆或信息机构查找馆藏目录或联合目录确定馆藏，原则上说应该按"由近及远"的顺序逐步扩大查找馆藏的范围；尽可能多渠道、多方式地获取原始信息。

4.1.3　实验内容

【例 4.1】做一篇题为"中小企业人力资源信息管理系统的研究与开发"的学位论文，制定检索方案，并实施检索。

（1）分析课题，可知属于信息系统研究与开发范围，涉及中小企业与人力资源管理领域，内容特征关键词包括：中小企业、人力资源、信息管理系统或管理信息系统、研究、开发等；文献类型主要为学位论文和期刊论文，时间最好为近三年的，包括中英文文献；要求查准查全。

（2）选择检索工具，学位论文检索主要在在万方数据库（http://www.wanfangdata.corn.cn），期刊论文检索主要在中国知网（http://www.cnki.net）和维普数据库，英文文献检索在 ProQuest、EBSCO Fulltext 数据库。

（3）为了了解已经有哪些相关学位论文，熟悉学位论文的特点和写作方式，以及领域相关知识和研究现状，首先查找万方数据库的学位论文。

1）进入万方数据库首页，如图 4.1 所示。

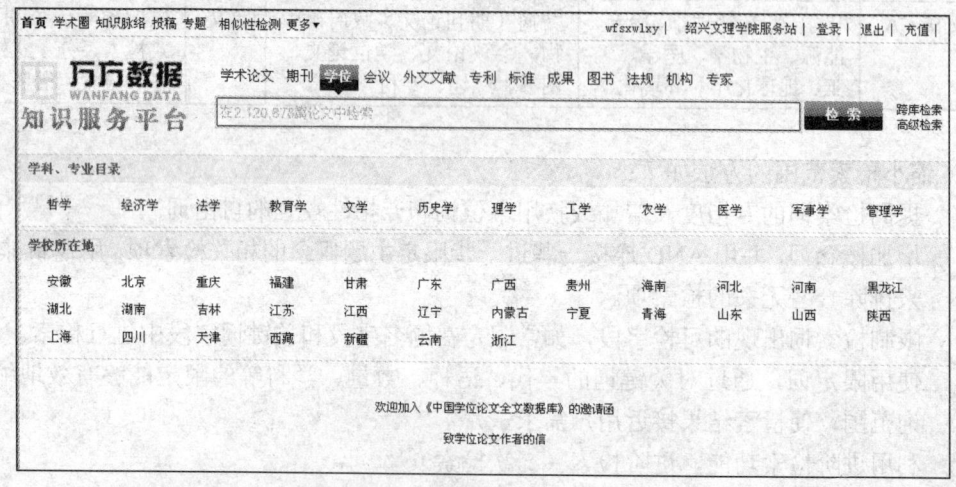

图 4.1

2）单击"高级检索"，如图 4.2 所示，再单击"经典检索"，进入"经典高级检索"界面，如图 4.3 所示。

采用不同的检索策略进行检索，结果如下：

Title:中小企业 Title:人力资源：81 篇。

Title:中小企业 Title:人力资源 Title:信息管理：0 篇。

Title:中小企业　Title:人力资源　Keywords:信息管理：0 篇。

Title:中小企业　Title:人力资源　Abstract:信息管理：0 篇。

Title:中小企业　Keywords:人力资源：136 篇。

Title:中小企业　Keywords:人力资源　Keywords:信息管理：0 篇。

Title:中小企业　Keywords:人力资源　Abstract:信息管理：0 篇。

Title:中小企业　Title:人力资源　Title:管理信息：1 篇。

Title:中小企业　Title:人力资源　Keywords:管理信息：1 篇。

Title:中小企业　Title:人力资源　Abstract:管理信息：2 篇。

Title:中小企业　Title:管理信息：14 篇。

Title:中小企业　Title:管理信息　Keywords:人力资源：1 篇。

Title:中小企业　Title:管理信息　Abstract:人力资源：3 篇。

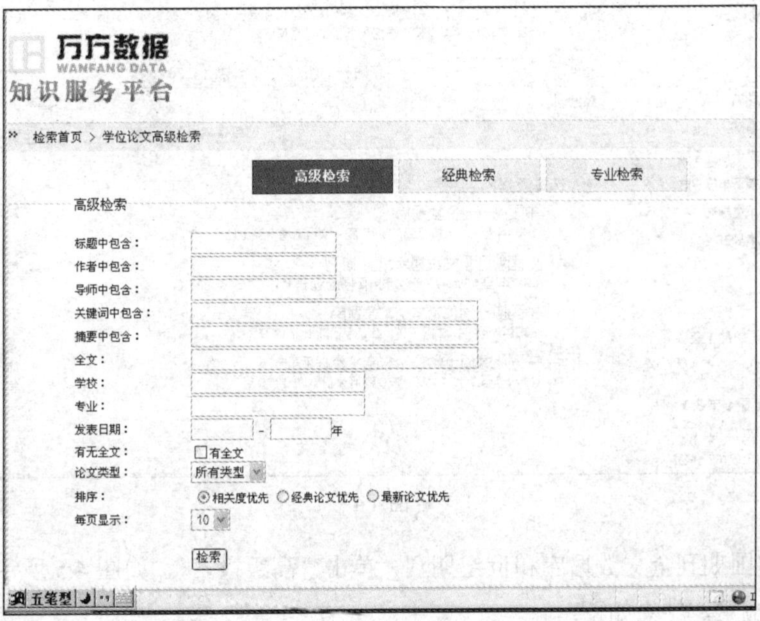

……

图 4.2

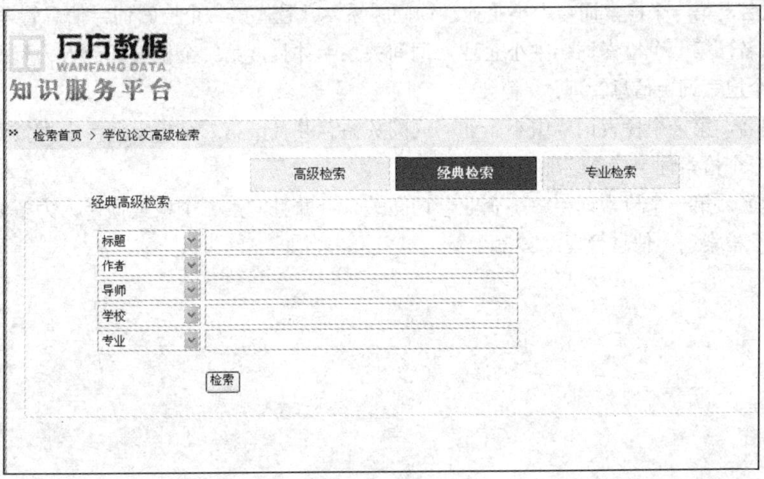

图 4.3

（4）为了进一步了解最新研究进展，可进入中国期刊网进行进一步的检索。也可结合学位论文作者及导师的姓名或工作单位作进一步的检索。

1）进入中国期刊网首页，如图 4.4 所示。

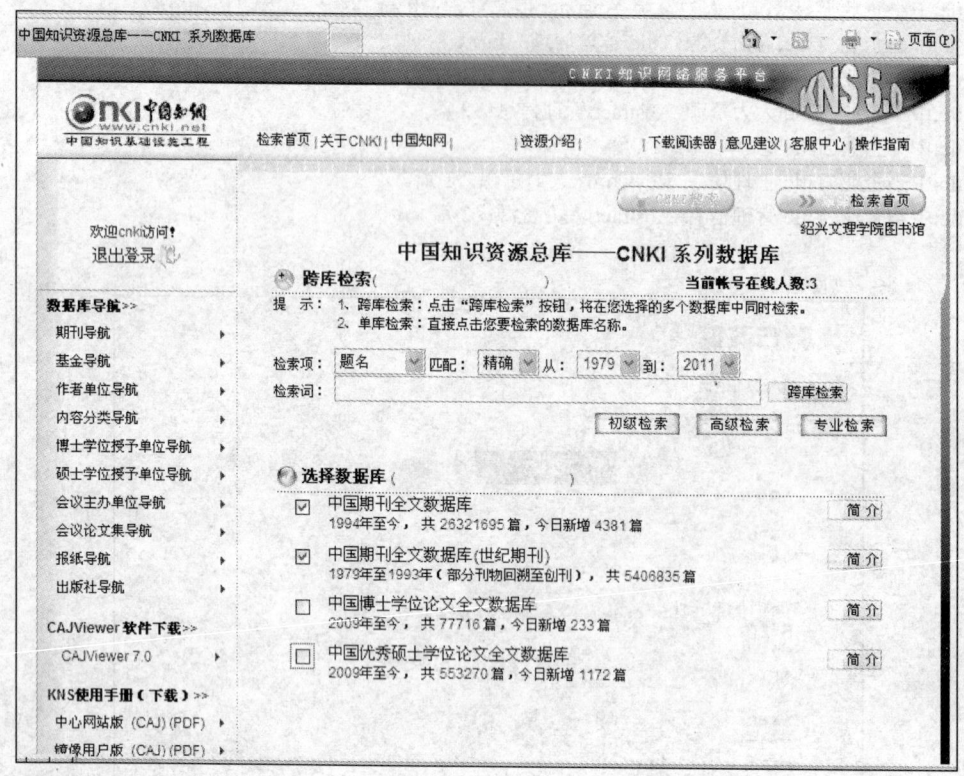

图 4.4

2）选择中国期刊全文数据库和世纪期刊，单击"高级检索"，如图 4.5 所示，采用不同的检索策略进行检索，结果如下：

检索项＝题名，第一个检索词＝中小企业，词间关系＝并且，第二个检索词＝人力资源：696 篇。

检索项＝题名，第一个检索词＝中小企业，词间关系＝并且，第二个检索词＝信息管理：188 篇。

检索项＝题名，第一个检索词＝中小企业，词间关系＝并且，第二个检索词＝人力资源，第二行 检索项＝题名，第一个检索词＝信息管理：9 篇。

检索项＝题名，第一个检索词＝中小企业，词间关系＝并且，第二个检索词＝人力资源，第二行 检索项＝关键词，第一个检索词＝信息管理：33 篇。

检索项＝题名，第一个检索词＝中小企业，词间关系＝并且，第二个检索词＝人力资源，第二行 检索项＝摘要，第一个检索词＝信息管理：27 篇。

……

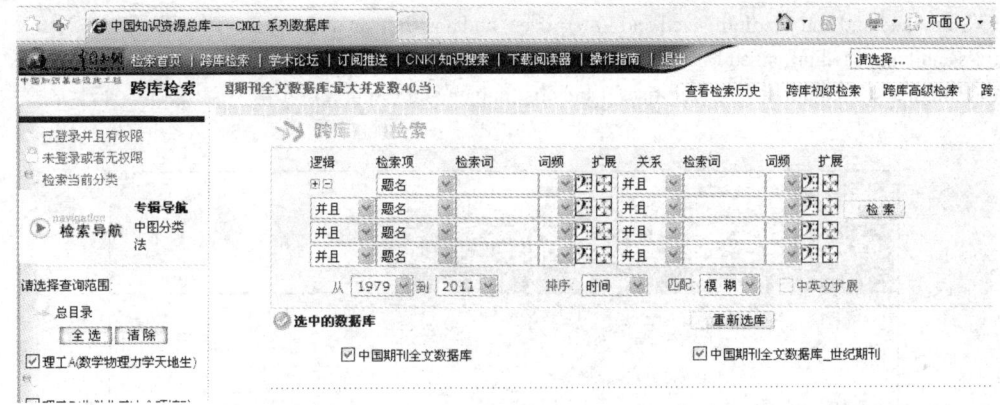

图 4.5

　　检索时，可注意查看文献摘要和关键词，随时进行优化检索；关注有关链接，如相关文献、共引文献等线索，以便拓展检索；注意文献的来源；关注参考文献部分，发现热点人物进行追踪检索。

　　（5）通过中文文献的英文题目和摘要，找出英文关键词之后，可以进行英文检索。可先进行英文学位论文检索。

　　1）单击 ProQuest 博硕士论文全文检索系统，如图 4.6 所示。

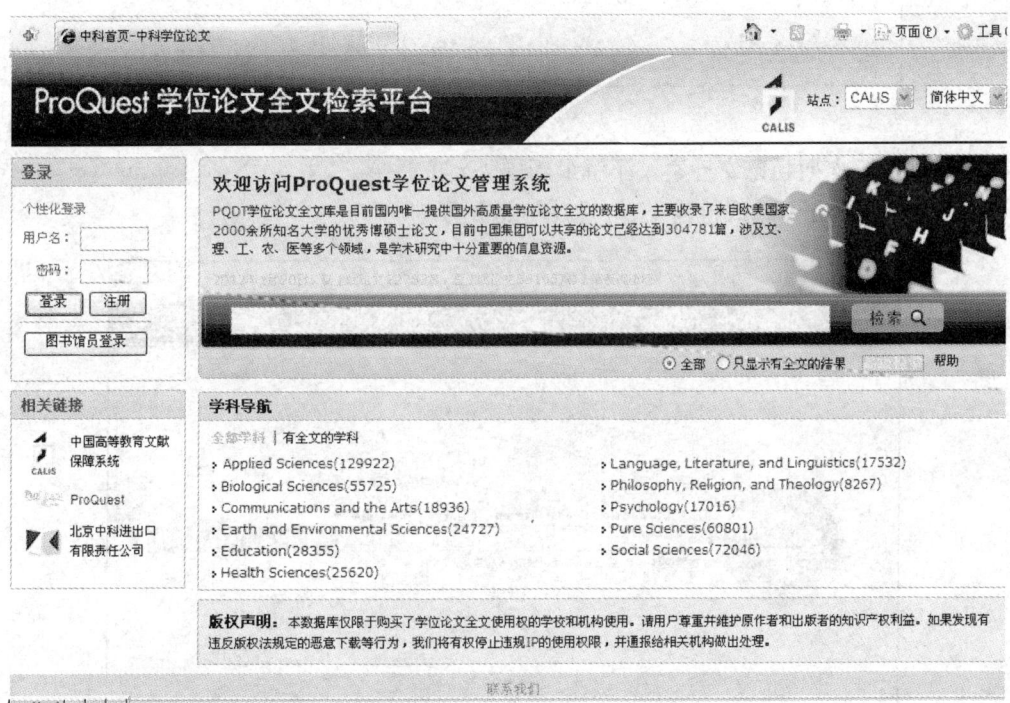

图 4.6

　　2）单击"高级检索"，如图 4.7 所示。采用不同的检索策略进行检索，结果如下：

ti:("Small and Medium-sized Enterprises") and abs:("information management")，0 篇。

ti:(Small and and and Medium-sized and Enterprises) and abs:(information and management)，0 篇。

ti:("Small and Medium-sized Enterprises") and abs:(information and management)，0 篇。

ti:(Small and and and Medium-sized and Enterprises) and abs:(human and resource)，1 篇。
ti:("Small and Medium-sized Enterprises") and abs:(" human resource ")，1 篇。
ti:("Small and Medium-sized Enterprises") and abs:(human and resource)，1 篇。
……

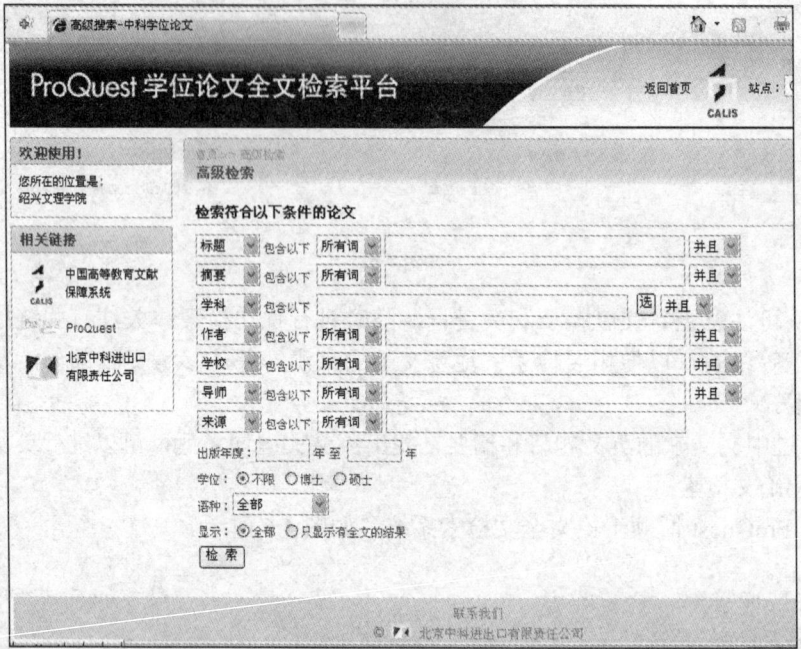

图 4.7

（6）进行英文期刊论文检索，了解最新国外研究进展。

1）单击 EBSCO 一站式检索平台，如图 4.8 所示。

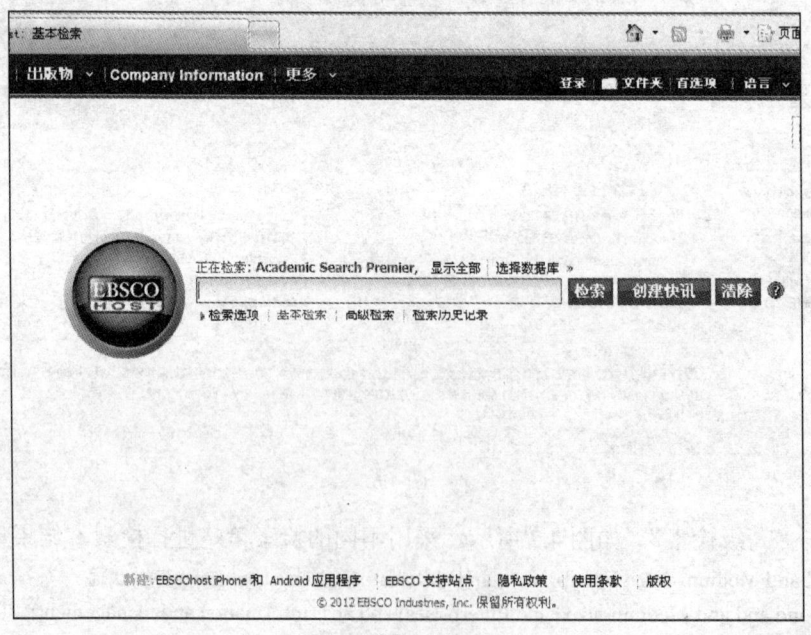

图 4.8

2）单击"高级检索"，如图 4.9 所示。采用不同的检索策略进行检索，结果如下：

TI（Small and Medium-sized Enterprises）AND TI information management，3 篇。

TI（Small and Medium-sized Enterprises）AND AB information management，13 篇。

TI（Small and Medium-sized Enterprises）AND TI human resource，10 篇。

TI（Small and Medium-sized Enterprises）AND AB human resource，17 篇。

……

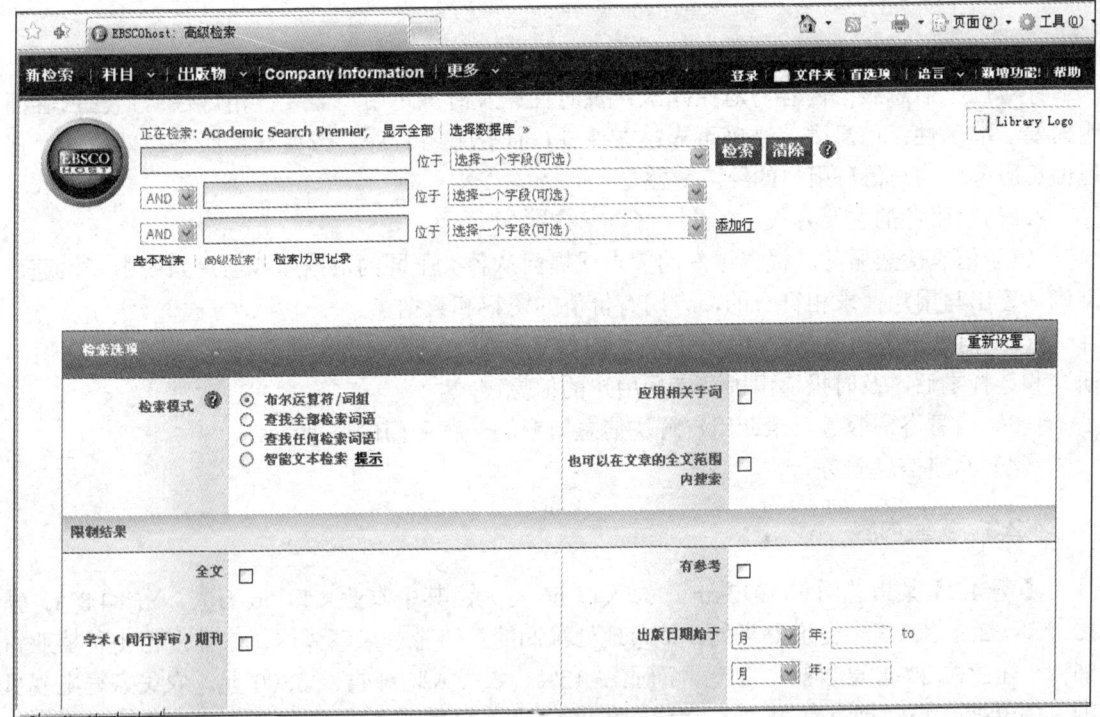

图 4.9

（7）通过阅读检索到的文献著录，判断是否是所需的文献，确定后进行下载保存。全文阅读后再做进一步的筛选。

4.1.4 实验习题

做一篇题为《民营企业知识管理创新研究》的学位论文，制定检索方案，并实施检索。

实验 4.2 信息服务实验

狭义信息服务指信息提供服务，它是信息提供者根据用户的需要，运用科学的方法，采用先进的技术手段向用户提供特定信息产品的活动。广义信息服务泛指以产品或劳务形式向用户提供传播信息的各种信息劳动，包括信息的传播报道、信息咨询、信息技术培训和信息提供等项劳动。

4.2.1　实验目的

（1）理解信息服务的概念。

（2）理解信息服务的原则。

（3）掌握信息服务的主要方式，会进行信息服务策划。

4.2.2　预备知识

1. 信息服务的原则

针对性，信息服务内容与对象匹配；及时性：及时满足用户需要；精炼性：信息内容简明扼要；准确性：信息内容准确可靠；方便性：简化服务程序，方便获得服务；效益性：保证信息服务机构与信息用户的经济效益。

2. 信息服务的主要方式

（1）信息检索服务。根据用户的需求或提问从各类不同的数据库或信息系统中，迅速、准确地查出与用户需求相符合的，一切有价值的资料和数据。

（2）信息报道与发布服务。信息机构对搜集到的大量资料和信息进行整理、加工、评价、研究和选择之后，及时报道出去，满足用户的信息需求。

（3）信息咨询服务。帮助用户解决信息问题的一种专门的咨询活动。

（4）网络信息服务。

4.2.3　实验内容

【例 4.2】某市总面积 1313km^2，总人口 66 万人，其中农业人口 56 万人，占 84.8%。辖 10 个镇 12 个乡，3 个街道办事处。该市地处湿润的亚热带季风气候区。农业产值中种植业占 55%，林业占 2%，畜牧业占 31%，渔业占 12%。农民人均纯收入 3800 元。农民家庭电视机拥有率 98%，电话拥有率 38.5%，手机拥有率 91%，计算机拥有率 0.5%。面对农业发展新阶段和中国加入 WTO 的新形势，迫切需要在生产者与市场之间架起信息服务的桥梁，开展农业信息服务，增加农业效益和农民收入。

该市农业信息服务的解决方案如下。

设立为农民提供信息服务的窗口——"农民之家"。本着"种什么，供应良种；养什么，提供信息；销哪里，网上咨询；学技术，免费听课"的服务理念，"农民之家"利用自身优势，突出信息服务重点，取得了良好的社会和经济效益。

1. 信息服务组织体系

（1）"农民之家"。"农民之家"是由市农业局牵头，由农业局、林业局、水利局合办，为农民提供服务的载体和平台。服务场所设在市区繁华的商业地段，租用了 450m^2 的门市，内设 14 个专业销售柜台和 1 个专家咨询台。销售柜台主要经营农产品种子、农药、化肥等生产资料，农民在购买农用生产资料的同时，可以得到如何正确使用等信息服务，还可以免费得到一些相关技术资料。专家咨询台每天有一名具有高级专业技术职称的专家现场解答前来咨询的农民的相关问题。"农民之家"还成立了由 28 位专业技术人员组成的专家咨询组，其中农业局有 22 名，林业局、水利局各 3 名。负责人是农业局的朱树清先生。"农民之家"现有计算机 4 台，触摸式电脑 1 台，8 m^2 大型液晶电子显示屏 1 个，宽带上网，链接农业网站。

店内还有一间 110 m^2 的农产品展示馆，展销全市各种名优特新农副产品。"农民之家"常年对外营业，仅春节 7 天休息。

（2）乡镇、村信息服务站。为了使信息服务更贴近农村、方便农民，根据区域主导产业的特点和乡镇农技人员的专长，办到了农民的家门口。同时，在服务重点上，以主导产业为中心，开展种子、生产、销售等系列服务。全市在每一个乡镇确定了 1～2 名学历较高、年纪较轻的农技（经）员为农业信息服务人员，明确信息员的工作职责，向上提供农民的需求信息，向下发布适宜本地农业生产、农产品销售的各种技术和市场信息，初步形成了信息服务的双向互动工作机制。信息服务网络的延伸，扩大了信息服务的覆盖范围，不仅使市场离农民近了，而且使信息服务更具有针对性和实用性。

（3）对外销售窗口。水果、蔬菜是农业的主导产业之一。为了推进、培植向产业化方向发展，开拓外埠市场，促进本地农产品销售，"农民之家"专门在大中城市大型农产品批发市场设立了果蔬销售窗口。这些销售窗口一头连着市场，一头连接生产基地和农户，既把兰溪农产品销往大城市，又用大城市的信息、理念及消费趋势来指导本地水果和蔬菜的产业发展方向。

2．信息采集、分析、加工

"农民之家"通过多种途径采集信息。第一，征订了 26 份杂志和 11 份报纸，收集技术、市场、政策等方面的信息；第二，来自上级业务部门的各种材料和文件；第三，通过互联网相关农业网站采集信息；第四，农产品购销大户反馈的市场信息；第五，参观学习外地经验、电视、电话、广播等。

本地农村信息，主要依靠：一是乡镇农业技术推广机构和农村信息员反馈；二是向前来"农民之家"咨询的农民了解；三是县、乡镇农技干部不定期下乡了解。

对收集到的农业信息和农产品上网发布的销售信息由专人负责，经过筛选，进行反复的可行性论证和市场调研后，通过 Internet、电视、报纸等传媒以及简报《农民知音》等定时对外发布，并及时送到农户手中。

3．信息服务的手段和方式

（1）专家坐堂。"农民之家"办公场所设有一个专家咨询台，每天有一名专家坐堂，免费解答前来咨询的农民的各种疑难问题。

（2）热线电话和语音服务系统。开通了农技服务热线电话 8903110，建成了适合本市产业特色的种养生产技术语音服务系统 96160110。

（3）电视节目。农业局与电视台合作创办了每周 1 期的对农节目《金色田野》，开辟了"致富路"、"信息传真"、"农技服务"等 11 个小栏目。每周一晚 19:35 播出，周二、周三重播，每天播三次，每次播出 15 分钟，基本上都是在农民休息的时间段内播出，方便农民收看。

（4）报纸专栏。与《日报》合作，在该报开辟了《田野风》农业专版，每周四刊出，在第二版（经济版）安排一个整版，每期印刷 1.5 万份。

（5）自办简报。根据农时季节和市场变化，不定期编辑简报《农民知音》，免费发送到各乡镇、村及农户手里。

（6）计算机网络。"农民之家"配备专人负责，上网查询、收集和发布信息。农民可以到"农民之家"，在工作人员的指导下，通过计算机网络，查找所需信息或发布信息。同时，也可从触摸式电脑上按菜单提示查看各种信息。

（7）科技庙会（科技赶集）和不定期现场培训指导。不定期举办科技庙会、科技下乡、赶集等活动，现场为农民提供技术信息材料，现场解答农民的咨询。根据农时季节，农作物、畜禽业的生长周期，农业技术人员还深入到田间地头、养殖场等为农民提供针对性很强的信息，并进行技术指导和培训。由于农民整体文化素质不高，技术人员不仅要把难懂的专业术语换成当地农民的俗话来反复讲解，还必须不断示范，使农民能听得懂、会操作。

4.2.4　实验习题

书法艺术是中国的传统艺术，但随着计算机技术的发展，越来越多的人不了解书法艺术，需要在书法艺术与普通大众之间建立起信息沟通的桥梁。假若你是一位从事书法艺术的工作者，请给出书法艺术信息服务的解决方案，目的是发扬、推广中国的传统书法艺术。

下篇 信息管理系统实验

信息管理系统的开发和应用作为信息化的一个重要内容得到了各方的重视。信息管理系统是一个复杂的系统，一个涉及到管理科学、信息科学、系统科学、行为科学、计算机科学和通信技术等诸多科学和技术的系统，它的开发与应用是有难度的，必须运用科学的思路和方法，少走弯路，减少损失。信息管理系统实验是从由信息、人和机器等要素构成的信息管理系统的视角出发，来完成对信息管理系统的基础数据库构建、系统开发和系统应用实验。

第5章 数据库实验

数据库技术是计算机科学中发展最快的领域之一，也是应用最广的技术之一，它已成为计算机信息系统与应用系统的核心技术和重要基础。在当前数据库领域，已有越来越多的人采用 Microsoft Access。它是一个功能强大的数据库管理系统和 MIS 系统开发工具，具有界面友好、易学易用、开发简单、接口灵活等特点。本章主要介绍 SQL 语言的使用，以及如何使用 Microsoft Access 开发小型的信息管理数据库系统。

实验 5.1 SQL 语言实验

5.1.1 实验目的

（1）掌握数据库的基本知识和基本操作。
（2）掌握 SQL 的基本语法规则。
（3）掌握 SQL 语言的数据定义、数据库查询等主要操作。

5.1.2 预备知识

SQL（Structured Query Language，结构化查询语言）是一个通用的、功能强大的数据库语言。目前，绝大多数流行的关系型数据库管理系统，如 Access、Oracle、Sybase、Microsoft SQL Server 等都采用了 SQL 语言标准。虽然很多数据库都对 SQL 语句进行了再开发和扩展，但是包括 SELECT、INSERT、UPDATE、DELETE、CREATE 以及 DROP 在内的标准的 SQL 命令仍然可以被用来完成几乎所有的数据库操作。

SQL 语言集数据定义语言 DDL、数据操纵语言 DML、数据控制语言 DCL 的功能于一体，语言风格统一，可以独立完成数据库生命周期中的全部活动，包括定义关系模式、建立数据库、查询、更新、维护、数据库重构、数据库安全性控制等一系列操作，这就为数据库应用系统开发提供了良好的环境，例如用户在数据库投入运行后，还可根据需要随时地、逐步地修改模式，这并不影响数据库的运行，从而使系统具有良好的可扩充性。SQL 语言不仅可以独立使用，还可以嵌入到其他语言中使用。

SQL 语言功能极强，但由于设计巧妙，语言十分简洁，完成数据定义、数据操纵、数据控制的核心功能只用了 9 个动词：CREATE、DROP、ALTER、SELECT、INSERT、UPDATE、DELETE、GRANT、REVOKE，见表 5.1。SQL 语言语法简单，接近英语口语，容易学习、使用。

表 5.1

SQL 功能	动词
数据定义	CREATE、DROP、ALTER
数据操纵	SELECT、INSERT、UPDATE、DELETE
数据控制	GRANT、REVOKE

概括起来，可以将 SQL 分成以下三大组：

（1）DDL（Data Definition Language，数据定义语言）：用于定义数据的结构，如创建、修改或者删除数据库对象。

DDL 语句可以用于创建用户和重建数据库对象。下面是 DDL 命令：

CREATE TABLE：创建表。

ALTER TABLE：在已有表中添加新字段或约束。

DROP TABLE：在数据库中删除表。

CREATE INDEX：为字段或字段组创建索引。

DROP INDEX：从字段或字段组中删除索引。

（2）DML（Data Manipulation Language，数据操纵语言）：用于检索或者修改数据。

DML 可以分为以下几个语句：

SELECT：用于检索数据。

INSERT：用于增加数据到数据库。

UPDATE：用于从数据库中修改现存的数据。

DELETE：用于从数据库中删除数据。

（3）DCL（Data Control Language，数据控制语言）：用于定义数据库用户的权限。

DCL 命令用于创建关系用户访问以及授权的对象。

5.1.3　实验内容

实验资料 1：学生表 Student，由学号（Sno）、姓名（Sname）、性别（Ssex）、年龄（Sage）、系别（Sdept）5 个属性组成，见表 5.2。其关系模式可记为：Student (Sno,Sname,Ssex, Sage,Sdept)。

表 5.2

Sno	Sname	Ssex	Sage	Sdept
2010001	黄杰	男	20	计算机
2010002	杨婷	女	19	信息
2010003	张悦	女	18	数学
2010004	高明	男	19	管理

实验资料 2：课程表 Course，由课程号（Cno）、课程名（Cname）、先修课号（Cpno）、学分（Ccredit）4 个属性组成，见表 5.3。其关系模式可记为：Course (Cno,Cname,Cpno,Ccredit)。

表 5.3

Cno	Cname	Cpno	Ccredit
1	数据库	3	4
2	管理信息系统	1	4
3	操作系统	4	3
4	数学	2	4

实验资料 3：成绩表 SC，由学号（Sno）、课程号（Cno）、成绩（Grade）3 个属性组成，见表 5.4。其关系模式可记为：SC (Sno,Cno,Grade)。

表 5.4

Sno	Cno	Grade
2010001	1	92
2010001	2	85
2010001	3	88
2010002	2	90
2010002	3	80

5.1.3.1　使用 SQL 语句创建、修改和删除表

1．创建数据

创建一个名为"学生数据库"的数据库，在其中建一个表 Student，它由学号 Sno、姓名 Sname、性别 Ssex、年龄 Sage、系 Sdept 5 个属性组成。学号不能为空且惟一。

（1）打开 Microsoft Access 2003，打开 Microsoft Access 对话框，选择"空 Access 数据库"选项，如图 5.1 所示。

（2）单击"确定"按钮，选定文件夹，输入文件名"学生数据库"，单击"创建"按钮即可创建一个数据库（学生数据库.mdb），如图 5.2 所示。

图 5.1

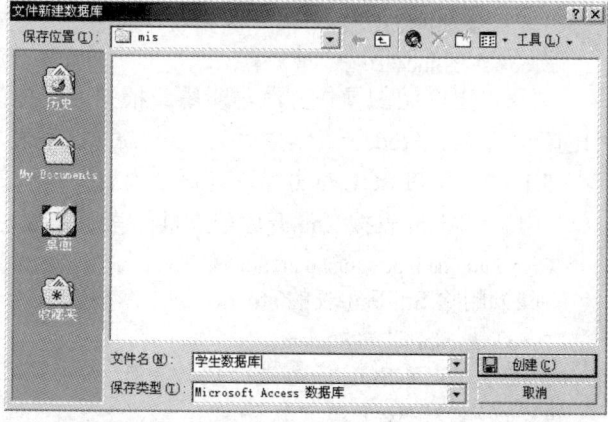

图 5.2

（3）进入"数据库"窗口，单击"对象"列表中的"查询"项，选择"在设计视图中创建查询"项，如图 5.3 所示。

（4）打开"显示表"对话框，单击"关闭"按钮。打开"选择查询"界面，如图 5.4 所示。

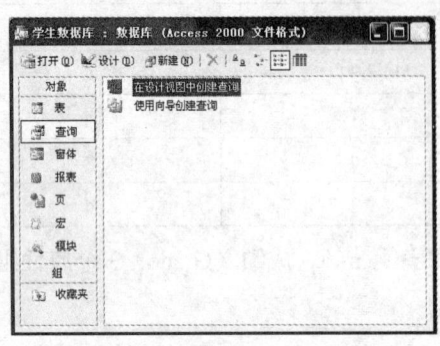
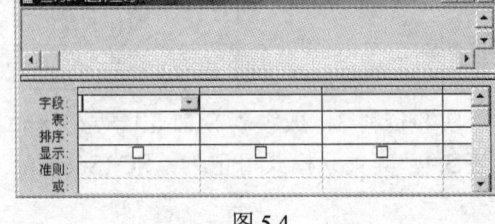

图 5.3　　　　　　　　　　　　　　　　　　　图 5.4

（5）单击"查询"菜单"SQL 特定查询"中的"数据定义"选项。打开"数据定义查询"界面，如图 5.5 所示。在对话框中输入：

Create table Student(Sno char(7) not null unique primary key,Sname char(20),Ssex char(1),Sage int,Sdept char(15))

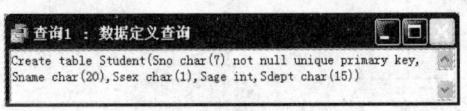

图 5.5

（6）选择"查询"菜单中的"运行"选项或单击工具栏中的"！"（运行）按钮。

（7）弹出是否保存对查询"查询 1"的设计进行更改的对话框，选择"否"。Student 表创建完成。

2．在表中增加列

向 Student 表增加"Scome（入学时间）"列，其数据类型为日期型。说明：操作方法与步骤同上。

Alter Table Student Add Scome date

3．删除 Student 表

Drop Table Student

请用以上介绍的操作方法与步骤，根据前面提供的实验资料，在"学生数据库"中，分别创建 3 张表：Student（学生表）、Course（课程表）和 SC（成绩表）。

5.1.3.2　使用 SQL 语句建立与删除索引

（1）Student 表按 Sno 升序建立惟一索引。说明：操作方法与步骤同上。

Create unique index stusno on Student(Sno Asc)

（2）删除 Student 表的 stusno 索引。

Drop index stusno on Student

5.1.3.3　使用 SQL 语句进行数据更新

1．增加表记录

说明：操作方法与步骤同上。

（1）将学生记录("2010020", "黄明", "男",20, "信息")插入 Student 表中。

Insert into Student(Sno,Sname,Ssex,Sage,Sdept) values("2010020","黄明","男",20,"信息")

（2）插入一条学生成绩记录（2010020,1,90）到 SC 表。

Insert into SC(Sno,Cno,Grade) Values("2010020","1",90)

请用以上介绍的操作方法与步骤，根据前面提供的实验资料，分别为 3 张表：Student（学生表）、Course（课程表）和 SC（成绩表）添加记录。

2．更新表记录

（1）将学号为 2010020 的学生的年龄改为 22 岁。

Update Student Set Sage=22 Where Sno="2010020"

（2）删除学号为 2010020 的学生记录。

Delete from Student Where Sno="2010020"

5.1.3.4　SQL 的查询语句

Select 语句格式如下：

Select <目标列表达式>[,<目标列表达式>]…
from <表名>[,<表名>]…
[Where <条件表达式>]
[Group by <列名 1>]
[Having <条件表达式>]
[Order by <列名 2>[asc|desc]]

1．查询指定列

（1）查询全体学生的学号与姓名。

Select Sno, Sname from Student

（2）查询全体学生的姓名、学号、所在系。

Select Sname, Sno, Sdept from Student

2．查询全部列

查询全体学生的详细记录。

Select * from Student

3．查询经过计算的值

查询全体学生的姓名及其出生年份。

Select Sname, 2012-Sage from Student

说明：学生的出生年份=今年年份－年龄。

4．查询满足条件的元组

（1）比较大小。查询信息系的全体学生的名单。

Select Sname from Student Where Sdept="信息"

查询所有年龄在 20 岁以下的学生姓名及其年龄。

Select Sname,Sage from Student Where Sage<20

（2）确定范围。查询年龄在 20～22 岁之间的学生的姓名、系别和年龄。

Select Sname,Sdept,Sage from Student Where Sage between 20 and 22

（3）确定集合。查询信息系、数学系学生的姓名和性别。

Select Sname,Ssex from Student Where Sdept in("信息","数学")

（4）字符匹配。查询所有姓黄的学生的姓名、学号。

Select Sname,Sno from Student Where Sname like "黄*"

（5）多重条件查询。查询信息系年龄在 20 岁以下的学生姓名。

Select Sname from Student Where Sage<20 and Sdept="信息"

5．对查询结果排序和分组

（1）查询选修了 3 号课程的学生的学号及其成绩，结果按分数降序排列。

Select Sno,Grade from SC Where Cno="3" Order by Grade desc

（2）查询全体学生情况，查询结果按所在系的系号升序排列，同一系中的学生按年龄降序排列。

Select * from Student Order by Sdept,Sage desc

（3）求各个课程号及相应的选课人数。

Select Cno,Count(Sno) from SC Group by Cno

6．使用集函数

SQL 提供了许多集函数，主要包括：

COUNT([DISTINCT|ALL] *)：统计元组个数。

COUNT([DISTINCT|ALL] <列名>)：统计一列中值的个数。

SUM([DISTINCT|ALL] <列名>)：计算一列值的总和（此列必须是数值型）。

AVG([DISTINCT|ALL] <列名>)：计算一列值的平均值（此列必须是数值型）。

MAX([DISTINCT|ALL] <列名>)：求一列值中的最大值。

MIN([DISTINCT|ALL] <列名>)：求一列值中的最小值。

（1）计算 1 号课程的平均成绩。

Select AVG(Grade) from SC Where Cno="1"

（2）查询学习 1 号课程的最高分数。

Select MAX(Grade) from SC Where Cno="1"

7．连接查询

（1）查询每个学生及其选修课程的情况。

Select Student.*, SC.* from Student, SC Where Student.Sno=SC.Sno

（2）查询选修 2 号课程且成绩在 85 分以上的所有学生。

Select Student.Sno, Sname

from Student,SC

Where Student.Sno=SC.Sno and SC.Cno="2" and SC.Grade>85

5.1.4 实验习题

（1）设在一个"项目"数据库中，有 3 个基本表：Item、Part 和 Bip 表，具体描述如下：

Item(项目编号,项目名称,项目负责人,电话)，用来存放项目数据，主键是项目编号。

Part(零件编号,零件名称,零件规格,零件单价,零件描述)，用来存放零件数据，主键是零件编号。

Bip(项目编号,零件编号,零件数量,日期)，用来存放项目使用零件的数量和日期，主键是项目编号+零件编号。

1）查询与项目号为 S2 的项目所使用的任意一个零件相同的项目编号、项目名称、零件编号和零件名称。

2）查询使用了 10 种以上不同零件的项目编号、项目名称、项目负责人和零件数量合计。

3）建立项目号为 S1 的视图 S1_Bip。该视图的属性列由项目编号、项目名称、零件名称、零件单价、零件数量、金额和日期组成，记录按项目号和日期的顺序排序。

4）统计出每个项目使用零件的金额和不分项目使用零件的合计金额，并将统计结果存放于另一个表 SSP 中。表 SSP 的结构见表 5.5。

表 5.5

项目编号	项目名称	金额（元）
	合计	
S1		
S2		

（2）对"学生数据库"，完成以下的 SQL 查询语句练习。

1）查询所有课程的详细信息。

2）检索年龄在 19～21 的女生的学号、姓名及年龄。

3）检索"2010002"学生选修课程号及成绩。

4）统计各学生的选课门数和平均成绩（结果显示学号、选课门数和平均成绩）。

5）检索选修了课程名为"数据库"的学生的学号、姓名、所在系和成绩。

6）检索与"高明"同龄的学生的学号、姓名、所在系。

实验 5.2　企业销售信息管理系统数据库实验

企业是一个生产、销售、管理的集散地，生产资料、销售资料和企业客户资料繁多，包含了许多信息管理工作。在过去，企业用传统书面的方法进行信息管理，在修改、查询、添加企业生产、销售、客户信息方面效率低，不能利用多种途径快速查询企业生产、销售、客户资料，修改后也不能同步更改所有档案资料，因此很有必要开发企业生产、销售和客户信息管理系统。本实验运用 Access 数据库管理系统开发一个小型的销售信息管理系统。

实验 5.2.1　创建表

5.2.1.1　实验目的

（1）明确数据库设计的任务。

（2）熟悉和掌握数据库中表的创建方法。

（3）熟悉和掌握如何设置字段。

（4）熟悉和掌握如何设置关键字。

（5）熟悉和掌握如何建立表间的关系。

5.2.1.2　预备知识

5.2.1.2.1　数据库基本概念

数据（Data）：描述事物的符号记录；客观事物的属性值。数据反映了客观事物的特性。

数据库（Database）：存储在计算机内、有组织、可共享的数据集合。按一定的数据模型组织、描述和存储，具有较小的冗余度、较高的数据独立性和易扩展性，可被多个不同的用户共享。

数据库管理系统（DBMS，Database Management System）：在操作系统支持下运行的专门用于数据管理的大型软件。DBMS 统一管理、控制数据库的建立、运用和维护，使用户方便地定义和操纵数据库，并能够保证数据的安全性和完整性，提供多个用户对数据库的并发使用，还能在数据库发生故障后进行系统恢复。

数据库系统（DBS，Database System）：引入数据库的计算机系统。DBS 的组成包括：计算机硬件、计算机软件、数据库、DBMS 及开发工具、应用系统、数据库管理员（DBA，Database Administrator）和用户。

5.2.1.2.2　关系数据库概述

关系型数据库系统 RDBMS（Relation DataBase Management System）是以数据的关系模型为基础，根据自己定义的关系来存储、处理和管理数据库信息的系统。Access 2003 数据库是一个典型的关系型数据库。

Access 2003 关系数据库是数据库对象的集合。数据库对象包括：表（Table）、查询（Query）、窗体（Form）、报表（Report）、数据访问页（Page）、宏（Macro）和模块（Module）。在任何时刻，Access 2003 只能打开并运行一个数据库。但是，在每一个数据库中，可以拥有多个表、查询、窗体、报表、数据访问页、宏和模块。这些数据库对象都存储在同一个以.mdb 为扩展名的数据库文件中。

使用 Access 2003 时，可以为每一种类型的信息创建一个表，将数据分别存放在创建的表中，并建立起表与表之间的关系；然后使用查询，从一个或多个表中查找符合条件的数据；使用窗体，编辑表中的数据；使用报表，分析、汇总表中的数据，并可以根据实际的需要将所需的数据打印出来；利用数据访问页，查看、编辑 Web 页；使用宏，自动完成事先定义好的一系列操作；通过嵌入模块，在 Access 2003 中开发出功能更完善的数据库管理系统。

数据库中的每一个表都具有唯一的表名称，都是由行和列组成，其中每一列包括了该列名称、数据类型，以及列的其他属性等信息，而行则具体包含某一列的记录或数据。为了存储与使用数据，可对每一类信息创建一张表，此后就能在窗体、报表或数据访问页中将多个表中的数据组织到一起，以及定义表之间的关系，以便于查找和检索仅满足指定条件的数据。

5.2.1.2.3　Access 关系数据库的表间关系

Access 关系数据库的表间关系有 3 种：一对一、一对多和多对多关系。

（1）如果两个表仅有一个相关字段是主关键字或惟一索引，则为这两个表创建一对多关系。其中惟一索引指的是通过字段的"索引"属性设置为"是（无重复）索引"。

（2）如果两个表的相关字段都是主关键字或惟一索引，则为这两个表创建一对一关系。

（3）多对多关系是使用第三个表创建的两个一对多关系，第三个表的主关键字包含来源于两个不同表的两个字段的外部关键字。

5.2.1.3　实验内容

根据某电器公司从事销售管理工作的需要，使用 Microsoft Access 2003 设计一个企业信息管理系统数据库，数据库主题是"企业销售管理信息系统"，数据库文件名为 sales.mdb 主要涉及的实体是"客户"、"产品"，联系是"订单"。这里假设一个订单只能订购一个产品，客户与产品是多对多的关系。

5.2.1.3.1　新建数据库并创建表

在使用 Microsoft Access 2003 创建用于构成数据库的表、窗体和其他对象之前，设计数据库是很重要的。因为无论是使用 Access 2003 的数据库或是项目，都需要一个能够有效而且准确、及时地完成所需功能的数据库。

　　Microsoft Access 2003 提供了 2 种创建表的方法：创建用于输入数据的"空表"；使用其他数据源中已有的数据来创建表。使用"数据库向导"即可在创建数据库的操作中创建该数据库所需的全部表、窗体及报表。

　　新建一个数据库，文件名定义为：sales.mdb，方法与步骤同实验 5.1。

　　（1）在 sales.mdb 数据库中，运用 SQL 语句创建一个"客户"表，表名定义为：Customer。客户表结构见表 5.6。

表 5.6

表名	字段名称	数据类型	字段大小	操作说明
Customer（客户）	客户代码	文本	6	客户编号，主键
	客户名称	文本	20	客户名称
	客户类型	文本	8	客户类别，取值为"零售商"和"经销商"
	客户规模	文本	2	客户规模，取值为"大"、"中"、"小"
	客户电话	文本	20	客户电话
	客户地址	文本	30	客户地址

　　1）单击"对象"列表中的"查询"项，并选择"在设计视图中创建查询"项。

　　2）打开"显示表"对话框，单击"关闭"按钮，打开"选择查询"对话框，如图 5.6 所示。

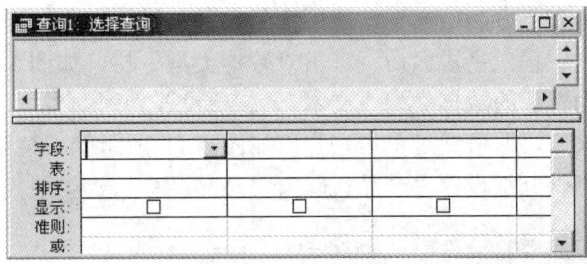

图 5.6

　　3）选择"查询"菜单"SQL 特定查询"中的"数据定义"选项。打开"数据定义查询"对话框，如图 5.7 所示。在对话框中输入：

Create Table Customer (客户代码 char(6) not null unique primary key, 客户名称 char(20), 客户类型 char(8), 客户规模 char(2), 客户电话 char(20), 客户地址 char(30))

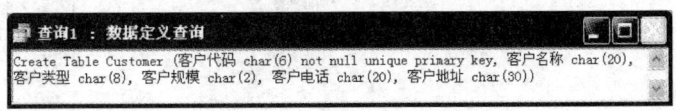

图 5.7

　　4）选择"查询"菜单中的"运行"选项或单击工具栏中的"！"（运行）按钮。

　　5）弹出是否保存对"查询 1"的设计进行更改的对话框，选择"否"。Customer 表创建完成。

　　（2）在该数据库中，在 Access 2003 中设计表，通过"设计视图"来创建一个"产品"表，表名定义为：Product。产品表结构见表 5.7。

表 5.7

表名	字段名称	数据类型	字段大小	操作说明
Product（产品）	产品代码	文本	6	产品的编号，主键
	产品名称	文本	20	产品名称
	类别代码	文本	6	产品类别，从类别表查阅得到

1）打开 sales 数据库，在数据库窗口中单击"新建"按钮，如图 5.8 所示。然后在如图 5.9 所示的"新建表"对话框的列表中选定"设计视图"项，单击"确定"按钮。此后，屏幕上显示出名为"表 1"的表结构设计窗体。

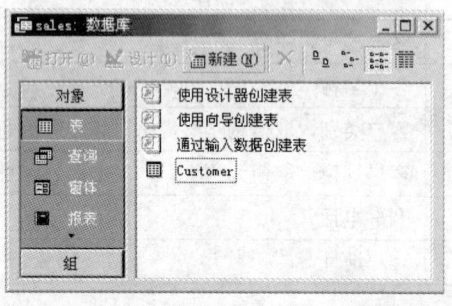 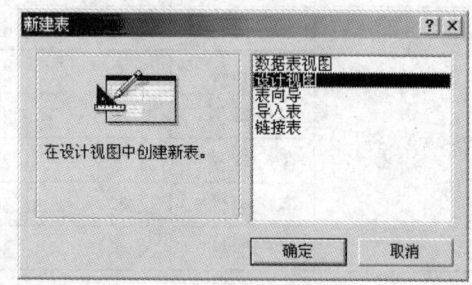

图 5.8　　　　　　　　　　　　　　　图 5.9

2）在表设计视图中，可以定义新表中的字段，以及字段类型，还能为每一个字段制定简短的说明。通过该窗体右下方的信息框，还可读到各种与操作有关的提示信息。

在"字段名称"栏中输入字段名后，单击"数据类型"栏，如图 5.10 所示。Access 2003 会自动将此字段设置为默认的数据类型"文本"。若要设置为别的类型，只需要单击该栏，让一个下拉按钮显示出来后，即可通过单击它弹出如图 5.11 所示的下拉菜单，用来选择指定新的数据类型。接下来可以分别设置"产品代码"、"产品名称"、"类别代码"等字段。

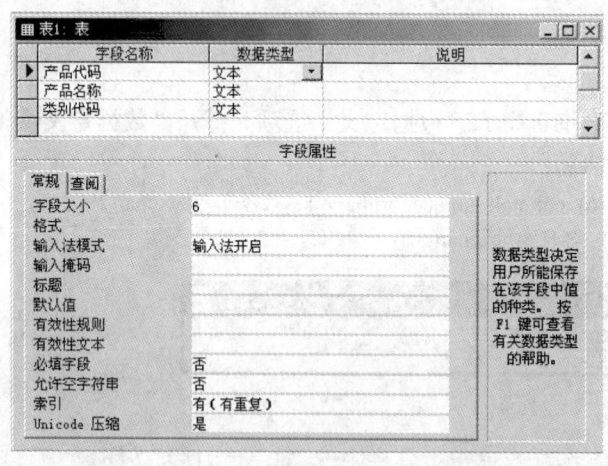 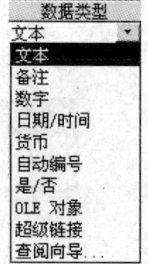

图 5.10　　　　　　　　　　　　　　　图 5.11

3）关闭"表 1"的窗体，弹出是否保存对"表 1"的设计进行更改的对话框，选择"是"。在"另存为"对话框中输入表名称 Product，单击"确定"按钮，如图 5.12 所示。在"是否创建主键"对话框中，选择"否"。

　　4）回到 Product 表设计视图，选中"产品代码"行，单击鼠标右键，在弹出的菜单中选择"主键"选项，将产品代码设为 Product 表的主键，如图 5.13 所示。Product 表创建完成。

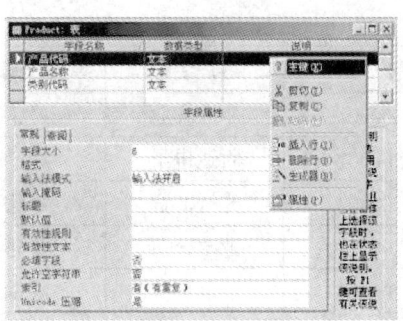

图 5.12　　　　　　　　　　　　　　　　图 5.13

　　在该数据库中创建一个"类别"表，表名定义为 Sort。类别表结构见表 5.8。创建表的过程可采用以上的 SQL 语法方法或用设计视图创建表的方法。

表 5.8

表名	字段名称	数据类型	字段大小	操作说明
Sort（类别）	类别代码	文本	6	类别编号，主键
	类别名称	文本	16	类别名称

　　在该数据库中创建一个"订单"表，表名定义为 Order。订单表结构见表 5.9。创建表的过程可采用以上的 SQL 语法方法或用"设计"视图创建的方法。

表 5.9

表名	字段名称	数据类型	字段大小	操作说明
Order（订单）	订单代码	文本	6	订单编号，主键
	客户代码	文本	6	该订单对应客户编号，从客户表查阅得到
	产品代码	文本	6	该订单所订购的产品编号，从产品表查阅得到
	产品单价	货币		该订单中产品的定价，格式为"标准"
	产品数量	数字		订购的产品数量，整型，默认值为 0
	下单时间	日期/时间		下订单的年月日

　　至此，sales.mdb 数据库的 4 个基本表创建好了，如图 5.14 所示。

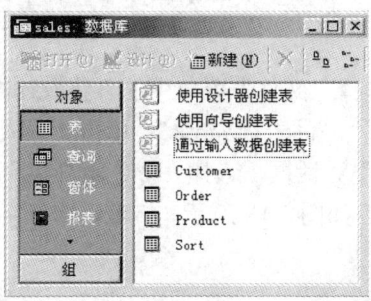

图 5.14

5.2.1.3.2 在表中输入数据

通过数据表视图，在客户表中输入客户的信息，见表 5.10。

表 5.10

客户代码	客户名称	客户类型	客户规模	客户电话	客户地址
C00001	宇欣实业	经销商	大	(010)85777793	复兴路 288 号
C00002	百达电子	经销商	大	(010)65554822	体育路 203 号
C00003	光远商贸	零售商	中	(020)99845103	南京路 115 号
C00004	亚太公司	零售商	小	(010)65552222	前门街 170 号
C00005	凯旋科技	经销商	中	(021)85555735	金陵路 148 号
C00006	友恒电子	零售商	中	(020)81234567	永定路 342 号

打开 sales.mdb 数据库，双击 Customer 表，进入数据表视图，如图 5.15 所示。在此窗体中输入具体的客户信息，单击"保存"按钮。

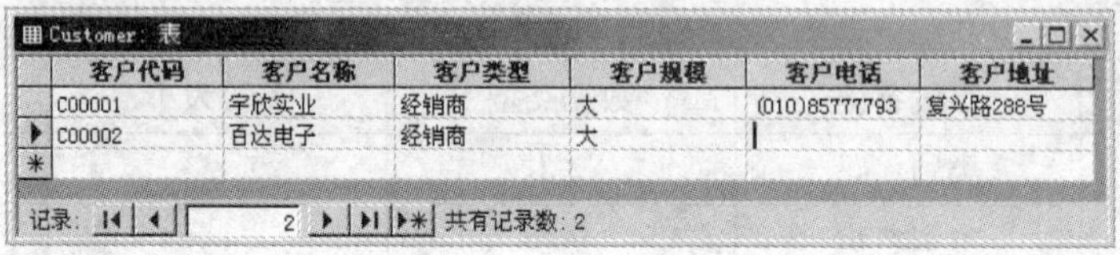

图 5.15

通过获取外部数据，在产品表 Product 中，导入产品的信息，见表 5.11。

表 5.11

产品代码	产品名称	类别代码
P00001	长虹 30 英寸液晶	S01001
P00002	厦华 27 英寸液晶	S01002
P00003	春兰空调 1.5 匹	S02001
P00004	科龙空调 1.5 匹	S02003
P00005	澳柯玛冰箱 170 升	S03002
P00006	小天鹅洗衣机 6 公斤	S04002
P00007	小天鹅洗衣机 4.2 公斤	S04002

（1）打开附件中的记事本，新建一个文本文件"产品表内容.txt"，在此文件中输入具体的产品内容，如图 5.16 所示。

（2）打开 sales 数据库，选择"文件"菜单中的"获取外部数据"菜单项；选择"导入"；文件类型为"文本文件"，选择"产品表内容.txt"；单击"导入"按钮，如图 5.17 所示。

（3）打开"导入文本向导"对话框，选择"带分隔符-用逗号或制表符之类的符号分隔每个字段"，单击"下一步"按钮，如图 5.18 所示。接着，选择字段分隔符为"逗号"，单击"下一步"按钮，如图 5.19 所示。

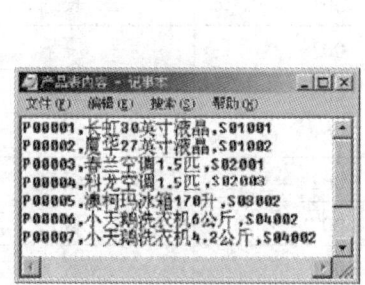

图 5.16

图 5.17

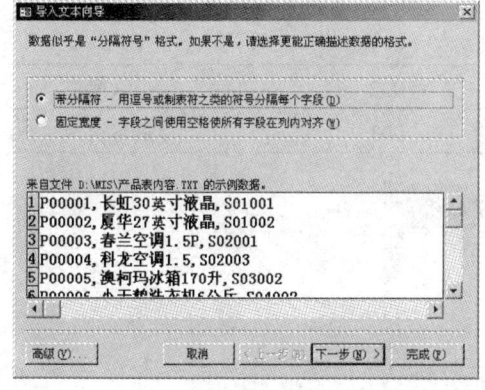

图 5.18

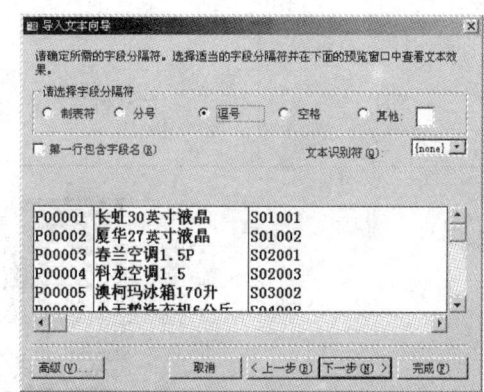

图 5.19

（4）打开"导入文本向导"对话框，导入数据到现有的表中，在组合框中输入或者选择表名 Product，并单击"完成"按钮，完成产品信息的导入，如图 5.20 所示。

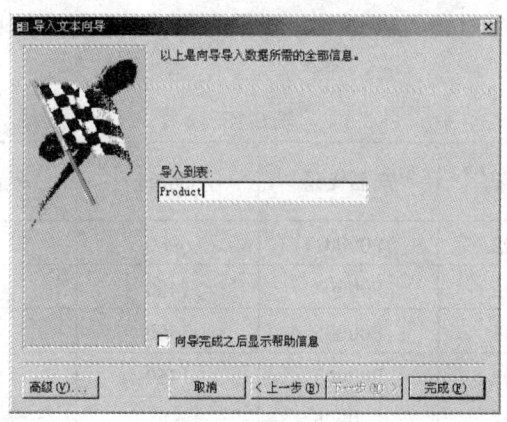

图 5.20

在类别表中输入以下产品类别信息，见表 5.12。可采用通过表浏览窗体直接输入数据的方法或者导入数据的方法。

若采用导入数据的方法，可建立类别表内容文本文件，以制表符分隔字段，如图 5.21 所示。然后，选择字段分隔符为"制表符"。

表 5.12

类别代码	类别名称	类别代码	类别名称
S01	彩电	001	长虹
		002	厦华
		003	创维
S02	空调	001	春兰
		002	美的
		003	科龙
S03	冰箱	001	新飞
		002	澳柯玛
		003	海信
S04	洗衣机	001	海尔
		002	小天鹅
		003	惠尔浦

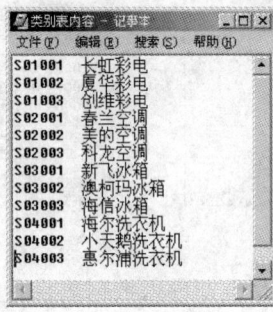

图 5.21

在订单表中输入订单数据，见表 5.13。可采用通过表浏览窗体直接输入数据的方法或者导入数据的方法。

表 5.13

订单代码	客户代码	产品代码	产品单价	产品数量	下单日期 （年-月-日）
R00001	C00002	P00001	6900	10	2012-01-18
R00002	C00005	P00004	1400	10	2012-02-10
R00003	C00004	P00005	1300	5	2012-02-20
R00004	C00001	P00003	1450	20	2012-03-03
R00005	C00003	P00006	620	8	2012-03-15
R00006	C00001	P00002	5900	5	2012-04-08

5.2.1.3.3 建立表间关系

为已创建好的 4 个表（Customer、Product、Sort、Order）建立表间的关系。为几张表建立关系的目的就是要让它们组成关系数据库，也就是成为"相关表"。sales.mdb 主要涉及的实体是"客户"、"产品"，联系是"订单"。这里假设一个订单只能订购一个产品，客户与产品是多对多的关系。

将客户表 Customer 与订单表 Order，通过关键字"客户代码"，建立表间一对多关系。

（1）在"数据库"窗口中打开"工具"菜单，选择"关系"选项，进入"关系"窗口，弹出"显示表"对话框，如图 5.22 所示。

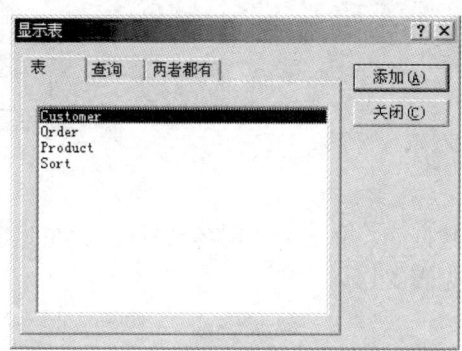

图 5.22

（2）在"显示表"对话框中将表（Customer、Product、Sort、Order）逐一添加到"关系"窗口中，然后关闭"显示表"对话框，如图 5.23 所示。

（3）在"关系"窗口中，将 Customer 表中的"客户代码"字段拖到 Order 表的"客户代码"字段位置，弹出"编辑关系"对话框，如图 5.24 所示。说明：在大多数情况下，Access 2003 要求将表中的主键字段拖动到其他表中为外部键的相似字段（通常具有相同的名称）。

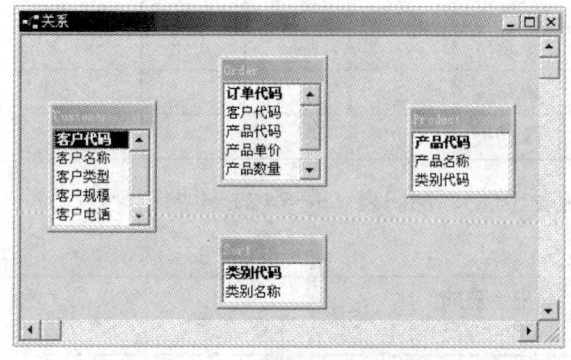

图 5.23

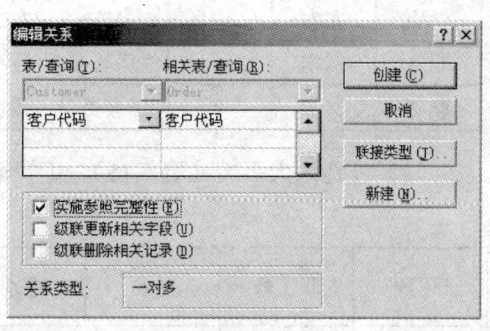

图 5.24

（4）在"编辑关系"对话框中，选择"实施参照完整性"，再单击"创建"按钮，两表之间的一对多关系就完成了，如图 5.25 所示。

按照以上步骤，将产品表 Product 与订单表 Order，通过关键字"产品代码"建立表间一对多关系。

按照以上步骤，将类别表 Sort 与产品表 Product，通过关键字"类别代码"，建立表间一对多关系。

表间关联创建完毕。保存关系，关闭"关系"窗口。建好的表间关系如图 5.26 所示。

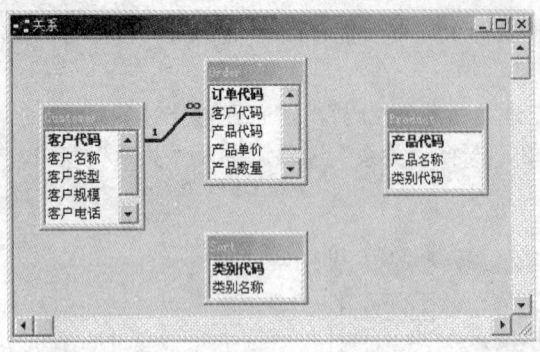

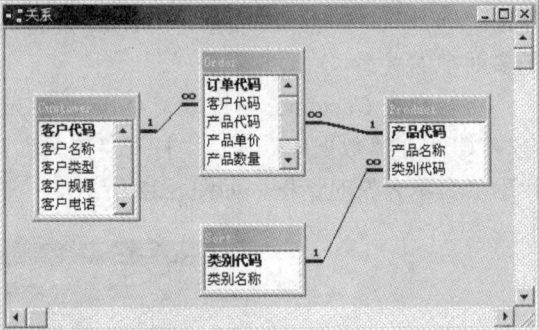

图 5.25　　　　　　　　　　　　　　　　　图 5.26

5.2.1.4　实验习题

（1）创建一个 Access 数据库，命名为"财务数据库"。在此数据库中创建人事表、工资表、部门表 3 个表，表结构见表 5.14。

表 5.14

人事表			工资表				部门表		
字段名称	数据类型	字段大小	字段名称	数据类型	字段大小	小数位数	字段名称	数据类型	字段大小
部门号	文本	2	部门号	文本	2		部门号	文本	2
职工号	文本	4	职工号	文本	4		部门名	文本	20
姓名	文本	8	基本工资	数字	单精度	2			
性别	文本	2	奖金	数字	单精度	2			
出生日期	日期时间	中日期	书报费	数字	单精度	2			
学历	文本	6	房补	数字	单精度	2			
职务	文本	8	住房基金	数字	单精度	2			
职称	文本	8	工会费	数字	单精度	2			

（2）分别为人事表（表 5.15）、工资表（表 5.16）、部门表（表 5.17）添加记录。

表 5.15

部门号	职工号	姓名	性别	出生日期 （年-月-日）	学历	职务	职称
01	0001	赵波	男	1969-10-16	硕士	系主任	教授
01	0002	钱丽	女	1979-05-01	学士	教师	讲师
02	0003	孙新	男	1968-08-02	硕士	教师	副教授
02	0004	李红	女	1980-09-10	学士	教师	讲师
02	0005	刘江	男	1981-10-18	学士	教师	讲师
01	0006	黄磊	男	1975-12-25	硕士	教师	副教授
02	0007	杜月	女	1970-01-15	硕士	系主任	教授
01	0008	陈强	男	1972-08-13	学士	教师	实验师

表 5.16　　　　　　　　　　　　　　　　　　　单位：元

部门号	职工号	基本工资	奖金	书报费	房补	住房基金	工会费
01	0001	470	360	30	86	78	5.3
01	0002	380	300	26	75	56	4.8
02	0003	420	300	30	80	59	5
02	0004	365	280	28	70	56	4.5
02	0005	380	296	27	75	61	4.5
01	0006	400	310	30	80	87	5
02	0007	410	332	30	82	76	5.1
01	0008	389	290	29	75	34	4.7

表 5.17

部门号	部门名称
01	物理系
02	化学系

（3）将人事表和工资表的"职工号"字段设置为主键，将部门表的"部门号"字段设置为主键。

（4）通过"部门号"、"职工号"字段，建立三个表之间的关联关系。

实验 5.2.2　创建查询

5.2.2.1　实验目的

（1）熟悉和掌握如何利用"设计视图"创建查询。

（2）熟悉和掌握如何利用"简单查询向导"创建查询。

（3）熟悉和掌握如何利用"查找不匹配项查询向导"创建查询。

5.2.2.2　预备知识

5.2.2.2.1　查询（Query）

在 Access 2003 关系数据库中，查询（Query）是根据用户给定条件在指定的表中筛选记录或者进一步对筛选出来的记录做某种操作的数据库对象。

利用查询对象不仅可以检索一个数据表中的数据，还可以检索多个数据表中的数据，生成查询表，并以数据表格的形式显示出来。这里需要注意的是，查询表与表对象有着本质的区别：查询表的表格是虚拟的，它是基于数据表的，查询表的内容和形式都随着查询条件和表对象中内容的变化而变化。

5.2.2.2.2. 选择查询和动作查询

在 Access 2003 关系数据库中，查询可以进一步分为选择查询和动作查询。

（1）选择查询：Access 2003 的选择查询可以在指定的表或已建好的其他查询中获取满足给定条件的记录，有效地解决了数据的检索问题。

（2）动作查询：是建立在选择查询基础之上的查询。动作查询不只是从指定的表或查询中根据用户给定的条件筛选记录以形成动态集，还要对动态集进行某种操作并将操作结果返回到指定的表中。动作查询可以被认为是能够在动态集中对一组指定记录执行某种操作的特殊的选择查询。Access 2003 提供了 4 种动作查询：更新（Update）、生成表（Make Table）、追加（Append）和删除（Delete）。

5.2.2.3　实验内容

5.2.2.3.1　创建选择查询

1. 利用"设计视图"创建查询

在 sales.mdb 数据库中，建立一个查询，命名为"详细订单"，查询下列字段：订单代码、客户名称、产品名称、产品单价、产品数量、总金额，下单时间。其中，总金额＝产品单价×产品数量。

（1）打开数据库 sales.mdb，在"数据库"窗口中选中"查询"对象，选择"新建"，打开"新建查询"对话框，选中"设计视图"选项，并单击"确定"按钮；在"显示表"对话框中，逐一添加表：Customer、Product、Order。

（2）建立选择查询。名为"详细订单"的有关订单情况的多表查询如图 5.27 所示。

（3）单击工具栏上的"保存"按钮，输入查询名称"详细订单"，并单击"确定"按钮，如图 5.28 所示。

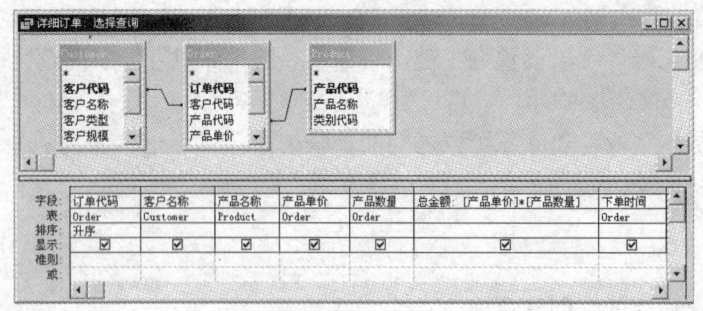

图 5.27　　　　　　　　　　　　　　　　　　　　图 5.28

（4）选择"查询"菜单中的"运行"选项或单击工具栏中的"！"（运行）按钮。该查询运行结果如图 5.29 所示。

（5）选择"视图"菜单中的"SQL 视图"选项，可查看到自动生成的该查询所对应的 SQL语句，如图 5.30 所示。

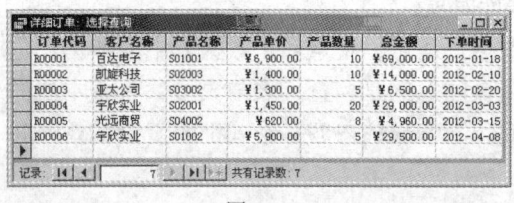

图 5.29　　　　　　　　　　　　　　　　　　　　图 5.30

2. 利用"简单查询向导"创建查询

建立一个查询，命名为"详细客户"，查询下列字段：客户名称、客户类型、客户规模、客户电话、客户地址。

（1）打开数据库 sales.mdb，在"数据库"窗口中选中"查询"对象，选择"新建"，打开"新建查询"对话框，选中"简单查询向导"选项，并单击"确定"按钮。

（2）打开"简单查询向导"对话框，在"表/查询"下拉列表框中选定"表：Customer"，"可用字段"列表框中便会列出该表的所有字段，如图 5.31 所示。

（3）在"可用字段"列表框中，选定 Customer 表中的"客户名称"字段，单击向右的箭头按钮，"客户名称"字段便出现在"选定的字段"列表框中。按此方法逐一选定 Customer 表中的客户名称、客户类型、客户规模、客户电话和客户地址 5 个字段，然后单击"下一步"按钮，如图 5.32 所示。

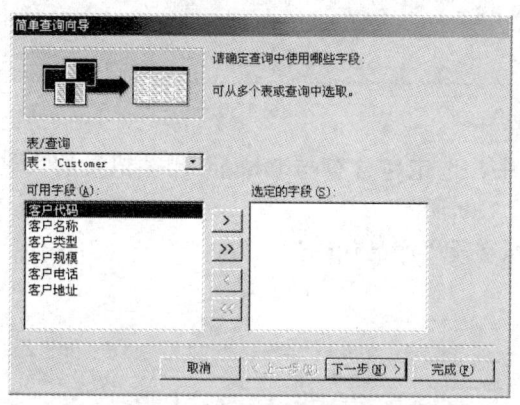

图 5.31

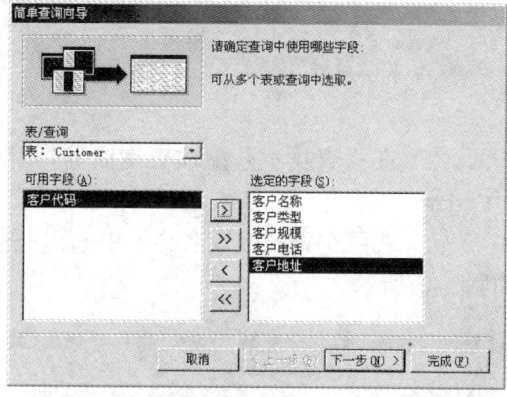

图 5.32

（4）在"简单查询向导"对话框中，输入查询标题"详细客户"，如图 5.33 所示。

（5）单击"完成"按钮。"详细客户"查询结果如图 5.34 所示。

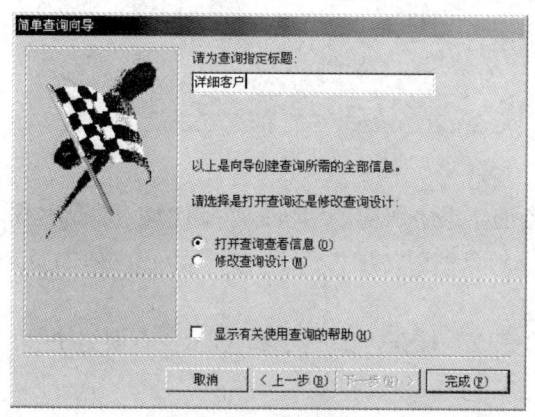

图 5.33

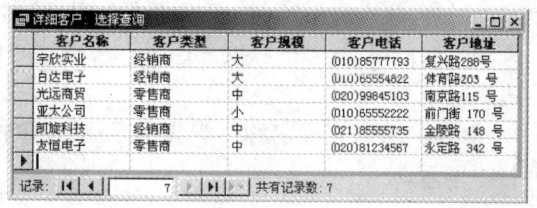

图 5.34

5.2.2.3.2　创建动作查询

在 sales.mdb 数据库中建立一个查询，命名为"未售出产品"，查询结果只显示尚未售出的产品。

（1）打开数据库 sales.mdb，在"数据库"窗口中选中"查询"对象，选择"新建"，打开"新建查询"对话框，选中"查找不匹配项查询向导"选项，单击"确定"按钮，如图 5.35 所示。

（2）在"查找不匹配项查询向导"对话框中，选定记录包含在查询结果中的数据来源表"Product（产品表）"，单击"下一步"按钮，如图 5.36 所示。

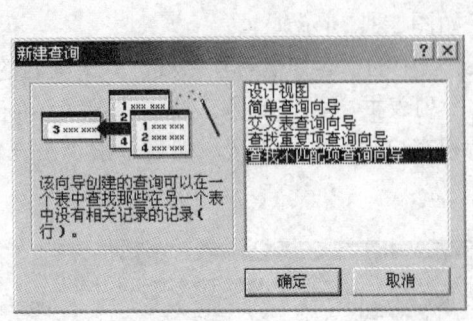

图 5.35

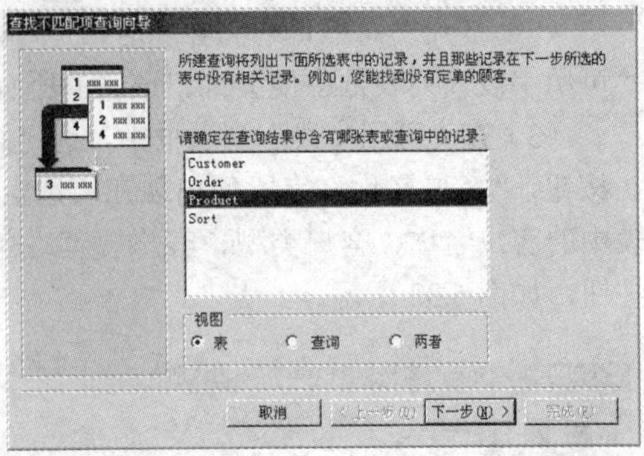

图 5.36

（3）在"查找不匹配项查询向导"对话框中，选定包含有与 Product 相关记录的表名 "Order（订单表）"，单击"下一步"按钮，如图 5.37 所示。

（4）在两个表的字段名列表中选定一个匹配字段"产品代码"，单击"下一步"按钮，如图 5.38 所示。

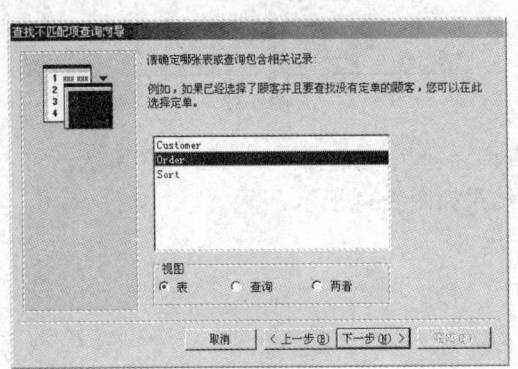

图 5.37

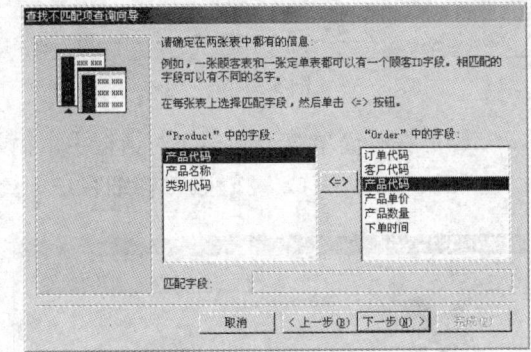

图 5.38

（5）在"可用字段"列表框中，逐个选定查询结果中所需的字段：产品代码、产品名称、类别代码，这 3 个字段便会出现在"选定字段"列表框中，单击"下一步"按钮，如图 5.39 所示。

（6）输入查询名称"未售出产品"，单击"完成"按钮，如图 5.40 所示。查询结果如图 5.41 所示。

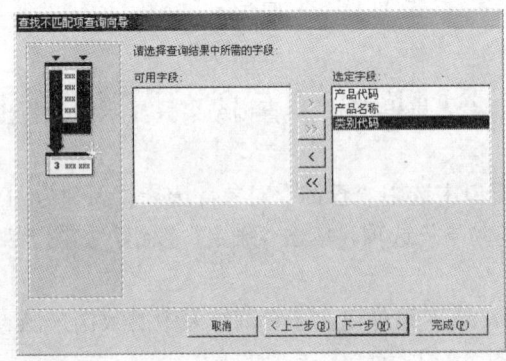

图 5.39

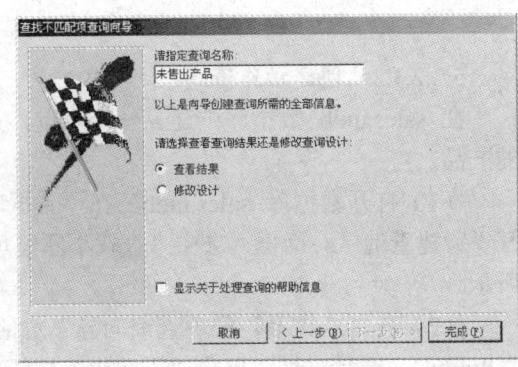

图 5.40

图 5.41

5.2.2.4　实验习题

在已创建的"财务数据库"中，按以下要求建立相应查询。

（1）利用"简单查询向导"建立"人事表"查询，其中包含：部门号、职工号、姓名、性别、出生日期、学历、职务、职称等字段。

（2）建立一个涉及"人事表"、"工资表"和"部门表"的多表查询，其中包含：姓名、性别、基本工资、职务、职称、部门名等字段。

（3）建立一个涉及"人事表"、"工资表"的多表查询，该查询包含：职工号、姓名、性别、职务、职称、基本工资、奖金、实发工资等字段。其中通过查询新建一个"实发工资"字段（实发工资＝基本工资＋奖金＋书报费＋房补－住房基金－工会费）。

实验 5.2.3　创建报表

5.2.3.1　实验目的

（1）熟悉和掌握如何利用"自动创建报表"工具建立纵栏式报表。

（2）熟悉和掌握如何利用"自动创建报表"工具建立表格式报表。

（3）熟悉和掌握如何利用"报表向导"建立报表。

5.2.3.2　预备知识

5.2.3.2.1　报表

报表（Report）是为计算、归类、汇总、排序数据而设计的一种数据库对象。在数据库管理系统中，大多数用户的最终目的是想得到有关数据信息的一张或多张报表，并打印出来。

在传统的关系数据库开发环境中，要通过繁琐的编程实现报表的打印。而在 Access 中，可以使用报表对象，轻松地进行打印输出的设计。报表对象允许用户不用编程仅通过可视化的直观操作就可以设计报表打印格式。报表对象不仅能够提供方便快捷、功能强大的报表打印格式，而且能够对数据进行分组统计和计算。

5.2.3.2.2　设计报表的操作窗口

Access 2003 为报表对象提供了 3 种可视化的操作窗口。用户在设计报表对象时只能选择使用其中的一种窗口。

1．报表设计视图

用于设计报表对象的结构、布局、数据的分组与汇总特性的窗口称为报表设计视图。在报表设计视图中，Access 2003 为用户提供了丰富的可视化设计手段。用户可以不用编程仅通过可视化的直观操作就可以快速、高质量地完成实用、美观的报表设计。

2．打印预览视图

用户所做的报表设计工作是否达到了预期的打印效果是无法在报表设计视图中看到的。用于测试报表对象打印效果的窗口称为打印预览视图。

在打印预览视图中，用户可以在屏幕上检查报表的布局是否与预期的一致、报表对事件的响应是否正确、报表对数据的格式化是否正确、报表对数据的输出排版处理是否正确等。

Access 2003 提供的打印预览视图所显示的报表布局和打印内容与实际打印结果是一致的，即所见即所得。

3．版面预览视图

报表对象还为用户提供了另一种测试报表对象打印效果的窗口，即版面预览视图。

报表对象一般是以表或者查询作为数据源，当表中的记录较多或者查询的运算量特别大时，采用打印预览视图来检验报表的布局和功能实现情况会占用很长时间，这样会影响报表设计的工作效率。

版面预览视图与打印预览视图的基本特点是相同的，唯一的区别是版面预览视图只对数据源中的部分数据进行数据格式化。如果数据源是查询时，还将忽略其中的连接和筛选条件，从而提高报表的预览速度。

5.2.3.3　实验内容

5.2.3.3.1　利用"自动创建报表"工具建立纵栏式报表

以"详细客户"查询为数据来源，创建一个纵栏式报表。

（1）打开数据库 sales.mdb，在"数据库"窗口中选中"报表"对象，单击"新建"按钮，打开"新建报表"对话框。在列表中选定"自动创建报表：纵栏式"选项，选择该对象数据的来源表或查询"详细客户"，单击"确定"按钮，如图 5.42 所示。

（2）自动生成报表，并进入该报表的预览窗口；关闭该预览窗口，提示是否保存对"报表 1"的设计更改，选择"是"，将报表文件保存为"详细客户情况表"，如图 5.43 所示。

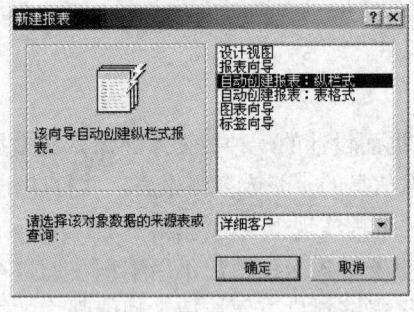

图 5.42

图 5.43

（3）在"数据库"窗口中选中"报表"对象"详细客户情况表"，单击工具条上的"设计"按钮，如图 5.44 所示。

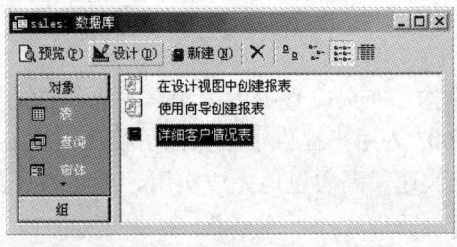

图 5.44

（4）打开报表设计窗口，在此窗口中对该报表的设计布局进行调整，如图 5.45 所示。

（5）关闭报表设计窗口，并保存对报表所做的修改。生成的报表如图 5.46 所示。

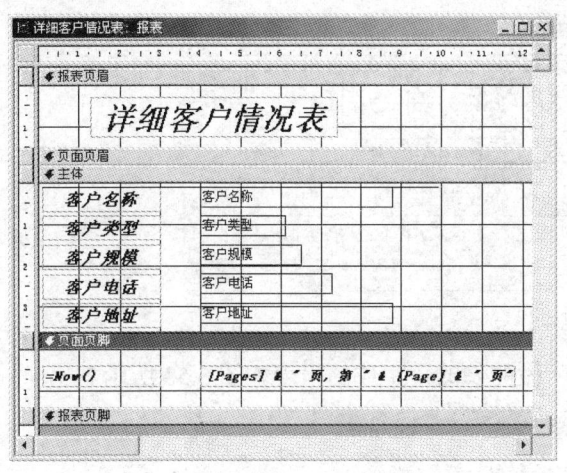

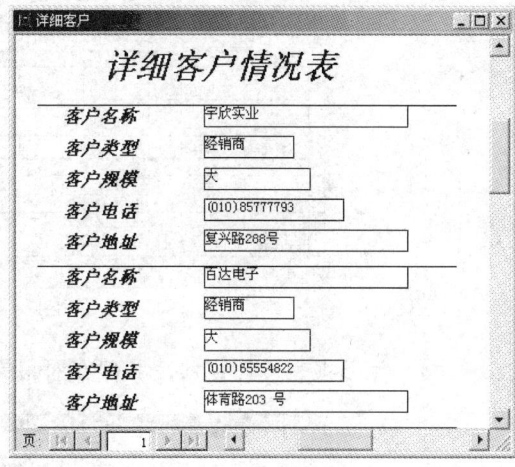

图 5.45　　　　　　　　　　　　　　　　　　图 5.46

5.2.3.3.2　利用"自动创建报表"工具建立表格式报表

以"详细订单"查询为数据来源，创建一个表格式报表。

（1）打开数据库 sales.mdb，在"数据库"窗口中选中"报表"对象，单击"新建"按钮，打开"新建报表"对话框。在列表中选定"自动创建报表：表格式"选项，选择该对象数据的来源表或查询"详细订单"，单击"确定"按钮，如图 5.47 所示。

（2）自动生成报表，并进入该报表的预览窗口；关闭该预览窗口，提示是否保存对"报表 1"的设计更改，选择"是"，将报表文件保存为"详细订单情况表"，如图 5.48 所示。

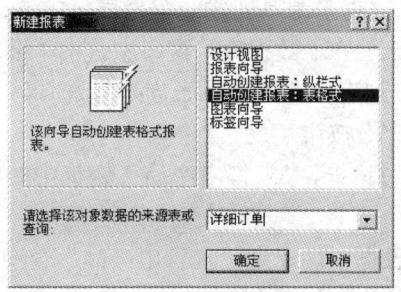

图 5.47

图 5.48

（3）在"数据库"窗口中选中"报表"对象"详细订单情况表"，单击工具条上的"设计"按钮，打开报表设计窗口，对该报表的设计布局进行调整，如图 5.49 所示。

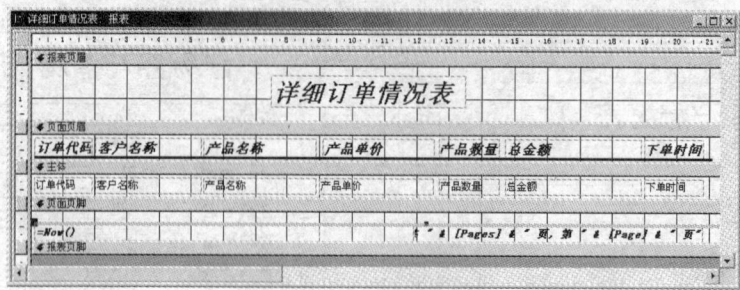

图 5.49

（4）关闭报表设计窗口，并保存对报表所做的修改。生成的报表如图 5.50 所示。

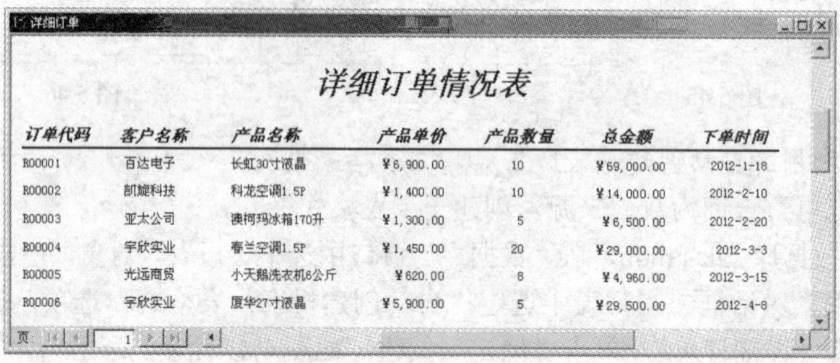

图 5.50

5.2.3.3.3 利用"报表向导"建立报表

以"未售出产品"查询为数据来源，创建一个报表。

（1）打开数据库 sales.mdb，在"数据库"窗口中选中"报表"对象，单击"新建"按钮，打开"新建报表"对话框。在列表中选定"报表向导"选项，选择该对象数据的来源表或查询"未售出产品"，单击"确定"按钮。

（2）进入"报表向导"对话框，"未售出产品"查询中的字段显示在"可用字段"列表框中，如图 5.51 所示。

（3）在"可用字段"列表框中，选定"未售出产品"查询中的"产品代码"字段，单击向右的箭头按钮，"产品代码"字段便出现在"选定的字段"列表框中。按此方法逐一选定"未售出产品"查询中的产品名称和类别代码字段，单击"下一步"按钮，如图 5.52 所示。

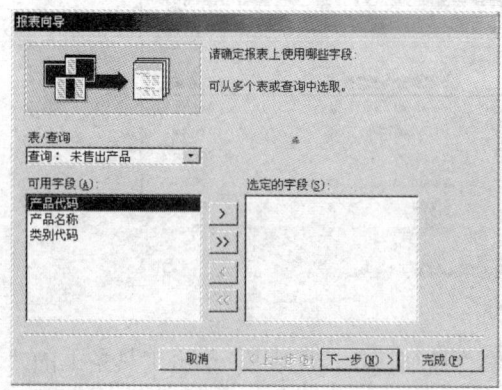

图 5.51

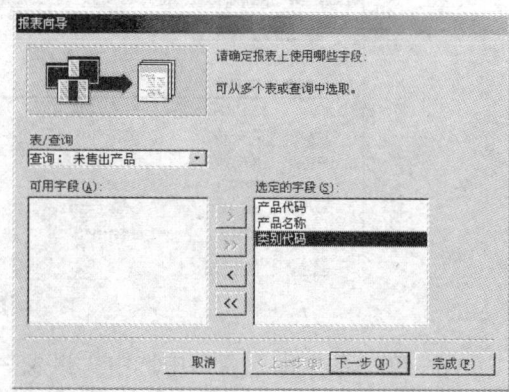

图 5.52

（4）选定分组级别字段"类别代码"，单击"下一步"按钮，如图 5.53 所示。

（5）确定明细记录使用的排序次序，在第一个下拉框中选定"产品代码"字段，单击"下一步"按钮，如图 5.54 所示。

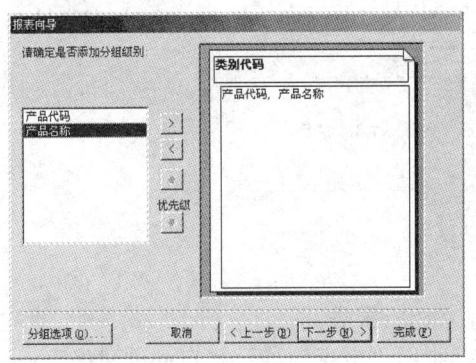
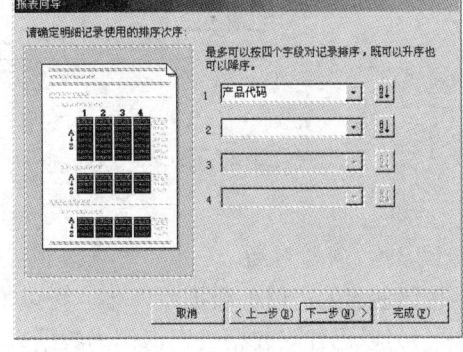

图 5.53　　　　　　　　　　　　　　图 5.54

（6）确定报表的布局方式，采用默认的选项，单击"下一步"按钮。接着确定报表所用样式，选择"随意"，单击"下一步"按钮，如图 5.55 所示。

（7）为报表指定标题"未售出产品情况表"，选中"修改报表设计"单选按钮，单击"完成"按钮，如图 5.56 所示。

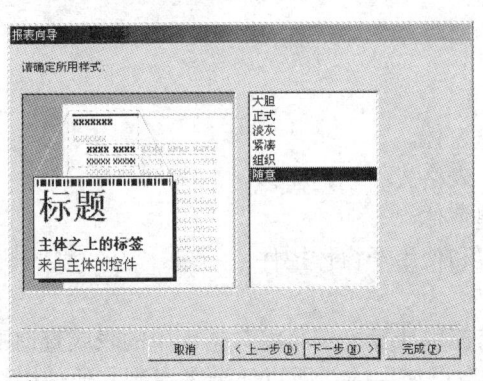
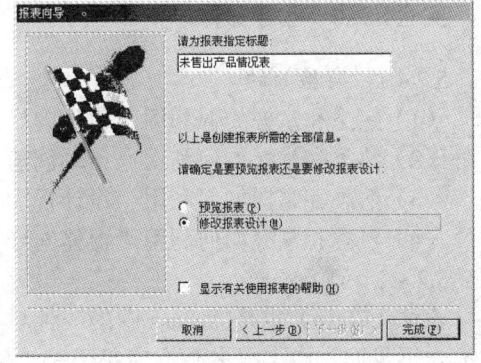

图 5.55　　　　　　　　　　　　　　图 5.56

（8）进入报表设计窗口，在此窗口中，对该报表的设计布局进行重新调整，如图 5.57 所示。

图 5.57

（9）关闭报表设计窗口，并保存对报表所做的修改。生成的报表如图 5.58 所示。

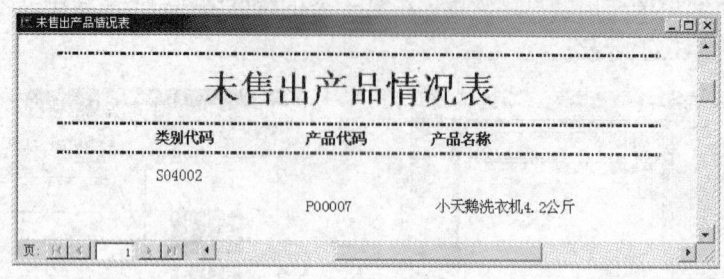

图 5.58

5.2.3.4　实验习题

在已创建的"财务数据库"中，按以下要求建立相应报表。

（1）以已建立的相关查询作为数据来源，分别利用"报表向导"、"自动创建报表：纵栏式"、"自动创建报表：表格式"，来建立"人事表"数据输出的相应报表。

（2）以已建立的相关查询作为数据来源，设计一个报表，其中包含：姓名、性别、基本工资、职务、职称、部门名等字段。

（3）以已建立的相关查询作为数据来源，设计一个报表，其中包含：职工号、姓名、性别、职务、职称、基本工资、奖金、实发工资等字段。

实验 5.2.4　创建窗体

5.2.4.1　实验目的

（1）熟悉和掌握如何利用"窗体向导"创建窗体。

（2）熟悉和掌握如何利用"自动创建窗体：表格式"创建窗体。

（3）熟悉和掌握如何利用"设计视图"创建窗体。

（4）熟悉和掌握如何利用"窗体向导"创建和使用子窗体控件。

5.2.4.2　预备知识

窗体（Form）也是 Access 中的一种对象，它使用计算机屏幕将数据库中的表或查询中的数据告诉我们。由于很多数据库都不是给创建者自己使用的，所以还要考虑到其他使用者的方便。建立一个友好的使用界面将会给他们带来很大的便利，让更多的使用者都能根据窗口中的提示完成自己的工作，这是建立窗体的基本目标。

在 Access 2003 中，有关数据输入、输出界面的设计都是通过窗体对象来实现的。窗体对象允许用户采用可视化的直观操作设计数据输入、输出界面的结构和布局。Access 2003 为方便用户设计窗体提供了若干个控件（Control），每一个控件均被视为独立的对象。用户可以通过直观的操作在窗体中设置控件，调整控件的大小和布局。

5.2.4.3　实验内容

5.2.4.3.1　利用"窗体向导"创建一对多窗体

在数据库 sales.mdb 中，根据"详细订单"查询和"详细客户"查询，建立"客户订单情况"一对多窗体。

1. 建立"订单情况"子窗体

（1）打开数据库 sales.mdb，在"数据库"窗口中选中"窗体"对象，单击"新建"按钮。打开"新建窗体"对话框，在列表中选定"窗体向导"选项，选择该对象数据的来源表或查询"详细订单"，单击"确定"按钮，如图 5.59 所示。

（2）进入"窗体向导"对话框，在"可用字段"列表框中选择"详细订单"查询中的"订单代码"字段，单击向右的箭头按钮，"订单代码"字段便出现在"选定的字段"列表框中。按此方法逐一选定"详细订单"查询中的产品名称、产品单价、产品数量、总金额和下单时间等字段，单击"下一步"按钮，如图 5.60 所示。

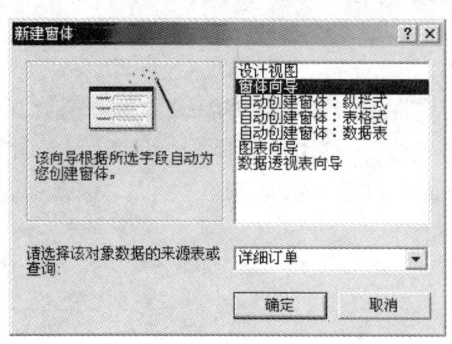

图 5.59　　　　　　　　　　　　　　　　图 5.60

（3）确定窗体使用的布局"数据表"，单击"下一步"按钮，如图 5.61 所示。

（4）确定窗体所用的样式"标准"，单击"下一步"按钮，如图 5.62 所示。

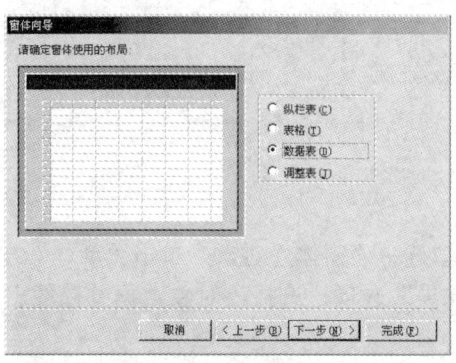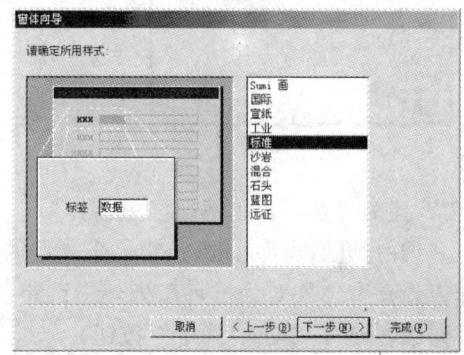

图 5.61　　　　　　　　　　　　　　　　图 5.62

（5）确定窗体标题"订单情况"，选中"修改窗体设计"单选按钮，单击"完成"按钮，如图 5.63 所示。

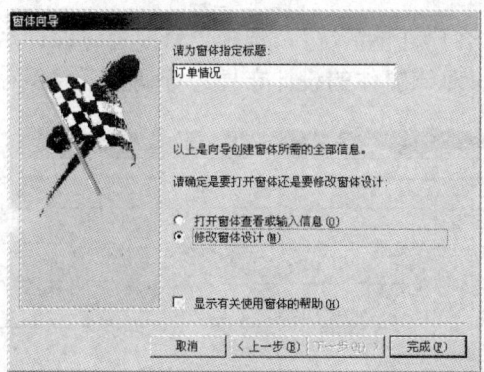

图 5.63

（6）进入窗体设计窗口，对该窗体的设计布局进行重新调整并保存，如图 5.64 所示。

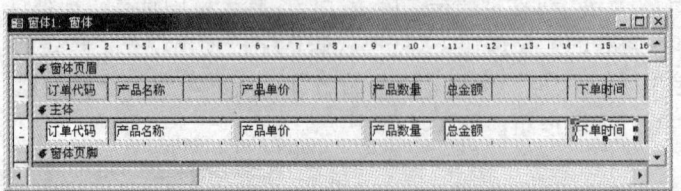

图 5.64

（7）在窗体设计窗口，用鼠标右键打开窗体的属性窗口，将允许编辑、允许删除、允许添加均设为“否”；将记录选择器、导航按钮均设为“否”；将滚动条设为“只垂直”；并保存对窗体属性所做的修改，如图 5.65 所示。窗体运行结果如图 5.66 所示。

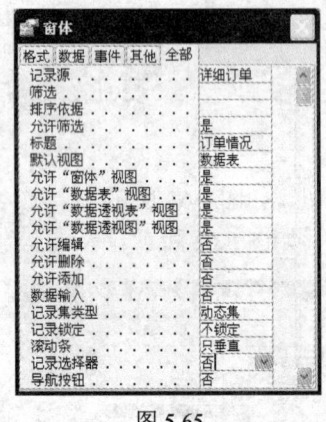

图 5.65

订单情况

订单代码	产品名称	产品单价	产品数量	总金额	下单时间
R00001	长虹30寸液晶	￥6,900.00	10	￥69,000.00	2005-1-18
R00002	科龙空调1.5P	￥1,400.00	10	￥14,000.00	2005-2-10
R00003	澳柯玛冰箱170升	￥1,300.00	5	￥6,500.00	2005-2-20
R00004	春兰空调1.5P	￥1,450.00	20	￥29,000.00	2005-3-3
R00005	小天鹅洗衣机6公斤	￥620.00	8	￥4,960.00	2005-3-15
R00006	厦华27寸液晶	￥5,900.00	5	￥29,500.00	2005-4-8

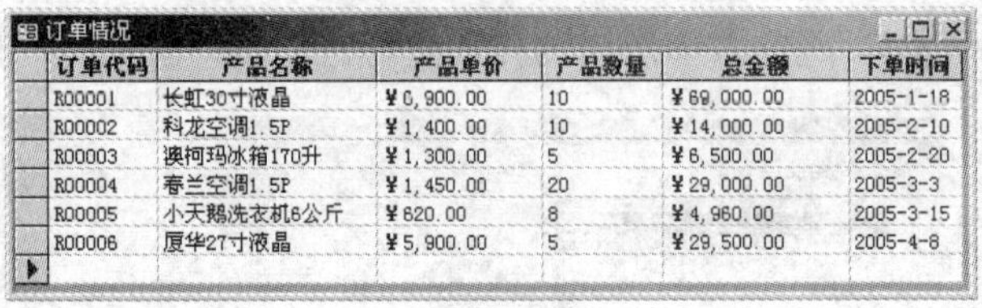

图 5.66

2．建立“客户订单情况”主窗体

（1）打开数据库 sales.mdb，在“数据库”窗口选中“窗体”对象，单击“新建”按钮。打开“新建窗体”对话框，在列表中选定“窗体向导”选项，选择该对象数据的来源表或查询“详细客户”，单击“确定”按钮。

（2）进入“窗体向导”对话框，选定“可用字段”列表框中的客户规模、客户电话、客户地址和客户类型等 4 个字段到“选定的字段”列表框中，然后单击“下一步”按钮。

（3）确定窗体使用的布局“纵栏表”，单击“下一步”按钮；确定窗体所用的样式“标准”，单击“下一步”按钮。

（4）确定窗体标题“客户订单情况”，选中“修改窗体设计”单选按钮，单击“完成”按钮；进入窗体设计窗口，对该窗体的设计布局进行调整，并保存，如图 5.67 所示。

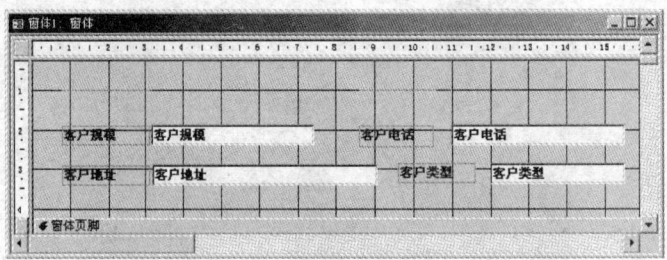

图 5.67

（5）在工具箱中，"控件向导"处于有效状态下，将"组合框"工具按钮拖动到主窗体上。打开"组合框向导"对话框，选中"在基于组合框中选定的值而创建的窗体上查找记录"单选按钮，单击"下一步"按钮，如图 5.68 所示。

（6）选定"可用字段"列表中的"客户名称"字段，添加到"选定字段"列表中，将它变成组合框中的列，单击"下一步"按钮，如图 5.69 所示。

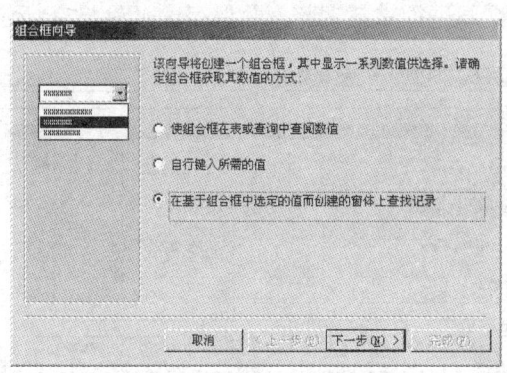
图 5.68

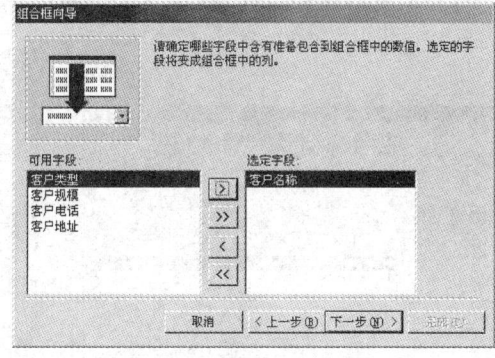
图 5.69

（7）指定组合框的宽度，单击"下一步"按钮。然后为组合框指定标签"客户名称"，单击"完成"按钮。组合框如图 5.70 所示。

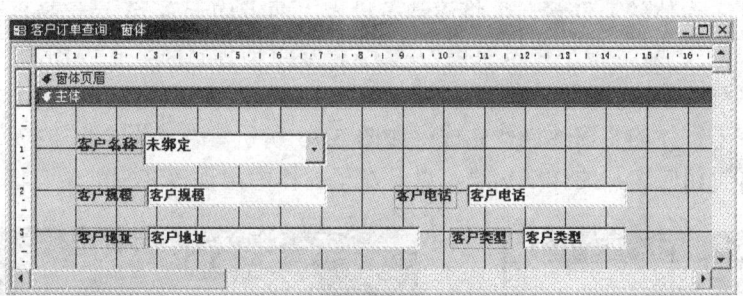
图 5.70

（8）选中组合框，单击鼠标右键，打开组合框的属性窗口，将默认值设为："= [客户名称]"，如图 5.71 所示。

（9）在工具箱中，"控件向导"处于有效状态下，将"子窗体/子报表"工具按钮拖动到主窗体上，如图 5.72 所示。

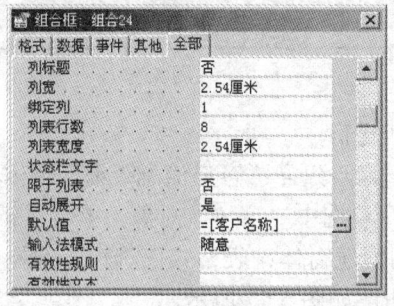
图 5.71

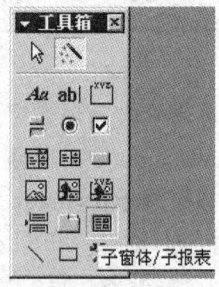
图 5.72

（10）打开"子窗体向导"对话框，确定用于子窗体的数据来源，选中"使用现有的窗体"单选按钮，在列表框中选择窗体"订单情况"，单击"下一步"按钮。

（11）在"子窗体向导"对话框中选中"从列表中选择"单选按钮，在列表框中选择第一项，单击"下一步"按钮，如图 5.73 所示。

（12）确定子窗体的名称"订单情况"，单击"完成"按钮。

（13）进入窗体设计窗口，对主窗体的设计布局进行重新调整，并保存，如图 5.74 所示。

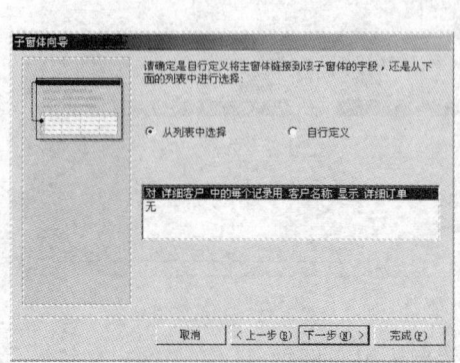

图 5.73

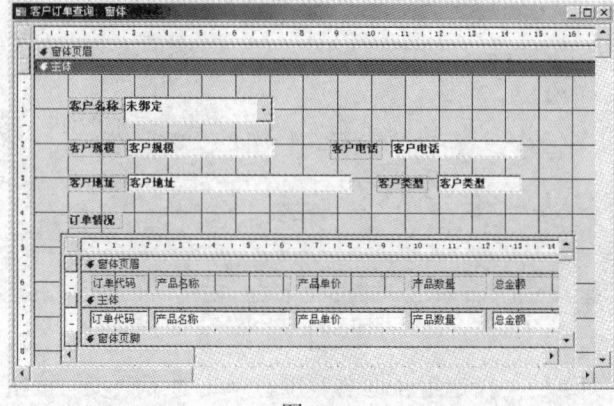

图 5.74

（14）打开主窗体的属性窗口，将滚动条设为"两者均无"；记录选择器设为"否"，将导航按钮设为"是"；最大最小化按钮设为"无"；设置窗体背景，在"图片"属性中确定背景图片，并保存对窗体属性所做的修改，如图 5.75 所示。

（15）含有子窗体的主窗体创建完成，如图 5.76 所示。选择组合框下拉列表中的任一客户名称，就能查看相应客户的详细信息，以及在子窗体中出现该客户的所有订单信息。

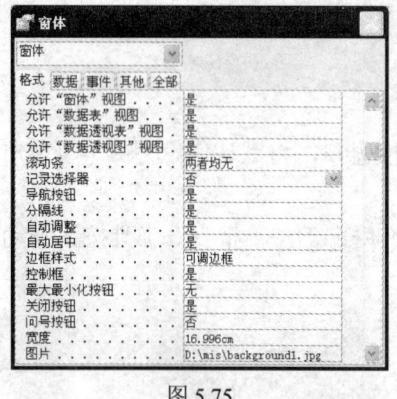

图 5.75

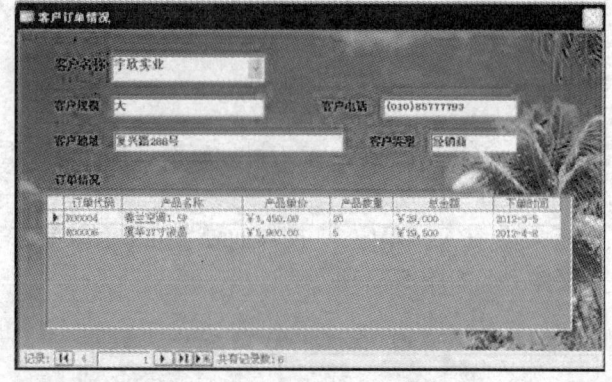

图 5.76

5.2.4.3.2　利用"自动创建窗体：表格式"创建窗体

在数据库 sales.mdb 中，根据"详细客户"查询，建立"客户信息查询"窗体。

（1）打开数据库 sales.mdb，在"数据库"窗口选中"窗体"对象，单击"新建"按钮。打开"新建窗体"对话框，在列表中选定"自动创建窗体：表格式"选项，选择该对象数据的来源表或查询"详细客户"，单击"确定"按钮，如图 5.77 所示。

（2）进入"详细客户"窗体，用鼠标右键打开窗体的设计窗口，如图 5.78 所示。

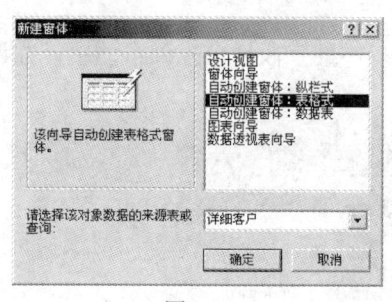

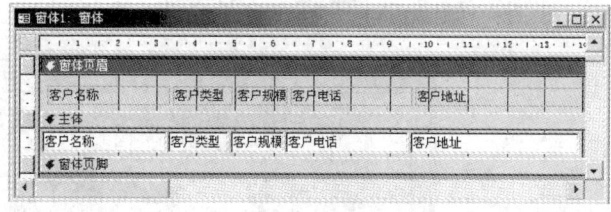

　　　　图 5.77　　　　　　　　　　　　　　　　　　　　图 5.78

（3）在窗体的设计窗口拖动"主体"栏，加大"窗体页眉"部分。在工具箱中，"控件向导"处于有效状态下，将"组合框"工具按钮拖动到主窗体上。打开组合框向导，选中"在基于组合框中选定的值而创建的窗体上查找记录"单选按钮，单击"下一步"按钮。

（4）选定"可用字段"列表中的"客户名称"字段，添加到"选定字段"列表中，将它变成组合框中的列，单击"下一步"按钮。

（5）指定组合框的宽度，单击"下一步"按钮。为组合框指定标签"请选择客户名称："，单击"完成"按钮。

（6）选中组合框，单击鼠标右键，打开组合框的属性窗口，将默认值设为："= [客户名称]"。

（7）关闭窗体的设计窗口，提示是否保存对"窗体 1"的设计更改，选择"是"，将窗体另存为"客户信息查询"，如图 5.79 所示。

（8）打开该窗体的属性窗口，将滚动条设为"只垂直"；记录选择器设为"是"，将导航按钮设为"否"；最大最小化按钮设为"无"；允许删除、允许添加均设为"否"；设置窗体背景，在"图片"属性中确定背景图片，并保存对窗体属性所做的修改。

（9）完成的"客户信息查询"窗体如图 5.80 所示。按以上的方法，根据"详细订单"查询，建立"订单信息查询"窗体。

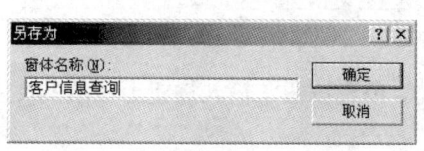

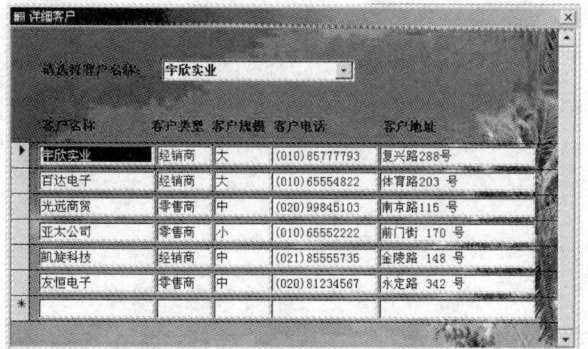

　　　　图 5.79　　　　　　　　　　　　　　　　　　　　图 5.80

5.2.4.3.3　利用"设计视图"创建窗体

1．建立"订单信息维护"窗体

（1）打开数据库 sales.mdb，在"数据库"窗口选中"窗体"对象，单击"新建"按钮；

打开"新建窗体"对话框,在列表中选定"设计视图"选项,选择该对象数据的来源表"(Order 订单表)",单击"确定"按钮。

(2)进入窗体设计窗口,调整窗体大小,将数据源窗口中的字段逐个拖到窗体中,并调整控件大小,如图 5.81 所示。

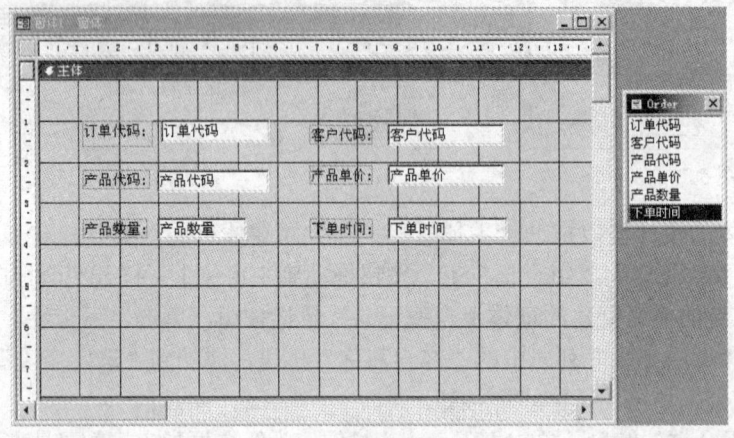

图 5.81

(3)打开窗体的属性窗口,将滚动条设为"两者均无";最大最小化按钮设为"无";记录选择器设为"否";设置窗体背景,在"图片"属性中确定背景图片,并保存对窗体属性所做的修改,如图 5.82 所示。

(4)添加"删除记录"按钮。从工具箱中选取命令按钮拖到窗体中,打开"命令按钮向导"对话框,从"类别"列表中选择"记录操作"选项,在"操作"列表中选择"删除记录"选项,并单击"下一步"按钮,如图 5.83 所示。

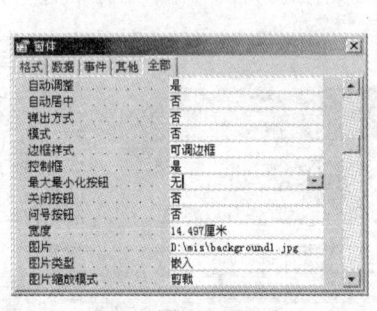

图 5.82

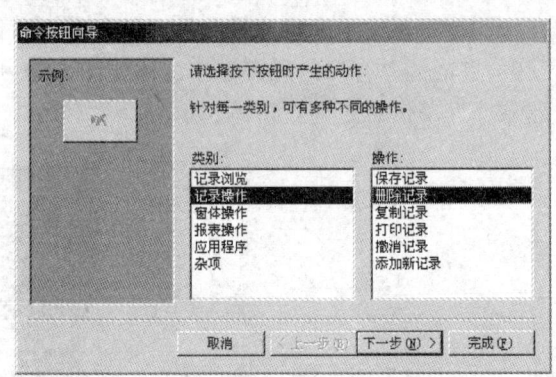

图 5.83

(5)确定在按钮上显示文本还是图片,选中"文本"单选按钮,输入按钮上显示的文本"删除记录",单击"下一步"按钮,如图 5.84 所示。

(6)输入命令按钮的名称"删除记录1",单击"完成"按钮,如图 5.85 所示。

(7)应用步骤(4)~(6)的方法,逐一添加"添加记录"按钮、"撤消记录"按钮、"保存记录"按钮。注意:在"命令按钮向导"对话框,从"类别"列表中选择"记录操作"选项,在"操作"列表中选择相应的记录操作选项。

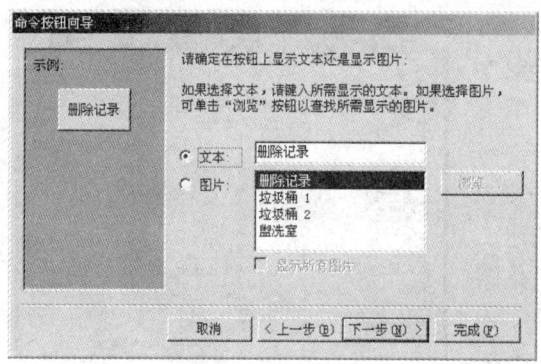 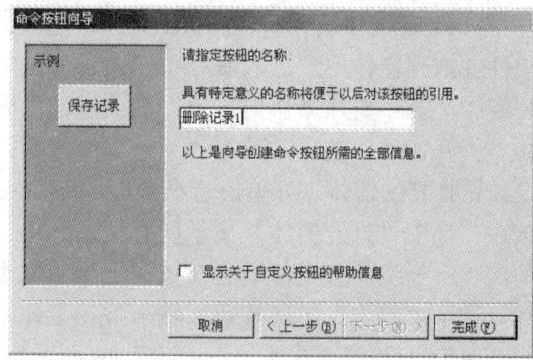

图 5.84   图 5.85

（8）从工具箱中选取命令按钮拖到窗体中，打开"命令按钮向导"对话框，从"类别"列表中选择"窗体操作"选项，在"操作"列表中选择"关闭窗体"选项，单击"下一步"按钮；再应用步骤（5）～（6）的方法，添加"关闭窗体"按钮。

（9）保存所设计的"订单信息维护"窗体，完成的窗体如图 5.86 所示。

按以上建立"订单信息维护"窗体的方法与步骤，创建"客户信息维护"窗体和"类别信息维护"窗体。

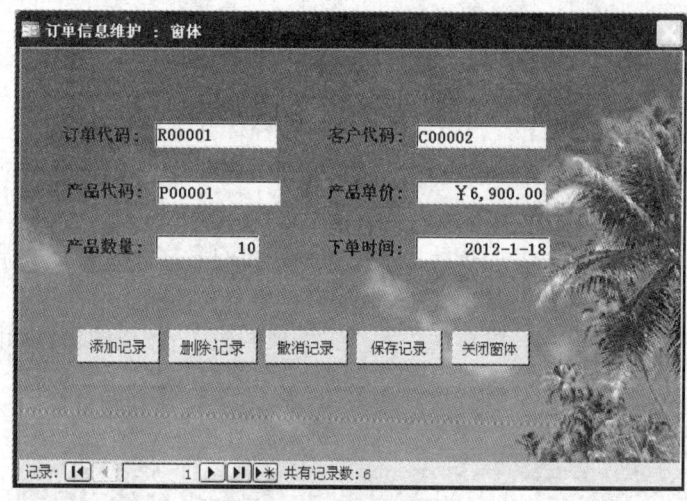

图 5.86

2. 利用"设计视图"创建主切换面板

（1）打开数据库 sales.mdb，在"数据库"窗口选中"窗体"对象，单击"新建"按钮；打开"新建窗体"对话框，在列表中选定"设计视图"选项，不用选择该对象数据的来源表或查询，单击"确定"按钮。

（2）打开窗体设计窗口，调整窗体。从工具箱中选取标签控件拖到窗体中，制作标题文字"企业销售管理信息系统"，设置标题文字字体为"楷体_GB2312"，32 号字。

（3）在窗体属性窗口，将滚动条设为"两者均无"，记录选择器设为"否"，导航按钮设为"否"，允许编辑设为"否"，最大最小化按钮设为"最小化按钮"，在"图片"属性中确定背景图片，并保存对窗体属性所做的修改，如图 5.87 所示。

（4）在窗体设计窗口，从工具箱中选取命令按钮控件并拖到窗体中，进入命令按钮向导，从"类别"列表中选择"窗体操作"选项，在"操作"列表中选择"打开窗体"选项，单击"下一步"按钮；确定命令按钮打开的窗体"订单信息维护"，单击"下一步"按钮；选中"打开窗体并显示所有记录"单选按钮，单击"下一步"按钮；确定在按钮上显示文本还是图片，选中"文本"单选按钮，输入按钮上显示的文本"订单信息维护"，单击"下一步"按钮；输入命令按钮的名称"订单信息维护1"，单击"完成"按钮。

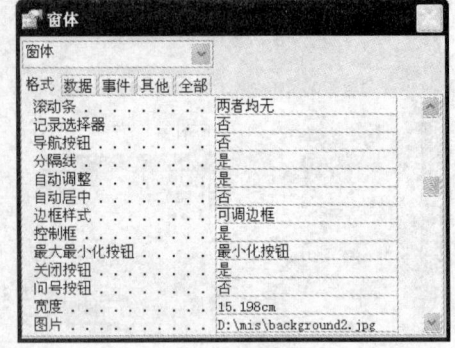

图 5.87

按以上方法与步骤，逐一添加用于打开相应窗体的命令按钮"订单信息维护"、"客户信息维护"、"类别信息维护"、"客户订单查询"、"客户信息查询"和"订单信息查询"。

（5）在窗体设计窗口，从工具箱中选取命令按钮控件并拖到窗体中，进入命令按钮向导，从"类别"列表中选择"报表操作"选项，在"操作"列表中选择"预览报表"选项，单击"下一步"按钮；确定命令按钮将预览的报表"详细订单情况表"，单击"下一步"按钮；确定在按钮上显示文本还是图片，选中"文本"单选按钮，输入按钮上显示的文本"订单情况报表"，单击"下一步"按钮；输入命令按钮的名称"订单情况报表1"，单击"完成"按钮。

按以上方法与步骤，逐一添加用于打开相应报表的命令按钮"订单情况报表"和"客户情况报表"。

（6）在窗体设计窗口，从工具箱中选取命令按钮控件并拖到窗体中，进入命令按钮向导，从"类别"列表中选择"应用程序"选项，在"操作"列表中选择"退出应用程序"选项，单击"下一步"按钮；确定在按钮上显示文本还是图片，选中"图片"单选按钮，在列表中选中"退出"图片，单击"下一步"按钮；指定命令按钮的名称"退出应用程序1"，单击"完成"按钮，从而添加用于退出应用程序的命令按钮。

（7）关闭窗体设计窗口，将窗体保存为"主切换面板"，完成的窗体如图5.88所示。

图 5.88

5.2.4.4　实验习题

在已创建的"财务数据库"中，按以下要求建立相应窗体。

（1）分别利用"设计视图"、"窗体向导"、"自动创建窗体：表格式"建立基于"人事表"的人事信息维护窗体。

（2）分别利用"设计视图"、"窗体向导"、"自动创建窗体：表格式"建立基于"工资表"的工资信息维护窗体。

（3）分别利用"设计视图"、"窗体向导"、"自动创建窗体：表格式"建立基于"部门表"的部门信息维护窗体。

（4）分别利用"窗体向导"、"设计视图"建立主切换面板。

实验 5.2.5　创建宏

5.2.5.1　实验目的

（1）熟悉和掌握如何创建和使用宏。

（2）熟悉和掌握如何创建和使用宏组。

5.2.5.2　预备知识

5.2.5.2.1　宏

宏（Macro）对象是一个或多个宏操作的集合，其中的每个宏操作执行特定的功能。用户可以将这些宏操作组织起来形成宏对象，以执行特定的任务。

在 Access 中，通过宏可以简化各种操作，可以不编写程序代码却能实现复杂的程序功能，极大地提高了工作效率。例如，可设置某个宏，在用户单击某个命令按钮时运行该宏，以打开某个窗体或打印某个报表，也可使用宏来产生菜单。

通常情况下直接执行宏只是进行测试。可以在确保宏的设计无误之后，将宏附加到窗体、报表或控件中，以对事件做出响应，也可以创建一个执行宏的自定义菜单命令。

5.2.5.2.2　常用宏操作

在 Access 中有很多种基本宏操作，这些基本操作还可以组合成很多其他的"宏组"操作。在使用中，很少单独使用这个或那个基本宏命令，经常是将这些命令排成一组，按照顺序执行，以完成一种特定任务。这些命令可以通过窗体中控件的某个事件操作来实现，或在数据库的运行过程中自动来实现。常用的宏操作如表 5.18 所示。

表 5.18

操作	说明
Close	关闭指定的 Microsoft Access 窗口。如果没有指定窗口，则关闭活动窗口
Maximize	放大活动窗口，使其充满 Microsoft Access 窗口。该操作可以使用户尽可能多地看到活动窗口中的对象
Minimize	将活动窗口缩小为 Microsoft Access 窗口底部的小标题栏
MsgBox	显示包含警告信息或其他信息的消息框
OpenForm	打开一个窗体，并通过选择窗体的数据输入与窗口方式，来限制窗体所显示的记录
OpenReport	在设计视图或打印预览中打开报表或立即打印报表，也可以限制需要在报表中打印的记录
PrintOut	打印打开数据库中的活动对象，也可以打印数据表、报表、窗体和模块

续表

操作	说明
Quit	退出 Microsoft Access。Quit 操作还可以指定在退出 Access 之前是否保存数据库对象
Restore	将处于最大化或最小化的窗口恢复为原来大小
RunMacro	运行宏。该宏可以在宏组中
StopMacro	停止当前正在运行的宏

5.2.5.3　实验内容

5.2.5.3.1　创建宏和宏组

1. 创建"信息维护"菜单及其菜单项

（1）打开数据库 sales.mdb，在"数据库"窗口选中"宏"对象，单击"新建"按钮，打开宏设计窗口，选中"视图"菜单中的"宏名"菜单项，在操作窗口显示"宏名"列。

（2）在"宏名"列中输入宏的名称"订单信息维护"；在"操作"列选定相应的操作 OpenForm。在"操作参数"列表中，指定操作对象（此处为窗体）的名称"订单信息维护"；视图设为"窗体"；窗口模式设为"普通"。按此方法依次设置 3 个宏"订单信息维护"、"客户信息维护"和"类别信息维护"。注意：不同的宏，在其"操作参数"列表中，指定操作对象为相应的窗体的名称，如图 5.89 所示。

（3）关闭宏设计窗口，保存对"宏 1"的设计更改，输入宏名称"信息维护菜单"，如图 5.90 所示。

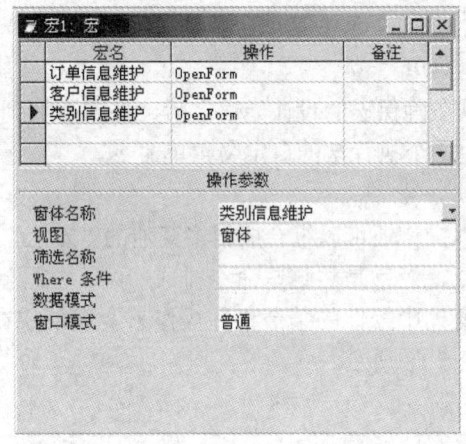

图 5.89

图 5.90

2. 创建"信息查询"菜单及其菜单项

（1）在"数据库"窗口选中"宏"对象，单击"新建"按钮，打开宏设计窗口，选中"视图"菜单中的"宏名"菜单项，在操作窗口显示"宏名"列。

（2）在"宏名"列中输入宏的名称"客户订单查询"；在"操作"列选定相应的操作：OpenForm。在"操作参数"列表中指定操作对象（此处为窗体）的名称"客户订单查询"；视图设为"窗体"；窗口模式设为"普通"。按此方法依次设置 3 个宏"客户订单查询"、"客户信息查询"和"类别信息查询"。注意：不同的宏，在其"操作参数"列表中，指定操作对象为相应的窗体的名称，如图 5.91 所示。

（3）在"宏名"列中输入宏的名称"未售出产品查询"；在"操作"列选定相应的操作
OpenQuery。在"操作参数"列表中指定操作对象（此处为查询）的名称"未售出产品"；视
图设为"数据表"；数据模式设为"只读"，如图 5.92 所示。

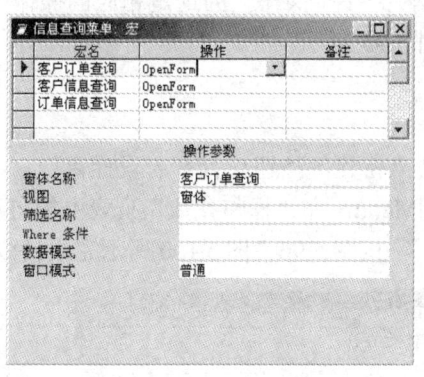

图 5.91

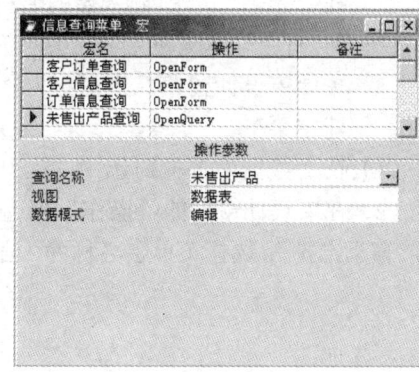

图 5.92

（4）关闭宏设计窗口，将宏保存为"信息查询菜单"。

3．创建"报表预览"菜单及其菜单项

（1）在"数据库"窗口选中"宏"对象，单击"新建"按钮，打开宏设计窗口，选中"视
图"菜单中的"宏名"菜单项，在操作窗口显示"宏名"列。

（2）在"宏名"列中输入宏的名称"订单情况报表"；在"操作"列选定相应的操作 OpenReport。
在"操作参数"列表中，指定操作对象（此处为报表）的名称"详细订单情况表"；视图设为"打
印预览"。按此方法依次设置 2 个宏"订单情况报表"和"客户情况报表"。注意：不同的宏，
在其"操作参数"列表中，指定操作对象为相应的报表的名称，如图 5.93 所示。

（3）关闭宏设计窗口，宏保存为"报表预览菜单"。

4．创建"退出程序"菜单

（1）在"数据库"窗口选中"宏"对象，单击"新建"按钮，打开宏设计窗口，选中"视
图"菜单中的"宏名"菜单项，在操作窗口显示"宏名"列。

（2）在"宏名"列中输入宏的名称"退出程序"；在"操作"列选定相应的操作 Close。在
"操作参数"列表中指定操作对象的名称"主切换面板"；对象类型设为"窗体"，如图 5.94 所示。

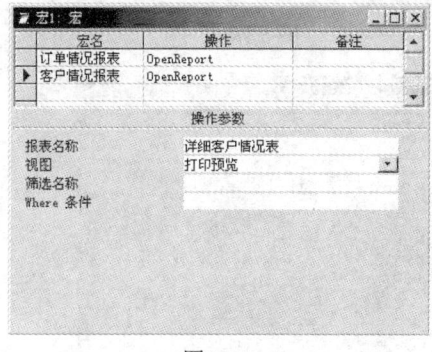

图 5.93

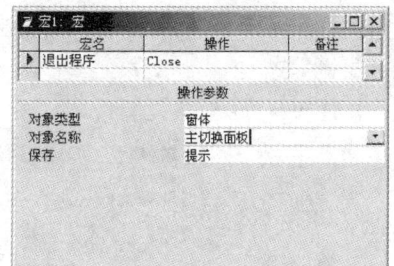

图 5.94

（3）关闭宏设计窗口，宏保存为"退出程序菜单"。

5．创建"帮助"菜单（暂时无具体内容）

（1）在"数据库"窗口选中"宏"对象，单击"新建"按钮，打开宏设计窗口，选中"视图"菜单中的"宏名"菜单项，在操作窗口显示"宏名"列。

（2）在"宏名"列中输入宏的名称"操作指南"；在"操作"列选定相应的操作为暂时空白；在下一行中输入宏的名称"用户问题"，如图 5.95 所示。

（3）关闭宏设计窗口，宏保存为"帮助菜单"。

6．创建主菜单

（1）在"数据库"窗口选中"宏"对象，单击"新建"按钮，打开宏设计窗口。

（2）在宏设计窗口的"操作"列选定操作 AddMenu。在"操作参数"列表中指定菜单名称为"信息维护"；选择菜单宏名称为"信息维护菜单"。按图 5.96～图 5.100 所示完成具体设置。

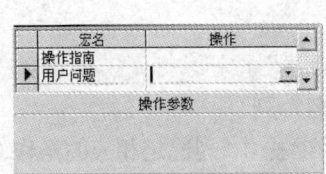

图 5.95

图 5.96

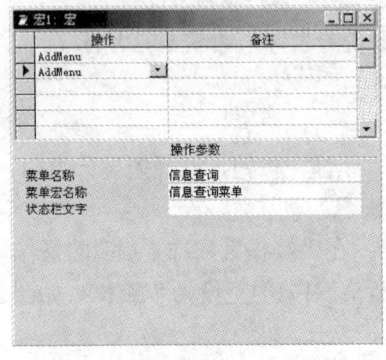

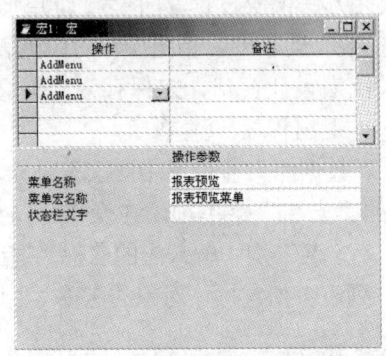

图 5.97

图 5.98

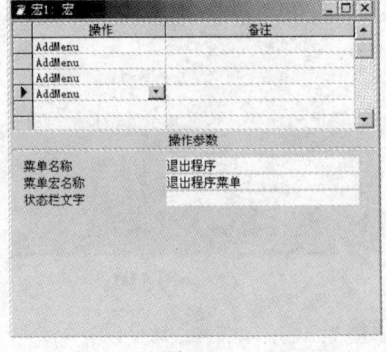

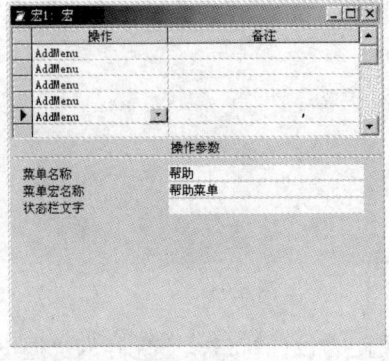

图 5.99

图 5.100

（3）关闭宏设计窗口，将宏保存为"主菜单"。

5.2.5.3.2　应用宏和宏组

（1）打开数据库 sales.mdb，在"数据库"窗口选中"主切换面板"窗体对象，单击"设计"按钮，进入窗体设计窗口，打开窗体的属性窗口，将"菜单栏"属性设置为"主菜单"，并保存窗体的属性设置，如图 5.101 所示。

（2）运行主切换面板，如图 5.102 所示。

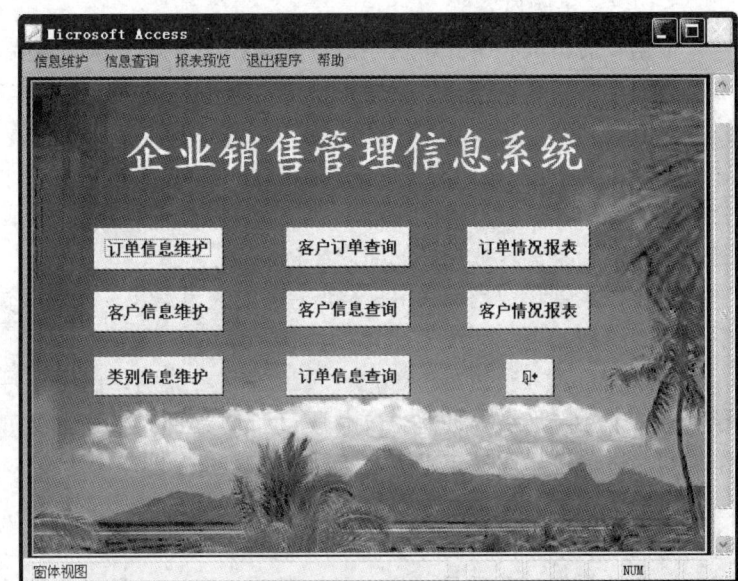

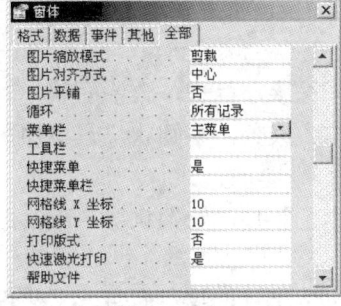

图 5.101　　　　　　　　　　　　　　　　图 5.102

5.2.5.4　实验习题

在"财务数据库"中，利用宏和宏组为已建立的主切换面板创建菜单。

（1）创建"信息维护"菜单及其菜单项。

（2）创建"信息查询"菜单及其菜单项。

（3）创建"报表预览"菜单及其菜单项。

（4）创建"退出程序"和"帮助"菜单。

（5）创建主菜单，并将菜单宏加载到主切换面板上。

实验 5.3　政府人事信息管理系统数据库实验

随着计算机技术的飞速发展，计算机在政府机关和事业单位管理中的应用日益普及。人事信息管理是政府机关和事业单位中不可缺少的部分，它的内容对于组织的决策者和管理者来说都至关重要。使用计算机对单位的人事信息进行管理，具有手工管理所无法比拟的优点，能够极大地提高人事管理的效率。根据以上情况，本实验建立一个人事档案管理信息系统。具备以下基本功能：实现对人事档案管理数据库及表的创建，表中数据的维护；实现人事信息的添加、删除、修改和保存等；实现人事信息的查询、统计和人事资源的利用等。

实验 5.3.1 创建表

5.3.1.1 实验目的

见实验 5.2.1 中的实验目的。

5.3.1.2 预备知识

见实验 5.2.1 中的预备知识。

5.3.1.3 实验内容

根据政府机关和事业单位中进行人事档案管理工作的需要，使用 Access 2003 设计一个人事信息管理系统数据库，数据库主题是"人事档案管理信息系统"。人事档案管理数据库的文件名为 files.mdb，主要涉及的实体是"人事信息"、"家庭成员"，"社会关系"。其中"人事信息"与"家庭成员"是一对多的关系，因为一个员工可以有多个家庭成员；"人事信息"与"社会关系"是一对多的关系，因为一个员工可以有多种社会关系。有了这些关系，可以使用 E-R 图描述人事档案管理数据库的概念结构。

人事档案管理数据库（files.mdb）可由人事信息、家庭成员、社会关系等数据表组成。其中各表的结构如下：

人事信息表（员工号，部门，员工姓名，性别，出生年月，民族，籍贯，政治面貌，领导职务，非领导职务，职称，文化程度，健康否，家庭出身，本人成分，婚姻状况，参加工作时间，进单位时间，年工资，年补贴，家庭住址，简历）；

家庭成员表（家属号，员工号，家属姓名，与员工关系，出生年月，婚姻状况，政治面貌，文化程度，工作单位，年收入，备注）；

社会关系表（关系号，员工号，关系姓名，与员工关系，出生年月，政治面貌，文化程度，工作单位，备注）。

5.3.1.3.1 新建数据库并创建表

在使用 Access 2003 建立用于构成数据库的表、窗体和其他对象之前，设计数据库是很重要的。因为无论是使用 Access 2003 的数据库或是项目，都需要一个能够有效而且准确、及时地完成所需功能的数据库。

Access 2003 提供了两种创建表的方法：创建用于输入数据的"空表"；使用其他数据源中已有的数据来创建表。使用"数据库向导"即可在建立数据库的操作中创建该数据库所需的全部表、窗体及报表。

新建一个数据库，文件名定义为 files.mdb，方法与步骤同实验 1。

在 files.mdb 数据库中，首先运用 SQL 语句创建一个"家庭成员"表，表名定义为"家庭成员"。家庭成员表结构见表 5.19。

表 5.19

表名	字段名称	数据类型	字段大小	操作说明
家庭成员	家属号	文本	6	家属编号，主键，数据类型：char(6)
	员工号	文本	6	员工编号
	家属姓名	文本	8	家属姓名
	与员工关系	文本	6	家属与员工的关系

续表

表名	字段名称	数据类型	字段大小	操作说明
家庭成员	出生年月	日期时间		家属的出生年月，数据类型：date
	婚姻状况	文本	4	家属婚姻状况，取值为：未婚、已婚、离异
	政治面貌	文本	8	家属的政治面貌
	文化程度	文本	6	家属的文化程度
	工作单位	文本	15	家属的工作单位
	年收入	货币		家属每年的收入，数据类型：currency
	备注	文本	20	备注

（1）单击"对象"列表中的"查询"项，并选择"在设计视图中创建查询"项。

（2）打开"显示表"对话框，单击"关闭"按钮，打开"选择查询"对话框，如图 5.103 所示。

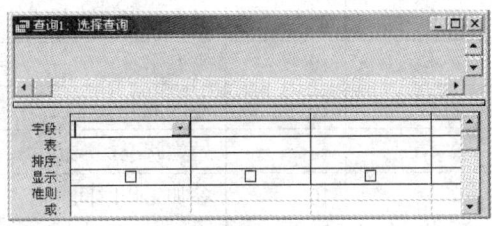

图 5.103

（3）选择"查询"菜单"SQL 特定查询"中的"数据定义"选项。打开"数据定义查询"对话框，如图 5.104 所示。在对话框中输入：

Create Table 家庭成员(家属号 char(6)　not null unique primary key, 员工号 char(6), 家属姓名 char(8), 与员工关系 char(6), 出生年月 date, 婚姻状况 char(4), 政治面貌 char(8), 文化程度 char(6), 工作单位 char(15), 年收入 currency, 备注 char(20))

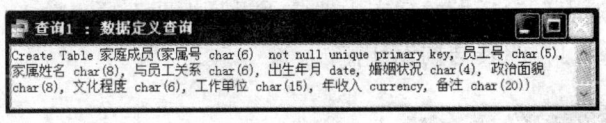

图 5.104

（4）选择"查询"菜单中的"运行"选项或单击工具栏中的"!"（运行）按钮。

（5）弹出是否保存对"查询 1"的设计进行更改的对话框，选择"否"。家庭成员表创建完成。

在该数据库中，在 Access 2003 中设计表，通过"设计视图"来创建一个"人事信息"表，表名定义为"人事信息"。人事信息表结构见表 5.20。

表 5.20

表名	字段名称	数据类型	字段大小	操作说明
人事信息	员工号	文本	5	员工编号，主键，数据类型：char(5)
	部门	文本	20	部门名称

续表

表名	字段名称	数据类型	字段大小	操作说明
人事信息	员工姓名	文本	8	员工姓名
	性别	文本	2	员工性别，取值为：男、女
	出生年月	日期时间		出生年月，数据类型：date
	民族	文本	8	民族
	籍贯	文本	8	籍贯
	政治面貌	文本	8	政治面貌
	领导职务	文本	15	领导职务
	非领导职务	文本	15	若是公务员编制的人员，有"非领导职务"
	职称	文本	10	若是事业编制的人员，有"职称"
	文化程度	文本	6	文化程度
	健康否	文本	2	健康情况，取值为：是、否
	家庭出身	文本	10	家庭出身
	本人成分	文本	10	本人成分
	婚姻状况	文本	4	婚姻状况，取值为：未婚、已婚、离异
	参加工作时间	文本	10	参加工作时间
	进单位时间	文本	10	进单位时间
	年工资	货币		每年工资，数据类型：currency
	年补贴	货币		每年各种补贴，数据类型：currency
	家庭住址	文本	20	家庭住址
	简历	文本	255	简历

（1）打开 files 数据库，在数据库窗口中单击"新建"按钮，如图 5.105 所示。然后在如图 5.106 所示的"新建表"对话框的列表中选定"设计视图"项，单击"确定"按钮。此后，屏幕上显示出名为"表 1"的表结构设计窗体。

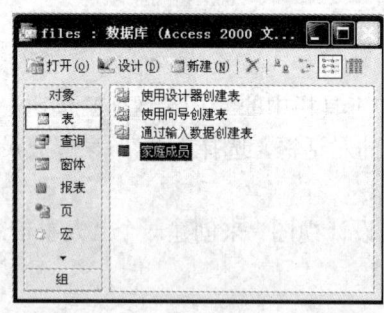

图 5.105

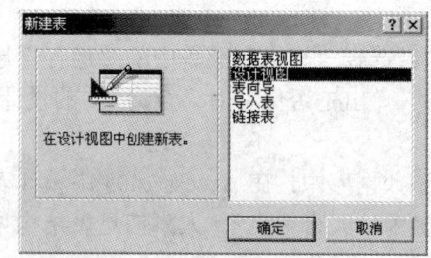

图 5.106

（2）在表设计视图中，可以定义新表中的字段，以及字段类型，还能为每一个字段制定简短的说明。通过该窗体右下方的信息框，还可读到各种与操作有关的提示信息。

在"字段名称"栏中输入字段名后，单击"数据类型"栏，如图 5.107 所示。Access 2003

会自动将此字段设置为默认的数据类型"文本"。若要设置为别的类型，只需要单击该栏，让一个下拉按钮显示出来后，即可通过单击它弹出如图 5.108 所示的下拉菜单，用来选择指定新的数据类型。接下来可以分别设置"员工号"、"部门"、"员工姓名"等 22 个字段。

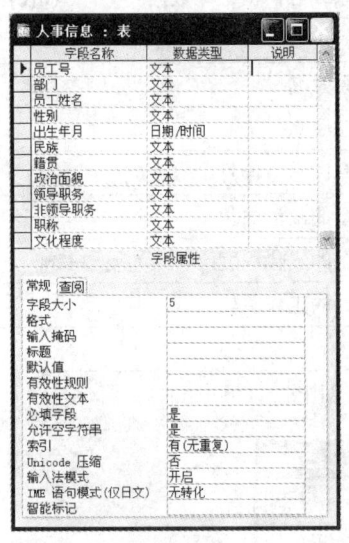

图 5.107

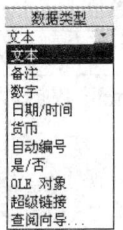

图 5.108

（3）关闭"表 1"的窗体，弹出是否保存对"表 1"的设计进行更改的对话框，选择"是"。在"另存为"对话框中输入表名称"人事信息"，单击"确定"按钮，如图 5.109 所示。在"是否创建主键"对话框中，选择"否"。

（4）回到人事信息表的设计视图，选中"员工号"行，单击鼠标右键，在弹出的菜单中选择"主键"选项，将"员工号"设为人事信息表的主键，如图 5.110 所示。人事信息表创建完成。

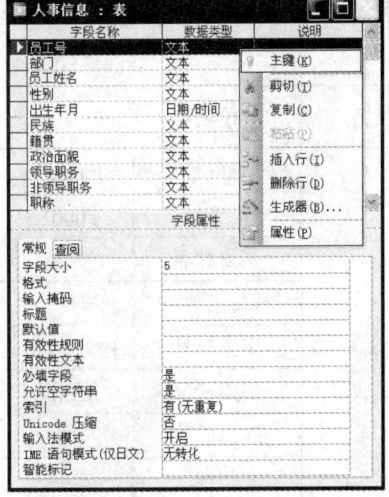

图 5.109

图 5.110

在该数据库中创建一个"社会关系"表，表名定义为"社会关系"。社会关系表结构见表 5.21。创建表的过程可采用以上的 SQL 语法方法或用设计视图创建表的方法。

表 5.21

表名	字段名称	数据类型	字段大小	操作说明
社会关系	关系号	文本	6	社会关系编号，主键，数据类型：char(6)
	员工号	文本	5	员工编号
	关系姓名	文本	8	社会关系姓名
	与员工关系	文本	6	与员工的关系
	出生年月	日期时间		社会关系的出生年月，数据类型：date
	政治面貌	文本	8	社会关系的政治面貌
	文化程度	文本	6	社会关系的文化程度
	工作单位	文本	15	社会关系的工作单位
	备注	文本	20	备注

至此，files.mdb 数据库的 3 个基本表已创建好了，如图 5.111 所示。

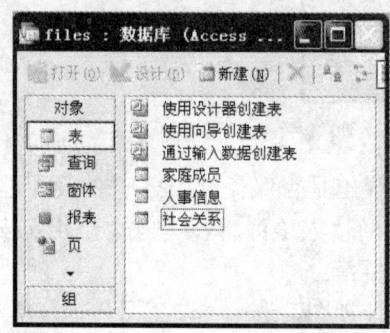

图 5.111

5.3.1.3.2　在表中输入数据

通过数据表视图，在家庭成员表中输入员工的家庭成员信息，内容见表 5.22。

表 5.22

表名	字段名称	数　据					
家庭成员	家属号	J00001	J00002	J00003	J00004	J00005	J00006
	员工号	Y0001	Y0002	Y0003	Y0004	Y0005	Y0004
	家属姓名	罗涛	唐艳	许明	吴阳	林洁	李婧
	与员工关系	夫	母	夫	父	妻	妻
	出生年月	1972-3-10	1956-6-11	1975-10-1	1955-3-21	1975-1-1	1982-5-2
	婚姻状况	已婚	已婚	已婚	已婚	已婚	已婚
	政治面貌	党员	群众	群众	党员	党员	群众
	文化程度	本科	大专	本科	中专	大专	本科
	工作单位	建安公司	永利百货	市一中	科创电子	富华酒店	胜利小学
	年收入	75000	47000	80000	65000	45000	70000
	备注						

打开 files.mdb 数据库，双击家庭成员表，进入数据表视图，如图 5.112 所示。在此窗体中输入员工的家庭成员信息，并单击“保存”按钮。

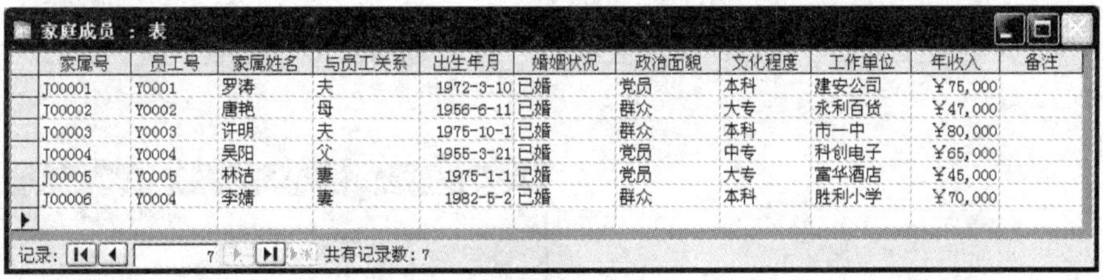

家属号	员工号	家属姓名	与员工关系	出生年月	婚姻状况	政治面貌	文化程度	工作单位	年收入	备注
J00001	Y0001	罗涛	夫	1972-3-10	已婚	党员	本科	建安公司	￥75,000	
J00002	Y0002	唐艳	母	1956-6-11	已婚	群众	大专	永利百货	￥47,000	
J00003	Y0003	许明	夫	1975-10-1	已婚	群众	本科	市一中	￥80,000	
J00004	Y0004	吴阳	父	1955-3-21	已婚	党员	中专	科创电子	￥65,000	
J00005	Y0005	林洁	妻	1975-1-1	已婚	党员	大专	富华酒店	￥45,000	
J00006	Y0004	李婧	妻	1982-5-2	已婚	群众	本科	胜利小学	￥70,000	

图 5.112

通过获取外部数据，在人事信息表中导入员工的具体信息，内容见表 5.23。

表 5.23

表名	字段名称	数据				
人事信息	员工号	Y0001	Y0002	Y0003	Y0004	Y0005
	部门	办公室	财务科	综合规划科	信息中心	人事科
	员工姓名	黄丹	马咏	刘娜	吴洋	高翔
	性别	女	男	女	男	男
	出生年月	1975-09-11	1982-07-18	1976-12-06	1980-08-05	1972-05-10
	民族	汉族	回族	汉族	汉族	汉族
	籍贯	西安	兰州	杭州	宁波	绍兴
	政治面貌	党员	群众	群众	群众	党员
	领导职务	副主任		副科长		科长
	非领导职务	主任科员		副主任科员	科员	主任科员
	职称		助理经济师			
	文化程度	本科	大专	本科	本科	硕士
	健康否	是	是	是	是	是
	家庭出身	干部	工人	职工	工商	军人
	本人成分	学生	学生	学生	学生	学生
	婚姻状况	已婚	未婚	已婚	已婚	已婚
	参加工作时间	1999-8	2004-7	1998-8	2002-8	1995-8
	进单位时间	1999-8	2004-7	1998-8	2002-8	1995-8
	年工资	55000	35000	53000	45000	62000
	年补贴	33000	10000	30000	25000	35000
	家庭住址	胜利路 11 号	解放路 15 号	新华村 103	乐苑 1-101	中兴路 18 号
	简历					

（1）打开附件中的记事本，新建一个文本文件"人事信息内容.txt"，在此文件中输入具体的人事信息内容并保存，如图 5.113 所示。

（2）打开 files 数据库，选中 Access 2003"文件"菜单中的"获取外部数据"菜单项；选择"导入"；文件类型为"文本文件"，选取"人事信息内容.txt"；单击"导入"按钮，如图 5.114 所示。

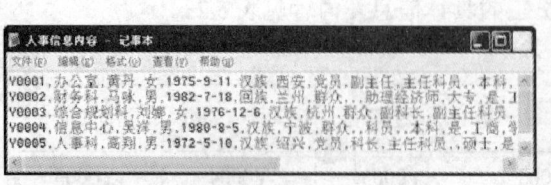

图 5.113

图 5.114

（3）打开"导入文本向导"对话框，选择"带分隔符-用逗号或制表符之类的符号分隔每个字段"，单击"下一步"按钮，如图 5.115 所示。接着，选择字段分隔符为"逗号"，单击"下一步"按钮，如图 5.116 所示。

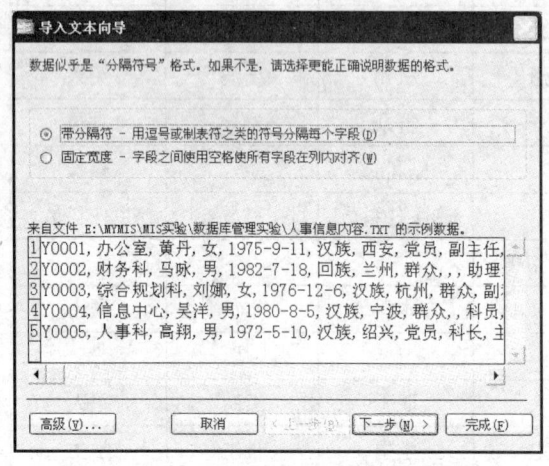

图 5.115

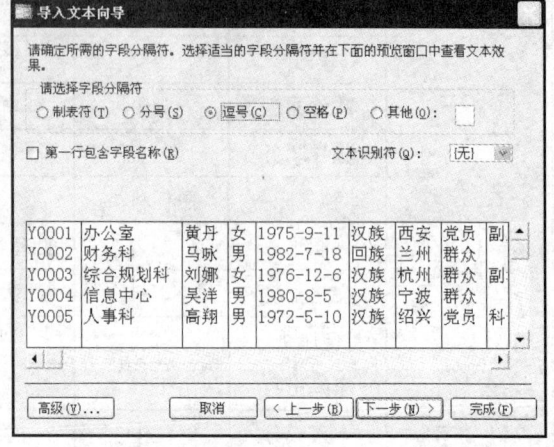

图 5.116

（4）打开"导入文本向导"对话框，导入数据到"现有的表中"，在组合框中输入或者选择表名"人事信息"，单击"完成"按钮，完成人事信息的导入，如图 5.117 所示。

在社会关系表中输入以下社会关系信息，内容见表 5.24。可采用通过表浏览窗体直接输入数据的方法或者导入数据的方法。

若采用导入数据的方法，可建立社会关系表内容的文本文件，以制表符分隔字段，如图 5.118 所示。然后，选择字段分隔符为"制表符"。

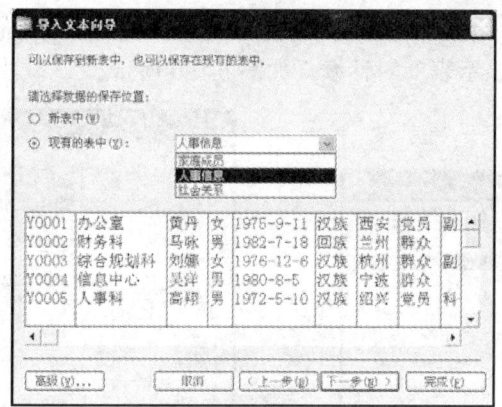

图 5.117

表 5.24

表名	字段名称	数据				
	关系号	G00001	G00002	G00003	G00004	G00005
	员工号	Y0001	Y0002	Y0003	Y0004	Y0003
	关系姓名	黄军	马宇	刘健	朱强	刘丽
	与员工关系	兄	叔	弟	舅	姐
社会关系	出生年月	1972-09-11	1962-07-18	1978-12-06	1961-08-05	1970-05-10
	政治面貌	党员	党员	群众	党员	群众
	文化程度	本科	大专	本科	大专	本科
	工作单位	县工商局	市财税局	银泰百货	万达公司	外语学院
	备注					

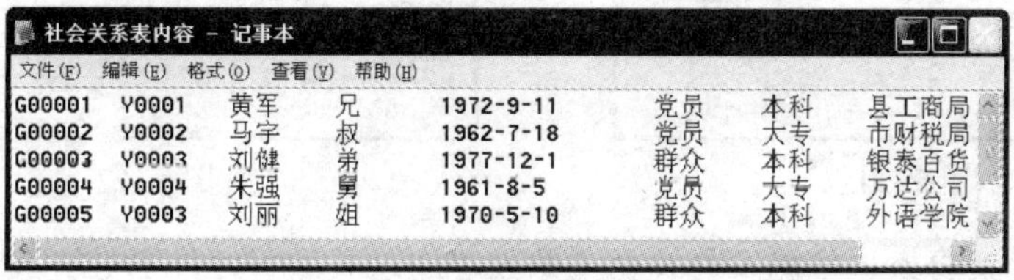

图 5.118

5.3.1.3.3　建立表间关系

为已创建好的 3 个表（人事信息、家庭成员、社会关系）建立表间的关系。为几张表建立关系的目的就是要让它们组成关系数据库，也就是成为"相关表"。files.mdb 主要涉及的实体是"人事信息"、"家庭成员"，"社会关系"。其中"人事信息"与"家庭成员"是一对多的关系，因为一个员工可以有多个家庭成员；"人事信息"与"社会关系"是一对多的关系，因为一个员工可以有多种社会关系。

将人事信息表与家庭成员表，通过关键字"员工号"，建立表间一对多关系。

（1）在"数据库"窗口中打开"工具"菜单，选择"关系"选项，进入"关系"窗口，弹出"显示表"对话框，如图 5.119 所示。

（2）在"显示表"对话框中，将表（人事信息、家庭成员、社会关系）逐一添加到"关系"窗口中，然后关闭"显示表"对话框，如图 5.120 所示。

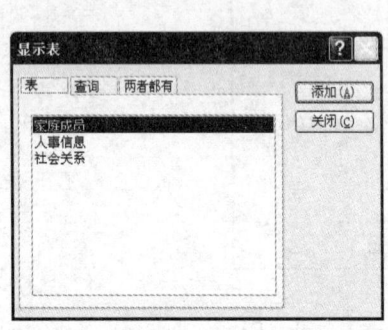

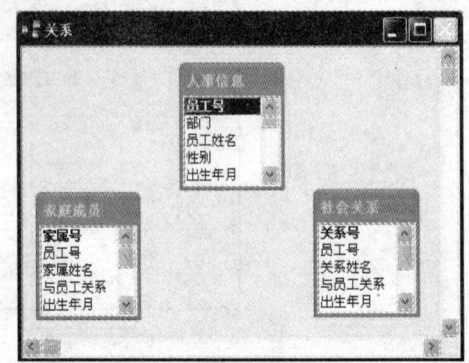

图 5.119　　　　　　　　　　　　　　　　图 5.120

（3）在"关系"窗口中，将人事信息表中的"员工号"字段拖到家庭成员表的"员工号"字段位置，弹出"编辑关系"对话框，如图 5.121 所示。说明：在大多数情况下，Access 2003 要求将表中的主键字段拖动到其他表中为外部键的相似字段（通常具有相同的名称）。

（4）在"编辑关系"对话框中，选择"实施参照完整性"，再单击"创建"按钮，两表之间的一对多关系完成，如图 5.122 所示。

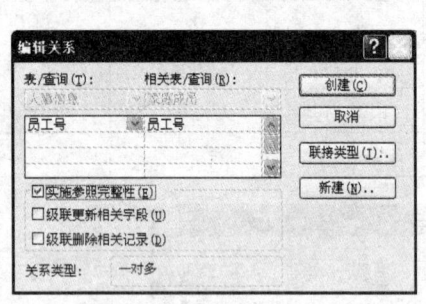
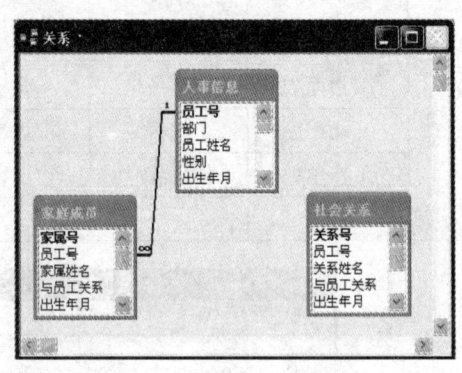

图 5.121　　　　　　　　　　　　　　　　图 5.122

按照以上步骤，将人事信息表与社会关系表，通过关键字"员工号"，建立表间一对多关系。表间关联创建完毕。保存关系，关闭"关系"窗口。建好的表间关系如图 5.123 所示。

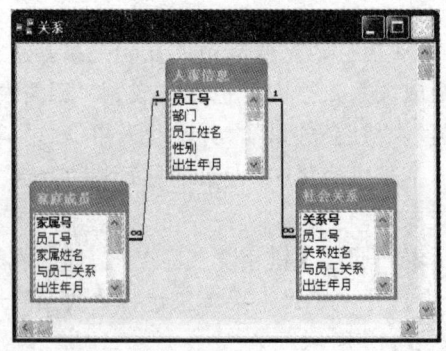

图 5.123

5.3.1.4　实验习题

（1）建立一个 Access 数据库，命名为"设备使用数据库"。在数据库中建立以下 3 张表：项目表（表 5.25）、设备表（表 5.26）、使用表（表 5.27）。

表 5.25

列名	数据类型	长度
项目编号	文本	5
项目名称	文本	20
项目规模	文本	4
负责人	文本	8

表 5.26

列名	数据类型	长度
设备编号	文本	5
设备名称	文本	12
设备型号	文本	18
设备单价	货币	

表 5.27

列名	数据类型	长度
使用序号	文本	5
项目编号	文本	5
设备编号	文本	5
领用人	文本	8
领用日期	日期/时间	

（2）分别在项目表（表 5.28）、设备表（表 5.29）、使用表（表 5.30）中输入数据。

表 5.28

项目编号	项目名称	项目规模	负责人
P0001	网上办公系统项目	中	叶飞翔
P0002	行政管理软件项目	大	陈丽丽

表 5.29

设备编号	设备名称	设备型号	设备单价
D0001	打印机	HP2000	1300
D0002	扫描仪	BENQ300	850

表 5.30

使用序号	项目编号	设备编号	领用人	领用日期（年-月-日）
U0001	P0001	D0002	赵明强	2011-12-10
U0002	P0002	D0001	李永红	2011-12-11

（3）将项目表的"项目编号"字段设置为主键；将设备表的"设备编号"字段设置为主键；将使用表的"使用序号"字段设置为主键。

（4）通过"项目编号"、"设备编号"字段，建立 3 个表之间的表间关系。

实验 5.3.2　创建查询

5.3.2.1　实验目的
见实验 5.2.2 中的实验目的。

5.3.2.2　预备知识
见实验 5.2.2 中的预备知识。

5.3.2.3　实验内容

5.3.2.3.1　创建选择查询

1. 利用"设计视图"创建查询

在 files.mdb 数据库中创建一个查询，命名为"综合人事情况查询"，查询下列字段：员工姓名、部门、领导职务、非领导职务、职称、员工总收入、家属姓名、与员工关系、关系姓名。其中，新建一个"员工总收入"字段（员工总收入＝年工资+年补贴）。

（1）打开数据库 files.mdb，在"数据库"窗口中选中"查询"对象，选择"新建"，打开"新建查询"对话框，选中"设计视图"选项，单击"确定"按钮；在"显示表"对话框中逐一添加表：人事信息、家庭成员、社会关系。

（2）创建选择查询。名为"综合人事情况查询"的多表查询，如图 5.124 所示。

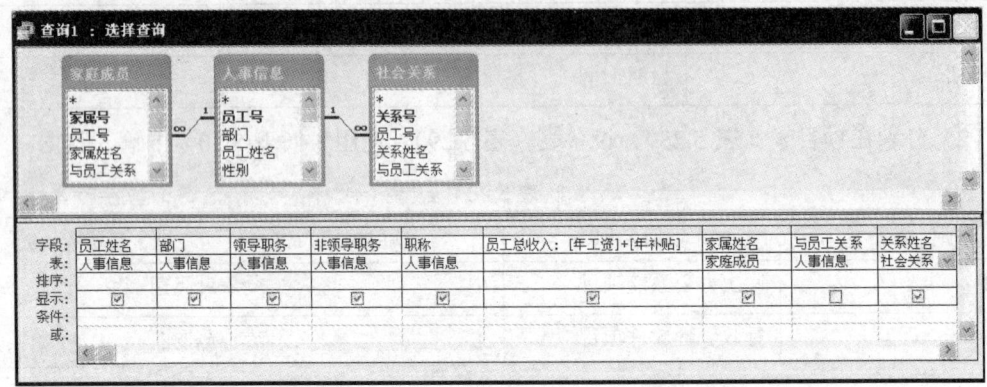

图 5.124

（3）单击工具栏上的"保存"按钮，输入查询名称"综合人事情况查询"，单击"确定"按钮，如图 5.125 所示。

图 5.125

（4）选择"查询"菜单中的"运行"选项或单击工具栏中的"！"（运行）按钮。该查询运行结果如图 5.126 所示。

（5）选择"视图"菜单中的"SQL 视图"选项，可查看到自动生成的该查询所对应的 SQL 语句，如图 5.127 所示。

图 5.126

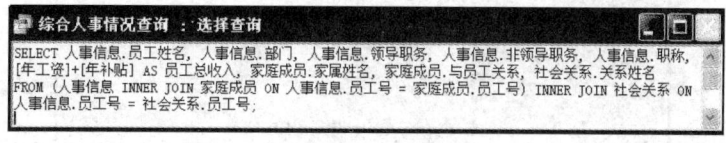

图 5.127

2．利用"简单查询向导"创建查询

创建一个查询，命名为"详细人事信息查询"，查询下列字段：员工号、部门、员工姓名、出生年月、领导职务、非领导职务、职称、文化程度、年工资、年补贴、家庭住址。

（1）打开数据库 files.mdb，在"数据库"窗口中选中"查询"对象，选择"新建"，打开"新建查询"对话框，选中"简单查询向导"选项，单击"确定"按钮。

（2）打开"简单查询向导"对话框，在"表/查询"下拉列表框中选定"表：人事信息"，"可用字段"列表框中便会列出该表的所有字段，如图 5.128 所示。

（3）在"可用字段"列表框中选定人事信息表中的"员工号"字段，单击向右的箭头按钮，"员工号"字段便出现在"选定的字段"列表框中。按此方法逐一选定人事信息表中的部门、员工姓名、出生年月、领导职务、非领导职务、职称、文化程度、年工资、年补贴、家庭住址等字段，单击"下一步"按钮，如图 5.129 所示。

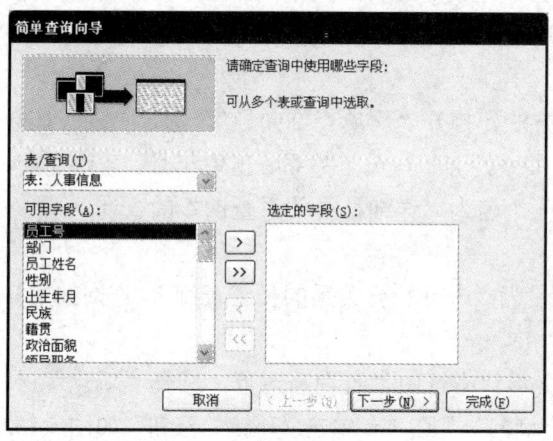

图 5.128

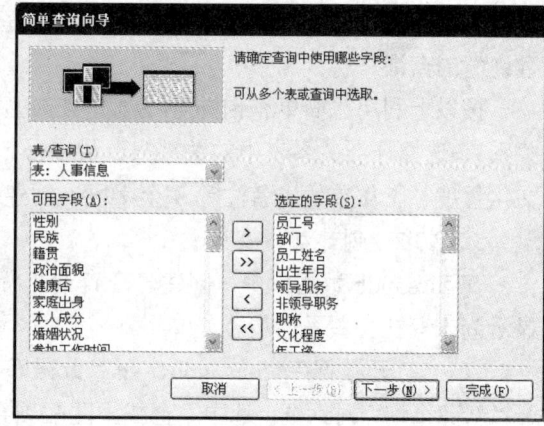

图 5.129

（4）在"简单查询向导"对话框中采用明细查询，选择"明细（显示每个记录的每个字段）"，单击"下一步"按钮。

（5）在"简单查询向导"对话框中，输入查询标题"详细人事信息查询"，如图 5.130 所示。

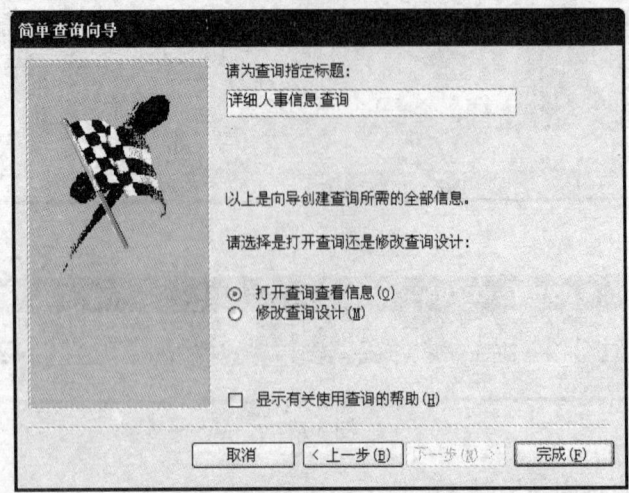

图 5.130

（6）单击"完成"按钮。"详细人事信息查询"查询结果如图 5.131 所示。

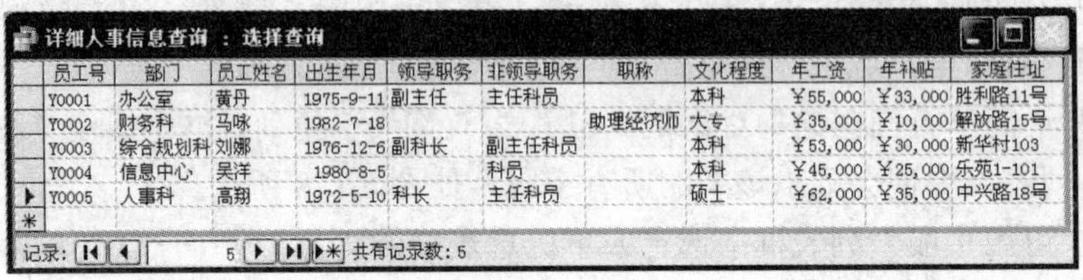

员工号	部门	员工姓名	出生年月	领导职务	非领导职务	职称	文化程度	年工资	年补贴	家庭住址
Y0001	办公室	黄丹	1975-9-11	副主任	主任科员		本科	￥55,000	￥33,000	胜利路11号
Y0002	财务科	马咏	1982-7-18			助理经济师	大专	￥35,000	￥10,000	解放路15号
Y0003	综合规划科	刘娜	1976-12-6	副科长	副主任科员		本科	￥53,000	￥30,000	新华村103
Y0004	信息中心	吴洋	1980-8-5		科员		本科	￥45,000	￥25,000	乐苑1-101
Y0005	人事科	高翔	1972-5-10	科长	主任科员		硕士	￥62,000	￥35,000	中兴路18号

记录：◄◄ ◄　　5　► ►► ►* 共有记录数：5

图 5.131

按以上利用"简单查询向导"创建查询的方法，打开"简单查询向导"，选定"表：家庭成员"，选择家庭成员表中的家属号、员工号、家属姓名、与员工关系、出生年月、婚姻状况、政治面貌、文化程度、工作单位、年收入、备注等 11 个字段，创建一个名为"详细家庭成员查询"的查询。

按以上利用"简单查询向导"创建查询的方法，打开"简单查询向导"，选定"表：社会关系"，选择社会关系表中的关系号、员工号、关系姓名、与员工关系、出生年月、政治面貌、文化程度、工作单位、备注等 9 个字段，创建一个名为"详细社会关系查询"的查询。

5.3.2.3.2　创建动作查询

在 files.mdb 数据库中，创建一个查询，命名为"未有社会关系的员工查询"，查询结果只显示尚未有社会关系的员工。

（1）打开数据库 files.mdb，在"数据库"窗口中选中"查询"对象，选择"新建"，打开"新建查询"对话框，选中"查找不匹配项查询向导"选项，单击"确定"按钮，如图 5.132 所示。

（2）在"查找不匹配项查询向导"对话框中，选定记录包含在查询结果中的数据来源表"人事信息表"，单击"下一步"按钮，如图 5.133 所示。

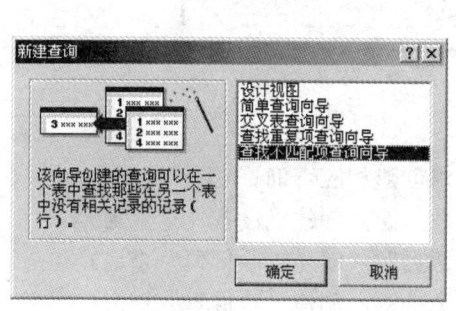

图 5.132

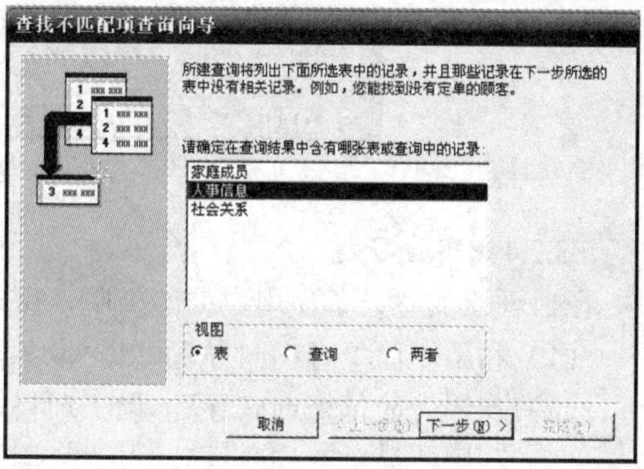

图 5.133

（3）在"查找不匹配项查询向导"对话框中，选定包含有与人事信息表相关记录的表名"社会关系表"，单击"下一步"按钮，如图 5.134 所示。

（4）在两个表的字段名列表中选定一个匹配字段"员工号"，单击"下一步"按钮，如图 5.135 所示。

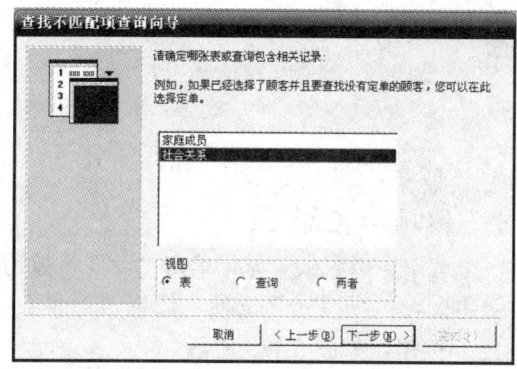

图 5.134

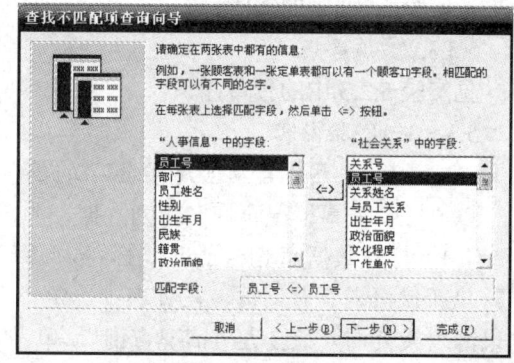

图 5.135

（5）在"可用字段"列表框中，逐个选定查询结果中所需的字段：员工号、部门、员工姓名、出生年月、领导职务、非领导职务、职称、文化程度等 8 个字段，这 8 个字段便会出现在"选定字段"列表框中，单击"下一步"按钮，如图 5.136 所示。

（6）输入查询名称"未有社会关系的员工查询"，单击"完成"按钮，如图 5.137 所示。查询结果如图 5.138 所示。

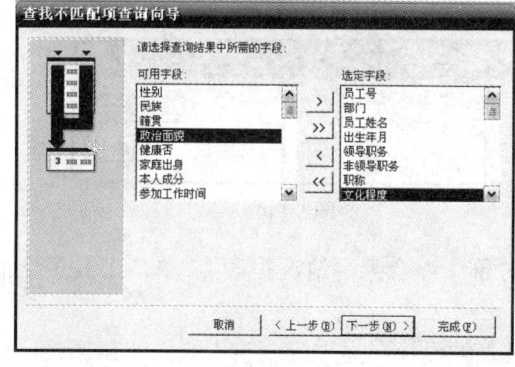

图 5.136

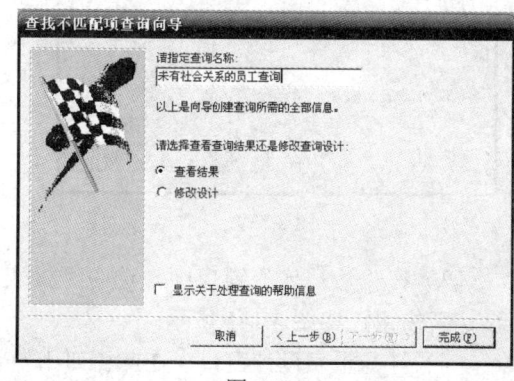

图 5.137

图 5.138

5.3.2.4　实验习题

在已创建的"设备使用数据库"中，按以下要求创建相应查询。

（1）利用"简单查询向导"，以"设备表"为数据源，创建"设备表"查询。

（2）利用"简单查询向导"，以"项目表"为数据源，创建"项目表"查询。

（3）利用"简单查询向导"，以"使用表"为数据源，创建"项目表"查询。

（4）创建一个多表查询，其中包含项目编号、项目名称、负责人、设备名称、设备型号、领用人、领用日期等字段。

实验 5.3.3　创建报表

5.3.3.1　实验目的

见实验 5.2.3 中的实验目的。

5.3.3.2　预备知识

见实验 5.2.3 中的预备知识。

5.3.3.3　实验内容

5.3.3.3.1　利用"自动创建报表"工具创建纵栏式报表

以"综合人事情况查询"作为数据来源，创建一个纵栏式报表。

（1）打开数据库 files.mdb，在"数据库"窗口中选中"报表"对象，单击"新建"按钮。打开"新建报表"对话框，在列表中选定"自动创建报表：纵栏式"选项，选择该对象数据的来源表或查询"综合人事情况查询"，单击"确定"按钮，如图 5.139 所示。

（2）自动生成报表，并进入该报表的预览窗口；关闭该预览窗口，提示是否保存对"报表 1"的设计更改，选择"是"，将报表文件保存为"综合人事情况报表"，如图 5.140 所示。

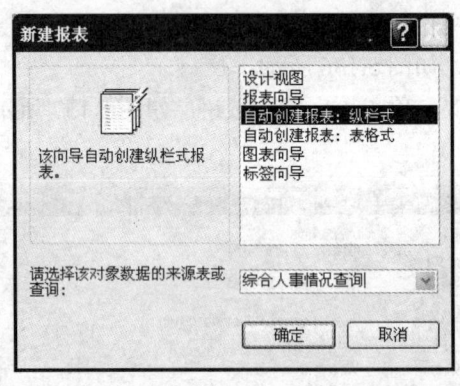

图 5.139

图 5.140

（3）在"数据库"窗口中，选中"报表"对象"综合人事情况报表"，单击工具条上的"设计"按钮，如图 5.141 所示。

（4）打开报表设计窗口，在此窗口中对该报表的设计布局进行调整，如图 5.142 所示。

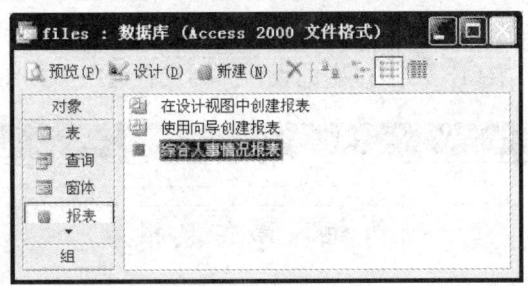

图 5.141

（5）关闭报表设计窗口，并保存对报表所做的修改。生成的报表如图 5.143 所示。

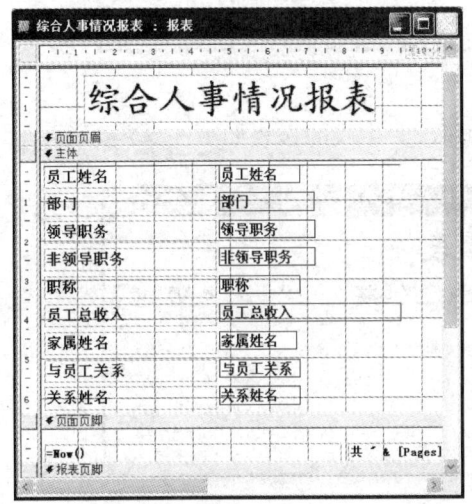

图 5.142

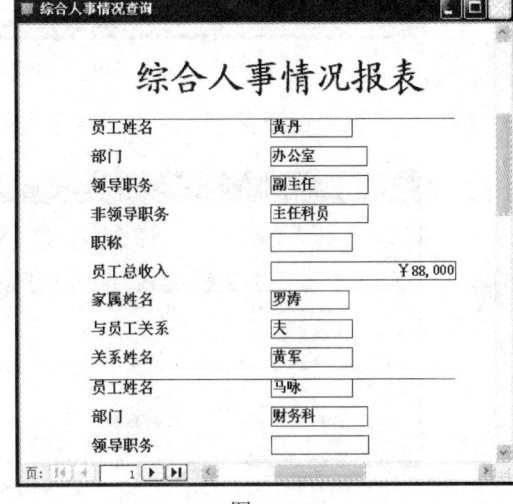

图 5.143

5.3.3.3.2　利用"自动创建报表"工具创建表格式报表

以"详细人事信息查询"为数据来源，创建一个表格式报表。

（1）打开数据库 files.mdb，在"数据库"窗口中选中"报表"对象，单击"新建"按钮。打开"新建报表"对话框，在列表中选定"自动创建报表：表格式"选项，选择该对象数据的来源表或查询"详细人事信息查询"，单击"确定"按钮，如图 5.144 所示。

（2）自动生成报表，并进入该报表的预览窗口；关闭该预览窗口，提示是否保存对"报表 1"的设计更改，选择"是"，将报表文件保存为"详细人事信息报表"，如图 5.145 所示。

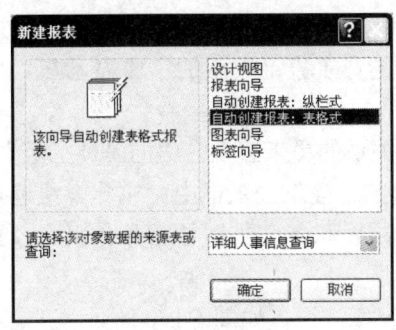

图 5.144

图 5.145

（3）在"数据库"窗口中选中"报表"对象"详细人事信息报表"，单击工具条上的"设计"按钮。打开报表设计窗口，对该报表的设计布局进行调整，如图 5.146 所示。

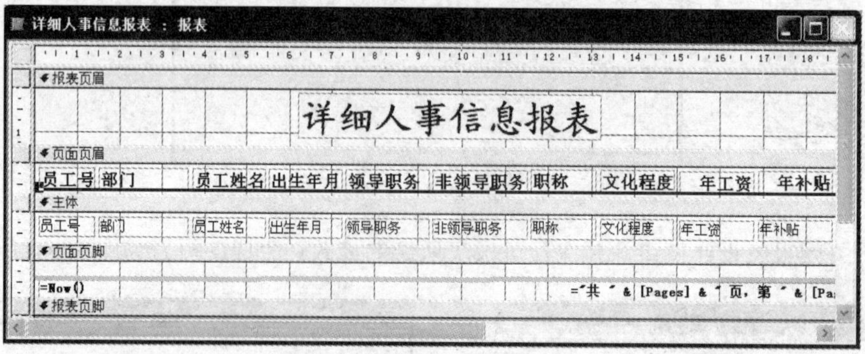

图 5.146

（4）关闭报表设计窗口，并保存对报表所做的修改。生成的报表如图 5.147 所示。

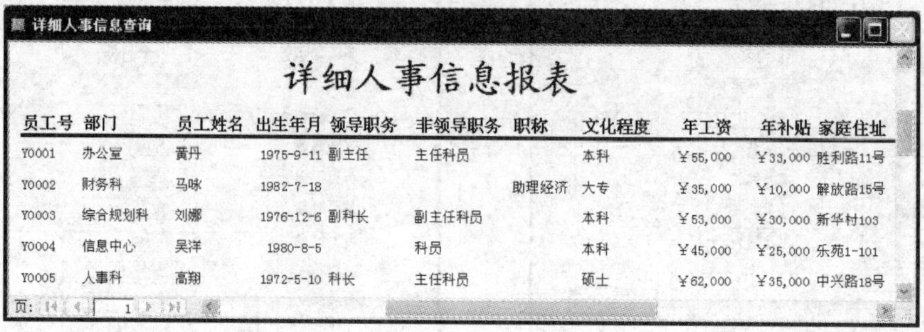

图 5.147

按照以上方法，以"详细家庭成员查询"作为数据来源，利用"自动创建报表"工具创建一个表格式报表，命名为"家庭成员信息报表"。

按照以上方法，以"详细社会关系查询"作为数据来源，利用"自动创建报表"工具创建一个纵栏式报表，命名为"社会关系信息报表"。

5.3.3.3.3　利用"报表向导"创建报表

以"未有社会关系的员工查询"为数据来源，创建一个报表。

（1）打开数据库 files.mdb，在"数据库"窗口中选中"报表"对象，单击"新建"按钮。打开"新建报表"对话框，在列表中选定"报表向导"选项，选择该对象数据的来源表或查询"未有社会关系的员工查询"，单击"确定"按钮。

（2）进入"报表向导"对话框，"未有社会关系的员工查询"中的字段显示在"可用字段"列表框中，如图 5.148 所示。

（3）在"可用字段"列表框中，选定"未有社会关系的员工查询"中的"员工号"字段，单击向右的箭头按钮，"员工号"字段便出现在"选定的字段"列表框中。按此方法逐一选定"未有社会关系的员工查询"中的部门、员工姓名、领导职务、非领导职务、职称、文化程度等字段，单击"下一步"按钮，如图 5.149 所示。

（4）选定分组级别字段"员工号"，单击"下一步"按钮，如图 5.150 所示。

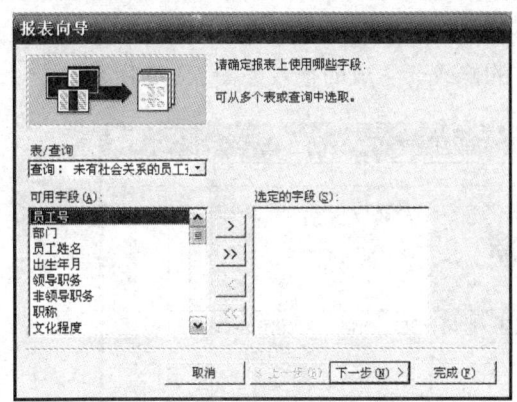

图 5.148

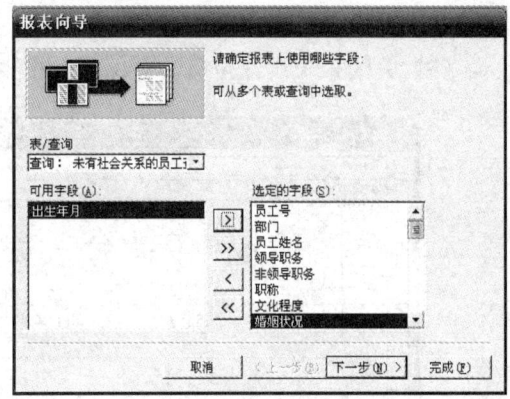

图 5.149

（5）确定明细记录使用的排序次序，在第一个下拉框中选定"部门"字段，单击"下一步"按钮，如图 5.151 所示。

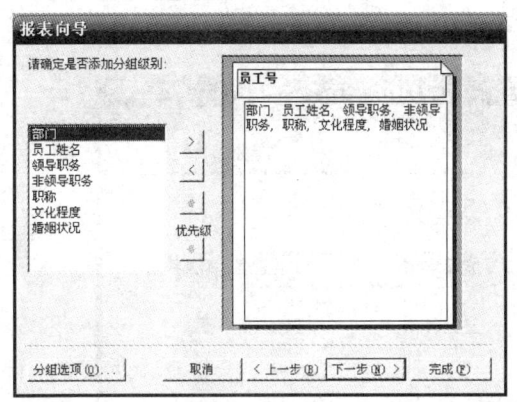

图 5.150

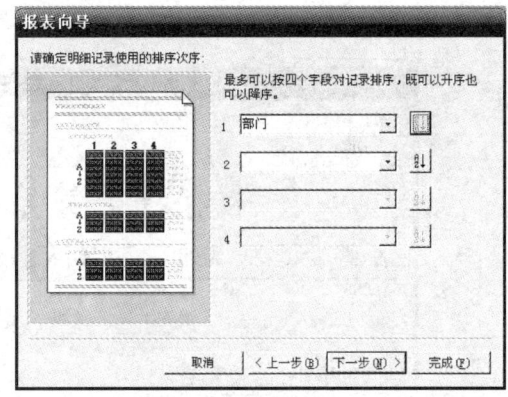

图 5.151

（6）确定报表的布局方式，采用默认的选项，单击"下一步"按钮。接着确定报表所用样式，选择"随意"，单击"下一步"按钮，如图 5.152 所示。

（7）为报表指定标题"未有社会关系的员工报表"，并选中"修改报表设计"单选按钮，单击"完成"按钮，如图 5.153 所示。

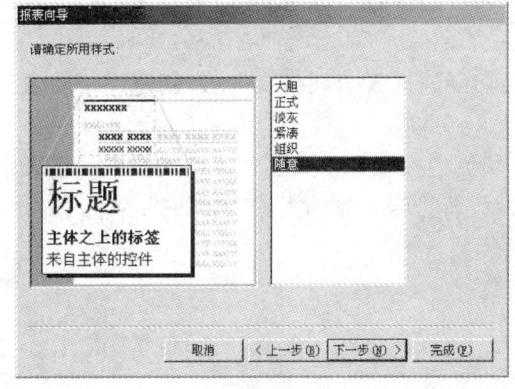

图 5.152

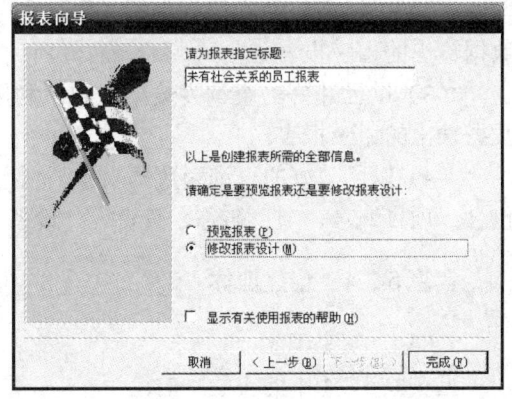

图 5.153

（8）进入报表设计窗口，在此窗口中，对该报表的设计布局进行调整，如图 5.154 所示。

（9）关闭报表设计窗口，并保存对报表所做的修改。生成的报表如图 5.155 所示。

图 5.154

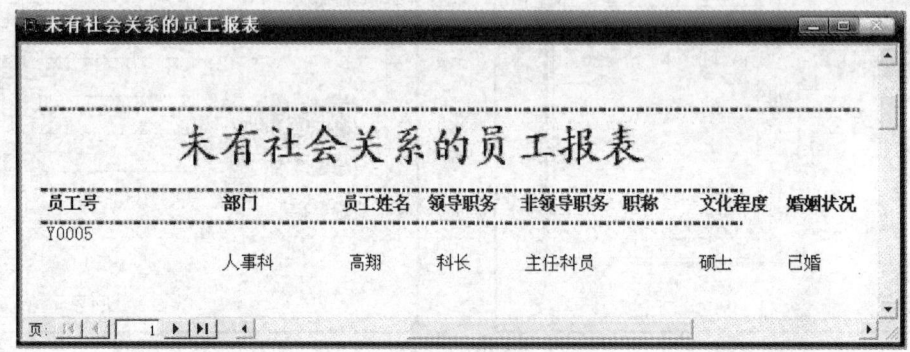

图 5.155

5.3.3.4 实验习题

在已创建的"设备使用数据库"中，按以下要求创建相应报表。

（1）以已建好的查询为数据来源，利用"报表向导"，来创建"项目表"数据输出的相应报表。

（2）以已建好的查询为数据来源，利用"自动创建报表：纵栏式"，来创建"设备表"数据输出的相应报表。

（3）以已建好的查询为数据来源，利用"自动创建报表：表格式"，来创建"使用表"数据输出的相应报表。

（4）以已建好的查询为数据来源，利用"自动创建报表"工具创建纵栏式报表，报表中包含：项目编号、项目名称、负责人、设备名称、设备型号、领用人、领用日期等字段。

实验 5.3.4 创建窗体

5.3.4.1 实验目的

见实验 5.2.4 中的实验目的。

5.3.4.2　预备知识

见实验 5.2.4 中的预备知识。

5.3.4.3　实验内容

5.3.4.3.1　利用"窗体向导"创建一对多窗体

在数据库 files.mdb 中，根据"详细人事信息查询"和"详细家庭成员查询"，创建"人事家庭情况"一对多窗体。

1．创建"家庭成员情况"子窗体

（1）打开数据库 files.mdb，在"数据库"窗口中选中"窗体"对象，单击"新建"按钮。打开"新建窗体"对话框，在列表中选定"窗体向导"选项，选择该对象数据的来源表或查询"详细家庭成员查询"，单击"确定"按钮，如图 5.156 所示。

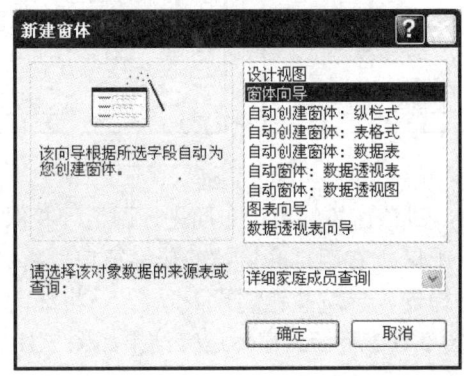

图 5.156

（2）进入"窗体向导"对话框，在"可用字段"列表框中选定"详细家庭成员查询"中的"家属号"字段，单击向右的箭头按钮，"家属号"字段便出现在"选定的字段"列表框中。按此方法逐一选定"详细家庭成员查询"中的员工号、家属姓名、与员工关系、出生年月、婚姻状况、政治面貌、文化程度、工作单位、年收入、备注等字段，单击"下一步"按钮，如图 5.157 所示。

（3）确定窗体使用的布局"数据表"，单击"下一步"按钮，如图 5.158 所示。

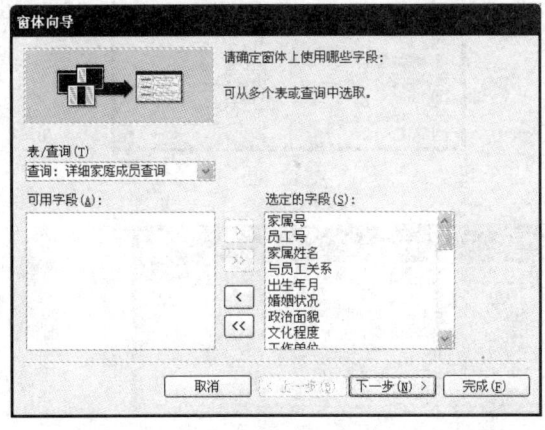

图 5.157

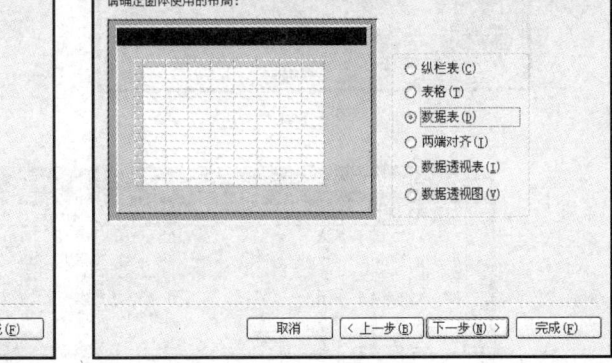

图 5.158

（4）确定窗体所用的样式"标准"，单击"下一步"按钮，如图 5.159 所示。

（5）确定窗体标题"家庭成员情况"，选中"修改窗体设计"单选按钮，单击"完成"按钮，如图 5.160 所示。

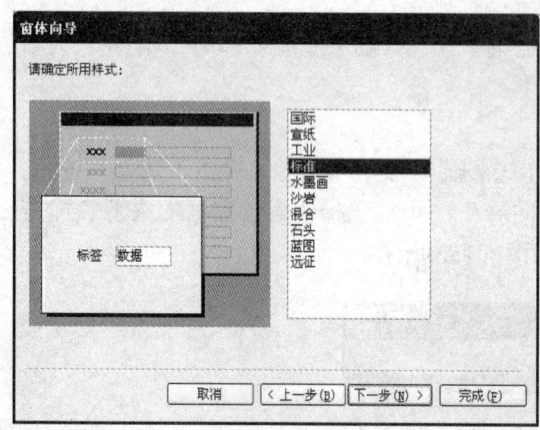

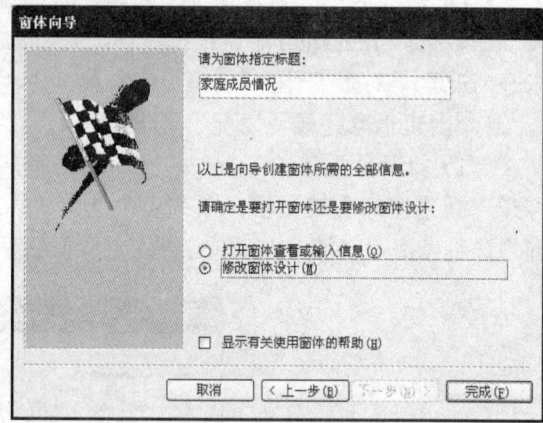

图 5.159　　　　　　　　　　　　　　　图 5.160

（6）进入窗体设计窗口，对该窗体的设计布局进行调整，并保存，如图 5.161 所示。

（7）在窗体设计窗口，用鼠标右键打开窗体的属性窗口，将允许编辑、允许删除、允许添加均设为"否"；将记录选择器、导航按钮均设为"否"；将滚动条设为"只垂直"；并保存对窗体属性所做的修改，如图 5.162 所示。窗体运行结果如图 5.163 所示。

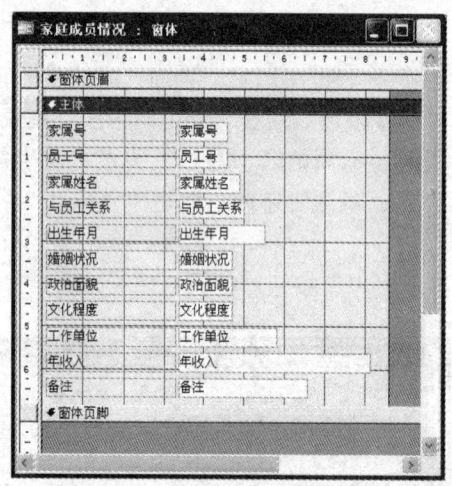

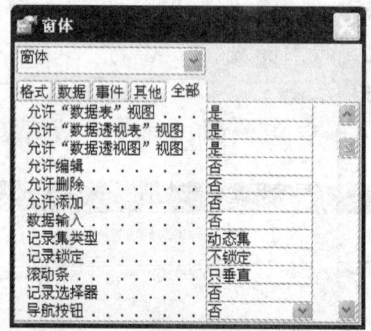

图 5.161　　　　　　　　　　　　　　　图 5.162

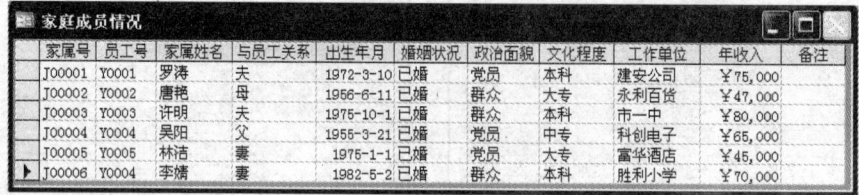

图 5.163

2．创建"人事家庭情况"主窗体

（1）打开数据库 files.mdb，在"数据库"窗口选中"窗体"对象，单击"新建"按钮。打开"新建窗体"对话框，在列表中选定"窗体向导"选项，选择该对象数据的来源表或查询"详细人事信息查询"，单击"确定"按钮。

（2）进入"窗体向导"对话框，选定"可用字段"列表框中的员工号、部门、出生年月、领导职务、非领导职务、职称、文化程度、年工资、年补贴、家庭住址等字段到"选定的字段"列表框中，单击"下一步"按钮。

（3）确定窗体使用的布局"纵栏表"，单击"下一步"按钮；确定窗体所用的样式"标准"，单击"下一步"按钮。

（4）确定窗体标题"人事家庭情况"，选中"修改窗体设计"单选按钮，单击"完成"按钮；进入窗体设计窗口，对该窗体的设计布局进行调整，并保存，如图 5.164 所示。

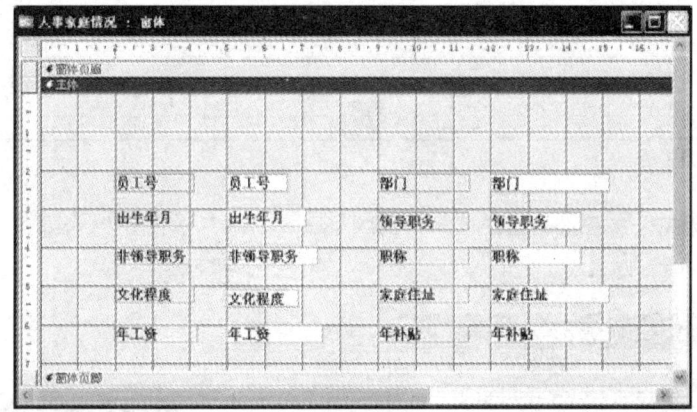

图 5.164

（5）在工具箱中，"控件向导"处于有效状态下，将"组合框"工具按钮拖动到主窗体上。打开"组合框向导"对话框，选中"在基于组合框中选定的值而创建的窗体上查找记录"单选按钮，单击"下一步"按钮，如图 5.165 所示。

（6）选定"可用字段"列表中的"员工姓名"字段，添加到"选定字段"列表中，将它变成组合框中的列，单击"下一步"按钮，如图 5.166 所示。

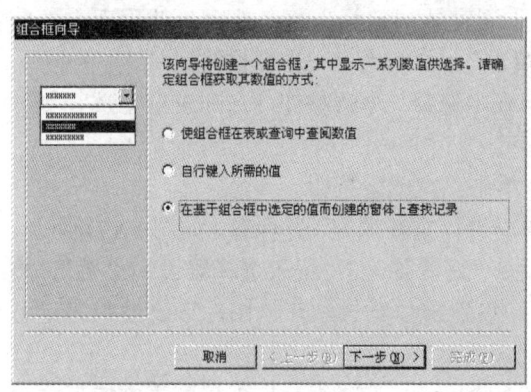

图 5.165

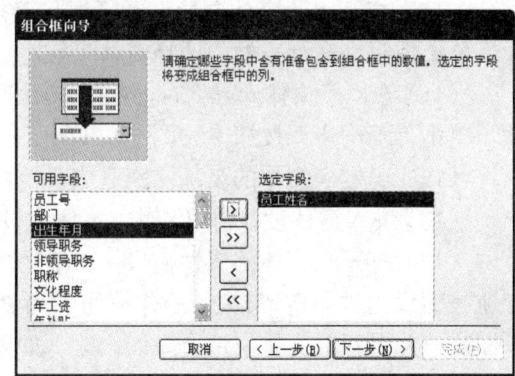

图 5.166

（7）指定组合框的宽度，单击"下一步"按钮。然后为组合框指定标签"员工姓名"，单击"完成"按钮。组合框如图 5.167 所示。

（8）选中组合框，单击鼠标右键，打开组合框的属性窗口，将默认值设为"= [员工姓名]"，如图 5.168 所示。

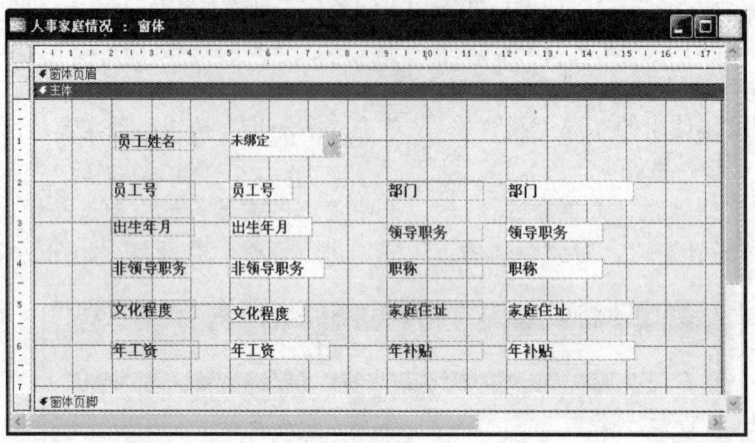

图 5.167

（9）在工具箱中，"控件向导"处于有效状态下，将"子窗体/子报表"工具按钮拖动到主窗体上，如图 5.169 所示。

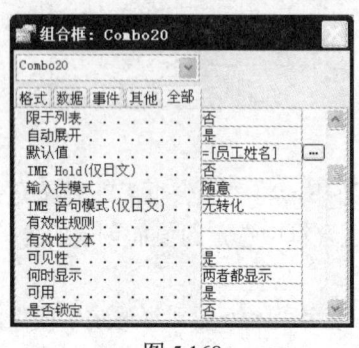

图 5.168

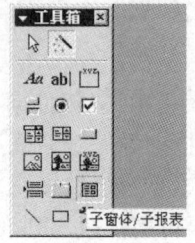

图 5.169

（10）打开"子窗体向导"对话框，确定用于子窗体的数据来源，选中"使用现有的窗体"单选按钮，在列表框中选择窗体"家庭成员情况"，单击"下一步"按钮。

（11）在"子窗体向导"对话框中选中"从列表中选择"单选按钮，在列表框中选择第一项，单击"下一步"按钮，如图 5.170 所示。

（12）确定子窗体的名称"家庭成员情况"，单击"完成"按钮。

（13）进入窗体设计窗口，对主窗体的设计布局进行重新调整，并保存，如图 5.171 所示。

（14）打开主窗体的属性窗口，将滚动条设为："两者均无"；记录选择器设为"否"，将导航按钮设为"是"；最大最小化按钮设为"无"；设置窗体背景，在"图片"属性中确定背景图片，并保存对窗体属性所做的修改，如图 5.172 所示。

（15）含有子窗体的主窗体创建完成，如图 5.173 所示。选择组合框下拉列表中的任一员工姓名，就能查看相应员工的详细信息，以及在子窗体中出现该员工的所有家庭成员信息。

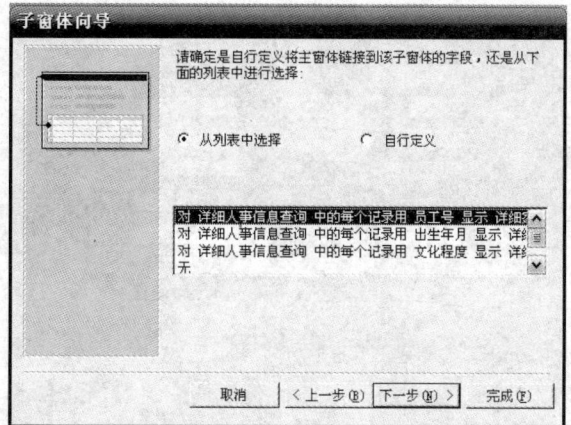

图 5.170

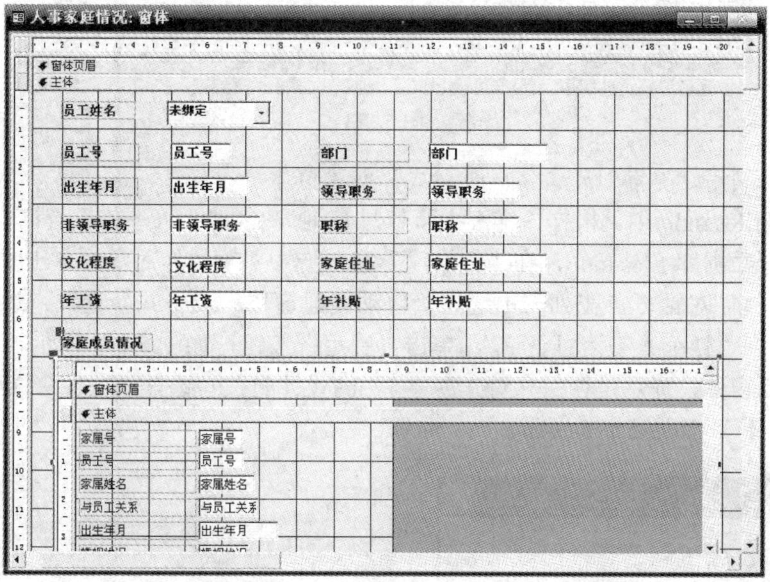

图 5.171

图 5.172

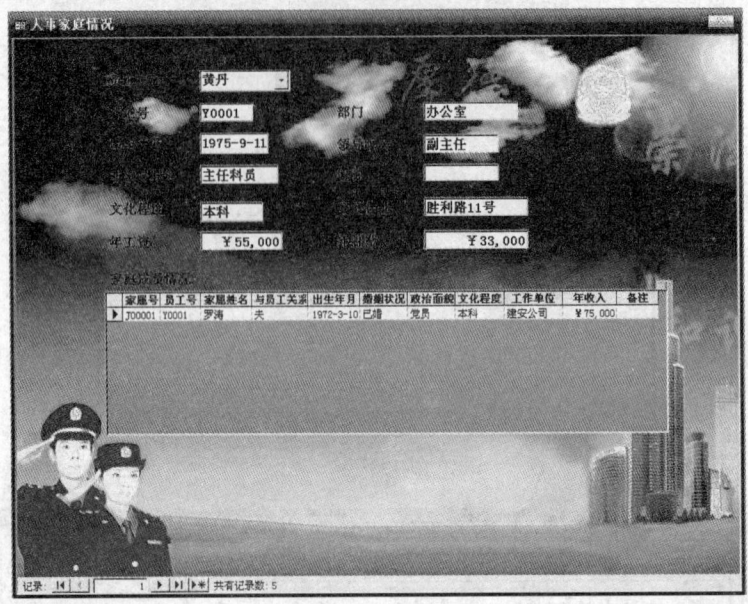

图 5.173

5.3.4.3.2 利用 "自动创建窗体：表格式" 创建窗体

在数据库 files.mdb 中，根据 "详细人事信息查询"，创建 "人事信息查询窗体"。

（1）打开数据库 files.mdb，在 "数据库" 窗口选中 "窗体" 对象，单击 "新建" 按钮。打开 "新建窗体" 对话框，在列表中选定 "自动创建窗体：表格式" 选项，选择该对象数据的来源表或查询 "详细人事信息查询"，单击 "确定" 按钮，如图 5.174 所示。

（2）关闭窗体，提示是否保存对 "窗体 1" 的设计更改，选择 "是"，将窗体另存为 "人事信息查询窗体"，如图 5.175 所示。

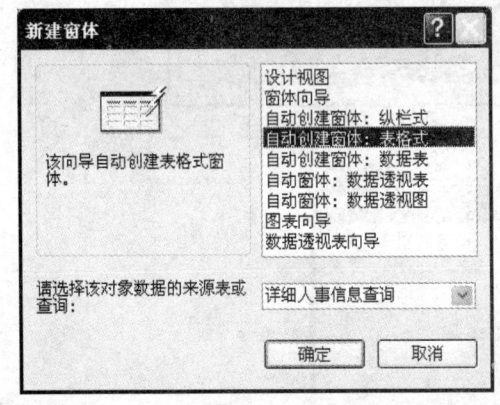

图 5.174

图 5.175

（3）选中 "人事信息查询窗体"，单击 "设计" 按钮，打开窗体的设计窗口，对窗体的设计布局进行调整；并拖动 "主体" 栏，加大 "窗体页眉" 部分，如图 5.176 所示。

（4）在工具箱中，"控件向导" 处于有效状态下，将 "组合框" 工具按钮拖动到主窗体页眉部分中。打开组合框向导，选中 "在基于组合框中选定的值而创建的窗体上查找记录" 单选按钮，单击 "下一步" 按钮。

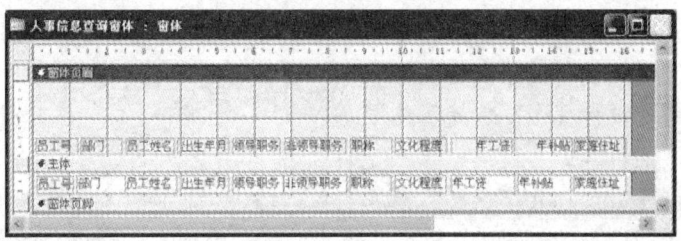

图 5.176

（5）选定"可用字段"列表中的"员工姓名"字段，添加到"选定字段"列表中，将它变成组合框中的列，单击"下一步"按钮。

（6）指定组合框的宽度，单击"下一步"按钮。为组合框指定标签"请选择员工姓名："，单击"完成"按钮，如图 5.177 所示。

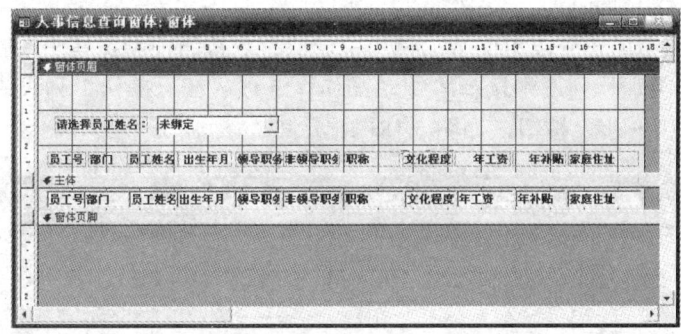

图 5.177

（7）选中组合框，右击，打开组合框的属性窗口，将默认值设为："=[员工姓名]"。

（8）打开该窗体的属性窗口，将允许删除、允许添加均设为"否"；滚动条设为"只垂直"；记录选择器设为"是"，将导航按钮设为"否"；最大最小化按钮设为"无"；设置窗体背景，在"图片"属性中确定背景图片，并保存对窗体属性所做的修改。

（9）完成的"人事信息查询窗体"如图 5.178 所示。

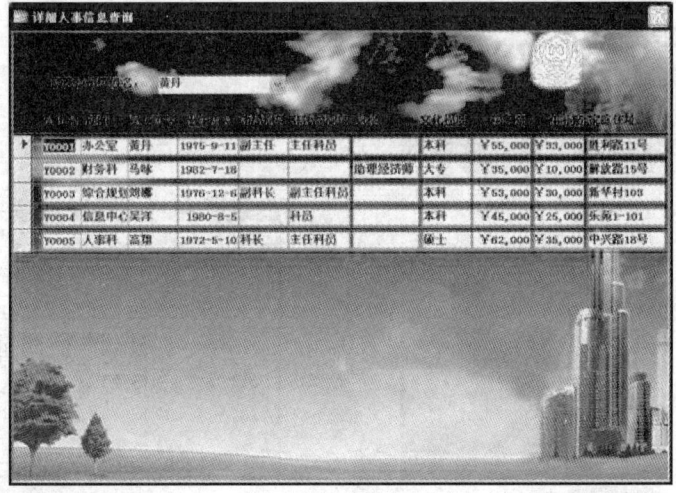

图 5.178

按照以上的方法，根据"详细家庭成员查询"，创建"家庭成员查询窗体"；根据"详细社会关系查询"，创建"社会关系查询窗体"。

5.3.4.3.3 利用"设计视图"创建窗体

1. 创建"人事信息维护"窗体

（1）打开数据库 files.mdb，在"数据库"窗口选中"窗体"对象，单击"新建"按钮；打开"新建窗体"对话框，在列表中选定"设计视图"选项，选择该对象数据的来源表"人事信息表"，单击"确定"按钮。

（2）进入窗体设计窗口，调整窗体大小，将数据源窗口中的字段逐个拖到窗体中，并调整控件大小，如图 5.179 所示。

（3）打开窗体的属性窗口，将滚动条设为"两者均无"；最大最小化按钮设为"无"；记录选择器设为"否"；设置窗体背景，在"图片"属性中确定背景图片，并保存对窗体属性所做的修改，如图 5.180 所示。

（4）添加"添加记录"按钮。从工具箱中选取命令按钮拖到窗体中，打开"命令按钮向导"对话框，从"类别"列表中选择"记录操作"选项，在"操作"列表中选择"添加新记录"选项，单击"下一步"按钮，如图 5.181 所示。

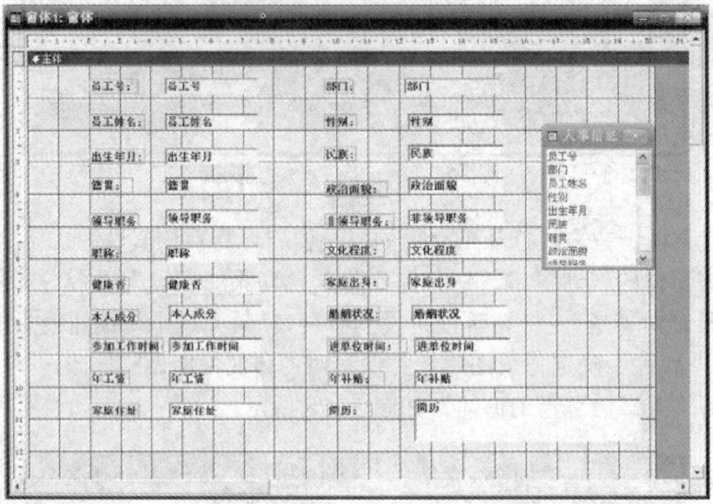

图 5.179

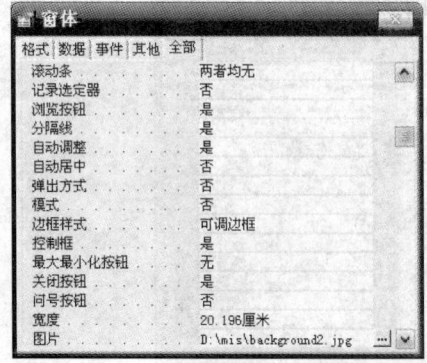

图 5.180

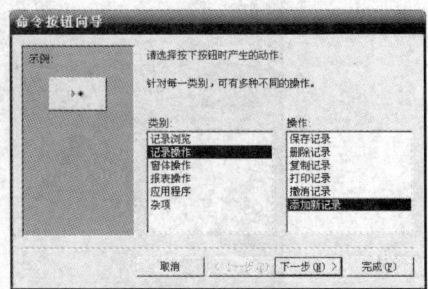

图 5.181

（5）确定在按钮上显示文本还是图片，选中"文本"单选按钮，输入按钮上显示的文本 "添加记录"，单击"下一步"按钮，如图 5.182 所示。

（6）输入命令按钮的名称"添加记录 1"，单击"完成"按钮，如图 5.183 所示。

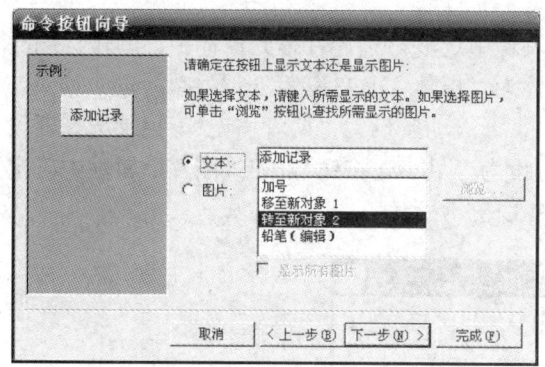

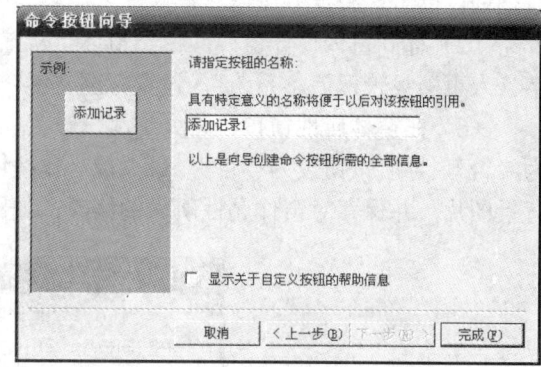

图 5.182　　　　　　　　　　　　　　　　　　　图 5.183

（7）应用步骤（4）～（6）的方法，逐一添加"删除记录"按钮、"撤消记录"按钮、"保存记录"按钮。注意：在"命令按钮向导"对话框，从"类别"列表中选择"记录操作"选项，在"操作"列表中选择相应的记录操作选项。

（8）从工具箱中选取命令按钮拖到窗体中，打开"命令按钮向导"对话框，从"类别"列表中选择"窗体操作"选项，在"操作"列表中选择"关闭窗体"选项，单击"下一步"按钮；再应用步骤（5）～（6）的方法，添加"关闭窗体"按钮。

（9）保存所设计的"人事信息维护"窗体，完成的窗体如图 5.184 所示。

按照以上建立"人事信息维护"窗体的方法与步骤，创建"家庭成员维护"窗体、"社会关系维护"窗体。

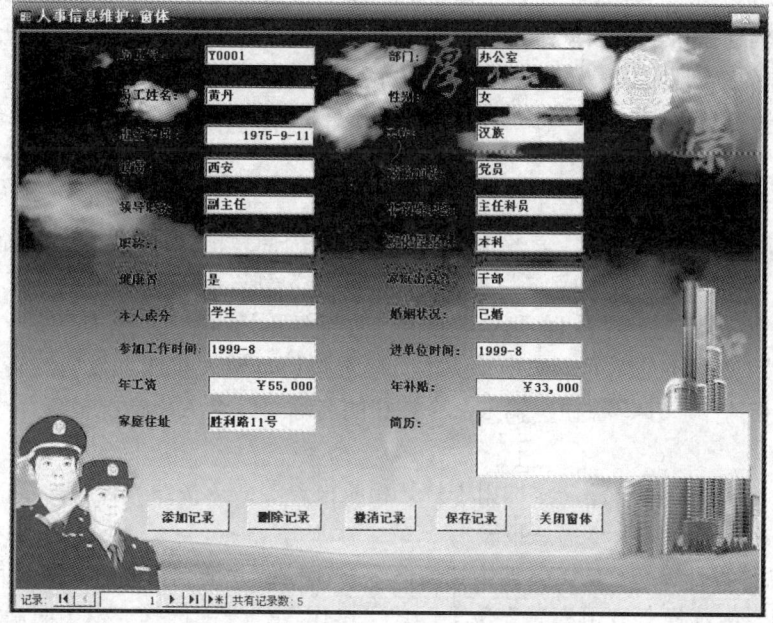

图 5.184

2．利用"设计视图"创建主切换面板

（1）打开数据库 files.mdb，在"数据库"窗口选中"窗体"对象，单击"新建"按钮；打开"新建窗体"对话框，在列表中选定"设计视图"选项，不用选择该对象数据的来源表或查询，单击"确定"按钮。

（2）打开窗体设计窗口，调整窗体。从工具箱中选取标签控件拖到窗体中，制作标题文字"人事档案管理信息系统"，设置标题文字字体为"楷体_GB2312"，36 号字。

（3）在窗体属性窗口，将允许编辑设为"否"，滚动条设为"两者均无"，记录选择器设为"否"，导航按钮设为"否"，最大最小化按钮设为"最小化按钮"，在"图片"属性中确定背景图片，并保存对窗体属性所做的修改，如图 5.185 所示。

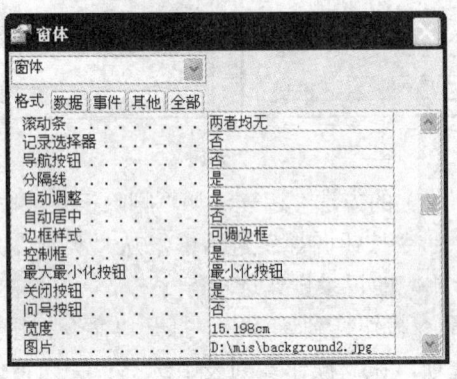

图 5.185

（4）在窗体设计窗口，从工具箱中选取命令按钮控件并拖到窗体中，进入命令按钮向导，从"类别"列表中选择"窗体操作"选项，在"操作"列表中选择"打开窗体"选项，单击"下一步"按钮；确定命令按钮打开的窗体"人事信息维护"，单击"下一步"按钮；选中"打开窗体并显示所有记录"单选按钮，单击"下一步"按钮；确定在按钮上显示文本还是图片，选中"文本"单选按钮，输入按钮上显示的文本"订单信息维护"，单击"下一步"按钮；输入命令按钮的名称"订单信息维护 1"，单击"完成"按钮。

按照以上方法与步骤，逐一添加用于打开相应窗体的命令按钮"人事信息维护"、"家庭成员维护"、"社会关系维护"、"人事信息查询"、"家庭成员查询"、"社会关系查询"和"人事家庭信息查询"。

（5）在窗体设计窗口，从工具箱中选取命令按钮控件并拖到窗体中，进入命令按钮向导，从"类别"列表中选择"报表操作"选项，在"操作"列表中选择"预览报表"选项，单击"下一步"按钮；确定命令按钮将预览的报表"详细订单情况表"，单击"下一步"按钮；确定在按钮上显示文本还是图片，选中"文本"单选按钮，输入按钮上显示的文本：综合人事情况报表，单击"下一步"按钮；输入命令按钮的名称"综合人事情况报表"，单击"完成"按钮。

按照以上方法与步骤，逐一添加用于打开相应报表的命令按钮"详细人事信息报表"，输入命令按钮的名称"详细人事信息报表"。

（6）在窗体设计窗口，从工具箱中选取命令按钮控件并拖到窗体中，进入命令按钮向导，从"类别"列表中选择"应用程序"选项，在"操作"列表中选择"退出应用程序"选项，单击"下一步"按钮；确定在按钮上显示文本还是图片，选中"图片"单选按钮，在列表中选中"退出"图片，并单击"下一步"按钮；指定命令按钮的名称"退出应用程序 1"，单击"完成"按钮，从而添加用于退出应用程序的命令按钮。

（7）关闭窗体设计窗口，将窗体保存为"主切换面板"。完成的窗体如图 5.186 所示。

图 5.186

5.3.4.4　实验习题

在已创建的"设备使用数据库"中，按以下要求建立相应窗体。

（1）利用"设计视图"建立基于"项目表"的项目信息维护窗体。

（2）利用"窗体向导"建立基于"设备表"的设备信息维护窗体。

（3）利用"自动创建窗体：表格式"建立基于"使用表"的使用信息维护窗体。

（4）利用"设计视图"建立主切换面板。

实验 5.3.5　创建宏

5.3.5.1　实验目的

见实验 5.2.5 中的实验目的。

5.3.5.2　预备知识

见实验 5.2.5 中的预备知识。

5.3.5.3　实验内容

5.3.5.3.1　创建宏和宏组

1. 创建"信息维护"菜单及其菜单项

（1）打开数据库 files.mdb，在"数据库"窗口选中"宏"对象，单击"新建"按钮，打开宏设计窗口，选中"视图"菜单中的"宏名"菜单项，在操作窗口显示"宏名"列。

（2）在"宏名"列中输入宏的名称"人事信息维护"；在"操作"列选定相应的操作 OpenForm。在"操作参数"列表中指定操作对象（此处为窗体）的名称"人事信息维护"；视图设为"窗体"；窗口模式设为"普通"。按此方法依次设置 3 个宏："人事信息维护"、"家庭成员维护"和"社会关系维护"。注意：不同的宏，在其"操作参数"列表中，指定操作对象为相应的窗体的名称，如图 5.187 所示。

（3）关闭宏设计窗口，保存对"宏 1"的设计更改，输入宏名称"信息维护菜单"，如图 5.188 所示。

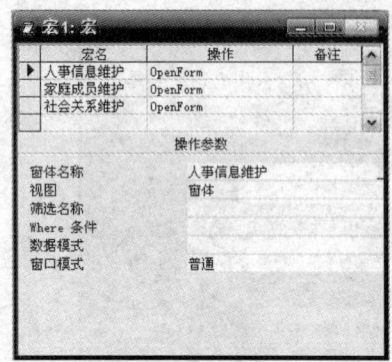

图 5.187　　　　　　　　　　　　　　　图 5.188

2．创建"信息查询"菜单及其菜单项

（1）在"数据库"窗口选中"宏"对象，单击"新建"按钮，打开宏设计窗口，选中"视图"菜单中的"宏名"菜单项，在操作窗口显示"宏名"列。

（2）在"宏名"列中输入宏的名称"客户订单查询"；在"操作"列选定相应的操作 OpenForm。在"操作参数"列表中指定操作对象（此处为窗体）的名称"人事信息查询"；视图设为"窗体"；窗口模式设为"普通"。按此方法依次设置 4 个宏："人事信息查询"、"家庭成员查询"、"社会关系查询"和"人事家庭信息查询"。注意：不同的宏，在其"操作参数"列表中，指定操作对象为相应的窗体的名称，如图 5.189 所示。

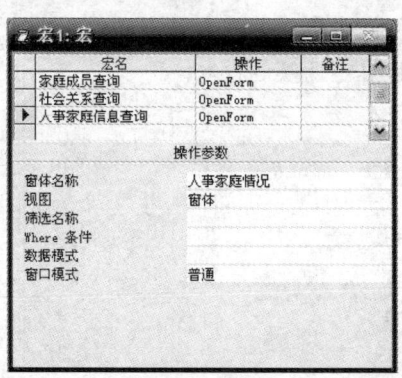

图 5.189

（3）在"宏名"列中输入宏的名称"未有社会关系的员工查询"；在"操作"列选定相应的操作 OpenQuery。在"操作参数"列表中指定操作对象（此处为查询）的名称"未有社会关系的员工查询"；视图设为"数据表"；数据模式设为"只读"，如图 5.190 所示。

（4）关闭宏设计窗口，将宏保存为"信息查询菜单"。

3．创建"报表预览"菜单及其菜单项

（1）在"数据库"窗口选中"宏"对象，单击"新建"按钮，打开宏设计窗口，选中"视图"菜单中的"宏名"菜单项,在操作窗口显示"宏名"列。

(2)在"宏名"列中输入宏的名称"综合人事情况报表";在"操作"列选定相应的操作 OpenReport。在"操作参数"列表中,指定操作对象(此处为报表)的名称"综合人事情况报表";视图设为"打印预览"。按此方法依次设置 2 个宏:"综合人事情况报表"和"详细人事信息报表"。注意:不同的宏,在其"操作参数"列表中,指定操作对象为相应的报表的名称,如图 5.191 所示。

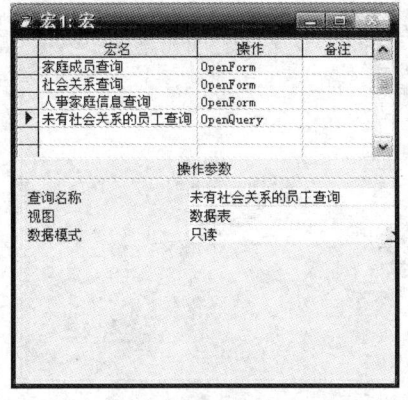
图 5.190

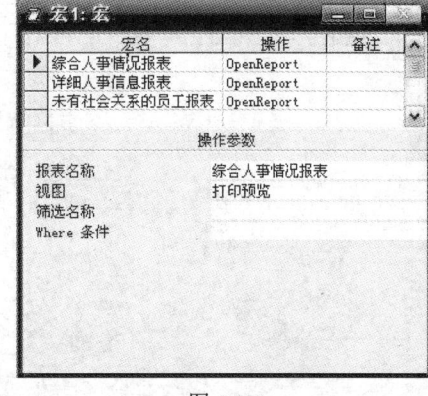
图 5.191

(3)关闭宏设计窗口,宏保存为"报表预览菜单"。

4. 创建"退出程序"菜单

(1)在"数据库"窗口选中"宏"对象,单击"新建"按钮,打开宏设计窗口,选中"视图"菜单中的"宏名"菜单项,在操作窗口显示"宏名"列。

(2)在"宏名"列中输入宏的名称"退出程序";在"操作"列选定相应的操作 Close。在"操作参数"列表中指定操作对象的名称"主切换面板";对象类型设为"窗体",如图 5.192 所示。

(3)关闭宏设计窗口,宏保存为"退出程序菜单"。

5. 创建"帮助"菜单(暂时无具体内容)

(1)在"数据库"窗口选中"宏"对象,单击"新建"按钮,打开宏设计窗口,选中"视图"菜单中的"宏名"菜单项,在操作窗口显示"宏名"列。

(2)在"宏名"列中输入宏的名称"操作指南";在"操作"列选定相应的操作为暂时空白;在下一行中输入宏的名称"用户问题",如图 5.193 所示。

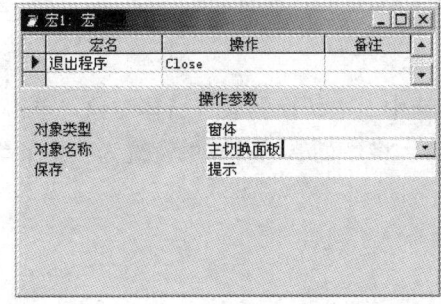
图 5.192

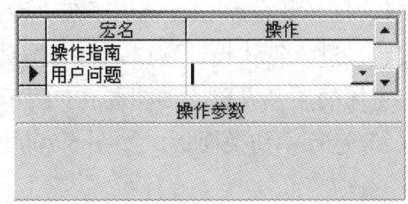
图 5.193

（3）关闭宏设计窗口，宏保存为"帮助菜单"。

6．创建主菜单

（1）在"数据库"窗口选中"宏"对象，单击"新建"按钮，打开宏设计窗口。

（2）在宏设计窗口的"操作"列选定操作 AddMenu。在"操作参数"列表中指定菜单名称为"信息维护"；选择菜单宏名称为"信息维护菜单"。按图 5.194～图 5.198 所示完成具体设置。

图 5.194

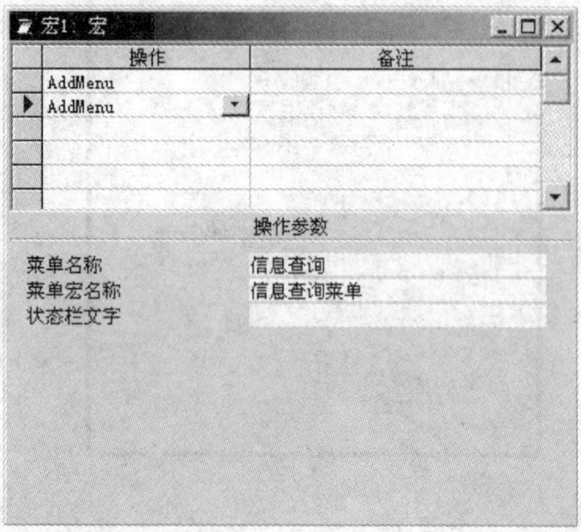

图 5.195

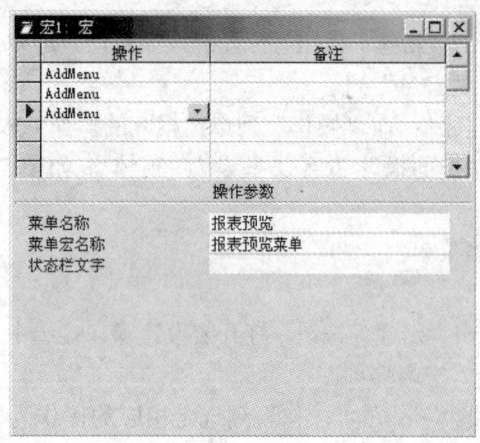

图 5.196

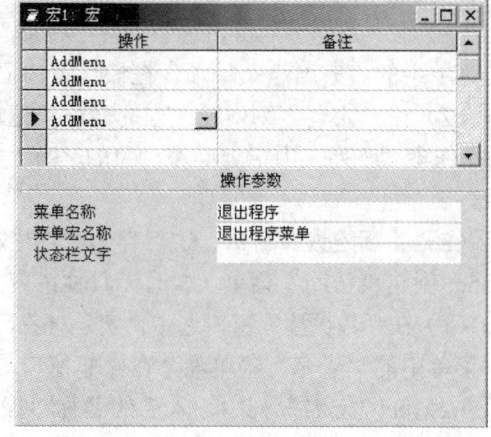

图 5.197

（3）关闭宏设计窗口，将宏保存为"主菜单"。

5.3.5.3.2　应用宏和宏组

（1）打开数据库 files.mdb，在"数据库"窗口选中"主切换面板"窗体对象，单击"设计"按钮，进入窗体设计窗口，打开窗体的属性窗口，将"菜单栏"属性设置为"主菜单"，并保存窗体的属性设置，如图 5.199 所示。

（2）运行主切换面板，如图 5.200 所示。

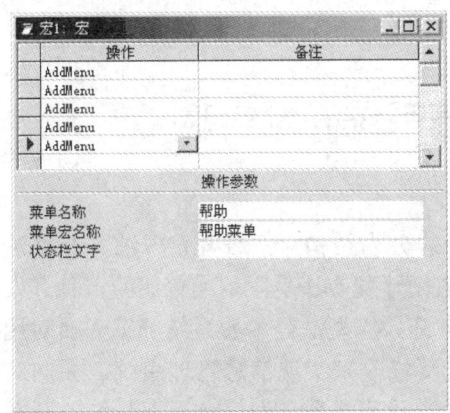

图 5.198

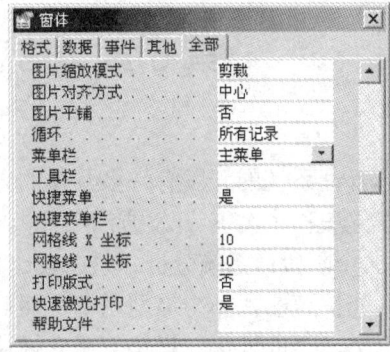

图 5.199

图 5.200

5.3.5.4　实验习题

在"设备使用数据库"中，利用宏和宏组为已建立的主切换面板创建菜单。

（1）创建"信息维护"菜单及其菜单项。

（2）创建"信息查询"菜单及其菜单项。

（3）创建"报表预览"菜单及其菜单项。

（4）创建"退出程序"和"帮助"菜单。

（5）创建主菜单，并将菜单宏加载到主切换面板上。

第6章　信息管理系统开发实验

信息管理系统的开发有许多具体的方法，一般分为结构化系统开发方法、原型法、面向对象开发方法和 CASE 开发方法等几大类。结构化开发方法是应用最普遍的一种开发方法，可分为 3 个阶段：系统分析、系统设计和系统实施。原型法是本着系统开发人员对用户需求的理解，先快速实现一个原型系统，然后通过反复修改来实现信息管理系统。面向对象的开发方法以类、类的继承、聚集等概念描述客观事物及其联系，为信息管理系统的开发提供了全新的思路。而 CASE 方法是一种利用工具软件进行自动化或半自动化开发的方法。

实验 6.1　图书信息管理系统开发实验

图书信息管理系统可以有效地管理图书和读者资源，控制图书借阅的流程，对图书馆、资料室或阅览室的管理有很大的帮助。本实验将用结构化开发方法介绍图书信息管理系统开发实验。

实验 6.1.1　系统分析

系统分析是指对现有系统的内外情况进行调查、研究、剖析，明确问题所在，认识解决这些问题的必要性，为确定目标和方案提供依据。在管理信息系统开发过程中，系统分析阶段的目标是在某个开发项目范围内，明确系统开发的目标和用户的信息需求，提出系统的逻辑模型，解决系统"做什么"的问题。系统分析阶段的主要任务包括：初步调查、可行性研究、详细调查、提出新系统逻辑方案。

实验 6.1.1.1　初步调查

6.1.1.1.1　实验目的

（1）理解初步调查的目标。

（2）掌握初步调查的内容。

（3）掌握初步调查的方法。

6.1.1.1.2　预备知识

1. 初步调查的目标

系统的初步调查是系统分析阶段的第一项活动，主要目标是从系统分析人员和管理人员的角度看新项目开发有无必要和可能。

2. 初步调查的内容

系统分析人员要调查有关组织的整体信息、有关人员、有关工作及有关环境的信息。

（1）有关组织的信息。

1）组织的发展规划。组织在未来若干年内（如 3～5 年）的发展方向与目标，为实现整体和长远目标的发展重点与主要措施。这些内容反映整个组织的工作方向与基调，为确定信息系统开发的目标与主要工作内容提供了依据。一般存在于组织的文件中，或管理者的头脑中。

2）组织的结构。组织结构的信息反映了组织内部的管理体制、职能分配和各管理部门、层次之间的关系。信息管理系统是为实现组织的目标服务的。了解组织结构问题的重点在于组织目标与结构的关系，如果现有组织结构在支持组织的整体目标方面存在矛盾与冲突，就必须收集有关信息以明确问题所在，并进行修改或重建。组织一般会有组织结构图。

3）职能部门的目标。组织的各职能部门都会有自己的目标，这些目标应该支持组织的整体目标，如果出现不支持的情况，要了解其不支持的原因。组织的每个职能部门都是组织结构中的一部分，深入了解职能部门有助于认识组织中各类信息的内容与流向。

4）组织的规章制度与政策。这是一个组织行动的规则与指导方针，为实现组织的目标而服务，信息管理系统也必须执行这些规章制度与政策。了解它们的内容，了解它们与组织目标的关系和实际执行的情况，以及存在的问题。

（2）有关人的信息。

1）权利与责任。要了解各级管理者的权利与责任，因为信息系统的建设与运行，必须与各级管理者的权利与责任相匹配，才能支持管理决策活动。可从文件或组织结构图中获取。但实际的权利与责任和名义上的权利与责任会有一定差异，需了解清楚。

2）岗位任务。要了解每个工作岗位的工作任务。在文件上会有规定，但文件上的与实际会有差异，需了解清楚。

3）人际关系。人际关系能体现出一个组织在工作中是如何协调和配合的。也能体现出一个组织内信息流动的真正途径，另外也能发现对信息系统建设起到关键作用的人。

4）应当评价每一个人、每一个工作岗位的信息需求。要了解每个人、每个岗位实际上需要哪些信息以及目前能得到哪些信息，比较需要的和得到的两者的差别，为以后系统数据流程图的建立与分析提供依据。

（3）有关工作的信息。

1）任务和业务流程。从现有系统的业务流程各环节处理的全过程了解有关数据资料在系统中传递与变换的步骤和每一步的任务，而不是着重于每个点的工作情况。要特别注意上述过程与步骤中数据的结构和内容的变化。

2）工作的方法与程序。每一个工作岗位做些什么，哪些人做，用什么设备、遵循什么规则、作业如何安排。上一项信息描述的数据形式与内容，这里集中描述行为和程序。

3）工作安排和工作量。在给定的时间内完成多少工作量。这一信息对于建立信息系统是至关重要的。还要了解工作的高峰期和低谷期。

4）绩效准则。对于任何系统，都应有工作评测标准。这些标准不只用于计划进度和工作量，而且包括质量、可靠性、准确性及其他信息处理工作希望得到的指标。指标要求和实际业绩表现这两方面的信息均需采集并进行比较，以发现工作质量与其他方面的问题。在现有系统中要设置某些检测点或控制点，了解系统表现并按特定准则进行评价。

5）有关工作条件的信息。包括工作地的设施布局方面的信息和文件、表格、传输数据和人员在工作地的设置和流动情况以及可用公共设施、专用仪器设备等资源。

（4）有关环境的信息。主要是有关外部环境的信息、用户和市场的信息、合作伙伴的信息、现有或潜在的竞争对手的信息、现有或潜在的威胁与机会、政府有关政策的变化、与组织有关的国际国内经济与政治局势的发展变化等。

对调查内容进行分析，分析其现有什么、需要什么、在现有资源下能提供什么，此项目有无必要和可能做进一步的调查与开发。

3．初步调查的结论与工作成果

在初步调查阶段可能得出的结论为以下几种：

（1）拟开发项目有必要也有可能进行。

（2）不必进行项目开发，只需对原系统进行适当调整修改。

（3）原系统未充分发挥作用，只需发挥原有系统的作用。

（4）目前无必要开发此项目。

（5）目前不具备开发此项目的条件。

如果结论是第一条，系统分析师要向拟定系统的单位主管提出"系统开发建议书"，系统开发建议包含的内容有：①项目名称；②项目目标；③项目开发的必要性和可能性；④项目内容；⑤项目开发的初步方案。

6.1.1.1.3　实验内容

1．收集相关信息

采用与管理员面谈和到现场查阅相关资料的方法，收集到以下信息。

某高校经管学院创办于 1984 年，现设经济系、管理系两个系和一个经济与管理综合实验室，有工商管理、国际经济与贸易、会计学 3 个本科专业，其中工商管理专业为省重点建设专业。

学院拥有一支较高水平的师资队伍，到 2012 年 5 月，学院有教职员工 67 人。他们来自于海内外 30 多所大学，80%以上的教师具有中高级职称，具有博士、硕士学位或正在攻读研究生的教师占 70%以上。有企业管理学、数量经济学两个校级重点建设学科，会计学为院级重点建设学科。有企业管理、会计、信息管理、经济学、国际贸易 5 个教研组，学院先后聘请了 10 多位来自美国、英国、加拿大、匈牙利、新加坡、澳大利亚的外籍教师开设专业课程以及商务英语课程，竭尽全力为学生提供有价值的教育。

学院面向浙江、云南、山东、山西、湖北、四川、广西等省（自治区）招生，截至 2012 年 5 月，学院在校生已达到 1332 人。学院学生素有良好的学风，他们十分重视学好英语、计算机应用、经济数学等基础课程，在历年的统考中，成绩均名列学校前茅，他们积极参加实践活动，接受市场经济的磨炼，有很好的适应能力。

学院于 2005 年开始创办图书资料室，经过几年的建设，现已有图书近 7000 册，期刊 260 种，并将继续购进图书期刊。并于 2007 年下半年开始向全院师生开放，允许教师同时借书 10 册，每册图书借期 3 个月，学生限借书 1 册，借期一周，过期罚款，不可以续借，期刊不外借，但可以复印。

图书资料室现有用房一间，100m^2，有专职管理员一名，会进行简单的计算机操作，另外聘请 2 名学生作为辅助管理员。由专职管理员负责整个图书资料室的管理。

图书资料室全天开放，白天由专职管理员管理，晚上和双休日由学生管理员管理。教师和学生凭借书证进行借书和还书。每天约有 20 人次左右借还书。

2．分析信息得出结论

分析收集到的有关信息，并与管理员和有关领导沟通，得出初步调查的结论。

某大学经管学院有教师 67 人，学生 1320 人，图书资料室图书近 7000 册，期刊 260 种，还不断有新的图书购进，有新的教师和学生加入，由于工作人员只有 3 名，且全天开放，每天工作量比较大，为减少工作强度，提高工作效率，做好图书借阅工作，有必要也有可能开发一套图书管理系统进行计算机管理。由于期刊不外借，因此图书管理系统的功能主要是针对图书的管理。

6.1.1.1.4　实验习题

对学校实验室进行初步调查，与实验室管理员进行面谈，收集相关资料，并对开发实验室信息管理系统的必要性进行分析，得出初步调查的结论。

实验 6.1.1.2　可行性研究

6.1.1.2.1　实验目的

（1）理解可行性研究的目标。

（2）掌握可行性研究的内容。

（3）掌握可行性研究的步骤和方法。

6.1.1.2.2　预备知识

1．可行性研究的目标

在初步调查的基础上，对系统进行全面、概要的分析，进一步明确系统的目标、规模与功能，提出拟开发系统的各种可能的方案，并对这些方案进行可行性分析。

2．可行性研究的内容

（1）管理上的可行性。主管领导、管理人员的态度；管理的规范程度；系统对组织机构的影响，现有人员和机构、设施、环境等对系统的适应性和进行人员培训、补充计划的可行性。

（2）技术上的可行性。当前软件、硬件技术是否能满足；开发人员技术水平；技术发展对系统建设有什么影响。

（3）经济上的可行性。估算费用：主机、外设、软件开发、培训、运行费用等；直接经济效益：加快资金周转、减少资金积压等；间接经济效益：提高信息的质量和速度等。

3．可行性研究的步骤和方法

（1）确定系统的规模与目标。

（2）明确用户主要信息需求。

（3）提出拟建系统的初步方案。

（4）审查新系统。

（5）提出并评价可能的替代方案。

（6）给出该项目做还是不做的选择，同时确定方案。

（7）制定项目开发计划，包括人、财、物的安排。

（8）撰写可行性研究报告。

（9）向用户审查小组与指导委员会提交结果。

4．可行性研究的结果

（1）可行性研究报告。

1）现行系统概况。

2）主要问题和主要信息需求。

3）拟建新系统的方案。

4）管理可行性分析。

5）技术可行性分析。

6）经济可行性分析。

7）结论。

（2）系统设计任务书。根据可行性研究确定的系统方案对系统开发者下达的任务书，主要包括系统目标与任务、系统的规模、结构、建设初步计划、投资安排、人员安排等。

6.1.1.2.3　实验内容

1. 在初步调查的基础上进行可行性分析

（1）管理上的可行性。在初步调查的过程中，在与管理员和有关领导沟通的过程中，了解到管理员和有关领导对开发图书管理系统有积极性，从目前资料室的管理来看也基本规范，管理员职责分工明确、有完善的借阅制度，有规范的图书目录、资料借阅登记本等。人员素质也可以，会进行计算机的基本操作，系统对组织机构也不会有大的影响。因此在管理上是可行的。

（2）技术上的可行性。图书资料室有一台计算机，且环境不错，可运行以后开发出的图书管理系统，学院有一个实验室和信息管理教研组，有技术力量和条件进行系统开发，并且系统不大，对功能要求不高，因此在技术上也是可行的。

（3）在经济上的可行性。因为已有一台计算机，基本硬件设施已满足，最多再加一个打印机和 UPS 电源，另外软件开发由本院教师完成，需适当补贴工作量，通过与学院领导沟通，可以做到，因此在经济上也是可行的。

2. 可行性结论

通过以上可行性分析，得出的结论是学院资料室图书管理系统的开发在管理上、技术上、经济上都是可行的。可以立即开发，系统主要对图书进行管理，包括图书的登记、图书的借阅与归还，读者（教师与学生）的登记，以及其他一些必要的系统管理功能，开发工作将由本院教师和管理员共同完成，学院补贴工作量，并出资购买相关设备。

6.1.1.2.4　实验习题

在初步调查的基础上，分析实验室信息管理系统开发的可行性，得出可行性结论。

实验 6.1.1.3　详细调查

6.1.1.3.1　实验目的

（1）理解详细调查的目标。

（2）掌握详细调查的内容。

（3）掌握详细调查的方法和工具。

6.1.1.3.2　预备知识

1. 详细调查的目标

在可行性研究的基础上进一步对现行系统进行全面、深入的调查和分析，弄清楚现行系统运行状况，发现其薄弱环节，找出要解决的问题实质。

2. 详细调查的内容

（1）组织结构的调查。包括组织的部门划分及其相互关系。用组织结构图来表示。

（2）业务流程的调查。包括组织的所有业务处理环节、业务处理内容、业务处理顺序、和对处理时间的要求。用业务流程图来表示。

（3）系统的目标、功能和用户需求调查。用功能模块图来表示。

（4）数据流程调查及数据和处理分析。在业务流程图的基础上，去掉非数据的内容，把数据的输入、流动、存储、输出等过程抽取出来，用数据流程图（DFD）表示；另外进一步对数据流程图中的数据进行属性分析，编制数据词典（DD）；对数据流程图中的各个处理进一步分析，说明其处理逻辑。

（5）系统运行环境分析。包括技术环境与非技术性环境。

3．详细调查的方法

（1）面谈。面谈即通过与有关人员面对面交谈来获取有关信息，可以是一对一的专访或一对多座谈。

如果要了解一些系统的潜在需求、潜在的问题，面谈是一种最好的方法。另外，面谈还是开发人员与用户交流思想、联络感情、建立信任的最好形式。但面谈适合于定性信息的收集，不太适合定量信息的收集，面谈也受到双方的素质、工作性质、时间、环境等诸多因素影响。

面谈分自由式交谈和结构式交谈。自由式交谈采取自由提问和回答的方式；结构式交谈双方事先有准备，按提纲进行，对给定问题具有较可靠的回答。

（2）问卷调查。即通过设计制作调查表，向被调查者发放调查表调查的方式。使用这种方法应注意调查表的设计要简洁、明了、易回答，根据被调查者的特点选择用选择题还是问答题，要向被调查者阐明调查的目的及与其的关系，采用匿名或自愿署名的方式等。

（3）阅读文件与历史资料。通过阅读组织的文件与历史资料，可间接了解组织的相关信息。

（4）实地观察与实践。这是一种为弄清某种较复杂业务活动的现状而采取的方法。信息收集人员直接观察或参加现行系统的业务实践，这是缩短用户与开发人员距离、取得共同语言的最好方法。缺点是比较费时间。

4．详细调查的工作结果

详细调查报告：

（1）项目主要工作内容概述。

（2）系统需求分析。

（3）现行系统主要目标、功能。

（4）组织结构图。

（5）业务流程图及其说明。

（6）数据流程图。

（7）数据词典、数据存储分析、查询分析。

（8）数据处理分析。

（9）现行系统问题。

6.1.1.3.3.　实验内容

采用与管理员进一步深入面谈与查看、摘录相关登记本的方法进行详细调查。

1．组织结构

组织结构如图 6.1。专职管理员全面负责对图书资料室的管理，包括对两名学生管理员的管理，学生管理员 A 有较多的工作权限，能进行图书的入室登记、发放新借书证、图书的借阅、归还登记等，而学生管理员 B 只负责进行图书的借阅、归还登记工作。

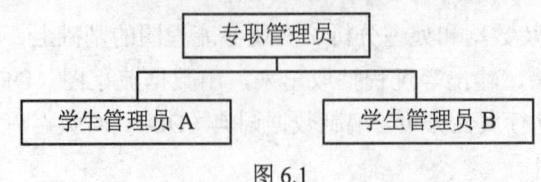

图 6.1

2. 业务流程

（1）图书采购登记。由教师或教研组采购图书，资料室管理员接收后，送学校图书馆校验，校验通过后报销发票，图书存放资料室，并填写图书目录。图 6.2 和图 6.3 是采购时的图书清单样本和图书目录样本。

图书清单

系科：经济与管理学院   藏书地点：经管资料室

流水号	书名	种数	册数	金额（元）	备注
1	国际市场营销学	1	1	56.00	
2	生产运作与管理	1	1	34.00	
3	电子商务	1	1	25.00	
	合计	3	3	115.00	
	累计				

图书馆校验：   院资料室负责人接收：

（本表一式两份，由图书馆，院资料室各存一份）   2011 年 6 月 8 日

图 6.2

资料室藏书目录

序号	条形码	书籍名称	作者	出版社	出版年份	定价	页码
1	9787040083576	管理信息系统	黄梯云	高教	2002 年 8 月	24.70	314

图 6.3

（2）图书借阅、归还登记。教师或学生出示借书证，按规定借书量选择图书借阅，管理员在借阅登记表上进行登记，内容包括借书日期、图书证号、借阅人、书名、条形码号、金额等；归还图书时，管理员找到借阅时的登记记录，填写还书日期，并计算是否超期，如果超期将按规定进行罚款。图 6.4 为图书借阅登记表样本。

资料室借阅登记表

借书日期	图书证号	借阅人	书名	条形码号	金额（元）	还书日期	备注
2012.4.8	10001	李红	电子商务	9787050065412	32.00	2012.5.5	

图 6.4

（3）给教师与学生发放借书证。如果有新教师和学生进院，将根据教师名册和学生名册，

给新教师与学生发放借书证，借书证号码为教师编号和学生学号。图 6.5 和图 6.6 为教师名册样本和学生名册样本。

教师名册

教师编号	姓名	性别	年龄	职称	系	教研组	所任课程	备注

图 6.5

学生名册

学号	姓名	性别	年龄	系	专业	班级	备注

图 6.6

3．系统目标、功能和需求调查

（1）能够进行图书入室的登记与图书的查询。

（2）能够进行读者借书证的登记与查询。

（3）能够进行图书的借阅、归还处理。

（4）能够进行管理员的分工和权限控制。

（5）能够进行限量借书。

（6）能够进行过期罚款处理。

（7）能够进行系统初始化。

6.1.1.3.4　实验习题

对学校实验室进行详细调查，收集实验室的组织结构图、业务流程图及相关文档资料、了解系统开发目标、功能需求等。

实验 6.1.1.4　提出新系统逻辑方案

6.1.1.4.1　实验目的

（1）理解新系统逻辑方案的概念。

（2）掌握建立新系统逻辑方案的方法。

（3）会编写系统分析说明书。

6.1.1.4.2　预备知识

1．提出新系统逻辑方案的目标

明确组织的发展、改革的总信息需求和各级管理人员完成各自工作任务的信息需求，确定新系统的逻辑功能，提出新系统的逻辑方案，完成系统分析阶级的最终成果——系统分析说明书的编写。

2．提出新系统逻辑方案的内容与方法

首先在详细调查的基础上进行进一步的分析，重点对现有业务流程与系统功能存在的问题进行分析，考虑如何进行业务流程重组与系统功能的改变，要与用户进行充分的交流，分析这些变化的必要性与可能性，对核心业务流程与功能的改变要特别慎重，需进行反复斟酌和讨论。

其次在调查分析的基础上，建立新的业务流程、系统功能和数据流程，从而提出新系统的逻辑方案或模型。新模型同样可由业务流程图、功能模块图、数据流程图、数据词典和决策树、决策表、结构化语言等处理逻辑描述工具来表示。在模型建立过程中要进行反复的评价与修改，复查以下几方面的问题：

（1）模型是否全面、准确反映组织及各级管理人员的信息需求。

（2）模型是否体现业务流程改革与创新。

（3）数据流程图和数据词典是否准确、适用。

（4）各级数据流程图是否一致，输入与输出数据是否匹配。

（5）数据存储部分是否准确、适用。

最后对系统分析阶段的工作进行总结，编写系统分析说明书。系统分析说明书应达到的基本要求是：全面、系统、准确、翔实、清晰地表达系统开发的目标、任务和系统功能。

3. 系统分析说明书的内容

（1）系统开发项目概述。

（2）需求说明。

（3）现行系统的问题分析。

（4）新系统的目标、主要功能和逻辑模型（包括组织结构图、新的业务流程图及说明、新的数据流图、数据词典、数据存储分析、查询分析、数据处理分析）。

（5）系统实施计划。

6.1.1.4.3　实验内容

1. 详细调查分析

在详细调查的基础上，对现行系统进行分析。发现主要存在如下问题：

（1）传统纸介质的图书目录难以查询。

（2）传统纸介质的图书借阅登记，工作量大、效率低。

（3）现行系统中还书时查找原借书记录效率低。

（4）现行系统难以对管理员权限进行控制。

（5）现行系统难以实现限量借书。

（6）现行系统对超期罚款计算工作量大。

（7）难以对已借图书进行统计。

2. 新系统逻辑模型的提出

（1）新系统业务流程。

1）图书入室登记：由学院教师或研究组进行图书采购，把所采购的图书及其清单等资料交给图书管理员进行登记入库。

2）读者注册领取借书证：读者（教师或学生）凭身份证件（教师工作证或学生证）填写登记表，交给图书管理员注册登记，管理员审核同意后，填发借书证。

3）读者借书：读者凭借书证借书，管理员根据读者级别确定能借书总数，再根据已借书数和图书情况进行处理，并在借还账上做相应登记。

4）读者还书：读者凭借书证和图书还书，管理员做还书处理，其中根据还书日期决定是否进行罚款，并在借还账上进行相应登记。

5）图书查询报告：管理员可根据查询要求，如图书编号、名称、作者、是否已借等属性查询图书台账，做出图书查询报告。

6）读者信息查询输出：管理员可根据查询要求，如借书证号、姓名等查阅读者台账，做出读者查询报告。

7）借还报告：管理员可根据要求，查借还记录，做出借还情况报告。

业务流程图如图 6.7 所示。

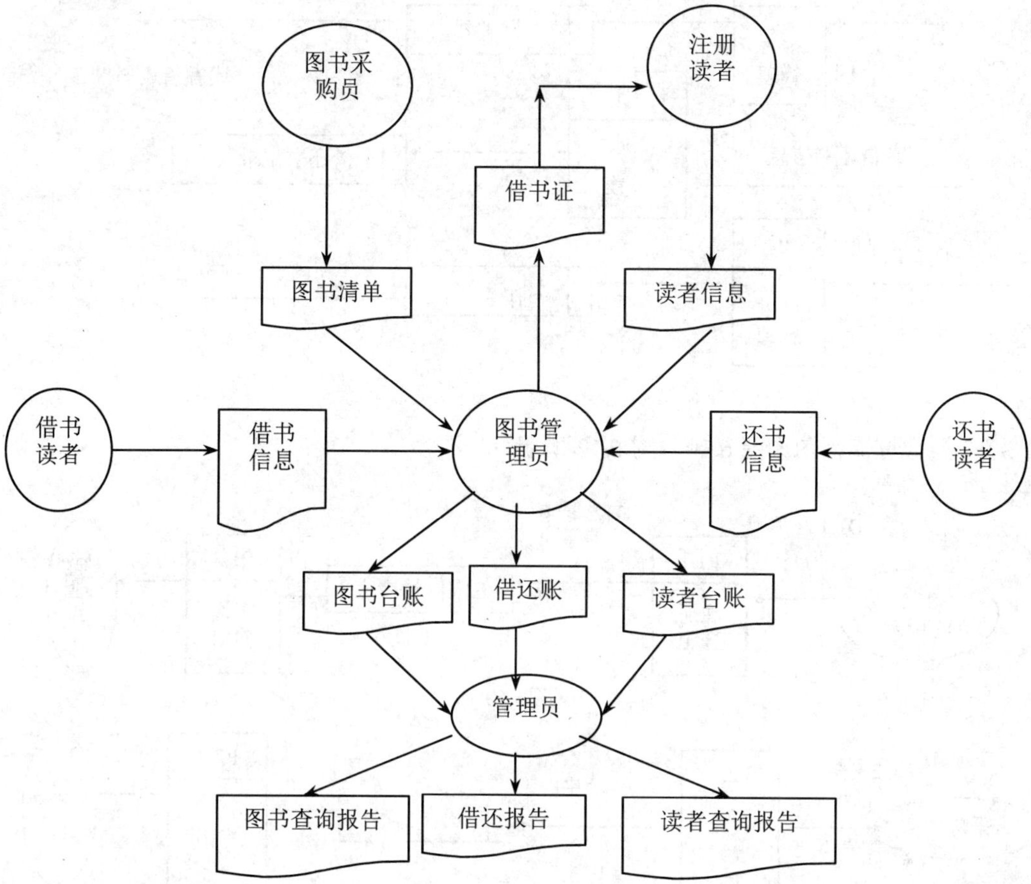

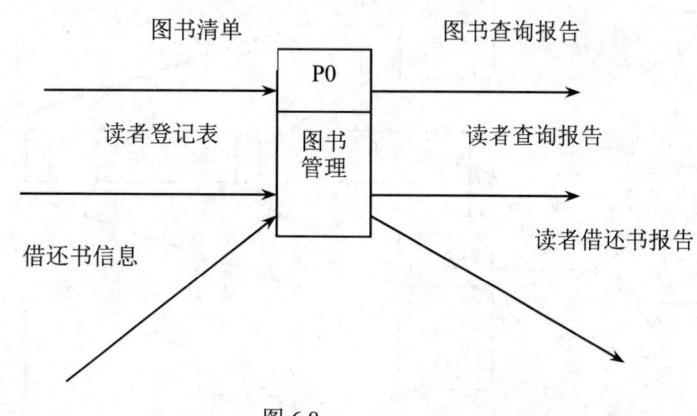

图 6.7

（2）新系统数据流程图。

1）0 层数据流程图如图 6.8 所示。

图 6.8

2）1 层数据流程图如图 6.9 所示。

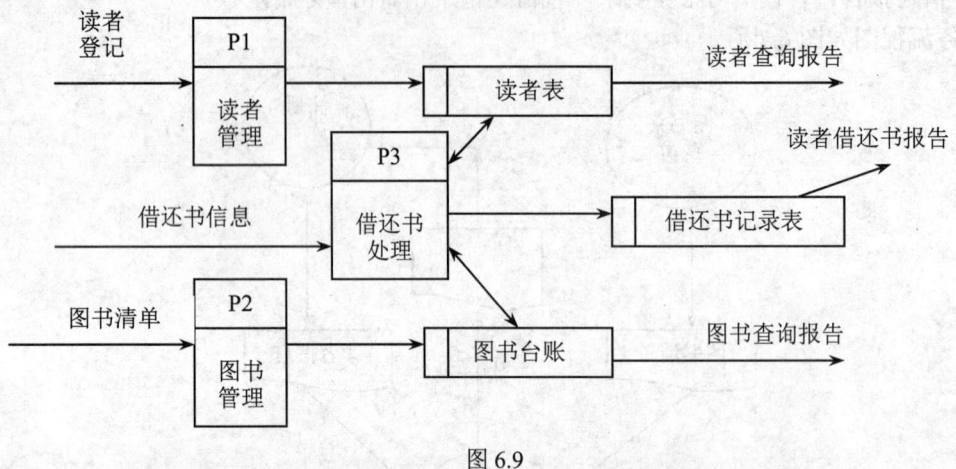

图 6.9

3）2 层数据流程图如图 6.10～图 6.12 所示。

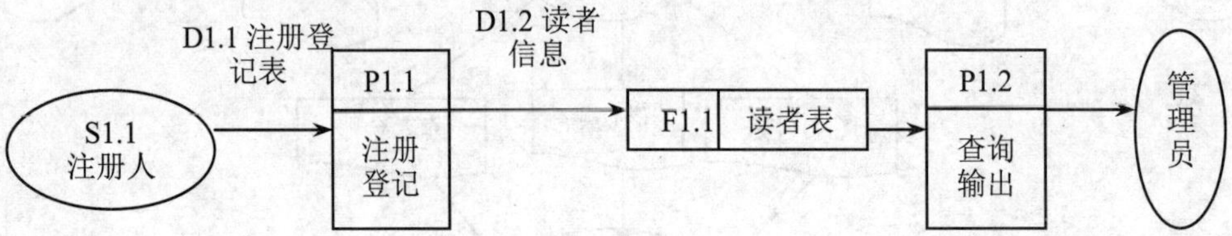

图 6.10

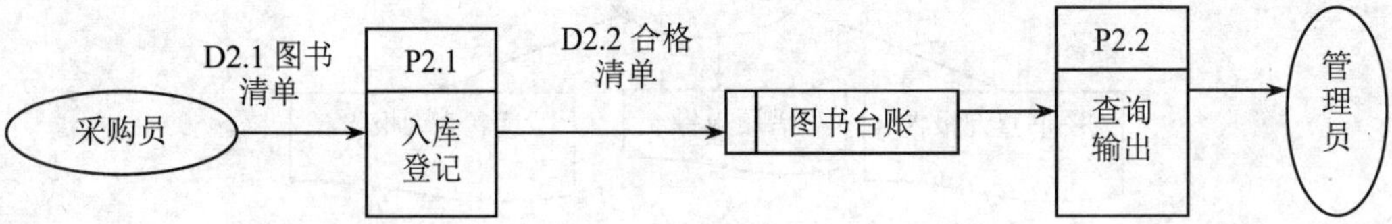

图 6.11

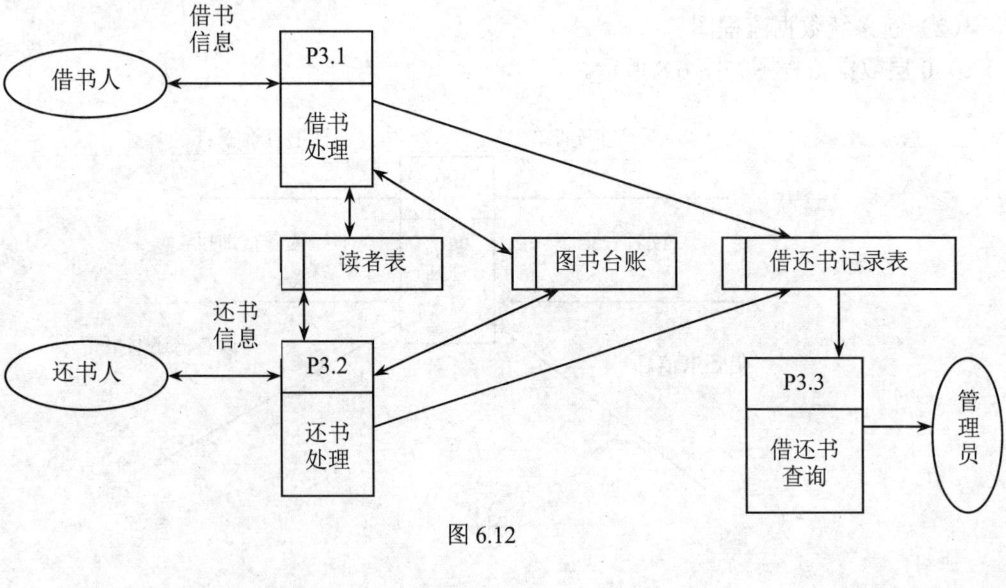

图 6.12

（3）部分数据字典示例如下。

1）数据流的描述。

数据流编号：D1.1

数据流名称：读者登记表

简述：读者注册时填写的登记表

数据流来源：新读者

数据流去向：注册登记模块

数据项组成：姓名+性别+单位+级别+登记日期+身份证号+……

数据流量：10 张/日，高峰流量：20 张/日

数据流编号：D1.2

数据流名称：读者信息

简述：通过注册登记处理后的读者信息

数据流来源：注册登记模块

数据流去向：读者表

数据项组成：借书证号（I-01）+姓名+性别+单位+级别+借书总数+借书天数+登记日期+……

数据流量：10 张/日，高峰流量：20 张/日

数据流编号：D2.1

数据流名称：图书清单

简述：采购员提交的图书清单

数据流来源：采购员

数据流去向：图书入库登记模块

数据项组成：书名+作者+出版社+单价+购买日期+……

数据流量：1 张/日，高峰流量：20 张/日

数据流编号：D2.2

数据流名称：合格清单

简述：入库登记后的合格清单

数据流来源：入库登记模块

数据流去向：图书台账

数据项组成：图书编号+分类号+书名+作者+出版社+单价+入库日期+……

数据流量：1 张/日，高峰流量：20 张/日

……

2）处理逻辑的描述。

处理逻辑编号：P1.1

处理逻辑名称：注册登记

简述：对要求注册登记的人进行登记

　　输入的数据流：登记表

　　处理描述：据登记表核发借书证，编借书证号，据读者级别核定借书总数、借书天数，和登记表中的有效数据进行输入。

　　输出的数据流：读者信息

　　处理频率：10 次/日

　　处理逻辑编号：P1.2

　　处理逻辑名称：查询输出

　　简述：读者信息查询输出

　　输入的数据流：读者表信息

　　处理描述：据查询要求，在读者表中检索，把检索结果进行输出。

　　输出的数据流：查询结果信息。

　　处理频率：10 次/日。

　　……

　3）数据存储的描述。

　　数据存储编号：F1.1

　　数据存储名称：读者表

　　简述：存储读者的信息

　　数据存储组成：借书证号+姓名+性别+单位+级别+过期罚款+借书总数+借书天数+已借书数+登记日期

　　关键词：借书证号

　　相关联的处理：P1.1,P3.1,P3.2

　　……

　4）外部实体描述。

　　外部实体编号：S1.1

　　外部实体名称：注册人

　　简述：需注册登记的人

　　输入数据流：无

　　输出数据流：登记表

　　……

　5）数据项描述。

　　数据项编号：I-01

　　数据项名称：借书证编号：

　　简述：借书证的号码

　　类型及长度：字符型，4 位

　　取值范围：0000～9999

　　……

6.1.1.4.4　实验习题

在详细调查的基础上进行系统化分析，提出实验室信息管理系统的逻辑模型，包括系统业务流程、数据流程和数据字典等。

实验 6.1.2　系统设计

系统设计是在系统分析阶段提出的、充分反映用户信息需求的系统逻辑模型的基础上，科学、合理地进行物理模型的设计。主要任务是从信息系统的总体目标出发，根据系统分析阶段对系统的逻辑功能的要求，并考虑到经济、技术和运行环境等方面的条件，确定系统的总体结构和系统各组成部分的技术方案，合理选择计算机和通信的软硬件设备，提出系统的实施计划。系统设计主要解决一个"怎么做"的问题，具体分系统总体设计、详细设计、系统设计说明书的编写等 3 个阶段。

实验 6.1.2.1　系统总体设计

6.1.2.1.1　实验目的

（1）理解系统总体设计的目标。

（2）掌握系统总体设计的内容。

（3）掌握系统总体设计的方法。

6.1.2.1.2　预备知识

1．总体布局方案

（1）集中式系统。是一种集设备、软件资源、数据于一体的集中管理系统、有单机批处理系统、单机多终端分时系统、主机—智能终端系统。

（2）分布式系统。是一种利用计算机网络把分布在不同地点的计算机硬件、软件、数据等信息资源联系在一起，服务于一个共同的目标而实现相互通信和资源共享的系统。分布式系统计算模式有作用共享方式、客户机/服务器（C/S）方式和浏览器/服务器（B/S）计算模式。

（3）系统布局方案的选择原则。

1）处理功能、存储能力应满足系统要求。

2）使用方便。

3）可维护性、可扩展性、可变性好。

4）安全性、可靠性高。

5）经济实用。

2．软件系统的总体结构设计

（1）设计任务与原则。设计任务是根据系统的总体目标和功能将整个系统合理划分成若干个功能模块，定义模块之间的调用关系和数据联系，定义各模块的内部结构等。设计原则如下：

1）自顶向下的原则。首先考虑系统总的目标，然后逐层分解，即先确定上层模块的功能再确定下层模块的功能。

2）模块化原则。将整个系统分解成相对独立的若干模块，通过对模块的设计和模块之间关系的协调来实现整个软件系统的功能。

3）一致性原则。要保证整个软件设计过程中具有统一的规范、统一的标准、统一的文件模式等。

（2）设计的工具。

1）系统流程图。系统流程图是传统的描述工具，通常用它表达系统的执行过程。它用图形符号描述了所有的输入/输出和与之有关的处理，同时也包括对所有文件的建立过程。系统流程图也表达了数据在系统中的流向，但它着重表达的是数据在系统中传输时所通过的存储介质和工作站点。可以从数据流程图导出系统流程图，但系统流程图表示的是计算机的处理流程，而并不像数据流程图那样还反映了人工操作的部分。

系统流程图的常用符号如图 6.13 所示。

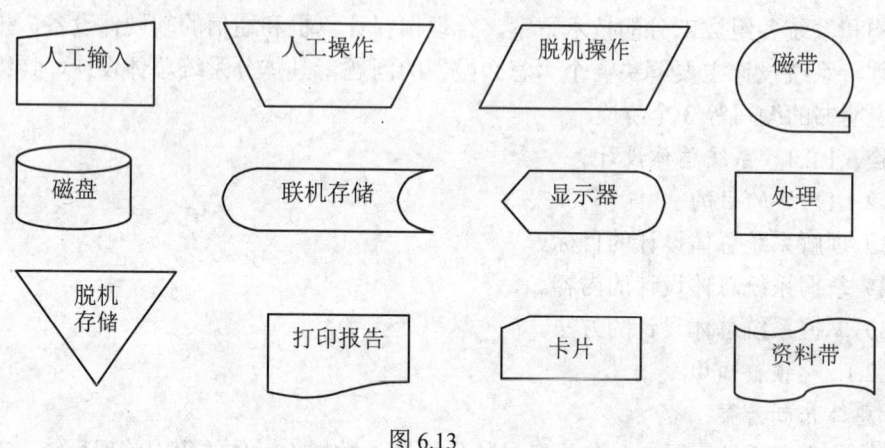

图 6.13

2）HIPO 图。HIPO（Hierarchy plus Input Process Output）图包含两方面的内容：

● H 图：用此图表示自顶向下分解所得系统的模块层次结构。H 图又称为模块层次图。

● IPO 图：此图描述分层图中一个模块的输入、输出和处理内容。

3）控制结构图。H 图表示了系统的模块层次结构，但它一般只能看到各模块间的调用关系。而控制结构图不仅描述模块的层次结构，而且描述它们之间的控制和通信关系。

控制结构图用方块表示模块，模块间用箭线连接，箭头指示方向为被调用的模块。调用关系分为直接调用（无条件调用）、选择调用（判断调用）、重复调用（循环调用）和带参数调用 4 种。表示方法如图 6.14 所示。

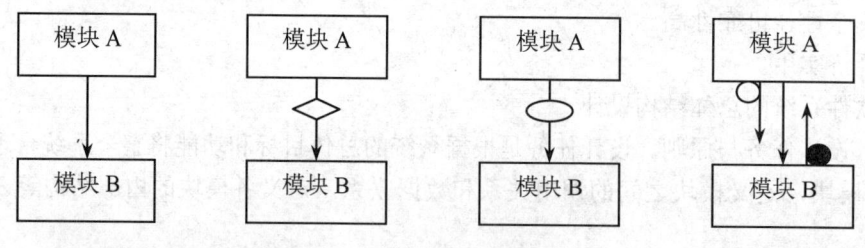

图 6.14

（3）模块结构设计。在软件系统设计中，模块是指这样的一组程序语句，它包括输入与输出、逻辑处理功能、内部信息及其运行环境。模块结构设计是把系统划分为若干个模块，每个模块完成一个特定的功能，然后将这些模块汇集起来组成一个整体。模块设计希望获得这样一种系统结构：

1）每个模块完成一个相对独立的特定功能。

2）模块之间的接口简单。

也就是要尽可能地降低模块之间的耦合程度和提高模块内部的组合程度。模块结构设计最终形成系统的模块结构图，模块结构图可由数据流程图导出，一个加工处理可导出一个功能模块。

3．数据存储的总体结构设计

（1）数据的分类。数据一般可分为基础数据、中间数据、工作数据和暂存数据。基础数据是指整个系统的输入数据、输出数据、代码、各种工作和技术标准、规范以及主要子系统的共享数据；中间数据是指在数据处理中需要保存的中间结果；工作数据是指为提高某项处理功能的效率而事先加工好的数据；暂存数据是指处理过程中需存储、在处理过程结束后即可消除的数据。

（2）数据存储规模和空间的确定。在进行设计时，既要考虑现有数据量的存储规模，又要预见到未来数据量的增长趋势，在分析的基础上合理地组织数据的存储格式，应用各种必要的数据压缩技术并选择合适的外部存储设备和存储空间，如系统数据存储在服务器上，而用户数据存储在工作站上。

（3）数据库管理系统的选择。根据数据的分类、数据存储规模和空间的要求，选择一种合适的数据库管理系统。选择时要考虑：数据库的性能、数据库管理系统的系统平台、数据库管理系统的安全保密性能等。目前常用的数据库管理系统有 Oracle/Sybase（大型）、SQL Server（中型）、VFP/ACCESS（小型）、DB2（专业型安全性好）。

4．计算机与网络系统方案的选择

（1）设计依据。

1）系统的吞吐量：每秒钟执行的作业数。

2）系统的响应时间。

3）系统的可靠性。

4）集中式还是分布式。

5）地域范围。

6）数据管理方式。

（2）网络设计。网络设计是指配置和选用一个网络产品，首先选择网络的拓扑结构，其次是网络的逻辑设计。安排网络和设备的分布，即什么地方要什么设备，哪些设备需要联网。最后考虑网络各节点的级别、管理方式、数据读写的权限、选择相应的软件系统等。

（3）设备配置的原则、依据与指标。

1）设备选配的原则：一是管理业务的需要决定系统的设备配置；二是实现上的可能性和技术上的可靠性。

2）设备配置的依据：根据实际业务需要考虑这个管理岗位是否要专配计算机设备；根据实际业务需要决定这个岗位是否需要配置微型机还是终端；根据物理位置和要求，决定是否需要与网络连接以及连接的方式；根据调查估算的数据容量确定网络服务器或主机存储器的最低下限容量；根据实际业务要求确定计算机及外部设备的性能指标。

3）设备选择的指标：技术上是否可靠；维修是否很方便；纵向，新老系统能否兼容；横向，本系统外系统能否兼容；非标准的系列不宜选取。

6.1.2.1.3　实验内容

根据系统分析的情况，进行系统总体结构设计：

（1）总体布局与计算机系统配置方案。本系统采用单机模式，需 P42.0/256M/60G 配置的微型计算机一台，HP1015A4 打印机一台，500W UPS 不间断电源一个。操作系统为 Windows 2000。

（2）新系统功能结构设计。根据系统分析的结果，本系统分为 4 个子模块：读者管理模块、图书管理模块、借还书模块和系统管理模块，如图 6.15 所示。

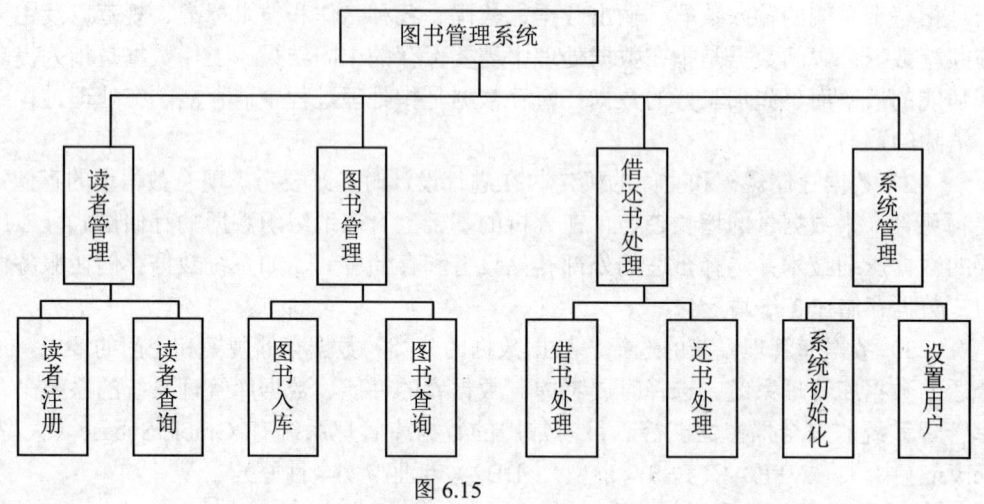

图 6.15

读者管理功能说明：主要对读者进行管理，包括读者注册和读者查询。

图书管理功能说明：主要对图书进行管理，包括图书入库与图书查询。

借还书处理功能说明：主要对借还书处理，包括借书处理和还书处理。

系统管理功能说明：主要对系统进行管理，包括系统初始化和设置用户功能。

（3）信息系统流程图设计如图 6.16 所示。

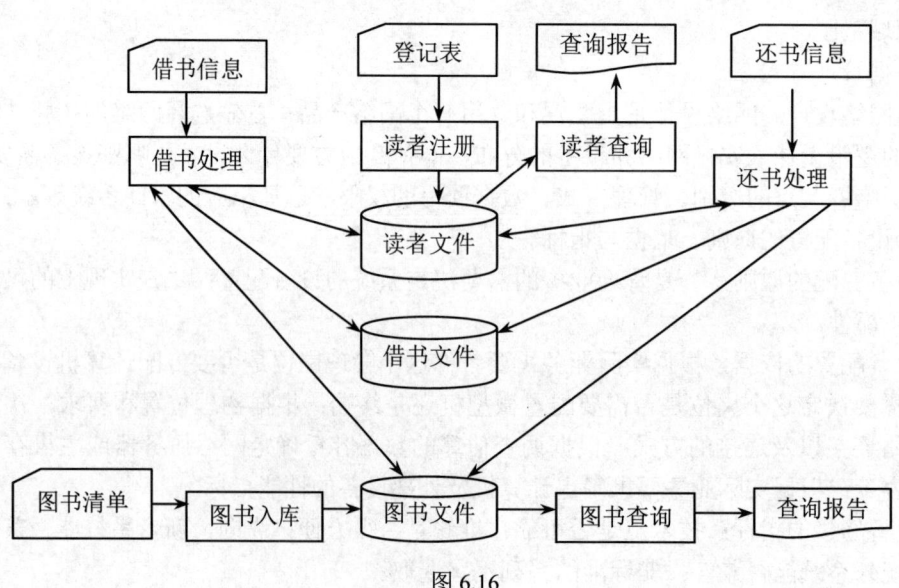

图 6.16

（4）数据存储总体设计。数据库管理系统选用 Microsoft Access 数据库。本系统中图书目录数据、读者名录数据、管理员数据为基础数据，而借还书处理数据为中间数据。数据存储于服务器中。

6.1.2.1.4　实验习题

对实验室信息管理系统，在系统分析的基础上进行总体结构设计，包括总体布局与计算机系统配置方案设计、功能结构设计、信息系统流程图设计、数据存储总体设计。

实验 6.1.2.2　系统详细设计

6.1.2.2.1　实验目的

（1）理解系统详细设计的目标。

（2）掌握系统详细设计的内容。

（3）掌握系统详细设计的方法。

6.1.2.2.2　预备知识

1．代码设计

（1）代码的功能。

1）为事物提供一个概要而不含糊的认定，便于数据的存储和检索，可以节省时间和空间。

2）提高了处理的效率和精度。

3）提高了数据的全局一致性。

4）代码是人和计算机的共同语言，是二者交换信息的工具。

（2）代码设计的原则。

1）在逻辑上必须能满足用户的需要，在结构上应当与处理的方法一致。

2）一个代码应有惟一性。

3）预留足够的位置。

4）代码要系统化。

5）不要使用易于混淆的字符。

6）当代码长于 4～5 个字符时，请分段。

（3）代码的主要种类。

1）顺序码。是一种用连续数字代表编码对象的码。优点是简单，缺点是没有逻辑性，不能说明任何信息特征。

2）区间码。数据项分成若干组，每一区间代表一个组，码中数字的值和位置都代表一定的意义。如邮政编码、部门代码。优点是信息处理比较可靠，排序、分类、检索等操作易于进行，缺点是长度与其分类属性有关，维护困难。

3）助记码。用文字、数字或文字结合起来描述。如 TV-B-12。

（4）代码中的校验位。校验位通过事先规定的数学方法计算出来，代码一旦输入，计算机会用同样的数学运算方法计算出校验位，并将它与输入的校验位进行比较，以证实输入是否有错。

校验位可以发现以下各种错误：抄写错误；易位错误：1234 写成 1324；双易错误：26913 写成 21963；随机错误。

确定校验位值的方法很多，有算术级数法、几何级数法、质数法。

2．数据库设计

（1）范式。表示的是关系模式的规范化程度，也即满足某种约束条件的关系模式。

第一范式（1NF）：基本条件是元组中的每一个分量都必须是不可分割的数据项。

第二范式（2NF）：条件是不仅满足第一范式，而且所有非主属性完全依赖于其主码。

第三范式（3NF）：条件是不仅满足第一范式和第二范式，而且它的任何一个非主属性都不传递依赖于任何主关键词。

（2）数据库设计的步骤。数据库设计分用户要求分析、概念结构设计、逻辑结构设计与物理结构设计，前两步在系统分析阶段完成，在系统设计阶段主要是后两步。

逻辑结构设计是将概念结构设计阶段完成的概念模型转换成能被选定的数据库管理系统（DBMS）支持的数据模型。可由实体联系（E-R）模型转换而来，得到的关系数据模型应符合第三范式（3NF）的要求。

物理结构设计是为数据模型在设备上选定合适的存储结构和存取方法，包括库文件的组织形式、存储介质的分配、存取路径的选择等。

3．用户界面设计

（1）输出设计。

1）原则。

● 方便使用者。

● 考虑系统的硬件性能。

● 利用原系统的输出格式。

● 在输出表中留出备用项目。

2）内容。

● 输出内容设计，包括输出项目、位数、数据形式（文字、数字）等。

● 输出格式设计，包括表格输出、图形输出或文件输出等。

● 输出设备设计，包括打印机、显示器、卡片输出机等。

● 输出介质设计，包括磁盘还是磁带，专用纸还是普通白纸等。

编写输出设计书。

（2）输入设计。

1）原则。

● 控制输入量。

● 减少输入延迟。

● 减少输入错误。

● 避免额外步骤。

2）内容。

● 输入方式设计：键盘输入，包括联机键盘输入（适用于常规、少量的数据和控制信息的输入）和脱机键盘输入（一种通过键到盘、键到带等设备将数据输入到磁盘/带文件中然后再读入系统的方式）；数模/模数转换方式（A/D，D/A），直接通过光电设备对实际数据进行采集并将其转换成数字信息的方法，是一种既省事，又安全可靠的数据输入方式，有条形码输入、扫描仪输入、传感器输入等；网络传送数据，既可输入信息又可输出信息；磁盘传送数据。

● 输入格式设计：要求便于输入，如输入量小、能智能输入、排列简明等；统一标准，如有统一格式、标准化格式等；保证精度，如输入数据有足够宽度、小数位等。

● 校对方式设计：如二次键入校对，指一种同一批数据两次键入系统的方法，输入后系统内部再比较这两批数据，如果一致可认为正确，否则错误；视觉校对，显示或打印出来，进行校对；数据平衡校对，小计与累加数比较，相同正确，否则不正确；其他还有校验位校验、控制总数校验、数据类型校验、界限校验、顺序校验、格式校验等。

（3）人机对话设计。

1）原则。

● 对话要清楚、简单，不能具有二义性。

● 对话要适合操作人员的水平。

● 对话应具有指导用户怎样操作和回答问题的能力。

● 能反馈用户的输入状态。

2）对话方式。

● 菜单式：系统通过屏幕显示各种可选择的内容，用户根据显示的内容输入有关代号，或用鼠标或通过键盘方向键和 Enter 键配合，来进行对话。通常有下拉式菜单、弹出式菜单和级联式菜单等。

● 填表法：将需要输入的项目先显示在屏幕上，用户根据项目输入相应的数据。

● 问答法：当程序执行到一定阶段，屏幕上进行提问，待用户回答后，再进入下一阶级运行。

● 提问法：主要是用户向机器查询，用户可以用自然语言或其他经过加工的缩略语进行查询，但必须是预先规定的格式。

4．处理过程设计

处理过程设计的任务是按照软件系统总体设计对各模块功能的要求，考虑到系统开发环境与开发工具的特点，编制出每个模块的计算机处理的流程图和确定其数据存取需求，为系统实施中的编程与测试提供依据。具体可以由 IPO 图来导出计算机处理的流程图。

6.1.2.2.3　实验内容

进行系统详细设计。

1．代码设计

本系统涉及到的代码有借书证编号、图书编号等。

（1）借书证编号。

格式：XXXX。

XXXX：为顺序码，0001～9999。

（2）图书编号。

格式：XXYYYYY。

XX：为分类号，用拼音字母码。

YYYYY：为顺序码，00001～99999。

提示：也可把类别单独编号，图书单独编号。

2．数据库设计

（1）E-R 图。在图书管理系统中所涉及到的实体主要是读者、图书和管理员，其属性如下：

1）读者。包括借书证号，姓名，性别，单位，级别。

2）图书。包括图书编号，分类号，书名，作者，出版社，定价。

3）管理员。包括姓名，性别，职务。

它们之间的联系用 E-R 图方法表示如图 6.17 所示。

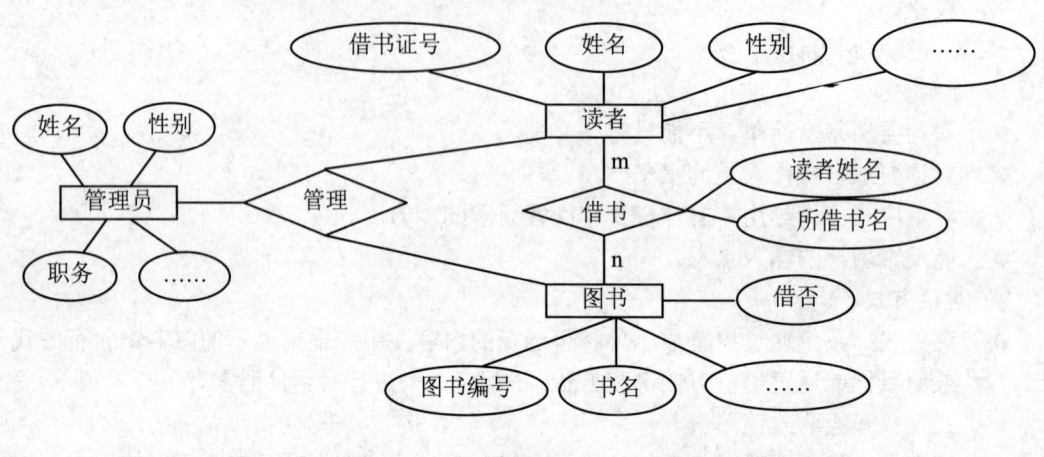

图 6.17

这些实体之间的联系包括：

借书：读者借阅图书。多对多联系。

管理：管理员管理读者和图书。多对多联系。

（2）由 E-R 图导出数据库。

1）实体：读者表（reader 表），见图 6.18。

列名	数据类型	长度
借书证号	文本	4
姓名	文本	16
性别	文本	2
单位	文本	20
级别	文本	6
过期罚款	数字	9
借书总数	数字	9
已借书数	数字	9
借书天数	数字	9
登记日期	日期	8

图 6.18

2）实体：图书表（book 表），见图 6.19。

列名	数据类型	长度
图书编号	文本	4
分类号	文本	3
书名	文本	40
作者	文本	16
出版社	文本	20
定价	数字	9
入库日期	日期	8
借否	文本	2

图 6.19

3）实体：管理员表（user 表），见图 6.20。

列名	数据类型	长度
用户名	文本	10
口令	文本	6
级别	文本	10

图 6.20

4）联系：借书表（borrow 表），见图 6.21。

列名	数据类型	长度
图书编号	文本	4
书名	文本	40
作者	文本	20
出版社	文本	20
借书证号	文本	4
姓名	文本	16
单位	文本	20
借书日期	日期	8

图 6.21

（3）用户交互界面设计。

1）查询输出界面设计示例如图 6.22 所示。

输出设计说明：在设置条件中输入组合条件，单击"确定"按钮即可输出查询结果；单击"列借书单"按钮可以输出该读者借书单。

2）输入设计示例如图 6.23 所示。

输入设计说明：单位可以选择输入，提高输入速度，事先输入常用单位；级别可以选择输入，输入后罚款、借书总数、借书天数自动填入。

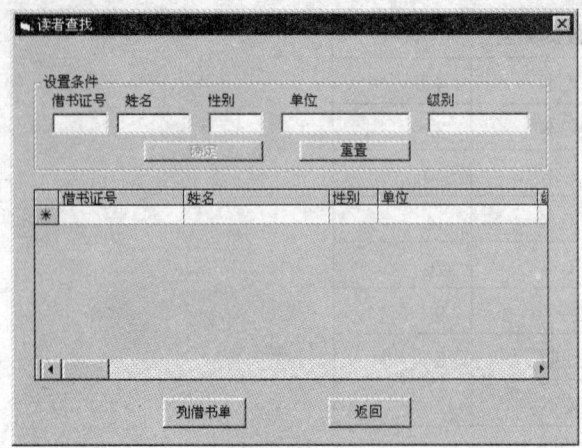 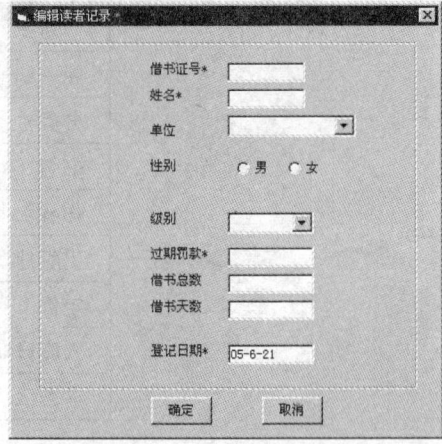

　　　　　　　图 6.22　　　　　　　　　　　　　　　　　图 6.23

　　（4）人机对话界面设计示例。

　　1）菜单界面设计（图 6.24）：分二级菜单，一级菜单为图书管理、读者管理、图书借还处理、系统服务，二级菜单为图书登记和图书查找，读者登记和读者查找，图书借阅和图书归还，用户设置和系统初始化等。

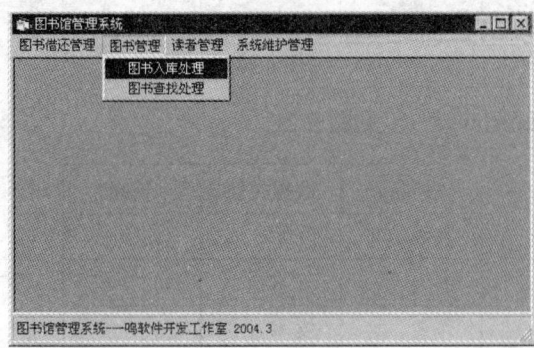

图 6.24

　　2）借书处理界面设计（图 6.25）：输入借书证号确定读者姓名、借书总数、可借书数，输入图书编号借书。

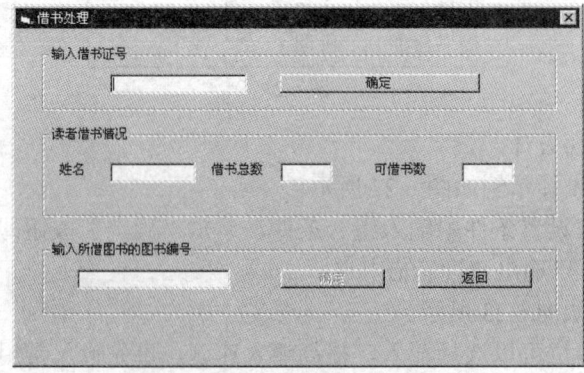

图 6.25

（5）处理流程图设计。

1）借书处理程序流程图如图 6.26 所示。

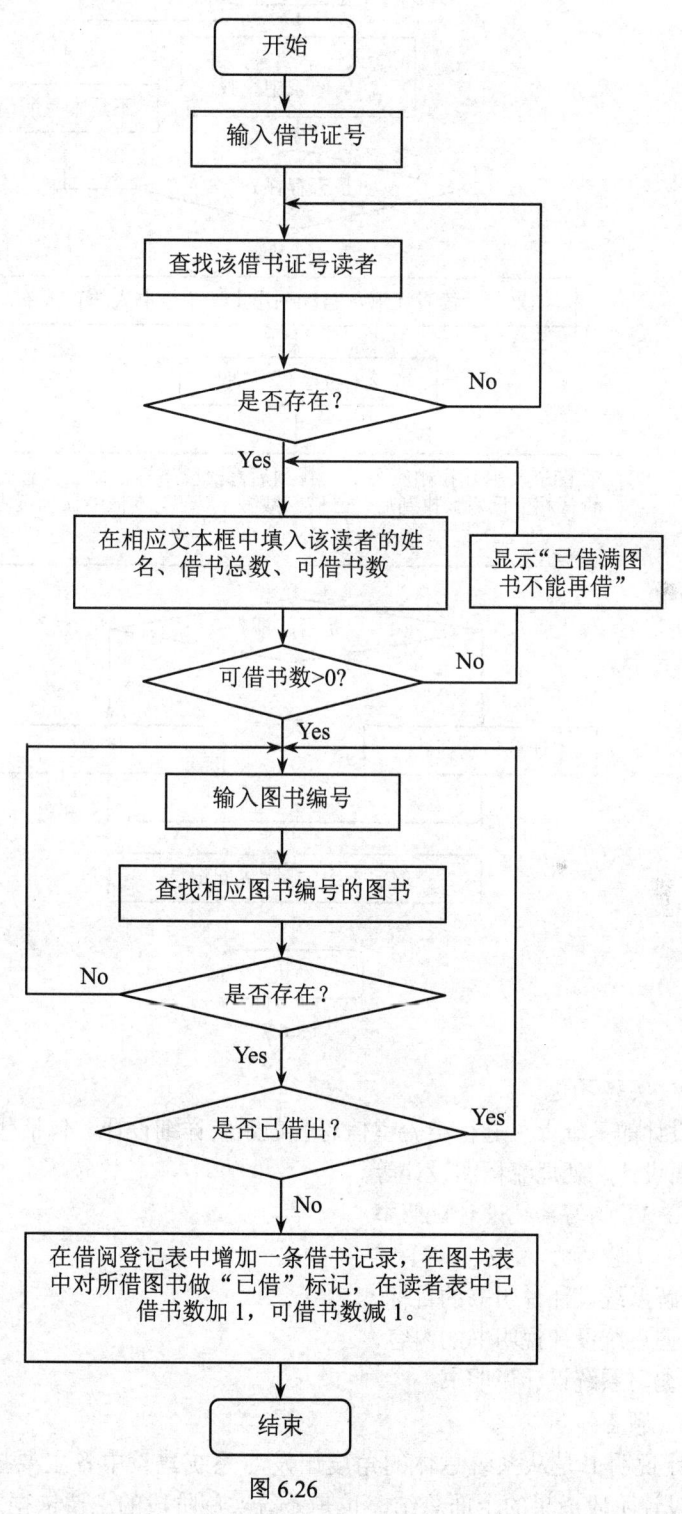

图 6.26

2）还书处理程序流程图如图 6.27 所示。

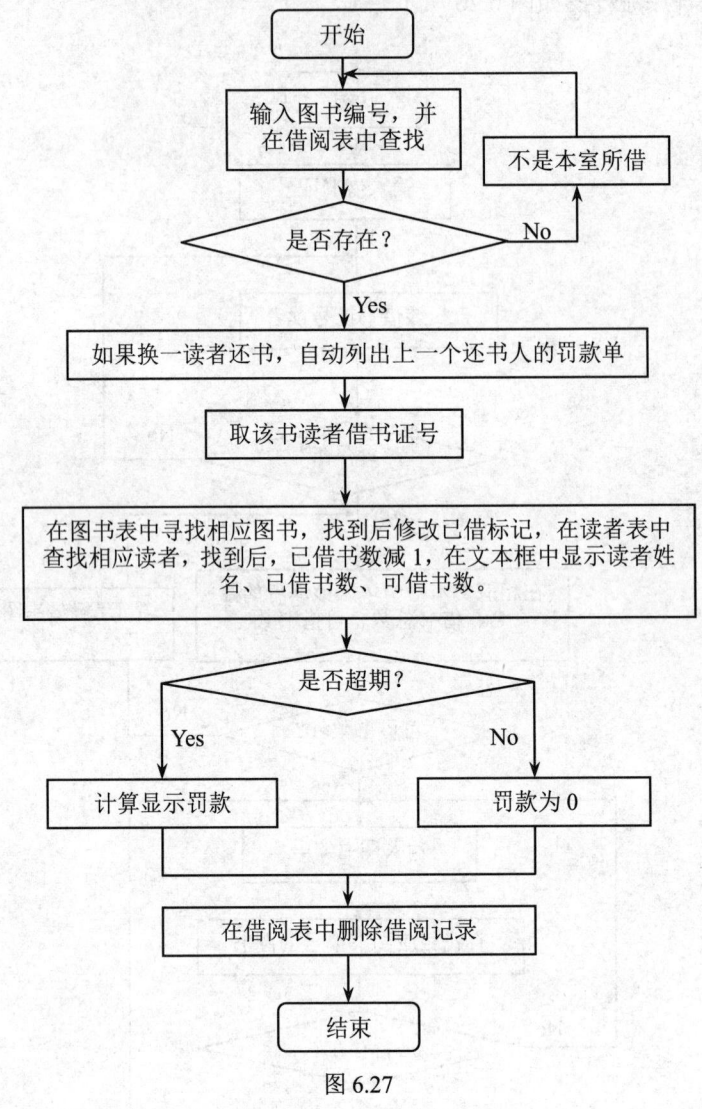

图 6.27

6.1.2.2.4　实验习题

在总体设计的基础上，进行实验室信息管理系统详细设计，包括代码设计、数据库设计、用户交互界面设计、处理流程图设计等。

实验 6.1.2.3　编写系统设计说明书

6.1.2.3.1　实验目的

（1）理解系统设计说明书的目标。

（2）掌握系统设计说明书的内容。

（3）会编写系统设计说明书。

6.1.2.3.2　预备知识

系统设计说明书是从系统总体的角度出发对系统建设中各主要技术方面的设计进行说明，是系统设计阶段成果的全面总结，也是系统实施阶段的主要依据之一。系统设计说明书的主要内容如下：

（1）系统开发项目概述。

（2）模块设计说明。

（3）代码设计说明。

（4）输出、输入设计说明。

（5）数据库设计说明。

（6）网络环境、安全保密说明。

（7）程序模块说明。

（8）系统设计实施方案说明。

6.1.2.3.3　实验内容

总结系统设计阶段所做的内容，编写系统设计说明书。

本项目将开发一个单机模式的图书管理系统，包括图书管理、读者管理、借阅与归还管理、系数管理 4 个子模块，具体模块设计、代码设计、用户界面设计、数据库设计、处理流程设计如前所述，系统将用 Visual Basic 程序设计语言+Access 数据库进行开发，计划 1 个月左右时间完成实施。

6.1.2.3.4　实验习题

总结系统设计阶段所做的内容，编写系统设计说明书。

实验 6.1.3　系统实施

系统实施是把系统分析和系统设计的成果转化为可实际运行的系统，作为系统的物理实现阶段，对于系统的质量、可靠性和可维护性等性能有着十分重要的影响。系统实施阶段主要内容包括物理系统的实施、编程与调试、数据准备与系统切换等。开发的系统越大，实施的任务越复杂，要制定出周密的计划进行实施。

实验 6.1.3.1　物理系统的实施

6.1.3.1.1　实验目的

（1）理解物理系统实施的目标。

（2）掌握物理系统实施的内容。

（3）掌握物理系统实施的方法。

6.1.3.1.2　预备知识

物理系统的实施是计算机系统和通信网络系统设备的订购、机房的准备和设备的安装调试等一系列活动的总和。

1．机房的准备

（1）电工布线。强电、弱电要分开；计算机线路和空调线路要分开，以防开空调时对计算机的影响。

（2）一般要求安装稳压电源或不间断电源，以防电压不稳或突发断电。

（3）地面处理要求用防静电活动地板；墙面、门窗处理要求防尘。

（4）桌椅的准备。

2．计算机及网络设备的购置与安装

（1）到货验收，要求仔细检查，以防质量问题。

（2）服务器、计算机工作站、空调等设备的安装调试，要进行严格监控。

6.1.3.1.3　实验内容

进行物理系统的实施：由于本系统物理配置方面比较简单，且原来已有一台计算机，环境也可以，因此只要购买一台打印机、UPS 电源进行安装即可。

6.1.3.1.4　实验习题

进行部分物理系统的实施试验。

实验 6.1.3.2　编程与调试

6.1.3.2.1　实验目的

（1）理解编程与调试的目标。

（2）掌握编程与调试的内容。

（3）掌握编程与调试的方法。

6.1.3.2.2　预备知识

1. 编程

（1）编程的任务。是使用选定的计算机程序设计语言，把软件系统详细设计所得到的各模块的信息处理功能和过程描述转换成能在计算机系统上运行的程序源代码。

（2）编程的质量。对编程的质量要求有：可读性和可维护性要求，程序应该便于阅读，便于维护。因为一个 MIS 程序一般要用 3～10 年，随着环境的变化，需要进行维护，并且往往需要他人来进行维护，一个不易读、不易维护的程序会给程序员带来困难；程序可靠性要求，不仅在正常情况下能正确工作，而且在意外情况下也便于处理，不致产生严重后果。

（3）编程的方法。结构化程序设计的方法如下：

1）顺序结构。含有多个连续的处理步骤，按程序书写的先后顺序执行。

2）循环结构。在某种条件下，重复执行特定的加工。

3）选择结构。由某个逻辑表达式的取值决定选用多个处理加工中的一个。

2. 调试

（1）程序调试。首先对单个程序模块进行全面测试，包括：

1）代码测试。测试程序逻辑上的正确性，使用方法是数据测试。所用数据要求有正常数据、异常数据和错误数据。

2）程序功能测试。测试程序能否满足要求的功能。

（2）分调。一个软件由许多子系统构成，一个子系统又由许多程序模块构成。分调是对子系统有关的各模块实行联调，考查各模块数据接口，以及各模块之间调用关系的正确性。

（3）总调。各模块、各子系统联合调试。包括：①主控程序和调度程序调试，测试控制接口和参数传递的正确性。②程序的总调，测试模块间相互关系方面的错误和缺陷。要对系统各种可能的使用形态及其组合在软件中的流通情况进行能行性测试。

（4）特殊测试。是根据系统特殊需求选择进行的测试，如容量测试、响应时间测试和恢复能力测试。

6.1.3.2.3　实验内容

1. 建立数据库

（1）打开 Access 数据库管理系统，选择"空 Access 数据库"，单击"确定"按钮，保存位置为 D 盘，创建一个新文件夹 library，双击打开，文件命名为 lib，单击"创建"按钮即在

D 盘 library 文件夹下创建一个名为 lib 的空 Access 数据库。

（2）按系统设计中对数据库的设计，分别建立 book 表、reader 表、oper 表（操作用户表）、borrow 表，如图 6.28 所示。具体操作过程在第 2 章数据库实验中有详细介绍，此处不再赘述。

（3）在 oper 表中增加一条记录：用户名，admin；口令，8888。

2．建立工程设置引用和部件

（1）打开 Visual Basic 6.0 中文版，新建"标准 EXE"文档，工程资源管理器如图 6.29 所示。

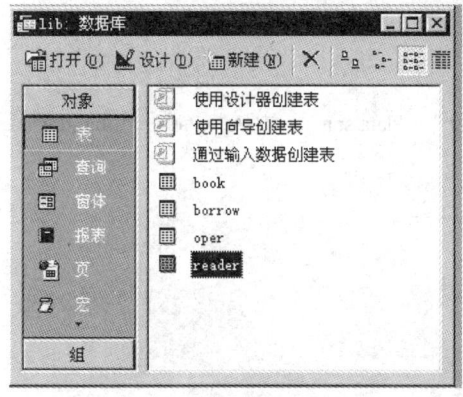

图 6.28

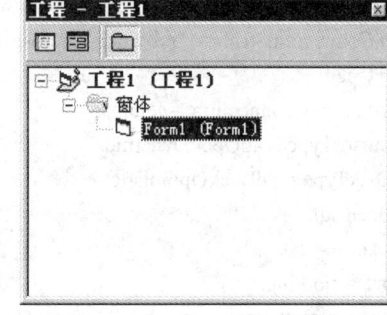

图 6.29

（2）选择"工程"菜单中的"引用"选项，设置如下引用：

visual basic for application

visual basic runtime objects and procedures

visual basic objects and procedures

Microsoft OLE Automation

Microsoft ActiveX Data Objects 2.6 library

（3）选择"工程"菜单中的"部件"选项，设置如下部件：

Microsoft ADO Data control 6.0(OLEDB)

Microsoft DataGrid control 6.0(OLEDB)

Microsoft windows common controls 6.0(SP6)

3．建立公共模块

选择"工程"菜单"增加模块"中的"打开"选项，弹出模块窗口。在窗口中录入以下代码，这时工程资源管理器如图 6.30 和图 6.31 所示。

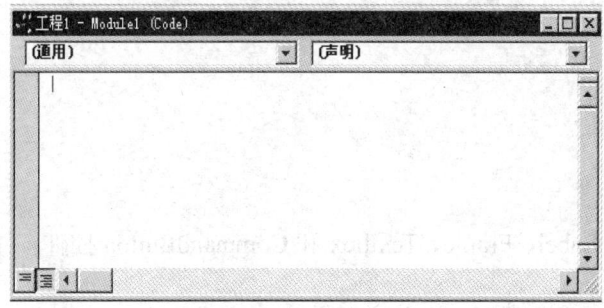

图 6.30

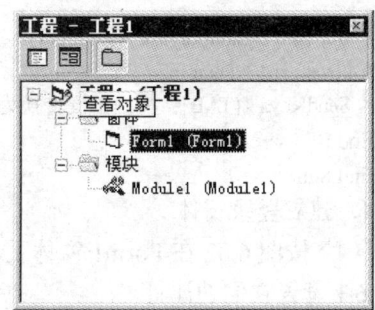

图 6.31

```
Public userlevel As String '保存用户级别
Public flag As Integer '记录操作标记
Public recs As Integer '保存记录集中记录的个数

Sub main() '主过程
pass.Show vbModal '调用 pass 窗体
End Sub

Public Function exesql(ByVal sql As String) As Adodb.Recordset
sql = Trim$(sql)
Dim conn As New Adodb.Connection
Dim rst As New Adodb.Recordset
conn.ConnectionString = "provider=microsoft.jet.oledb.4.0;" + "data source=" + App.Path + "\lib.mdb;"
conn.Open
Set rst.ActiveConnection = conn
rst.CursorType = adOpenDynamic
rst.LockType = adLockOptimistic
rst.Open sql
Set exesql = rst
Set rst = Nothing
Set conn = Nothing
End Function

Public Sub deldata(ByVal tn As String)
'删除指定表中的所有记录，对于 oper 表增加一个系统用户
sql = "delete * from " & Trim$(tn)
Dim conn As New Adodb.Connection
Dim rst As New Adodb.Recordset
conn.ConnectionString = "provider=microsoft.jet.oledb.4.0;" + "data source=" + App.Path + "\lib.mdb;"
conn.Open
conn.Execute sql
If Trim(tn) = "oper" Then
    conn.Execute "insert into oper values('admin','8888','系统管理员')"
End If
conn.Close
End Sub

Public Sub endata(keyasc As Integer)
If keyasc = 13 Then
    SendKeys "{TAB}" '将回车键转换为 Tab 键
End If
End Sub
```

4．建立登录窗体

（1）按图 6.32 在 Form1 窗体上增加 Label、Frame、Textbox 和 CommandButton 控件，并按表 6.1 设置它们的属性。

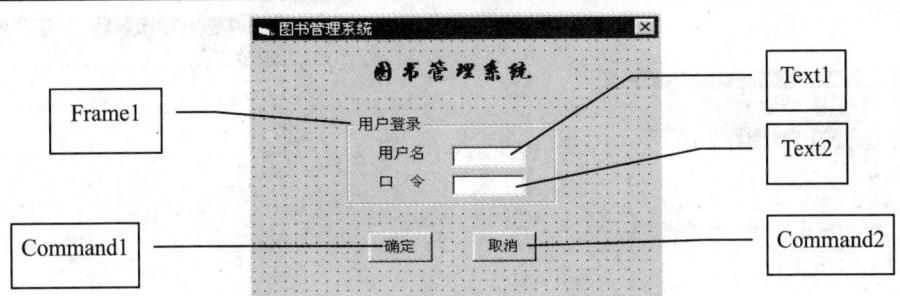

图 6.32

表 6.1

对象	属性	属性取值
Form1	(名称)	pass
	caption	图书管理系统
	maxbutton	False
	minbutton	False
	startupposition	屏幕中心
Text1	(名称)	txtname
Text2	(名称)	txtpwd
	passwordchar	*
Command1	(名称)	Cmd_Ok
	caption	确定
Command2	(名称)	Cmd_cancel
	caption	取消
Frame1	caption	用户登录

（2）单击"保存"按钮，会提示保存 Module1，保存位置为 D:\library；接着要求保存 pass 窗体；接着要求保存工程 1，改文件名为 library，工程资源管理器显示如图 6.33 所示。

（3）单击"工程 1（library.vbp）"，可设置工程 1 的属性（名称）为 library，如图 6.34 和图 6.35 所示。

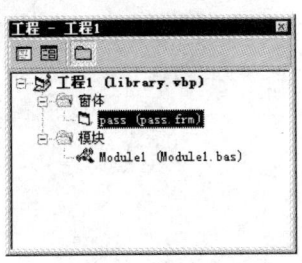

图 6.33

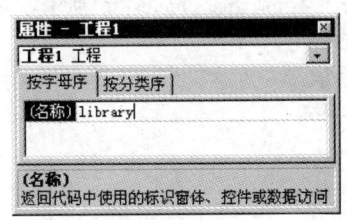

图 6.34

（4）右击"pass 窗体"，选择"查看代码"命令，弹出如图 6.36 所示的窗口，录入以下代码。

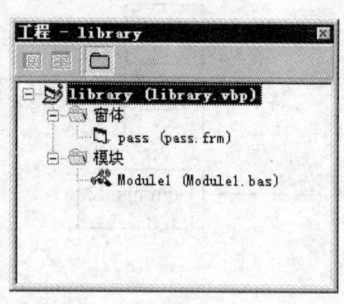 

图 6.35   图 6.36

Public n As Integer   '保存登录的次数

Private Sub Form_Load()   '给 n 初值
n = 0
End Sub

Private Sub cmd_Ok_Click()   'Cmd_Ok 命令按钮执行代码
    Dim rstpass As Adodb.Recordset
    txtsql = "select * from oper where 用户名='" & Trim$(txtname.Text) & "'" & " and 口令 = '" & Trim$(txtpwd.Text) + "'"
    Set rstpass = exesql(txtsql)
    If rstpass.EOF = True Then '未找到用户记录
    n = n + 1
      If n < 3 Then
        MsgBox "用户名或口令错误，继续登录", vbOKOnly + vbExclamation, "信息提示"
        rstpass.Close
        txtname.Text = ""
        txtpwd.Text = ""
        txtname.SetFocus
      Else
        MsgBox "已登录失败三次，退出系统", vbOKOnly + vbExclamation, "信息提示"
        rstpass.Close
        Unload Me
      End If
    Else   '找到用户记录
      userlevel = Trim(rstpass.Fields("级别"))
      rstpass.Close
      Unload Me
      Menu.Show
    End If
End Sub

Private Sub cmd_cancel_Click()   'Cmd_cancel 命令按钮执行代码
Unload Me
End Sub

```
Private Sub txtname_KeyPress(KeyAscii As Integer)    'txtname 文本框中 Enter 键变 Tab 键
    Call endata(KeyAscii)
End Sub

Private Sub txtpwd_KeyPress(KeyAscii As Integer)    'txtpwd 文本框中 Enter 键变 Tab 键
    Call endata(KeyAscii)
End Sub
```

5. 建立菜单窗体

（1）选择"工程"菜单中的"增加 MDI 窗体"选项，打开窗体，在新建窗体中单击鼠标右键，选择"菜单编辑器"命令，弹出菜单编辑器对话框，如图 6.37 所示。

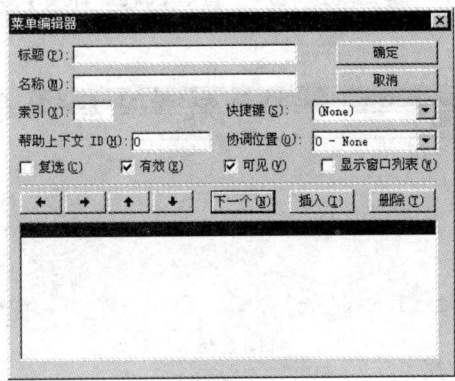

图 6.37

（2）利用菜单编辑器，制作如表 6.2 所示的菜单。

表 6.2

标题	名称	级别
图书借还管理	Menu1	1
图书借阅处理	Menu11	2
图书归还处理	Menu12	2
退出	Menu13	2
图书管理	Menu2	1
图书入库处理	Menu21	2
图书查找处理	Menu22	2
读者管理	Menu3	1
读者登记处理	Menu31	2
读者查找处理	Menu32	2
系统维护管理	Menu4	1
设置系统用户	Menu41	2
系统初始化	Menu42	2

（3）在新建窗体中加入 Statusbar1 控件，并按表 6.3 所示对窗体和控件属性进行设置。

表 6.3

对象	属性	属性取值
MDIForm1	(名称)	menu
	Caption	图书馆管理系统
	Startupposition	窗口默认
	Windowstate	Maximized
Statusbar1	Align	Align Bottom
	自定义：样式	sbrsimple
	简单文本	图书馆管理系统——鸣软件开发工作室 2004.3

（4）在新建窗体中单击鼠标右键，选择"查看代码"命令，弹出代码窗口，如图 6.38 所示，录入以下代码。

图 6.38

```
Private Sub MDIForm_Load()    '对不同级别的用户设置权限
If userlevel = "管理员" Then
menu41.Enabled = False
menu42.Enabled = False
Else
   If userlevel = "操作员" Then
     menu41.Enabled = False
     menu42.Enabled = False
     menu31.Enabled = False
     menu21.Enabled = False
   End If
End If
End Sub


Private Sub menu11_Click()    '调用借书模块
borbook.Show
End Sub


Private Sub menu12_Click()    '调用还书模块
retbook.Show
End Sub


Private Sub menu13_Click()    '退出
End
```

End Sub

Private Sub menu21_Click()　　　'调用图书入库模块
edbook.Show
End Sub

Private Sub menu22_Click()　　　'调用图书查找模块
qubook.Show
End Sub

Private Sub menu31_Click()　　　'调用读者登记模块
edreader.Show
End Sub

Private Sub menu32_Click()　　　'调用读者查找模块
qureader.Show
End Sub

Private Sub menu41_Click()　　　'调用系统用户编辑模块
setuser.Show
End Sub

Private Sub menu42_Click()　　　'进行系统初始化
If MsgBox("本功能要清徐系统中所有数据，真的初始化？ ", vbYesNo, "确认初始化操作") = vbYes Then
Call deldata("book")
Call deldata("reader")
Call deldata("borrow")
Call deldata("oper")
MsgBox "系统初始化完毕,下次只能用 admin/8888 进入本系统！ ", vbOKOnly, "信息提示"
End If
End Sub

（5）单击"保存"按钮，保存为 menu 窗体。

6．建立设置用户窗体

（1）选择"工程"菜单中的"增加窗体"选项，打开窗体，按图 6.39 所示在新建窗体中加入 Adodc、DataGrid、command 等控件，并按表 6.4 进行属性设置。

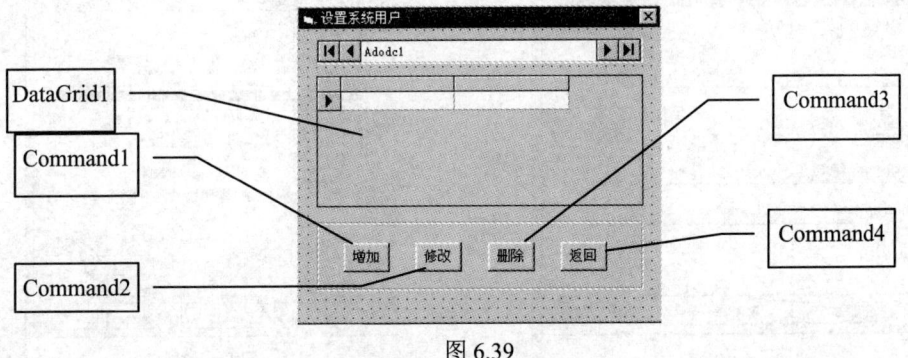

图 6.39

表 6.4

对象	属性	属性取值
Form1	(名称)	setuser
	Caption	设置系统用户
	maxbutton	False
	minbutton	False
	startupposition	屏幕中心
Command1	（名称）	Cmd_add
	Caption	增加
Command2	（名称）	Cmd_modi
	Caption	修改
Command3	（名称）	Cmd_del
	Caption	删除
Command4	（名称）	Cmd_back
	Caption	返回
Adodc1	connectionString	Provider=Microsoft.Jet.OLEDB.4.0;Data Source=D:\library\lib.mdb;Persist Security Info=False
	RecordSource	select * from oper
	Visible	False
DataGrid1	Recordsource	Adodc1

（2）Adodc1 的 connectionString 设置：右击 Adodc1，选择 Adodc 属性，如图 6.40 所示。选择"通用"选项卡中的"使用连接字符串（C）"，单击"生成"按钮，选择 Microsoft.Jet.OLEDB.4.0，单击"下一步"按钮，如图 6.41 所示。选择数据库为 D:\library\lib.mdb，使用"空白密码"，并测试连接，直到连接成功，单击"确定"按钮即可，如图 6.42 所示。

（3）RecordSource 属性设置：在图 6.40 中选择"记录源"选项卡，如图 6.43 所示，在命令文本中输入：select * from oper。

（4）继续做好其他控件的属性设置。

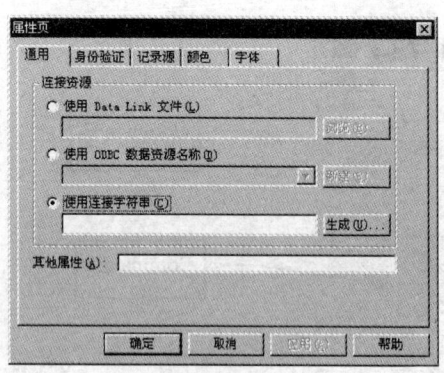

图 6.40

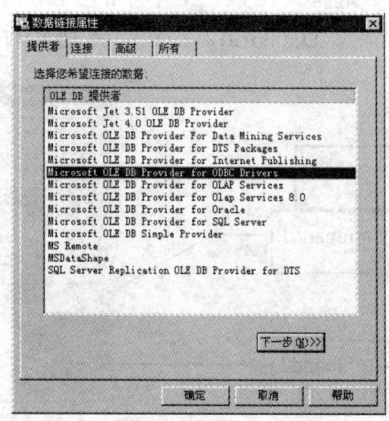

图 6.41

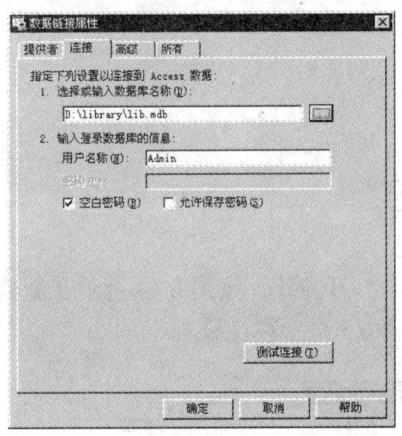
图 6.42

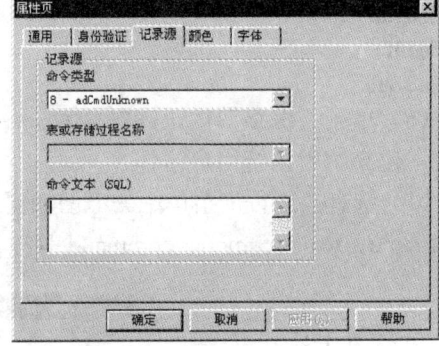
图 6.43

（5）在新建窗体中单击鼠标右键，选择"查看代码"命令，录入以下代码。

```
Private Sub Form_Activate()      '打开窗体时 DataGrid1 为活动
DataGrid1.SetFocus
Call encomm
End Sub


Private Sub cmd_add_Click()      '调用模块增加用户
flag = 1
setuser1.Show
End Sub


Private Sub cmd_modi_Click()     '调用模块修改用户
flag = 2
setuser1.Show
End Sub


Private Sub cmd_del_Click()      '删除用户
If MsgBox("真要删除[" + Trim(Adodc1.Recordset.Fields("级别")) + "]?"、vbYesNo, "信息提示") = vbYes Then
Adodc1.Recordset.Delete
recs = recs - 1
Call encomm
End If
End Sub


Private Sub cmd_back_Click()     '取消
Unload Me
End Sub


Private Sub encomm()      '记录为零时不能修改删除
recs = Adodc1.Recordset.RecordCount
If recs = 0 Then
cmd_modi.Enabled = False
cmd_del.Enabled = False
```

```
Else
cmd_modi.Enabled = True
cmd_del.Enabled = True
End If
End Sub
```

（6）单击"保存"按钮，保存为 setuser 窗体。

7. 建立编辑系统用户窗体

（1）选择"工程"菜单中的"增加窗体"选项，打开窗体，按图 6.44 所示在新建窗体中加入 Frame、text、combo、command 等控件，并按表 6.5 进行属性设置。

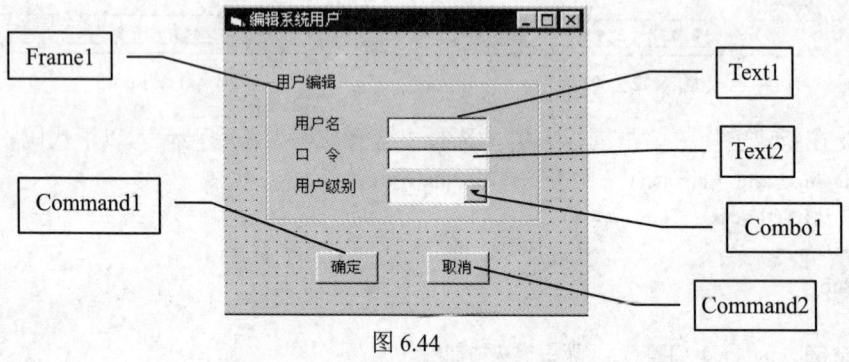

图 6.44

表 6.5

对象	属性	属性取值
Form1	（名称）	Setuser1
	caption	编辑系统用户
	maxbutton	False
	minbutton	False
	startupposition	屏幕中心
Frame1	caption	用户编辑
Text1	（名称）	txtusername
Text2	（名称）	txtpwd
Combo1	（名称）	cmblevel
	list	管理员，操作员
Command1	（名称）	Cmd_Ok
	caption	确定
Command2	（名称）	Cmd_cancel
	caption	取消

（2）Combo1 的 list 属性设置：单击 list 属性，输入"管理员"，按 Enter 键；再单击 list 属性，输入"操作员"，如图 6.45 所示。

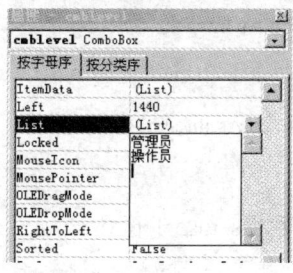

图 6.45

（3）在新建窗体中单击鼠标右键，选择"查看代码"命令，录入以下代码。

```
Private Sub Form_Load()    '如果修改用户，显示当前用户
If flag = 2 Then
    txtusername.Text = setuser.Adodc1.Recordset.Fields("用户名")
    txtpwd.Text = setuser.Adodc1.Recordset.Fields("口令")
    cmblevel.Text = setuser.Adodc1.Recordset.Fields("级别")
End If
End Sub


Private Sub cmd_Ok_Click()    '增加或修改用户
If Trim(txtusername.Text) = "" Or Trim(txtpwd.Text) = "" Or Trim(cmblevel.Text) = "" Then
MsgBox "数据项目不全,请重置", vbOKOnly, "信息提示"
txtusername.SetFocus
Exit Sub
End If
If flag = 1 Then
setuser.Adodc1.Recordset.AddNew
setuser.Adodc1.Recordset.Fields("用户名") = Trim(txtusername.Text)
setuser.Adodc1.Recordset.Fields("口令") = Val(Trim(txtpwd.Text))
setuser.Adodc1.Recordset.Fields("级别") = Trim(cmblevel.Text)
setuser.Adodc1.Recordset.Update
recs = recs + 1
Else
setuser.Adodc1.Recordset.Fields("用户名") = Trim(txtusername.Text)
setuser.Adodc1.Recordset.Fields("口令") = Val(Trim(txtpwd.Text))
setuser.Adodc1.Recordset.Fields("级别") = Trim(cmblevel.Text)
setuser.Adodc1.Recordset.Update
End If
Unload Me
End Sub


Private Sub cmd_cancel_Click()    '取消
Unload Me
End Sub


Private Sub txtusername_KeyPress(KeyAscii As Integer)
    Call endata(KeyAscii)
End Sub
```

```
Private Sub txtpwd_KeyPress(KeyAscii As Integer)
    Call endata(KeyAscii)
End Sub
Private Sub cmblevel_KeyPress(KeyAscii As Integer)
    Call endata(KeyAscii)
End Sub
```

（4）单击"保存"按钮，保存为 setuser1 窗体。

8．建立图书入库窗体

（1）选择"工程"菜单中的"增加窗体"选项，打开窗体，按图 6.46 在新建窗体中加入 Adodc、DataDrid、command 等控件，并按表 6.6 进行属性设置。

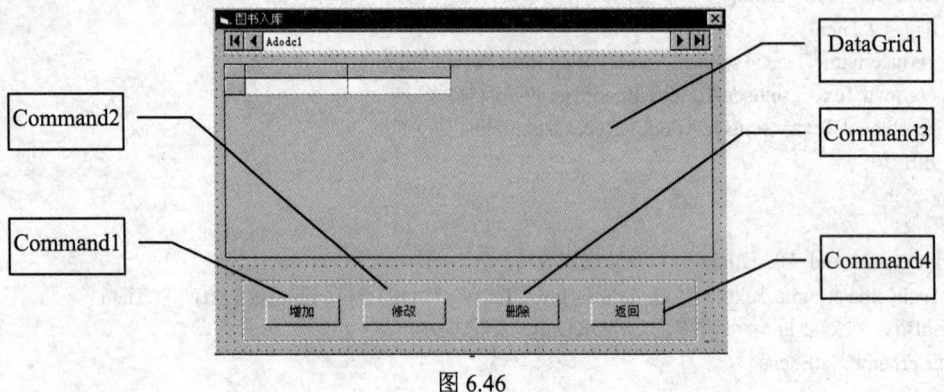

图 6.46

表 6.6

对象	属性	属性取值
Form1	（名称）	edbook
	Caption	图书入库
	maxbutton	False
	minbutton	False
	startupposition	屏幕中心
Adodc1	connectionString	Provider=Microsoft.Jet.OLEDB.4.0;Data Source=D:\library\lib.mdb;Persist Security Info=False
	RecordSource	select * from book
	Visible	False
DataGrid1	datasource	Adodc1
Command1	（名称）	Cmd_add
	caption	增加
Command2	（名称）	Cmd_modi
	caption	修改
Command3	（名称）	Cmd_del
	caption	删除
Command4	（名称）	Cmd_back
	caption	返回

（2）在新建窗体中单击鼠标右键，选择"查看代码"命令，录入以下代码。

```
Private Sub cmd_add_Click()      '调用增加图书
flag = 1
edbook1.Show
End Sub


Private Sub cmd_modi_Click()      '调用修改图书
flag = 2
edbook1.Show
End Sub


Private Sub cmd_del_Click()      '删除图书
If MsgBox("真要删除[" + Trim(Adodc1.Recordset.Fields("书名")) + "]?", vbYesNo, "信息提示") = vbYes Then
Adodc1.Recordset.Delete
recs = recs - 1
Call encomm
End If
End Sub


Private Sub cmd_back_Click()      '返回
Unload Me
End Sub


Private Sub Form_Activate()      'DataGrid1 为活动窗体
DataGrid1.SetFocus
Call encomm
End Sub


Private Sub encomm()       '如果记录为零不能进行修改删除
recs = Adodc1.Recordset.RecordCount
If recs = 0 Then
cmd_modi.Enabled = False
cmd_del.Enabled = False
Else
cmd_modi.Enabled = True
cmd_del.Enabled = True
End If
End Sub
```

（3）单击"保存"按钮，保存为 edbook 窗体。

9. 建立编辑图书窗体

（1）选择"工程"菜单中的"增加窗体"选项，打开窗体，按图 6.47 所示在新建窗体中加入 Frame、text、combo、command 等控件，并按表 6.7 进行属性设置。

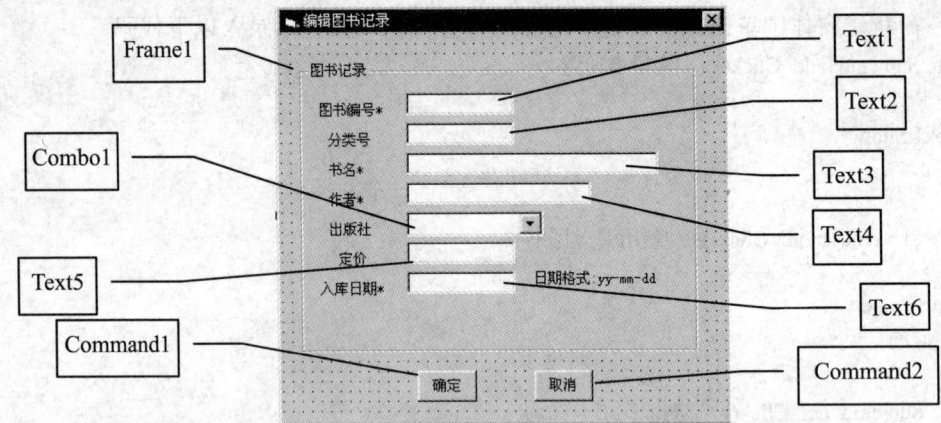

图 6.47

表 6.7

对象	属性	属性取值
Form1	（名称）	Edbook1
	Caption	编辑图书记录
	maxbutton	False
	minbutton	False
	startupposition	屏幕中心
Frame1	Caption	图书记录
Text1	（名称）	txtnum
Text2	（名称）	txtkindnum
Text3	（名称）	txtname
Text4	（名称）	txtauthor
Combo1	（名称）	cmbpublish
	list	高等教育出版社，清华大学出版社
Text5	（名称）	txtprice
Text6	（名称）	txtdate
Command1	（名称）	Cmd_Ok
	caption	确定
Command2	（名称）	Cmd_cancel
	caption	取消

（2）在新建窗体中单击鼠标右键，选择"查看代码"命令，录入以下代码。

```
Private Sub Form_Load()     '如果修改，显示当前记录
If flag = 2 Then
txtnum.Text = edbook.Adodc1.Recordset.Fields("图书编号") & ""
txtkindnum.Text = edbook.Adodc1.Recordset.Fields("分类号") & ""
txtname.Text = edbook.Adodc1.Recordset.Fields("书名") & ""
txtauthor.Text = edbook.Adodc1.Recordset.Fields("作者") & ""
```

```
cmbpublish.Text = edbook.Adodc1.Recordset.Fields("出版社") & ""
txtprice.Text = edbook.Adodc1.Recordset.Fields("定价") & ""
txtdate.Text = edbook.Adodc1.Recordset.Fields("入库日期") & ""
txtnum.Enabled = False
Else
txtdate.Text = Date
End If
End Sub

Private Sub cmd_Ok_Click()        '确定增加或修改记录
If Trim(txtnum.Text) = "" Or Trim(txtname.Text) = "" Or Trim(txtauthor.Text) = "" Or Trim(txtprice.Text) = ""
Then
    MsgBox "加*数据不能为空，请重新设置", vbOKOnly, "信息提示"
    Exit Sub
End If
If flag = 1 Then
    edbook.Adodc1.Recordset.AddNew
    edbook.Adodc1.Recordset.Fields("图书编号") = Trim(txtnum.Text)
    edbook.Adodc1.Recordset.Fields("分类号") = Trim(txtkindnum.Text)
    edbook.Adodc1.Recordset.Fields("书名") = Trim(txtname.Text)
    edbook.Adodc1.Recordset.Fields("作者") = Trim(txtauthor.Text)
    edbook.Adodc1.Recordset.Fields("出版社") = Trim(cmbpublish.Text)
    edbook.Adodc1.Recordset.Fields("定价") = Val(Trim(txtprice.Text))
    edbook.Adodc1.Recordset.Fields("入库日期") = Format(Trim(txtdate.Text), "yyyy-mm-dd")
    edbook.Adodc1.Recordset.Fields("借否") = "否"
    edbook.Adodc1.Recordset.Update
    recs = recs + 1
Else
    edbook.Adodc1.Recordset.Fields("图书编号") = Trim(txtnum.Text)
    edbook.Adodc1.Recordset.Fields("分类号") = Trim(txtkindnum.Text)
    cdbook.Adodc1.Recordset.Fields("书名") = Trim(txtname.Text)
    edbook.Adodc1.Recordset.Fields("作者") = Trim(txtauthor.Text)
    edbook.Adodc1.Recordset.Fields("出版社") = Trim(cmbpublish.Text)
    edbook.Adodc1.Recordset.Fields("定价") = Val(Trim(txtprice.Text))
    edbook.Adodc1.Recordset.Fields("入库日期") = Format(Trim(txtdate.Text), "yyyy-mm-dd")
    edbook.Adodc1.Recordset.Fields("借否") = "否"
    edbook.Adodc1.Recordset.Update
End If
Unload Me
End Sub

Private Sub cmd_cancel_Click()        '取消
Unload Me
End Sub

Private Sub txtnum_KeyPress(KeyAscii As Integer)
    Call endata(KeyAscii)
```

```
End Sub

Private Sub txtkindnum_KeyPress(KeyAscii As Integer)
    Call endata(KeyAscii)
End Sub

Private Sub txtname_KeyPress(KeyAscii As Integer)
    Call endata(KeyAscii)
End Sub

Private Sub txtauthor_KeyPress(KeyAscii As Integer)
    Call endata(KeyAscii)
End Sub

Private Sub cmbpublish_KeyPress(KeyAscii As Integer)
    Call endata(KeyAscii)
End Sub

Private Sub txtprice_KeyPress(KeyAscii As Integer)
    Call endata(KeyAscii)
End Sub

Private Sub txtdate_KeyPress(KeyAscii As Integer)
    Call endata(KeyAscii)
End Sub
```

（3）单击"保存"按钮，保存为 edbook1 窗体。

10．建立读者登记窗体

（1）选择"工程"菜单中的"增加窗体"选项，打开窗体，按图 6.48 所示在新建窗体中加入 Adodc、DataGrid、command 等控件，并按表 6.8 进行属性设置。

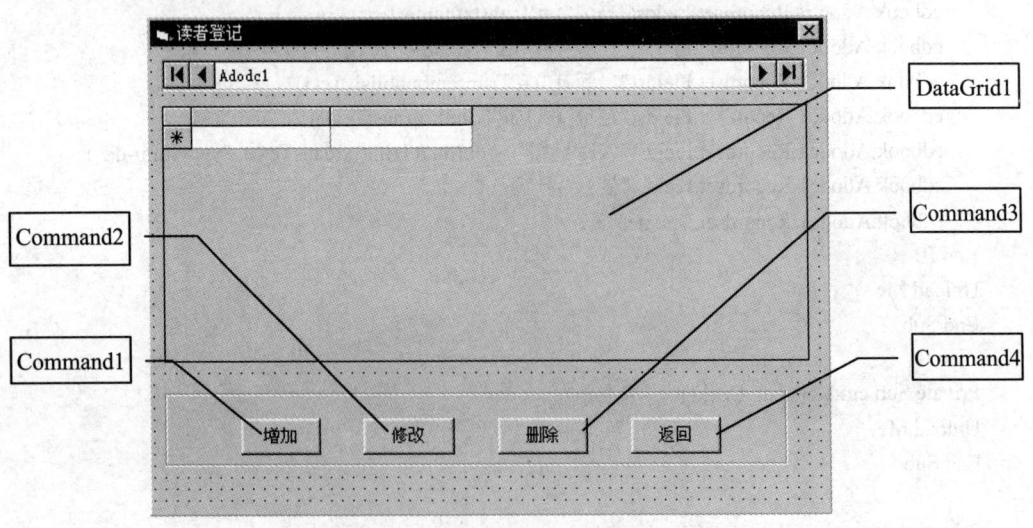

图 6.48

表 6.8

对象	属性	属性取值
Form1	（名称）	edreader
	Caption	读者登记
	maxbutton	False
	minbutton	False
	startupposition	屏幕中心
Adodc1	connectionString	Provider=Microsoft.Jet.OLEDB.4.0;Data Source=D:\library\lib.mdb;Persist Security Info=False
	RecordSource	select * from reader
	Visible	False
DataGrid1	datasource	Adodc1
Command1	（名称）	Cmd_add
	caption	增加
Command2	（名称）	Cmd_modi
	caption	修改
Command3	（名称）	Cmd_del
	caption	删除
Command4	（名称）	Cmd_back
	caption	返回

（2）在新建窗体中单击鼠标右键，选择"查看代码"命令，录入以下代码。

```
Private Sub Form_Load()          '记录数统计
recs = Adodc1.Recordset.RecordCount
End Sub


Private Sub Form_Activate()      '活动控件定位
DataGrid1.SetFocus
Call encomm
End Sub


Private Sub cmd_add_Click()      '增加读者
flag = 1
edreader1.Show
End Sub


Private Sub cmd_modi_Click()         '修改读者
flag = 2
edreader1.Show
End Sub


Private Sub cmd_del_Click()          '删除读者
```

If MsgBox("真的要删除[" + Trim(Adodc1.Recordset.Fields("姓名")) + "]?", vbYesNo, "信息提示") = vbYes
Then

  Adodc1.Recordset.Delete
  recs = recs - 1
  Call encomm
  End If
  End Sub

  Private Sub cmd_back_Click()   '返回
  Unload Me
  End Sub

  Private Sub encomm()   '如果记录为 0，不能修改删除
  If recs = 0 Then
  cmd_modi.Enabled = False
  cmd_del.Enabled = False
  Else
  cmd_modi.Enabled = True
  cmd_del.Enabled = True
  End If
  End Sub

（3）单击"保存"按钮，保存为 edreader 窗体。

11．建立编辑读者窗体

（1）选择"工程"菜单中的"增加窗体"选项，打开窗体，按图 6.49 所示在新建窗体中加入 Adodc、DataGrid、command 等控件，并按表 6.9 进行属性设置。

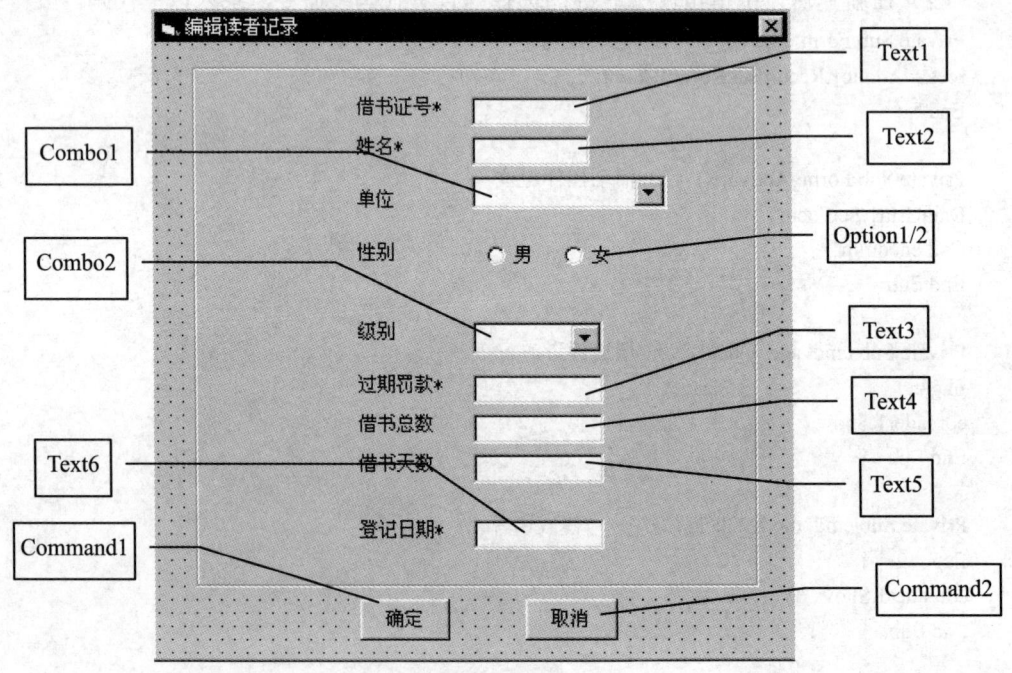

图 6.49

表 6.9

对象	属性	属性取值
Form1	（名称）	Edreader1
	Caption	编辑读者记录
	maxbutton	False
	minbutton	False
	startupposition	屏幕中心
Text1	（名称）	txtrnum
Text2	（名称）	txtname
Combo1	（名称）	cmbunit
	list	管理系、经济系
Option1	Caption	男
Option2	Caption	女
Combo2	（名称）	cmblevel
	list	教师、学生
Text3	（名称）	txtmulct
Text4	（名称）	txtsum
Text5	（名称）	txtdaynum
Text6	（名称）	txtdate
Command1	（名称）	Cmd_Ok
	caption	确定
Command2	（名称）	Cmd_cancel
	caption	取消

（2）在新建窗体中单击鼠标右键，选择"查看代码"命令，录入以下代码。

```
Private Sub Form_Load()
If flag = 2 Then        '如果修改显示当前记录，但不能修改编号
txtrnum.Text = edreader.Adodc1.Recordset.Fields("借书证号") & ""
txtname.Text = edreader.Adodc1.Recordset.Fields("姓名") & ""
If edreader.Adodc1.Recordset.Fields("性别") = "男" Then
    Option1.Value = True
Else
    Option2.Value = True
End If
cmbunit.Text = edreader.Adodc1.Recordset.Fields("单位") & ""
cmblevel.Text = edreader.Adodc1.Recordset.Fields("级别") & ""
txtmulct.Text = edreader.Adodc1.Recordset.Fields("过期罚款") & ""
txtsum.Text = edreader.Adodc1.Recordset.Fields("借书总数") & ""
txtdaynum.Text = edreader.Adodc1.Recordset.Fields("借书天数") & ""
txtdate.Text = edreader.Adodc1.Recordset.Fields("登记日期") & ""
txtrnum.Enabled = False
```

```
Else
txtdate.Text = Date        '日期预定为系统日期
End If
End Sub


Private Sub cmblevel_LostFocus()        '由级别确定单位罚金、借书总数、借书天数
If Trim(cmblevel.Text) = "教师" Then
txtmulct.Text = "50"
txtsum.Text = 10
txtdaynum.Text = 60
Else
txtmulct.Text = "20"
txtsum.Text = 5
txtdaynum.Text = 30
End If
End Sub


Private Sub cmd_Ok_Click()        '增加或修改记录
If Trim(txtrnum.Text) = "" Or Trim(txtdate.Text) = "" Or Trim(cmbunit.Text) = "" Then
MsgBox "加*号数据不能为空,请重新设置", vbOKOnly, "信息提示"
Exit Sub
End If
If flag = 1 Then
edreader.Adodc1.Recordset.AddNew
edreader.Adodc1.Recordset.Fields("借书证号") = Trim(txtrnum.Text)
edreader.Adodc1.Recordset.Fields("姓名") = Trim(txtname.Text)
If Option1.Value = True Then
    edreader.Adodc1.Recordset.Fields("性别") = "男"
Else
    edreader.Adodc1.Recordset.Fields("性别") = "女"
End If
edreader.Adodc1.Recordset.Fields("单位") = Trim(cmbunit.Text)
edreader.Adodc1.Recordset.Fields("级别") = Trim(cmblevel.Text)
edreader.Adodc1.Recordset.Fields("过期罚款") = Trim(txtmulct.Text)
edreader.Adodc1.Recordset.Fields("借书总数") = Val(Trim(txtsum.Text))
edreader.Adodc1.Recordset.Fields("借书天数") = Val(Trim(txtdaynum.Text))
edreader.Adodc1.Recordset.Fields("已借书数") = 0
edreader.Adodc1.Recordset.Fields("登记日期") = Format(Trim(txtdate.Text), "yyyy-mm-dd")
edreader.Adodc1.Recordset.Update
recs = recs + 1
Else
edreader.Adodc1.Recordset.Fields("借书证号") = Trim(txtrnum.Text)
edreader.Adodc1.Recordset.Fields("姓名") = Trim(txtname.Text)
If Option1.Value = True Then
    edreader.Adodc1.Recordset.Fields("性别") = "男"
Else
    edreader.Adodc1.Recordset.Fields("性别") = "女"
```

End If
edreader.Adodc1.Recordset.Fields("单位") = Trim(cmbunit.Text)
edreader.Adodc1.Recordset.Fields("级别") = Trim(cmblevel.Text)
edreader.Adodc1.Recordset.Fields("过期罚款") = Trim(txtmulct.Text)
edreader.Adodc1.Recordset.Fields("借书总数") = Val(Trim(txtsum.Text))
edreader.Adodc1.Recordset.Fields("借书天数") = Val(Trim(txtdaynum.Text))
edreader.Adodc1.Recordset.Fields("已借书数") = 0
edreader.Adodc1.Recordset.Fields("登记日期") = Format(Trim(txtdate.Text), "yyyy-mm-dd")
edreader.Adodc1.Recordset.Update
End If
Unload Me
End Sub

Private Sub cmd_cancel_Click()
Unload Me
End Sub

（3）单击"保存"按钮，保存为 edreader1 窗体。

12．建立图书查找窗体

（1）选择"工程"菜单中的"增加窗体"选项，打开窗体，按图 6.50 所示在新建窗体中加入 Adodc、Frame、text、DataGrid、command 等控件，并按表 6.10 进行属性设置。

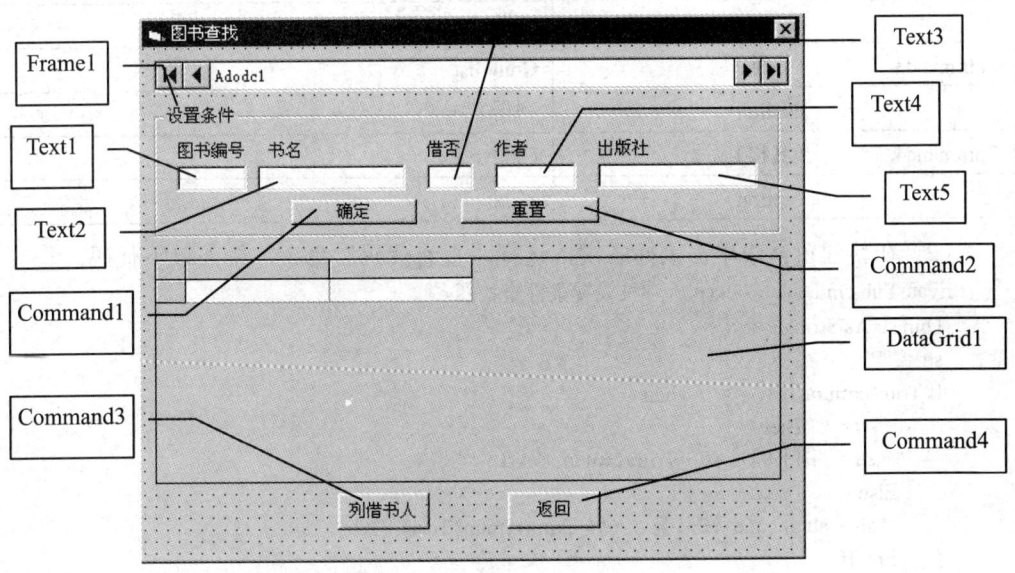

图 6.50

表 6.10

对象	属性	属性取值
Form1	（名称）	qubook
	Caption	图书查找
	maxbutton	False
	minbutton	False

对象	属性	属性取值
	startupposition	屏幕中心
Adodc1	connectionString	Provider=Microsoft.Jet.OLEDB.4.0;Data Source=D:\library\lib.mdb;Persist Security Info=False
	RecordSource	select * from book
	Visible	False
Frame1	Caption	设置条件
Text1	（名称）	txtnum
Text2	（名称）	txtname
Text3	（名称）	txtyesno
Text4	（名称）	txtauthor
Text5	（名称）	txtpublish
DataGrid1	datasource	Adodc1
Command1	（名称）	Cmd_Ok
	caption	确定
Command2	（名称）	Cmd_again
	caption	重置
Command3	（名称）	Cmd_list
	caption	列借书人
Command4	（名称）	Cmd_back
	caption	返回

（2）在新建窗体中单击鼠标右键，选择"查看代码"命令，录入以下代码。

```
Private Sub cmd_Ok_Click()        '按设置条件查找图书
    Dim str As String
    str = ""
    If Trim(txtnum.Text) <> "" Then
        If str = "" Then
            str = "图书编号='" + Trim(txtnum.Text) + "'"
        Else
            str = str + " and  图书编号='" + Trim(txtnum.Text) + "'"
        End If
    End If
    If Trim(txtname.Text) <> "" Then
        If str = "" Then
            str = "书名='" + Trim(txtname.Text) + "'"
        Else
            str = str + " and  书名='" + Trim(txtname.Text) + "'"
        End If
    End If
    If Trim(txtauthor.Text) <> "" Then
```

```
        If str = "" Then
            str = "作者='" + Trim(txtauthor.Text) + "'"
        Else
            str = str + " and  作者='" + Trim(txtauthor.Text) + "'"
        End If
    End If
    If Trim(txtpublish.Text) <> "" Then
        If str = "" Then
            str = "出版社='" + Trim(txtpublish.Text) + "'"
        Else
            str = str + " and  出版社='" + Trim(txtpublish.Text) + "'"
        End If
    End If
    If Trim(txtyesno.Text) <> "" Then
        If str = "" Then
            str = "借否='" + Trim(txtyesno.Text) + "'"
        Else
            str = str + " and  借否='" + Trim(txtyesno.Text) + "'"
        End If
    End If
    If str <> "" Then
    Adodc1.RecordSource = "select * from book where " + str
    Adodc1.Refresh
    Else
    Adodc1.RecordSource = "select * from book"
    Adodc1.Refresh
    End If
    If Adodc1.Recordset.RecordCount = 0 Then
    MsgBox "没有任何满足条件的记录", vbOKOnly, "信息提示"
    End If
    Call encomm
End Sub


Private Sub cmd_again_Click()               '重置文本输入框
txtnum.Text = ""
txtname.Text = ""
txtyesno.Text = ""
txtauthor.Text = ""
txtpublish.Text = ""
End Sub


Private Sub cmd_list_Click()        '列当前图书的借书人
Dim txtsql As String
If Adodc1.Recordset.Fields("借否") = "借" Then
no = Trim(Adodc1.Recordset.Fields("图书编号"))
txtsql = "select * from borrow where  图书编号='" + no + "'"
Set rs = exesql(txtsql)
  If rs.RecordCount = 0 Then
    MsgBox "该图书没有借书记录", vbOKOnly, "信息提示"
```

```
      Else
         MsgBox "借书人: " + Trim(rs.Fields("姓名")) + " 单位: " + Trim(rs.Fields("单位")), vbOKOnly, "查找结果"
      End If
rs.Close
Else
MsgBox "该书没有外借. 不能显示借书人", vbOKOnly, "信息提示"
End If
End Sub


Private Sub cmd_back_Click()      '返回
Unload Me
End Sub


Private Sub Form_Activate()      '更新数据
Adodc1.Refresh
DataGrid1.Refresh
DataGrid1.SetFocus
Call encomm
End Sub


Private Sub encomm()      '如果记录为 0, 不能查找
If Adodc1.Recordset.RecordCount = 0 Then
cmd_Ok.Enabled = False
Else
cmd_Ok.Enabled = True
End If
End Sub
```

（3）单击"保存"按钮，保存为 qubook 窗体。

13. 建立读者查找窗体

（1）选择"工程"菜单中的"增加窗体"选项，打开窗体，按图 6.51 所示在新建窗体中加入 Adodc、Frame、text、DataGrid、command 等控件，并按表 6.11 进行属性设置。

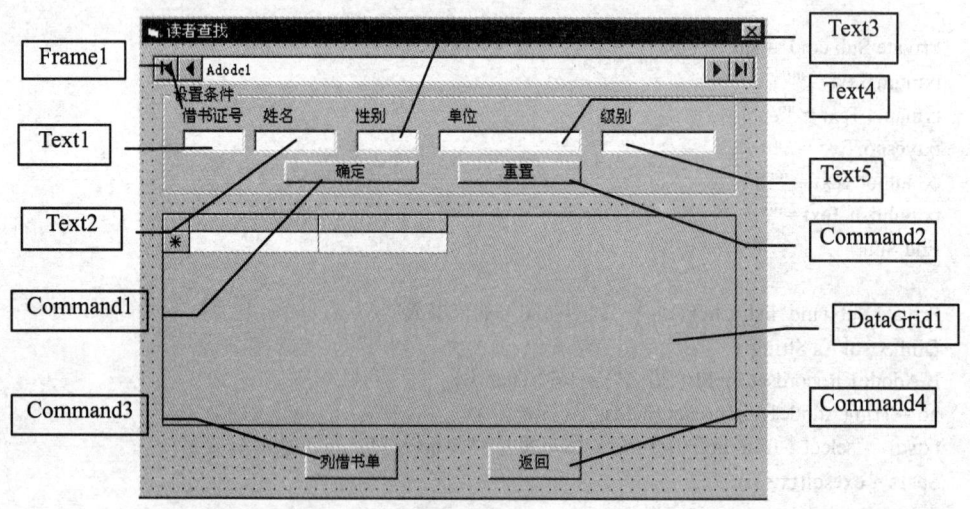

图 6.51

表 6.11

对象	属性	属性取值
Form1	（名称）	qureader
	Caption	读者查找
	maxbutton	False
	minbutton	False
	startupposition	屏幕中心
Adodc1	connectionString	Provider=Microsoft.Jet.OLEDB.4.0;Data Source=D:\library\lib.mdb;Persist Security Info=False
	RecordSource	select * from reader
	Visible	False
Frame1	Caption	设置条件
Text1	（名称）	txtrnum
Text2	（名称）	txtname
Text3	（名称）	txtsex
Text4	（名称）	txtunit
Text5	（名称）	txtlevel
DataGrid1	datasource	Adodc1
Command1	（名称）	Cmd_Ok
	caption	确定
Command2	（名称）	Cmd_again
	caption	重置
Command3	（名称）	Cmd_list
	caption	列借书单
Command4	（名称）	Cmd_back
	caption	返回

（2）在新建窗体中单击鼠标右键，选择"查看代码"命令，录入以下代码。

```
Private Sub cmd_Ok_Click()        '设置条件查找读者
 Dim str As String
   str = ""
   If Trim(txtrnum.Text) <> "" Then
       If str = "" Then
          str = "借书证号='" + Trim(txtrnum.Text) + "'"
       Else
          str = str + " and 借书证号='" + Trim(txtrnum.Text) + "'"
       End If
   End If
   If Trim(txtname.Text) <> "" Then
       If str = "" Then
```

```
            str = "姓名='" + Trim(txtname.Text) + "'"
        Else
            str = str + " and 姓名='" + Trim(txtname.Text) + "'"
        End If
    End If
    If Trim(txtunit.Text) <> "" Then
        If str = "" Then
            str = "单位='" + Trim(txtunit.Text) + "'"
        Else
            str = str + " and 单位='" + Trim(txtunit.Text) + "'"
        End If
    End If
    If Trim(txtlevel.Text) <> "" Then
        If str = "" Then
            str = "级别='" + Trim(txtlevel.Text) + "'"
        Else
            str = str + " and 级别='" + Trim(txtlevel.Text) + "'"
        End If
    End If
    If Trim(txtsex.Text) <> "" Then
        If str = "" Then
            str = "性别='" + Trim(txtsex.Text) + "'"
        Else
            str = str + " and 性别='" + Trim(txtsex.Text) + "'"
        End If
    End If
    If str <> "" Then
    Adodc1.RecordSource = "select * from reader where " + str
    Adodc1.Refresh
    Else
    Adodc1.RecordSource = "select * from reader"
    Adodc1.Refresh
    End If
    If Adodc1.Recordset.RecordCount = 0 Then
    MsgBox "没有任何满足条件的记录", vbOKOnly, "信息提示"
    End If
    Call encomm
End Sub

Private Sub cmd_again_Click()            '重置文本输入框
txtrnum.Text = ""
txtname.Text = ""
txtunit.Text = ""
txtlevel.Text = ""
txtsex.Text = ""
```

```
End Sub

Private Sub cmd_list_Click()        '列当前读者借书单
Dim strn As String
Dim txtsql As String
no = Trim(Adodc1.Recordset.Fields("借书证号"))
txtsql = "select * from borrow where  借书证号='" + no + "'"
Set rs = exesql(txtsql)
If rs.RecordCount = 0 Then
    MsgBox "该读者没有借书", vbOKOnly, "信息提示"
Else
    strn = "书名(借书日期)" + Chr(10) + Chr(13)
    Do While Not rs.EOF()
        strn = strn & Trim(rs.Fields("书名")) & "(" & Format(rs.Fields("借书日期"), "yyyy.mm.dd") & ")" +
Chr(10) + Chr(13)
        rs.MoveNext
    Loop
    MsgBox strn, vbOKOnly, "列所借图书清单"
    rs.Close
End If
End Sub

Private Sub cmd_back_Click()
Unload Me
End Sub

Private Sub Form_Activate()        '更新数据
Adodc1.Refresh
DataGrid1.Refresh
DataGrid1.SetFocus
Call cncomm
End Sub

Private Sub encomm()        '如果记录为 0，不能查找
If Adodc1.Recordset.RecordCount = 0 Then
cmd_Ok.Enabled = False
Else
cmd_Ok.Enabled = True
End If
End Sub
```

（3）单击"保存"按钮，保存为 qureader 窗体。

14．建立借书处理窗体

（1）选择"工程"菜单中的"增加窗体"选项，打开窗体，按图 6.52 所示在新建窗体中加入 Frame、text、command 等控件，并按表 6.12 进行属性设置。

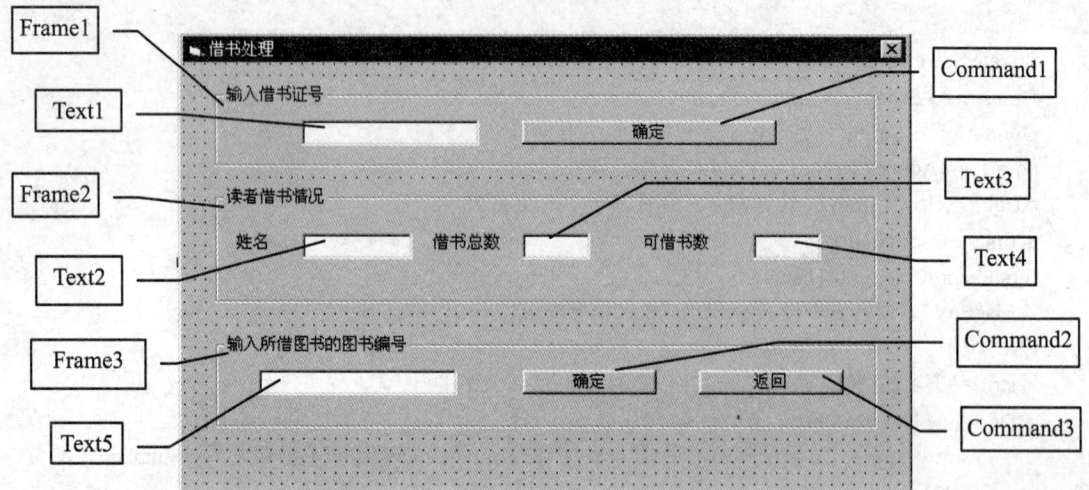

图 6.52

表 6.12

对象	属性	属性取值
Form1	（名称）	borbook
	Caption	借书处理
	maxbutton	False
	minbutton	False
	startupposition	屏幕中心
Frame1	Caption	输入借书证号
Frame2	Caption	读者借书情况
Frame3	Caption	输入图书编号
Text1	（名称）	txtrnum
Text2	（名称）	txtname
Text3	（名称）	txtrsum
Text4	（名称）	txtcnum
Text5	（名称）	txtbnum
Command1	（名称）	Cmd_Ok1
	Caption	确定
Command2	（名称）	Cmd_Ok2
	Caption	确定
Command3	（名称）	Cmd_back
	Caption	返回

（2）在新建窗体中单击鼠标右键，选择"查看代码"命令，录入以下代码。

```
Public rno As String      '保存读者借书证号
Public bno As String      '保存读者图书编号
Public xm As String       '保存读者姓名
Public dw As String       '保存读者单位
Public rstseek As Adodb.Recordset


Private Sub Form_Load()              '先不能进行借书处理
cmd_Ok2.Enabled = False
End Sub


Private Sub cmd_Ok1_Click()      '查找相应读者信息，确定是否可以借书
rno = Trim(txtrnum.Text)
If rno = "" Then
MsgBox "借书证号不能为空，请输入！", vbOKOnly, "信息提示"
cmd_Ok2.Enabled = False
Else
txtsql = "select * from reader where 借书证号='" + rno + "'"
Set rstseek = exesql(txtsql)
If rstseek.EOF = True Then
MsgBox "该读者未登记，不能借书", vbOKOnly, "信息提示"
cmd_Ok2.Enabled = False
Else
txtname.Text = rstseek.Fields("姓名")
txtrsum.Text = str(rstseek.Fields("借书总数"))
txtcnum.Text = str(rstseek.Fields("借书总数") - rstseek.Fields("已借书数"))
  If Val(Trim(txtcnum.Text)) > 0 Then
  xm = rstseek.Fields("姓名")
  dw = rstseek.Fields("单位")
  cmd_Ok2.Enabled = True
  Else
  MsgBox "已借满图书，不能再借", vbOKOnly, "信息提示"
  cmd_Ok2.Enabled = False
  End If
End If
End If
End Sub


Private Sub cmd_Ok2_Click()      '借书处理
If Val(Trim(txtcnum.Text)) = 0 Then
MsgBox "该读者已借满图书，不能再借！", vbOKOnly, "信息提示"
cmd_Ok2.Enabled = False
Exit Sub
End If
bno = Trim(txtbnum.Text)
```

```
If bno = "" Then
MsgBox "图书编号不能为空，请输入", vbOKOnly, "信息提示"
Else
    Dim rstfind As Adodb.Recordset
    Dim rstadd As Adodb.Recordset
    txtsql = "select * from book where  图书编号='" + bno + "'"
    Set rstfind = exesql(txtsql)
    If rstfind.EOF = True Then
        MsgBox "图书编号不正确，请重新输入", vbOKOnly, "信息提示"
    Else
        If rstfind.Fields("借否") = "借" Then
        MsgBox "该图书已借出，不能再借！", vbOKOnly, "信息提示"
        Else
        txtsql1 = "select * from borrow"
        Set rstadd = exesql(txtsql1)
        rstadd.AddNew
        rstadd.Fields("图书编号") = bno
        rstadd.Fields("书名") = rstfind.Fields("书名")
        rstadd.Fields("作者") = rstfind.Fields("作者")
        rstadd.Fields("出版社") = rstfind.Fields("出版社")
        rstadd.Fields("借书证号") = rno
        rstadd.Fields("姓名") = xm
        rstadd.Fields("单位") = dw
        rstadd.Fields("借书日期") = Date
        rstadd.Update
        rstfind.Fields("借否") = "借"
        rstfind.Update
        rstseek.Fields("已借书数") = rstseek.Fields("已借书数") + 1
        rstseek.Update
        txtcnum.Text = str(rstseek.Fields("借书总数") - rstseek.Fields("已借书数"))
        End If
    End If
End If
End Sub

Private Sub cmd_back_Click()
Unload Me
End Sub
```

（3）单击"保存"按钮，保存为 borbook 窗体。

15．建立还书处理窗体

（1）选择"工程"菜单中的"增加窗体"选项，打开窗体，按图 6.53 所示在新建窗体中加入 Frame、text、command 等控件，并按表 6.13 进行属性设置。

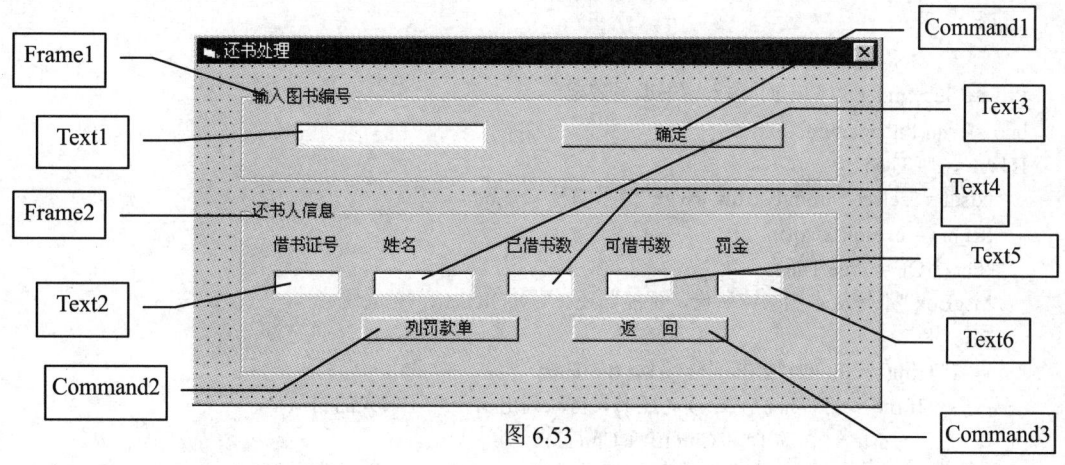

图 6.53

表 6.13

对象	属性	属性取值
Form1	（名称）	retbook
	Caption	还书处理
	maxbutton	False
	minbutton	False
	startupposition	屏幕中心
Frame1	Caption	输入图书编号
Frame2	Caption	还书人信息
Text1	（名称）	txtbooknum
Text2	（名称）	txtrnum
Text3	（名称）	txtname
Text4	（名称）	txtalreadynum
Text5	（名称）	txtcannum
Text6	（名称）	txtmulct
Command1	（名称）	Cmd_Ok
	Caption	确定
Command2	（名称）	Cmd_list
	Caption	列罚款单
Command3	（名称）	Cmd_back
	Caption	返回

（2）在新建窗体中单击鼠标右键，选择"查看代码"命令，录入以下代码。

```
Public rno As String        '保存借书证号
Public bno As String        '保存图书编号

Private Sub Form_Load()
```

```
rno = ""
End Sub

Private Sub cmd_Ok_Click() '输入图书编号确定
bno = Trim(txtbooknum.Text)
If bno <> "" Then
    txtsql = "select * from borrow where 图书编号='" + bno + "'"
    Set brs = exesql(txtsql)
    If brs.EOF = True Then
    MsgBox "不是从本图书馆所借，不能归还！", vbOKOnly, "信息提示"
    Else
        If Trim(brs.Fields("借书证号")) <> rno Then
            If rno <> "" Then '另一读者还书，自动列出上一个还书人的罚款单
                dstr = "罚款单" + Chr(10) + Chr(13)
                dstr = dstr & "姓名:" & Trim(txtname.Text) + "(" + rno + ")  罚款总额:" & str(txtmulct.Text) & "元"
                MsgBox dstr, vbOKOnly, "列罚款单"
            End If
            rno = Trim(brs.Fields("借书证号"))
            txtsql = "select * from book where 图书编号='" + bno + "'"
            Set bs = exesql(txtsql)
            bs.Fields("借否") = "否"
            bs.Update
            txtsql = "select * from reader where 借书证号='" + rno + "'"
            Set rs = exesql(txtsql)
            rs.Fields("已借书数") = rs.Fields("已借书数") - 1
            rs.Update
            txtrnum.Text = rno
            txtname.Text = rs.Fields("姓名")
            txtalreadynum.Text = rs.Fields("已借书数")
            txtcannum.Text = rs.Fields("借书总数") - rs.Fields("已借书数")
            If (Date - brs.Fields("借书日期")) < rs.Fields("借书天数") Then
                txtmulct.Text = 0
            Else
                txtmulct.Text = Val((Date - brs.Fields("借书日期") - rs.Fields("借书天数"))) * rs.Fields("过期
罚款")
            End If
            MsgBox "过期罚款每天" + str(rs.Fields("过期罚款"))
        Else
            rno = Trim(brs.Fields("借书证号"))
            txtsql = "select * from book where 图书编号='" + bno + "'"
            Set bs = exesql(txtsql)
            bs.Fields("借否") = "否"
            bs.Update
            txtsql = "select * from reader where 借书证号='" + rno + "'"
            Set rs = exesql(txtsql)
            rs.Fields("已借书数") = rs.Fields("已借书数") - 1
            rs.Update
```

```
            txtalreadynum.Text = rs.Fields("已借书数")
            txtcannum.Text = rs.Fields("借书总数") - rs.Fields("已借书数")
            If (Date - brs.Fields("借书日期")) > rs.Fields("借书天数") Then
                txtmulct.Text = Val(txtmulct.Text) + Val((Date - brs.Fields("借书日期") - rs.Fields("借书天数
")))) * rs.Fields("过期罚款")
                End If
            End If
            brs.Delete
            brs.Close
        End If
    Else
    MsgBox "图书编号不能为空", vbOKOnly, "信息提示"
    End If
End Sub


Private Sub cmd_list_Click()        '列罚款单
Dim dstr As String
dstr = "罚款单" + Chr(10) + Chr(13)
dstr = dstr & "姓名:" & Trim(txtname.Text) + "(" + Trim(txtrnum.Text) + ") 罚款总额:" & str(txtmulct.Text)
& "元"
MsgBox dstr, vbOKOnly, "列罚款单"
End Sub


Private Sub cmd_back_Click()
Unload Me
End Sub
```

6.1.3.2.4　实验习题

运用学过的数据库和编程知识，在系统设计的基础上，对实验室信息管理系统进行编程和调试。可以试着进行部分模块的编程和调试。

实验 6.1.3.3　数据准备与系统切换

6.1.3.3.1　实验目的

（1）理解数据准备与系统切换的目标。

（2）掌握数据准备与系统切换的内容。

（3）掌握数据准备与系统切换的方法。

6.1.3.3.2　预备知识

1. 数据准备

收集整理好系统的各种基础数据。

2. 系统切换

（1）直接切换法。在某一确定的时间，老系统停止运行，新系统投入使用。

（2）并行切换法。新系统投入运行，老系统继续运行，对照二者的输出，经过一段时间运行后，结果一致，新系统稳定，老系统停止运行。

（3）试点过渡法。先选用新系统的某一部分代替老系统，作为试点，逐步代替老系统。

6.1.3.3.3 实验内容

1．数据准备

（1）图书数据：收集整理好原图书目录。

（2）读者数据：收集整理好原读者数据。

（3）借阅登记表数据：收集整理好原借阅登记表数据。

（4）管理员数据：收集好管理员信息。

2．系统切换

（1）由于本系统规模小、结构简单，因此可采用直接切换法。

（2）先进行系统初始化，然后系统管理员进入系统设置好另外两位管理员。

（3）可由学生管理员 A 进行图书信息的录入、读者信息的录入。

（4）可由学生管理员 B 进行借阅登记表数据的录入。

（5）进行试运行。

6.1.3.3.4 实验习题

在完成实验室信息管理系统实施的基础上，准备实验室有关基础数据，并对实验室信息管理系统进行系统切换。

实验 6.2　企业文档管理系统开发实验

企业文档管理系统是为企业具有大量文档资料需要管理而设计开发的，是以文档数据和信息为基础，针对企业需要，利用提炼、类聚、关联等方法，进行数据和信息的二次整合，以归档文件的有序化和结构化为目的，采用文档文件保存到数据库中的方法保存数据，确保文档的安全性和可靠性，是一个操作简单、功能强大的文件收集和管理工具。企业中的文档信息通过软件进行统一管理，可以减轻企业员工的工作压力，不同程度地提高工作效率，满足市场竞争和企业发展的需要。

实验 6.2.1　系统分析

6.2.1.1 实验目的

（1）理解系统分析的目标。

（2）掌握系统分析的内容。

（3）掌握系统分析的方法和工具。

6.2.1.2 实验内容

如果采用保存文件路径的方法来管理文件，用户在源文件中进行删改，可能会造成不可估量的损失。企业文档管理系统采用将文档资料保存到数据库中的方法来管理，这样就使得用户在只有操作权限的情况下修改和浏览文档文件，因此大大提高了文档文件的安全性和保密性，防止恶意删改或越权浏览文件情况的发生。通过文档管理系统可以快速查找指定文件的信息，提高员工的工作效率。

6.2.1.2.1 系统调查

通过调查，了解到一些中小企业往往没有专门的文档管理机制，业务文档的管理混乱和不方便一直是员工头疼的问题。这些企业随着业务的拓展和市场的需要，文档数量剧增，查找工作越来越困难，有时根据文档名称找到的文件并不是想要的版本。另外，对于这些企业来说，实现企业内部各级部门之间，以及机关内外部之间办公信息的收集与处理、流动与共享比较困难，因此迫切需要一个专门的管理文档文件的文档管理系统软件，开发企业文档管理系统具有很重要的意义。

企业文档管理系统的总体需求目标是以计算机和通信技术为主要手段，进行文档信息资源管理，为企业提供一个高质量、高效率的信息资源共享，为企业领导决策和办公提供服务，提高工作效率，满足市场需要，从而促进企业的发展。

6.2.1.2.2　可行性分析

（1）经济可行性。本系统可设置连接网络服务中的数据库与本地计算机中的数据库，这样系统可提供给网络用户与本地用户。然而，在信息时代的今天，各企业内部已经具备计算机与网络系统，因此本系统在实施阶段将以现有网络系统为基础进行系统实施，以减少系统后期阶段的成本，本系统在经济上是可行性的。

（2）技术可行性。本系统的开发主要是针对数据库中的数据进行操作。Visual Basic 6.0 组件功能强大，可以实现系统的各项功能操作，并提高开发软件的效率和软件的安全性。同时，微软提供的 SQL Server 2000 关系数据库引擎支持当今的数据处理环境所需的功能，强大的管理工具、与 Internet 的紧密集成和开放的系统结构为广大的用户、开发人员和系统集成商提供了一个出众的数据库平台，具有较高的数据安全性与维护性。因此，本系统的开发在技术上是可行的。

（3）管理可行性。随着计算机技术、网络技术与通信技术的快速发展，信息技术广泛、深入地渗透到生产、流通、消费等各个领域，改变着传统经营管理模式和生产组织形态，企业管理信息化带来的经济效益与社会效益越来越被企业主管领导所共识。另外，企业管理中掌握计算机基础理论与应用技能的人员逐渐增加，对信息管理系统有了正确的认识，也为企业文档管理系统的开发提供了管理上的可行性。

6.2.1.2.3　组织结构分析

调查的中小企业规模不是很大，企业类型不同，人数有多有少，少则十几人，多则一两百人甚至更多，组织结构大多是职能制，代表性的中小企业组织结构如图 6.54 所示。

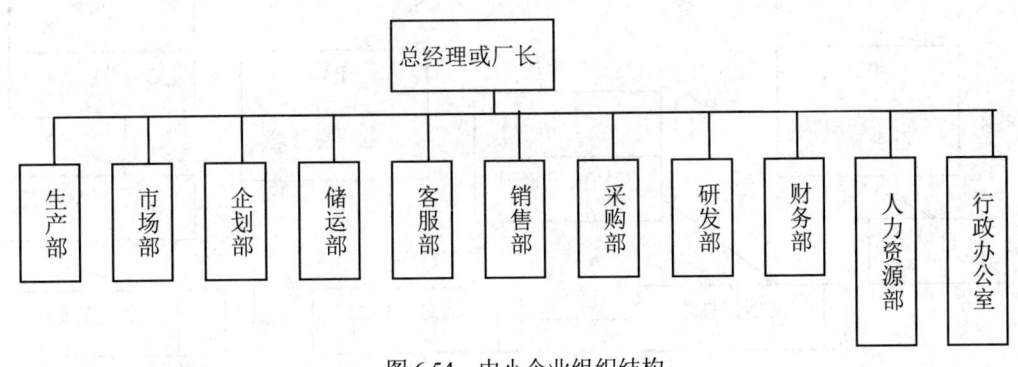

图 6.54　中小企业组织结构

6.2.1.2.4　业务流程分析

经过分析后，企业文档管理系统的业务流程如图 6.55 所示。

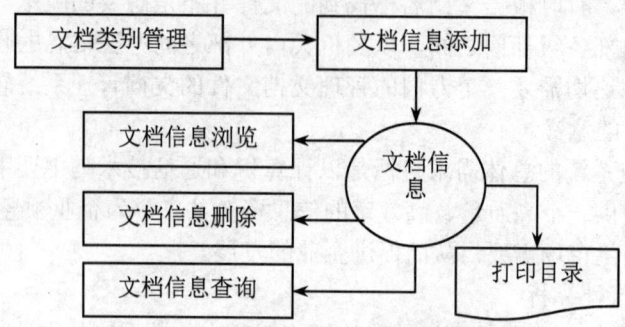

图 6.55   企业文档管理系统业务流程

6.2.1.2.5   数据流程分析与数据字典

1．数据流程图

1）0 层数据流程图如图 6.56 所示。

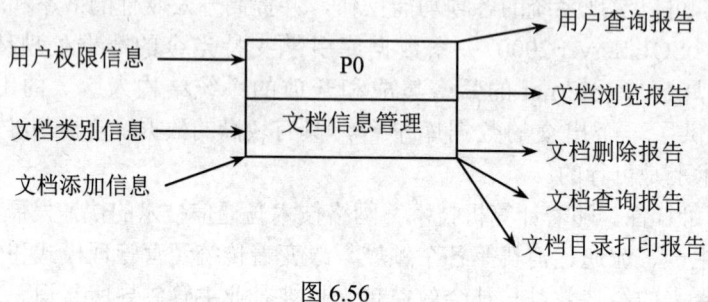

图 6.56

2）1 层数据流程图如图 6.57 所示。

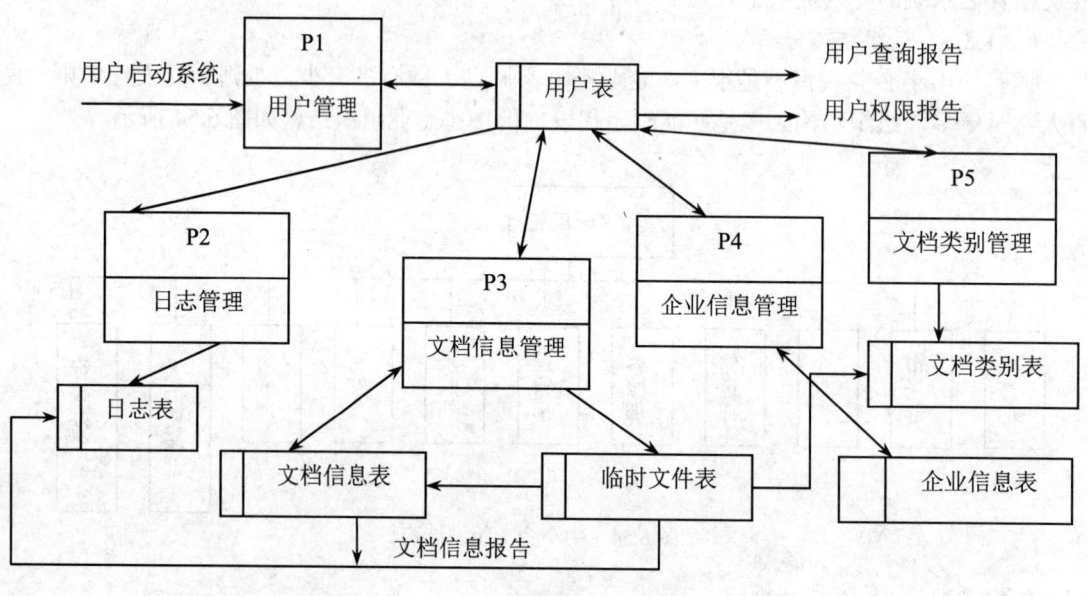

图 6.57

3）2 层部分数据流程图如图 6.58～图 6.60 所示。

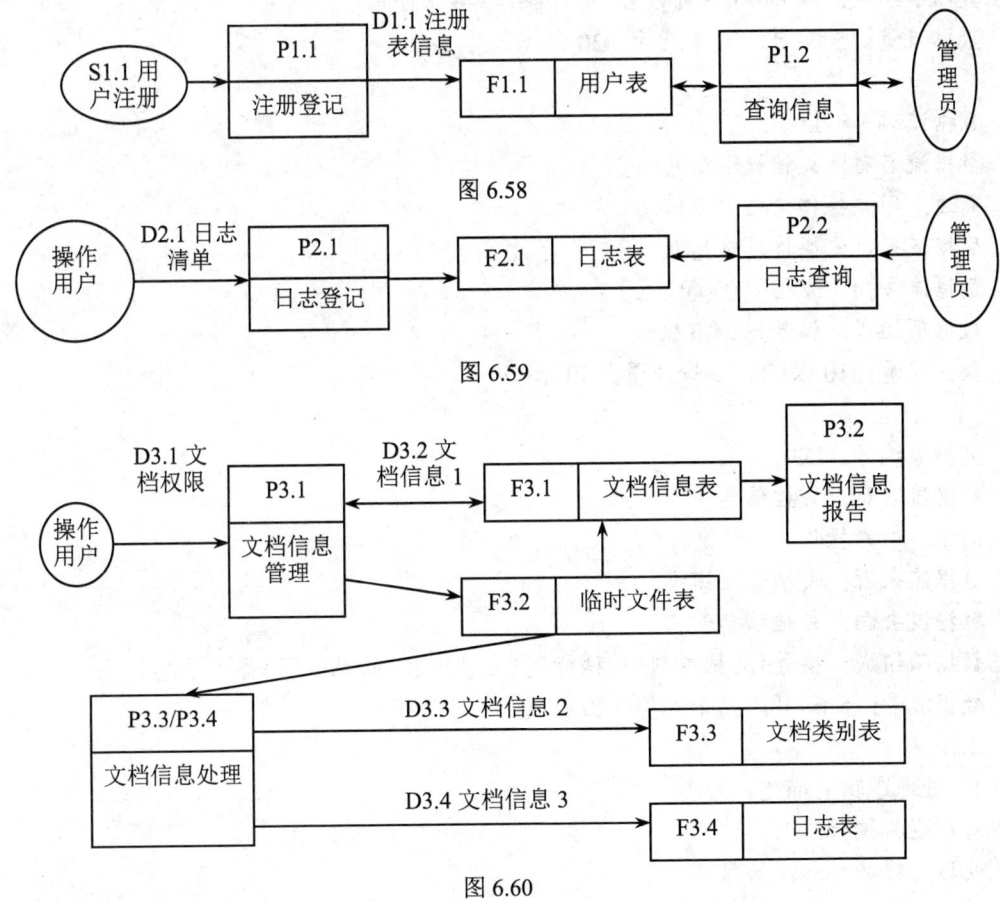

图 6.58

图 6.59

图 6.60

……

2．部分数据字典

1）数据流描述。

数据流编号：D1.1

数据流名称：注册表信息

简述：用户注册信息

数据流来源：新用户

数据流去向：用户管理模块

数据项组成：编号+姓名+权限+密码

数据流量：3 人/日，高峰流量：18 个/日

数据流编号：D2.1

数据流名称：日志登记表

简述：用户操作日志信息

数据流来源：系统设置模块

数据流去向：日志信息表

数据项组成：编号+操作员姓名+执行操作+操作时间

数据流量：5 张/日，高峰流量：20 张/日

数据流编号：D3.1

数据流名称：文档权限信息

简述：用户操作文档权限信息

数据流来源：操作员信息表

数据流去向：文档管理模块

数据项组成：编号+姓名+权限

数据流量：10 张/日，高峰流量：30 张/日

数据流编号：D3.2

数据流名称：文档信息

简述：用户操作文档信息

数据流来源：文档管理模块

数据流去向：文档信息表

数据项组成：编号+文档类别+文档标题+文档内容+收录时间+备注信息

数据流量：5 张/日，高峰流量：20 张/日

……

2）处理逻辑的描述。

处理逻辑编号：P1.1

处理逻辑名称：注册登记

简述：对首次使用系统的人进行登记

输入的数据流：注册信息表

处理描述：注册新操作用户，将注册用户信息的有效数据进行输入；操作员信息表中记录编号、操作员姓名、权限和密码；根据用户权限确定对文档进行相应的管理。

输出的数据流：操作员信息

处理频率：3 次/日

处理逻辑编号：P1.2

处理逻辑名称：查询信息

简述：查询使用系统的人有关信息

输入的数据流：用户表

处理描述：根据查询要求，在用户表中检索，把检索结果输出；可修改相关用户的信息（包括删除用户）。

输出的数据流：查询结果信息

处理频率：3 次/日

……

3）数据存储的描述。

数据存储编号：F1.1

数据存储名称：操作员信息表

简述：存储操作员的信息

数据存储组成：编号+姓名+权限+密码+文档类别管理+文档信息添加+……

关键词：编号

相关联的处理：P1.1，P3.1，P5.1

……

4）外部实体描述。

外部实体编号：S1.1

外部实体名称：用户注册

简述：首次使用系统需注册的操作员

输入数据流：无

输出数据流：操作员信息表

……

5）数据项描述。

数据项编号：I-01

数据项名称：编号

简述：操作员的号码

类型及长度：整数，9 位

取值范围：1 ~ 999999999

……

实验 6.2.2　系统设计

6.2.2.1　实验目的

（1）理解系统设计的目标。

（2）掌握系统设计的内容。

（3）掌握系统设计的方法和工具。

6.2.2.2　实验内容

6.2.2.2.1　系统功能模块设计

企业文档管理系统实用性强、操作方便、功能强大，是中小企业文档管理人员文件收集和管理的工具。其功能模块包括：

（1）基础信息设置模块。该模块主要用于实现企业信息管理和文档类别管理等操作。

（2）文档管理模块。该模块主要用于管理文件的添加、删除、查询、打印与数据更新等操作。

（3）系统设置模块。该模块主要用于管理用户密码的修改、权限的设置、日志管理与终端管理等操作。

（4）数据备份与恢复模块。该模块主要用于管理数据的备份与恢复等操作。

企业文档管理系统的功能结构，如图 6.61 所示。

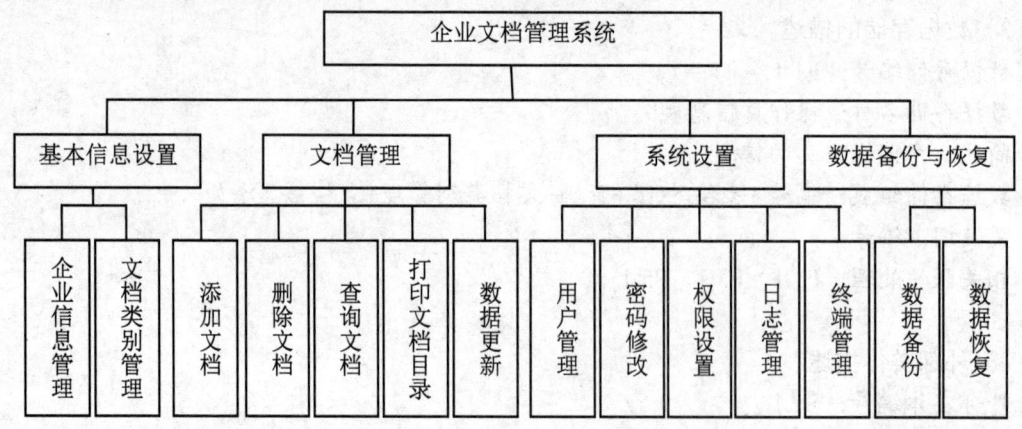

图 6.61　企业文档管理系统功能结构

6.2.2.2.2　硬软件配置

企业文档管理系统是提供给需要进行大量文档资料管理的中小型企业服务，为了确保企业文档资料的保密性，系统采用将文档保存到数据库中的方法来保存数据。

硬件平台的最低要求如下：

（1）CPU：P4 1.8GHz。

（2）内存：1GB 以上。

软件平台的最低要求如下：

（1）操作系统：Windows XP/Windows 2000/Windows 2003。

（2）数据库：SQL Server 2000。

（3）开发工具：Visual Basic 6.0 中文版。

（4）分辨率：最佳效果 1024×768 像素。

6.2.2.2.3　数据库设计

1．确定实体与属性

企业文档管理系统操作用户有关信息必须记录，不同的操作用户需要分配不同的操作权限，规划了操作员实体，包括编号、姓名、权限、密码、文档级别管理、文档信息添加、文档信息删除、文档信息查询、文档信息打印、用户管理、口令修改、权限设置、日志管理、数据备份、数据恢复等属性，如图 6.62 所示。

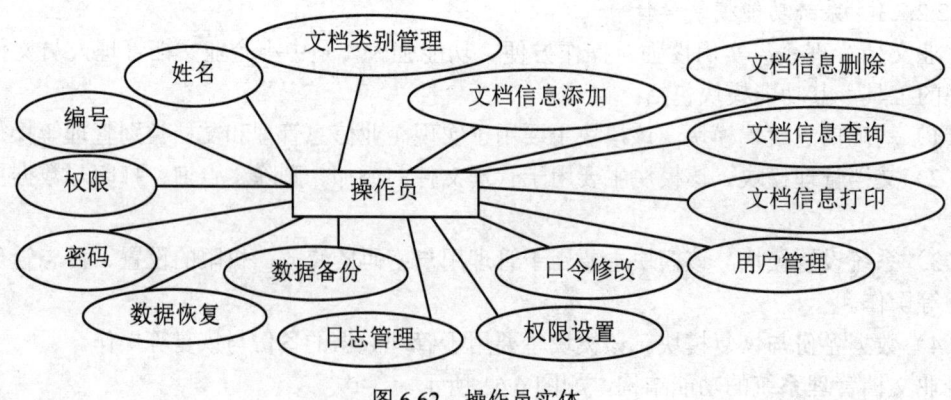

图 6.62　操作员实体

保存企业资料的基本信息由企业信息管理命令来实现，规划了企业实体，包括企业名称、邮政编码、传真、电话、联系地址、E-mail 地址、开户银行、银行账号、备注等属性，如图 6.63 所示。

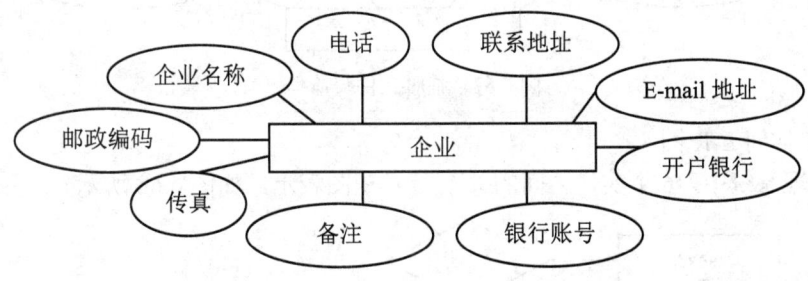

图 6.63　企业实体

系统应用中记录操作程序的日志信息，规划了日志实体，包括编号、操作员姓名、执行操作、操作时间等属性，如图 6.64 所示。

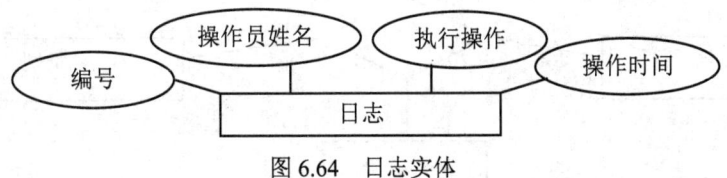

图 6.64　日志实体

在企业文档管理系统中，便于文档归类，减少数据的冗余性，给存储与查询带来快捷，规划出了文档类别实体，包括编号、名称和备注 3 个属性，如图 6.65 所示。

图 6.65　文档类别实体

系统中存储与浏览文档是最基本的，也是非常重要的，规划了文档实体，包括编号、文档类别、文档标题、文档内容、收录时间与备注信息等属性，如图 6.66 所示。

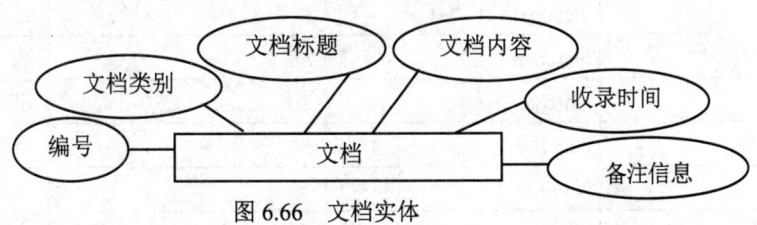

图 6.66　文档实体

文档管理中需要用到文档临时文件，规划了临时文件实体，包括编号、文档类别、文档标题、收录时间等属性，如图 6.67 所示。

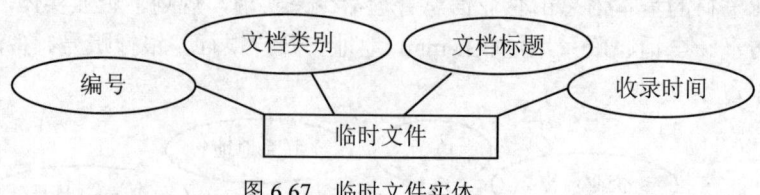

图 6.67 临时文件实体

2．确定实体间 E-R 图

在文档管理系统中，6 个实体之间的关系用 E-R 图表示，如图 6.68 所示。

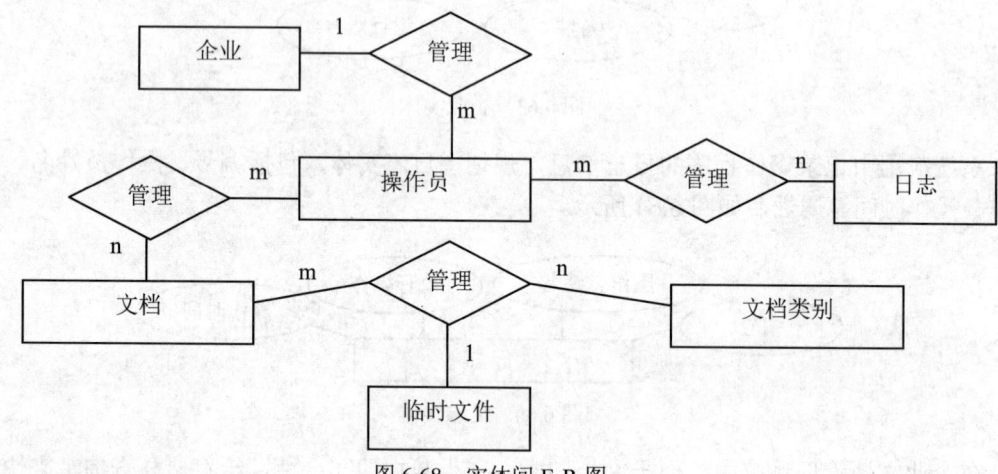

图 6.68 实体间 E-R 图

3．创建数据表

本系统中主要用到了 tb_User（操作员数据表）、tb_wdlb（文档类别数据表）、tb_Document（文档信息数据表）、tb_Company（企业信息数据表）、tb_TempDoc（临时文件表）、tb_Rz（日志信息表）6 个数据表。6 个数据表存放于数据库 db_Document 中。下面是 6 个数据表的结构设计。

（1）tb_User（操作员数据表）。操作员数据表用于记录和浏览系统操作员的数据信息。操作员数据表的结构见表 6.14。

表 6.14

字段名	数据类型	长度	说明
bh	decimal	9	编号
xm	varchar	50	姓名
qx	varchar	50	权限
mm	varchar	50	密码
m1	varchar	10	
m2	varchar	10	
m3	varchar	10	
m4	varchar	10	
m5	varchar	10	

字段名	数据类型	长度	说明
m6	varchar	10	
m7	varchar	10	
m8	varchar	10	
m9	varchar	10	
m10	varchar	10	
m11	varchar	10	

（2）tb_wdlb（文档类别数据表）。文档类别数据表主要用于记录文档类别名称信息，使系统能够按照文档类别保存文档信息。数据表结构见表 6.15。

表 6.15

字段名	数据类型	长度	说明
bh	decimal	9	编号
mc	varchar	50	名称
bz	varchar	50	备注

（3）tb_Document（文档信息数据表）。文档信息数据表用于保存文档数据信息，在保存文档信息时，将文档文件按照文档类别保存到数据表中的 wdnr 字段中。文档信息数据表的结构见表 6.16。

表 6.16

字段名	数据类型	长度	说明
bh	decimal	9	编号
sslb	varchar	50	文档类型
wdbt	varchar	50	文档标题
wdnr	image	16	文档内容
rlsj	datetime	8	收录时间
bzxx	varchar	50	备注信息

（4）tb_Company（企业信息数据表）。企业信息数据表用于保存企业资料的基本信息。其结构见表 6.17。

表 6.17

字段名	数据类型	长度	说明
company	varchar	50	企业名称
postcode	varchar	20	邮政编码
fax	varchar	20	传真
phone	varchar	20	电话
address	varchar	50	联系地址

字段名	数据类型	长度	说明
E-mail	varchar	50	E-mail 地址
bank	varchar	30	开户银行
bankcode	varchar	30	银行账号
remark	text	16	备注

（5）tb_TempDoc（临时文件表）。临时文件表用于保存文件的临时信息，主要包括的字段有编号、文档类别、文档标题、收录时间。数据表结构见表 6.18。

表 6.18

字段名	数据类型	长度	说明
bh	decimal	9	编号
sslb	varchar	50	文档类别
wdbt	varchar	50	文档标题
rlsj	datetime	8	收录时间

（6）tb_Rz（日志信息数据表）。日志信息数据表用于记录操作程序时的日志信息。其结构见表 6.19。

表 6.19

字段名	数据类型	长度	说明
bh	decimal	9	编号
xm	varchar	50	操作员姓名
zxcz	varchar	300	执行操作
czsj	varchar	50	操作时间

实验 6.2.3 系统实施

6.2.3.1 实验目的

（1）理解系统实施的目标。

（2）掌握系统实施的内容。

（3）掌握系统实施的方法和工具。

6.2.3.2 实验内容

1. 建立数据库

（1）创建数据库。在 SQL Server 2000 中创建数据库可以使用以下两种方法：

1）在 SQL Server 2000 的企业管理器中创建数据库。

2）使用 Transact-SQL 中的 CREATE DATABASE 命令。该命令的语句如下：

CREATE DATABASE db_Document

其中 db_Document 为数据库名称。

（2）创建数据表。创建完数据库之后，就可以在所创建的数据库中创建数据表了。在 SQL

Server 2000 的企业管理器中展开要创建数据表所在的数据库，选中"表"选项，单击鼠标右键，在弹出的快捷菜单中选择"新建表"命令，将弹出"表设计器"窗口。

在"表设计器"窗口中，按照下列步骤设计数据表。

1）输入字段名。在"列名"列表项中输入字段名（注意输入的字段名不允许重复，并且必须符合 SQL Server 的标识符规范），每填写完一列后，都有新的一列出现。

2）选择适当的数据类型，并设置字段长度。

3）在"允许空"列表项中，重要的字段如文档类别、文档标题、录入时间等字段不允许为空，其他字段可以为空。如果设置不允许为空，那么插入记录或修改记录时，不允许空值出现，否则出现错误提示。

4）在"说明"文本框中，可以输入一些必要的说明性文字。

5）在"默认值"文本框中，可以输入一些默认值以减少输入的工作量。

6）设置完成后，单击"保存"图标，将弹出"选择名称"对话框，在该对话框的"输入表名称"列表框中输入表名即可，单击"确定"按钮，数据表设计完成。

2. 建立工程并设置引用与部件

打开 Visual Basic 6.0 中文版，新建"标准 EXE"文档，添加一些 Active X 控件，设置引用与部件。

选择"工程"菜单中的"引用"选项，选取如下引用。

Visual Basic for application

Visual Basic runtime objects and procedures

Visual Basic objects and procedures

OLE Automation

Microsoft ActiveX Data Objects 2.6 Library

Microsoft Internet Controls

Microsoft Scripting Runtime

选择"工程"菜单中的"部件"选项，选取以下部件。

Microsoft ADO Data control 6.0 (OLEDB)

Microsoft Common Dialog control 6.0

Microsoft DataGrid Control (OLEDB)

Microsoft Internet Controls

Microsoft Windows Common Controls 6.0

3. 公共模块设计

本系统中，将连接数据库的程序代码和添加程序日志的代码都集中放置在一个数据模块 Mdl_Data 中，应用程序需要连接数据库及添加程序日志时调用该模块，从而实现操作数据库完成相应的操作功能。另外，在数据模块 Mdl_Data 中定义了连接字符串变量 PublicStr、记录集对象、数据变量、获取计算机名称的变量、数据库连接共享函数 DocRz 和共享连接字符串函数 Cnn。在公共模块（Mdl_Data）中建立数据库连接共享函数和共享连接字符串，如果使用对象操作数据库，可直接调用数据库连接 Cnn 函数；如果使用 ADO 控件访问数据库，可直接将数据库共享连接字符串变量（PublicStr）的值赋给 ADO 控件的 ConnectionString 属性。

选择"工程"菜单"增加模块"中的"打开"选项，弹出模块窗口。在窗口中录入以下代码，模块名称设置为 Mdl_Data。

```
'数据连接模块
Public Name1 As String                    '定义登录用户名
Public PublicStr As String                '定义全局字符串
Public AdoRs As New ADODB.Recordset       '定义记录集对象
Public AdoRs1 As New ADODB.Recordset      '定义记录集对象
Public AdoRs2 As New ADODB.Recordset      '定义记录集对象
Public CompturName As String              '获取计算机名称
Public ReadCompturName As String          '读取计算机名称
Public TempNum As Integer                 '定义全局数值型变量


'定义连接字符串函数
Public Function Cnn() As ADODB.Connection
    On Error GoTo x
    Set Cnn = New ADODB.Connection '重新创建数据源
    '连接数据库
    If Trim(ReadCompturName) = Trim(CompturName) Then
        Cnn.Open "Provider=SQLOLEDB.1;Persist Security Info=False;User ID=sa;Initial Catalog=db_Document"
    Else
        Cnn.Open "Provider=SQLOLEDB.1;Persist Security Info=False;User ID=sa;Initial Catalog=db_Document;
Data Source = '" & ReadCompturName & "'"
    End If
    Exit Function
x:
    If Err.Number = 80004005 Then
        frm_Login.Show
    End If
End Function


'文件日志操作函数
Public Function DocRz(Doclx As Integer, DocName As String)
    Dim TempStr As String
    If Doclx = 1 Then            '添加文档
        TempStr = "添加文档  " & DocName
        Set AdoRs = Cnn.Execute("insert into tb_Rz(XM,ZXCZ,CZSJ) values('" & Name1 & "','" & TempStr
& "','" & Date & "')")
    ElseIf Doclx = 2 Then        '删除文档
        TempStr = "删除文档  " & DocName
        Set AdoRs = Cnn.Execute("insert into tb_Rz(XM,ZXCZ,CZSJ) values('" & Name1 & "','" & TempStr
& "','" & Date & "')")
    ElseIf Doclx = 3 Then        '修改文档
        TempStr = "修改文档  " & DocName
        Set AdoRs = Cnn.Execute("insert into tb_Rz(XM,ZXCZ,CZSJ) values('" & Name1 & "','" & TempStr
& "','" & Date & "')")
    End If
End Function
```

4．主窗体模块设计

主窗体由菜单栏、工具箱、状态栏、树型导航区域和文档显示区域 5 个部分组成。通过菜单和工具栏可以控制系统中各个功能的子窗体，完成有关的功能操作。单击主窗体的树型导航区域中文文档标题，在窗体的文档显示区域中将会显示所选择文档的内容。

（1）创建新窗体。在工程中新建一个窗体，将窗体的名称设置为 frm_main，Caption 属性设置为"企业文档管理系统"，StartUpPosition 属性设置为"2-屏幕中心"。

（2）创建菜单栏。选择"工具"菜单中的"菜单编辑器"选项，也可以在工具栏中单击"菜单编辑器"按钮。在"菜单编辑器"对话框中设计菜单时的界面如图 6.69 所示。

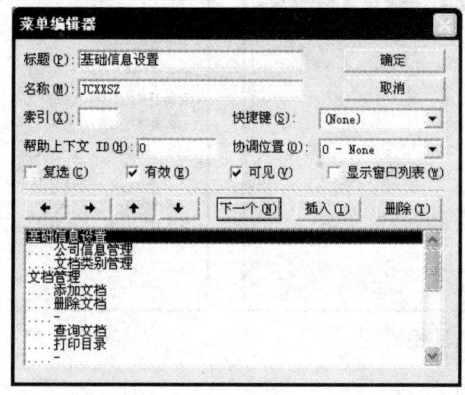

图 6.69　"菜单编辑器"对话框

完成菜单设计后，详细菜单标题与相应的名称如图 6.70 所示。

标题	名称	标题	名称
基础信息设置	JCXXSZ	系统设置	XTSZ
公司信息管理	DWXXSZ	用户管理	YHGL
文档类别管理	WDJB	口令修改	KLXG
文档管理	WDGL	权限设置	QXSZ
添加文档	TJWD	日志管理	RZGL
删除文档	SCWD	-	QW
-	BB	工作站管理	GZZGL
查询文档	CXWD	数据备份与恢复	SJAQ
打印目录	DYWD	数据备份	SJBF
-	RR	数据恢复	SJHF
数据更新	SJSX	退出系统	TCXT

图 6.70　系统详细菜单

（3）创建工具栏。

1）在窗体中添加 1 个 ToolBar 控件和 1 个 ImageList 控件。

2）在工具箱中双击 ImageList 控件，默认控件名为 ImageList1，用于装载工具栏按钮的图标文件。选择该控件后单击鼠标右键，在弹出的菜单中单击"属性"命令，打开 ImageList 控件的"属性页"对话框。选择"图像"选项卡，通过"插入图片"按钮，插入 9 个*.ico 图标文件，如图 6.71 所示。

3）在工具箱中双击 ToolBar 控件图标，将其添加到窗体中，在该控件上单击鼠标右键，在弹出的菜单中选择"属性"命令，打开"属性页"对话框，在"通用"选项卡的"图像列表"下拉列表框中选择 ImageList1 选项，如图 6.72 所示。

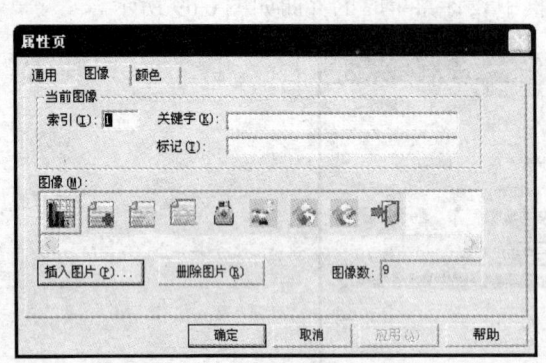

图 6.71　ImageList 属性设置

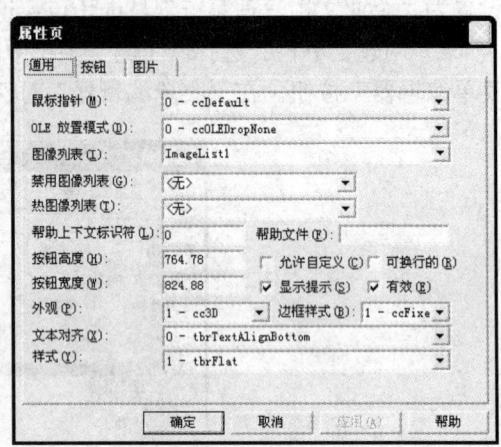

图 6.72　"通用"选项卡

4）在 ToolBar 控件"属性页"的"按钮"选项卡中，在"标题"文本框中输入按钮名称（如：文档类别），"样式"设置为 3-tbrSeparator，设置完成后，单击"插入按钮"按钮，再用同样的方法创建下一个按钮，如图 6.73 所示。

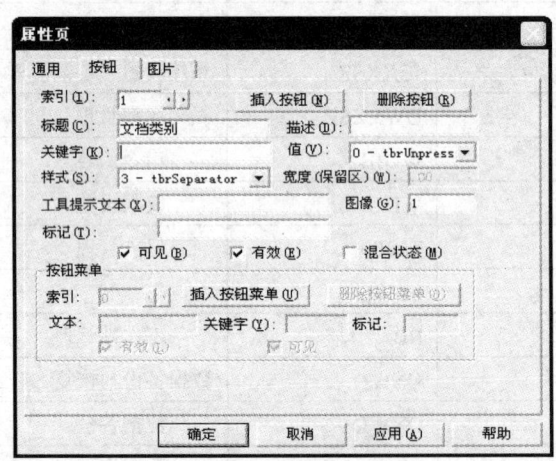

图 6.73　"按钮"选项卡

（4）创建系统树型导航。

1）在工具箱中双击 TreeView 控件图标，将其添加到窗体中，将 TreeView 控件的 LineStyle 属性设置为 1。在工具箱中双击 WebBrowser 控件图标，将其添加到窗体中。适当调整这两个控件的大小及在窗体上的显示位置。

2）在窗体中添加 1 个 PictureBox 控件，将其大小设置成一条"竖直线"的形状，为树型导航区域和文档显示区域设置分隔条，以便向左或向右调整文档显示区域的大小。

（5）代码设计。

1）运行主窗体，调用用户自定义的过程 Tree_change，可以在窗体的 TreeView 控件中显示系统中所保存的文档目录信息，Tree_change 事件过程的代码如下：

```
Public Sub Tree_change()
    Dim key, Text, BH, StrTemp As String
    Dim Nod As Node            '定义一个节点变量
    Dim Node1 As Node
    Dim Node2 As Node
    TreeView1.Nodes.Clear      '删除集合中的全部对象
    Rs1.Open "select * from tb_wdlb order by Bh", Cnn, adOpenKeyset '打开 tb_wdlb 表
    If Rs1.RecordCount > 0 Then                        '如果记录集大于 0 则执行
        Rs1.MoveFirst                                 '移动记录指针
        Do While Rs1.EOF = False                      '循环读取第 1 层节点中的数据信息
            key = Trim(Rs1.Fields("Mc"))              '将"Mc"字段中的数据赋给 key
            Text = Rs1.Fields("Mc")
            StrTemp = Rs1.Fields("Mc")
            Set Node1 = TreeView1.Nodes.Add(, tvwChild, key, Text, 0)    '给第 1 层节点赋值
            Rs2.Open "select * from tb_Document where SSLB='" + StrTemp + "' order by BH", Cnn,
adOpenKeyset  '打开表
            If Rs2.RecordCount > 0 Then               '如果记录集大于 0 则执行
                Rs2.MoveFirst                         '移动记录指针
                Do While Rs2.EOF = False              '循环读取第 2 层节点中的数据信息
                    key = Trim(Rs2.Fields("WDBT"))    '将"WDBT"字段中的数据赋给 key
                    Text = Rs2.Fields("WDBT")
                    Set Node2 = TreeView1.Nodes.Add(Node1.Index, tvwChild, key, Text, 0)    '给第 2
层节点赋值
                    Rs2.MoveNext                      '移动记录指针
                    Node2.Expanded = True             '设置第 2 层节点被展开
                Loop
            End If
            Rs2.Close                                 '关闭数据库
            Rs1.MoveNext                              '移动记录指针
            Node1.Expanded = True                     '设置第 1 层节点被展开
        Loop
    End If
    Rs1.Close                                         '关闭数据库
End Sub
```

2）单击 TreeView 控件的节点，在窗体的 WebBrowser 控件中将显示所选择的文档信息。利用 ADO 对象从数据表中"读取"所选文档的数据信息，将其保存到系统目录下的 TempFiles 文件夹中，通过 WebBrowser 控件的 Navigate 方法将保存的文件显示在窗体 WebBrowser 控件中。代码如下：

```
Private Sub TreeView1_NodeClick(ByVal Node As MSComctlLib.Node)
    On Error Resume Next
    Set cn = New ADODB.Connection              '重新声明数据源
'如果读取的计算机名和获取的计算机名相同，则执行
```

```
    If Trim(ReadCompturName) = Trim(CompturName) Then
        cn.ConnectionString = "Provider=SQLOLEDB.1;Persist Security Info=False;User ID=sa;Initial
Catalog=db_Document"
    Else
        cn.ConnectionString = "Provider=SQLOLEDB.1;Persist Security Info=False;User ID=sa;Initial
Catalog=db_Document;Data Source = '" & ReadCompturName & "'"
    End If
    cn.Open                                    '打开 db_Document 数据库
    Set rs = New ADODB.Recordset               '重新数据记录集对象
    rs.Open "select * from tb_Document where WDBT='" & TreeView1.SelectedItem & "'", cn,
adOpenKeyset                                   '打开 tb_Document 数据表
    If rs.RecordCount > 0 Then                 '如果记录集大于 0 则执行
        Set DocFiles = New ADODB.Stream        '创建流对象
        DocFiles.Type = adTypeBinary           '类型设置为二进制形式
        DocFiles.Open                          '打开流文件
        DocFiles.Write rs.Fields(3).Value      '将数据表字段写入文件中
        TempPath = App.Path & "\TempFiles\" & rs.Fields(2).Value    '文件保存位置
        DocFiles.SaveToFile TempPath, adSaveCreateOverWrite    '保存文件, adSaveCreateOverWrite
为覆盖以存在文件
        WebBrowser1.Visible = True                        'WebBrowser 控件可见
        Image1.Visiblc = False                            'Image 控件不可见
        WebBrowser1.Navigate TempPath                     '浏览文件
        SetAttr (App.Path & "\TempFiles\" & rs.Fields(2).Value), vbReadOnly '保存为只读属性
        rs.Close                                          '关闭数据表
        cn.Close                                          '关闭数据库
    End If
    Exit Sub
End Sub
```

3）单击窗体中的工具栏按钮，可以调用相对应的子窗体，执行相关操作。程序代码如下：

```
Private Sub Toolbar1_ButtonClick(ByVal Button As MSComctlLib.Button)
    Select Case Button.Index
    Case 1
        frm_wdlb.Show 1        '文档类别管理
    Case 3
        frm_add.Show 1         '文档信息添加
    Case 5
        Call DocDel            '删除文本信息
    Case 7
        frm_cx.Show 1          '文档信息查询
    Case 9
        Dim a
        a = MsgBox("您确定要打印当前文档？", 33, "系统提示")
        If a = vbOK Then    '文档信息打印
            WebBrowser1.SetFocus
            WebBrowser1.ExecWB OLECMDID_PRINT, OLECMDEXECOPT_DODEFAULT
        Else
            Exit Sub
```

```
            End If
        Case 11
            frm_yhgl.Show 1          '用户管理
        Case 13
            frm_backup.Show 1        '数据备份
        Case 15
            Dim iTask As Long
            MsgBox "请您注意,为了确保数据安全,在进行数据恢复的同时需要关闭应用程序,并且请您在恢
复数据完成之后重新运行应用程序", 64, "提示信息"
            '调用数据恢复可执行文件
            iTask = Shell(App.Path & "\Restore.exe", vbNormalFocus)
            End
        Case 17
            Dim c, Path
            c = MsgBox("您确认要退出企业文档管理系统吗?", 33, "系统提示")
            If c = vbOK Then        '退出系统
                End
            End If
    End Select
End Sub
```

5．文档类别管理模块设计

管理文件中需要将同一类别的文档进行归类，这样系统应该具有设置文档类别的功能。在文档类别管理中，可以添加、删除和保存文档类别信息，在设置文档类别信息之后，可以将相应的文档文件保存到相应的文档类别中。文档类别管理窗体运行后如图 6.74 所示。

图 6.74　文档类别管理

（1）创建新窗体。

1）在工程中新建一个窗体，将窗体的名称设置为 frm_wdlb，MaxButton 属性设置为 False，MinButton 属性设置为 False，Caption 属性设置为"文档类别管理"。

2）在窗体中添加 1 个 Frame 控件，将其 Caption 属性设置为"文档类别"。

3）在 Frame 控件上添加 2 个 Label 控件和 2 个 TextBox 控件。再在窗体中添加 1 个 ListView 控件、4 个 CommandButton 控件，并将 4 个 CommandButton 控件的名称属性分别设置为

Cmd_add、Cmd_Save、Cmd_Del 和 Cmd_Exit，Caption 属性分别设置为"添加"、"保存"、"删除"和"关闭"。

（2）代码设计。

1）在窗体的 Load 事件中调用用户自定义的 List_Change 事件，将文档类别信息显示在 ListView 控件中。程序代码如下：

```
Private Sub Form_Load()
        Call List_Change '调用过程
End Sub
Private Sub List_Change()
        Dim Str_SubItems As ListItem          '定义一个 ListItem 集合
        rs.Open "select * from tb_wdlb order by Bh", Cnn, adOpenKeyset '打开 tb_wdlb 数据表
        If rs.RecordCount > 0 Then             '如果记录集大于 0 则执行
            ListView1.ListItems.Clear          '删除集合中的全部对象
            rs.MoveFirst                       '移动记录指针
            For i = 1 To rs.RecordCount
                Set Str_SubItems = ListView1.ListItems.Add()    '添加 ListItem 对象到 ListItems 集合中
                With Str_SubItems
                    .SubItems(1) = rs!mc
                    .SubItems(2) = rs!bz
                    rs.MoveNext                '移动记录指针
                End With
            Next i
        Else
            MsgBox "没有符合条件的信息", 64, "提示信息"
        End If
        rs.Close                               '关闭数据库
End Sub
```

2）在添加文档类别信息时，首先单击"添加"按钮，在文本框中输入类别名称和备注信息之后，单击"保存"按钮，保存文档类别信息。

"添加"按钮的 Click 事件代码如下：

```
Private Sub Cmd_Add_Click()      '添加按钮
    Text1.Text = ""
    Text2.Text = ""
    Text1.Enabled = True
    Text2.Enabled = True
    Cmd_Add.Enabled = False
    Text1.SetFocus
    Cmd_Save.Enabled = True
End Sub
```

"保存"按钮的 Click 事件代码如下：

```
Private Sub Cmd_Save_Click() '保存按钮
    If Text1.Text = "" Then
        MsgBox "输入的类别名称不能为空", 48, "提示信息"
    Else
        If IsNumeric(Text1.Text) Then
```

```
                MsgBox "不能够输入数字字符名称", 16, "提示信息"
                Text1.Text = ""
                Text1.SetFocus
        Else
            AdoRs.Open "select * from tb_wdlb where Mc='" & Text1.Text & "'", Cnn, adOpenKeyset '打开
tb_wdlb 表
            If AdoRs.RecordCount > 0 Then '如果记录集大于 0 则执行
                MsgBox "该类别信息已经存在,请您更换类别名称后再保存信息", 16, "提示信息"
            Else
                Set AdoRs1 = Cnn.Execute("insert into tb_wdlb (Mc,Bz) values('" & Text1.Text & "','" &
Text2.Text & "')")
                                        '插入数据信息
                Call Tree_changes        '调用过程
                Call List_Change         '调用过程
                MsgBox "信息保存成功", 64, "提示信息"
                Text1.Text = ""
                Text2.Text = ""
                '设置文本框和按钮不可用
                Text1.Enabled = False
                Text2.Enabled = False
                Cmd_Save.Enabled = False
                Cmd_Add.Enabled = True
            End If
            AdoRs.Close
        End If
    End If
End Sub
```

3）在保存完文档类别信息之后，调用 Tree_Changes 过程，刷新主窗体树型列表中的数据信息。Tree_Changes 过程事件的代码如下：

```
Public Sub Tree_changes()
    Dim key, Text, BH, StrTemp As String
    Dim Nod As Node                     '定义一个节点变量
    Dim Node1 As Node                   '定义一个节点变量
    Dim Node2 As Node                   '定义一个节点变量
    frm_main.TreeView1.Nodes.Clear      '删除集合中的全部对象
    Rs1.Open "select * from tb_wdlb order by Bh", Cnn, adOpenKeyset '打开 tb_wdlb 表
    If Rs1.RecordCount > 0 Then          '如果记录集大于 0 则执行
        Rs1.MoveFirst                    '移动记录指针
        Do While Rs1.EOF = False         '循环读取第 1 层节点中的数据信息
            key = Trim(Rs1.Fields("Mc")) '将"Mc"字段中的数据赋给 key
            Text = Rs1.Fields("Mc")
            StrTemp = Rs1.Fields("Mc")
            Set Node1 = frm_main.TreeView1.Nodes.Add(, tvwChild, key, Text, 0)    '给第 1 层节点赋值
            Rs2.Open "select * from tb_TempDoc where SSLB='" + StrTemp + "' order by BH", Cnn,
adOpenKeyset '打开 tb_TempDoc 表
            If Rs2.RecordCount > 0 Then      '如果记录集大于 0 则执行
                Rs2.MoveFirst                '移动记录指针
```

```
                Do While Rs2.EOF = False        '循环读取第 2 层节点中的数据信息
                    key = Trim(Rs2.Fields("WDBT")) '将"WDBT"字段中的数据赋给 key
                    Text = Rs2.Fields("WDBT")
                    Set Node2 = frm_main.TreeView1.Nodes.Add(Node1.Index, tvwChild, key, Text, 0)
'给第 2 层节点赋值
                    Rs2.MoveNext              '移动记录指针
                    Node2.Expanded = True     '设置第 2 层节点被展开
                Loop
            End If
            Rs2.Close                         '关闭数据库
            Rs1.MoveNext                      '移动记录指针
            Node1.Expanded = True             '设置第 1 层节点被展开
        Loop
    End If
    Rs1.Close                                 '关闭数据库
End Sub
```

4）如果要删除某一项文档类别信息，首先在列表中选中要删除的文档类别，再单击"删除"按钮将其删除。但是，如果要删除的文档类别下已经录入了文档信息，系统将提示不允许删除该文档的类别信息，直到删除该文档类别下所有的文档信息为止。"删除"按钮的 Click 事件代码如下：

```
Private Sub Cmd_del_Click()     '删除按钮
    '打开数据表
    AdoRs1.Open "select * from tb_Document where SSLB='" & ListView1.SelectedItem.SubItems(1) & "'",
Cnn, adOpenKeyset
    If AdoRs1.RecordCount > 0 Then '如果记录集大于 0 则执行
        MsgBox "该类别下有文档信息,不能够被删除", 16, "提示信息"
    Else
        Dim c
        c = MsgBox("您确认要删除该类别信息吗", 17, "提示信息")
        If c = vbOK Then
            '删除数据
            Set AdoRs = Cnn.Execute("delete tb_wdlb from tb_wdlb where MC='" &
ListView1.SelectedItem.SubItems(1) & "'")
            Text1.Text = ""
            Text2.Text = ""
            Cmd_Del.Enabled = False
            Call Tree_changes       '调用过程
            Call List_Change        '调用过程
        End If
    End If
    AdoRs1.Close
End Sub
```

另外，在窗体的通用部分声明对象。代码如下：

```
Dim Rs1 As New ADODB.Recordset     '定义数据记录集对象
Dim Rs2 As New ADODB.Recordset     '定义数据记录集对象
Dim rs As New ADODB.Recordset      '定义数据记录集对象
```

```
Dim itmX As ListItem                    '定义一个 ListItem 对象
```

控件 ListView 的 ItemClick 事件的代码如下：

```
Private Sub ListView1_ItemClick(ByVal Item As MSComctlLib.ListItem)
    '打开数据表
    AdoRs.Open "select * from tb_wdlb where MC='" & ListView1.SelectedItem.SubItems(1) & "'", Cnn,
adOpenKeyset
    If AdoRs.RecordCount > 0 Then          '如果记录集大于 0 则执行
        Text1.Text = AdoRs.Fields("MC")    '将数据表中的"MC"字段内容赋给 Text1 文本框
        Text2.Text = AdoRs.Fields("Bz")    '将数据表中的"Bz"字段内容赋给 Text2 文本框
        Cmd_Del.Enabled = True             ' "删除" 按钮可用
    End If
    AdoRs.Close                            '关闭数据表
End Sub
```

6．文档信息添加模块设计

通过文档信息添加模块，可以将文档信息按照文档类别保存到数据表中。在保存文档信息时，可以通过选择文档类别，将文档信息分类存储到数据表中。窗体运行效果如图 6.75 所示。

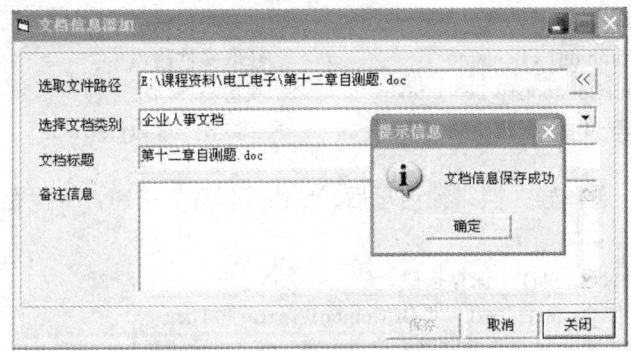

图 6.75　"文档信息添加"对话框

（1）创建新窗体。

1）在工程中新建一个窗体，将窗体的名称设置为 frm_add，MaxButton 属性设置为 False，Caption 属性设置为"文档信息添加"。

2）在窗体中添加 1 个 Frame 控件，Caption 属性设置为"无"。在 Frame 控件上添加 3 个 TextBox 控件、4 个 Label 标签控件、1 个 ComboBox 控件和 1 个 CommandButton 控件。4 个 Label 标签控件的 Caption 属性依次设置为"选取文件路径"、"选择文档类型"、"文档标题"和"备注信息"；1 个 CommandButton 控件的名称属性设置为 Cmd_Select，Caption 属性设置为"<<"。

3）在窗体中添加 3 个 CommandButton 控件，名称属性分别设置为 Cmd_Save、Cmd_Cancel 和 Cmd_Exit，Caption 属性分别设置为"保存"、"取消"和"关闭"。再选择"工程"菜单中的"部件"选项，打开"部件"对话框，选中 Microsoft Common Dialog Controls 6.0(SP3)选项，然后单击"确定"按钮。在窗体中添加 1 个 CommonDialog 控件，用于选择要保存文件所在的路径信息。

窗体设计界面如图 6.76 所示。

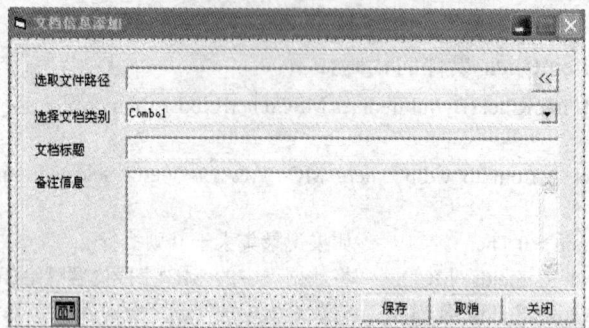

图 6.76   "文档信息添加"窗体设计界面

（2）代码设计。

1）"<<"按钮用于选择要保存文档文件的所在路径。其 Click 事件代码如下：

```
Private Sub Cmd_Select_Click()                        '<<按钮
    '设置文件类型
    Common1.Filter = "文档文件(*.doc)|*.doc|Excel 文件(*.excel)|*.excel|Powerpoint 文件(*.ppt)|*.ppt|RTF
格式文件|(*.rtf)|纯文本格式(*.txt)|*.txt"
    Common1.ShowOpen                                 '打开对话框
    Text1.Text = Common1.FileName                    '获取文件路径
    Text2.Text = Dir(Common1.FileName)               '获得文件名称
    Cmd_Save.Enabled = True                          ' "保存"按钮可用
End Sub
```

2）窗体运行时，选择好文档路径信息后，单击"保存"按钮，将保存所选择的文档信息。其 Click 事件代码如下：

```
Private Sub Cmd_Save_Click()   '保存按钮
    If Text1.Text = "" Or Text2.Text = "" Or Combo1.Text = "" Then
        MsgBox "请您输入或选择完整的信息内容", 48, "提示信息"
    Else
        AdoRs1.Open "select * from tb_TempDoc where WDBT='" & Text2.Text & "'", Cnn, adOpenKeyset
'打开 tb_TempDoc 表
        If AdoRs1.RecordCount > 0 Then
            MsgBox "该文档信息已经存在,信息保存不成功", 16, "提示信息"
        Else
            Set cn = New ADODB.Connection                '重新创建数据源
            '判断读取的计算机名和获取到的计算机名是否一致，并连接数据库
            If Trim(ReadCompturName) = Trim(CompturName) Then
                cn.ConnectionString = "Provider=SQLOLEDB.1;Persist Security Info=False;User
ID=sa;Initial Catalog=db_Document"
            Else
                cn.ConnectionString = "Provider=SQLOLEDB.1;Persist Security Info=False;User
ID=sa;Initial Catalog=db_Document;Data Source = '" & ReadCompturName & "'"
            End If
            cn.Open '打开数据库
            Set rs = New ADODB.Recordset              '重新创建记录集对象
            rs.Open "select * from tb_Document", cn, adOpenStatic, adLockOptimistic '打开表
            Me.MousePointer = 11                      '显示鼠标指针类型为沙漏
```

```
            Set DocFiles = New ADODB.Stream          '创建流对象
            DocFiles.Type = adTypeBinary             '类型设置为二进制形式
            DocFiles.Open                            '打开流文件
            DocFiles.LoadFromFile Text1.Text
            rs.AddNew                                '添加记录
            rs.Fields(1).Value = Combo1.Text
            rs.Fields(2).Value = Text2.Text
            rs.Fields(3).Value = DocFiles.Read
            rs.Fields(4).Value = Date
            rs.Fields(5).Value = Text3.Text
            rs.Update                                '更新记录
            rs.Close                                 '关闭数据表
            cn.Close                                 '关闭数据库
            Me.MousePointer = 0                      '恢复鼠标指针
            Cmd_Save.Enabled = False                 ' "保存"按钮不可用
            '插入数据信息
            Set AdoRs2 = Cnn.Execute("insert into tb_TempDoc (SSLB,WDBT,RLSJ) values('" &
Combo1.Text & "','" & Text2.Text & "','" & Date & "')")
            Call Tree_changes                        '刷新数据
            Call DocRz(1, Text2.Text)                '添加日志信息
            MsgBox "文档信息保存成功", 64, "提示信息"
        End If
        AdoRs1.Close                                 '关闭数据表
    End If
End Sub
```

3）保存完信息后，需要刷新主窗体中树型导航区域中的数据信息。其相关的"通用"部分的 Tree_changes 事件代码如下：

```
Public Sub Tree_changes()
    Dim key, Text, BH, StrTemp As String
    Dim Nod As Node                              '定义一个节点变量
    Dim Node1 As Node                            '定义一个节点变量
    Dim Node2 As Node                            '定义一个节点变量
    frm_main.TreeView1.Nodes.Clear               '删除主窗体中的集合对象
    Rs1.Open "select * from tb_wdlb order by Bh", Cnn, adOpenKeyset '打开 tb_wdlb 表
    If Rs1.RecordCount > 0 Then                  '如果记录集大于 0 则执行
        Rs1.MoveFirst                            '移动记录指针
        Do While Rs1.EOF = False                 '循环读取第 1 层节点中的数据信息
        key = Trim(Rs1.Fields("Mc"))             '将"Mc"字段中的数据赋给 key
        Text = Rs1.Fields("Mc")
        StrTemp = Rs1.Fields("Mc")
        Set Node1 = frm_main.TreeView1.Nodes.Add(, tvwChild, key, Text, 0)   '给第 1 层节点赋与
数值
        Rs2.Open "select * from tb_TempDoc where SSLB='" + StrTemp + "' order by BH", Cnn,
adOpenKeyset                                     '打开 tb_TempDoc 表
        If Rs2.RecordCount > 0 Then              '如果记录集大于 0 则执行
            Rs2.MoveFirst                        '移动记录指针
```

```
                    Do While Rs2.EOF = False          '循环读取第 2 层节点中的数据信息
                        key = Trim(Rs2.Fields("WDBT"))   '将"WDBT"字段中的数据赋给 key
                        Text = Rs2.Fields("WDBT")
                        Set Node2 = frm_main.TreeView1.Nodes.Add(Node1.Index, tvwChild, key, Text, 0)
'给第 2 层节点赋与数值
                        Rs2.MoveNext                     '移动记录指针
                        Node2.Expanded = True            '设置第 2 层节点被展开
                    Loop
                End If
                Rs2.Close                                '关闭数据库
                Rs1.MoveNext                             '移动记录指针
                Node1.Expanded = True                    '设置第 1 层节点被展开
            Loop
        End If
        Rs1.Close                                        '关闭数据库
    End Sub
```

另外，在窗体的通用部分声明对象，代码如下：

```
Dim Rs1 As New ADODB.Recordset
Dim Rs2 As New ADODB.Recordset
Dim rs As New ADODB.Recordset
Dim cn As New ADODB.Connection
Dim itmX As ListItem                                     '定义一个 ListItem 对象
```

窗体 Load 事件的代码如下：

```
Private Sub Form_Load()
    AdoRs.Open "select * from tb_wdlb order by Bh", Cnn, adOpenKeyset    '打开 tb_wdlb 表
    If AdoRs.RecordCount > 0 Then                        '如果记录集大于 0 则执行
        AdoRs.MoveFirst                                  '移动记录指针
        Do While AdoRs.EOF = False                       '添加文档类别
            Combo1.AddItem AdoRs.Fields("Mc")            '将数据表中 Mc 字段添加到 Combo1 控件中
            AdoRs.MoveNext                               '移动记录指针
        Loop
    End If
    AdoRs.Close                                          '关闭数据表
End Sub
```

7．文档信息查询模块设计

文档信息查询可以按照文档类别和文档信息进行查询。选择好文档类别并输入文档名称之后，单击"查询"按钮，在列表框中将显示与该类别、查询标题相关的文档信息。在列表中双击查询出的文档信息，将打开该文档。文档信息查询窗体设计界面如图 6.77 所示。

文档信息查询窗体运行界面如图 6.78 所示。

（1）创建新窗体。在工程中新建一个窗体，窗体的名称设置为 frm_cx，MaxButton 属性设置为 False，Caption 属性设置为"文档信息查询"。在窗体中添加 2 个 Frame 控件，Frame1 的 Caption 属性设置为"查询条件"，Frame2 的 Caption 属性设置为"查询结果"。在 Frame1 控件上添加 2 个 Label 标签控件，Caption 属性分别设置为"所属类别"和"文档名称"，再添加 1 个 ComboBox 控件和 1 个 TextBox 控件。在 Frame2 控件上添加 1 个 ListView 控件。在窗

体上添加 2 个 CommandButton 控件，设置名称属性分别为 Cmd_cx 和 Cmd_exit，Caption 属性分别设置为"查询"和"关闭"。

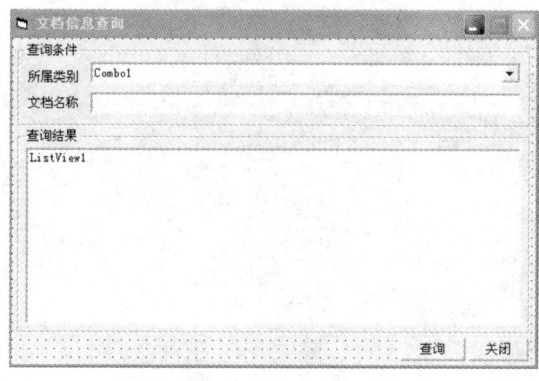 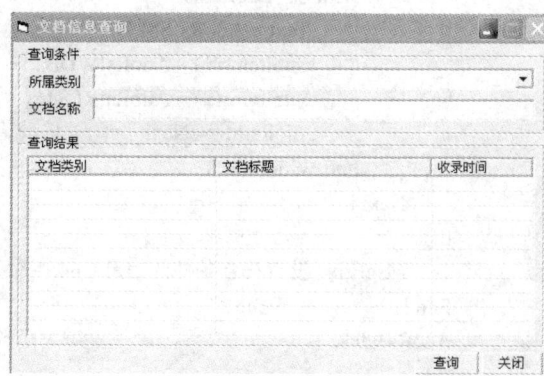

图 6.77　文档信息查询窗体设计界面　　　　　图 6.78　"文档信息查询"对话框

（2）代码设计。

1）通过 ADO 对象将文档类别信息加载到 ComboBox 控件中。其具体实现的 Load 事件代码如下：

```
Private Sub Form_Load()
    AdoRs.Open "select * from tb_wdlb order by Bh", Cnn, adOpenKeyset
    If AdoRs.RecordCount > 0 Then              '如果记录集大于 0 则执行
        AdoRs.MoveFirst                        '移动记录指针
        Combo1.AddItem "所有类别"              '在 Combo1 下拉列表框中显示"所有类别"
        Do While AdoRs.EOF = False             '添加文档类别
            Combo1.AddItem AdoRs.Fields("Mc") '将 Mc 字段中的数据添加在 Combo1 下拉列表框中
            AdoRs.MoveNext                     '移动记录指针
        Loop
    End If
    AdoRs.Close                                '关闭数据表
End Sub
```

2）窗体运行后，选择文档类别信息或输入文档标题信息后，单击"查询"按钮，将查询到的文档信息以列表的形式显示在 ListView 控件中。其具体实现的 Cmd_cx 的 Click 事件代码如下：

```
Private Sub Cmd_cx_Click()                              '查询按钮
    Dim Str_SubItems As ListItem                        '定义一个 ListItem 集合
    If Combo1.Text = "" Or Combo1.Text = "所有类别" Then  '按所有类别查询
        AdoRs.Open "select * from tb_TempDoc where WDBT Like '%" & Text1.Text & "%'", Cnn, adOpenKeyset
    Else                                                '按所选类别查询
        AdoRs.Open "select * from tb_TempDoc where WDBT Like '%" & Text1.Text & "%' and SSLB='" & Combo1.Text & "'", Cnn, adOpenKeyset
    End If
    If AdoRs.RecordCount > 0 Then                       '如果记录集大于 0 则执行
        ListView1.ListItems.Clear                       '删除集合中的全部对象
        AdoRs.MoveFirst                                 '移动记录指针
```

```
          For i = 1 To AdoRs.RecordCount
              Set Str_SubItems = ListView1.ListItems.Add() '添加 ListItem 对象到 ListItems 集合中
              With Str_SubItems
                  .Text = AdoRs!SSLB
                  .SubItems(1) = AdoRs!WDBT
                  .SubItems(2) = AdoRs!RLSJ
                  AdoRs.MoveNext          '移动记录指针
              End With
          Next i
      Else
          MsgBox "没有符合条件的信息", 64, "提示信息"
      End If
      AdoRs.Close                            '关闭数据库
  End Sub
```

3）双击列表中查询到的文档信息之后，将打开该文档。其具体实现的 ListView 控件的 DblClick 事件的代码如下：

```
Private Sub ListView1_DblClick() '打开查询到的文档
    On Error GoTo x
    Dim MyWord As Object
    Set MyWord = CreateObject("Word.Application") '创建并返回一个对象引用
    MyWord.Documents.Open (App.Path & "\TempFiles\" & ListView1.SelectedItem.SubItems(1))
    MyWord.Visible = True
x:
    Exit Sub
End Sub
```

另外，在窗体的通用部分声明对象，代码如下：

```
Dim rs As New ADODB.Recordset
Dim cn As New ADODB.Connection
```

"通用"对象的 DownFile 事件代码如下：

```
Private Sub DownFile()
    Set cn = New ADODB.Connection            '重新创建数据源
    If Trim(ReadCompturName) = Trim(CompturName) Then
        cn.ConnectionString = "Provider=SQLOLEDB.1;Persist Security Info=False;User ID=sa;Initial Catalog=db_Document"
    Else
        cn.ConnectionString = "Provider=SQLOLEDB.1;Persist Security Info=False;User ID=sa;Initial Catalog=db_Document;Data Source = '" & ReadCompturName & "'"
    End If
    cn.Open                                  '打开数据库
    Set rs = New ADODB.Recordset '重新创建记录集对象
    '打开数据表
    rs.Open "select * from tb_Document where WDBT='" & Me.ListView1.SelectedItem.SubItems(1) & "'", cn, adOpenStatic, adLockOptimistic
    Set DocFiles = New ADODB.Stream          '创建流对象
    DocFiles.Type = adTypeBinary             '类型设置为二进制形式
    DocFiles.Open                            '打开流文件
```

```
DocFiles.Write rs.Fields(3).Value            '将数据库字段中的信息写入文件中
TempPath = App.Path & "\TempFiles\" & Me.ListView1.SelectedItem.SubItems(1) '文件路径
On Error Resume Next
DocFiles.SaveToFile TempPath, adSaveCreateOverWrite        '保存文件,
                    'adSaveCreateOverWrite 为覆盖已存在的文件"
frm_main.WebBrowser1.Navigate TempPath
rs.Close                    '关闭数据表
cn.Close                    '关闭数据库
```
End Sub

8．用户管理模块设计

用户管理模块可实现浏览系统中已经注册的用户信息、增加用户、删除用户和注册用户信息的功能。其窗体设计界面如图 6.79 所示。

用户管理窗体的注册运行如图 6.80 所示。

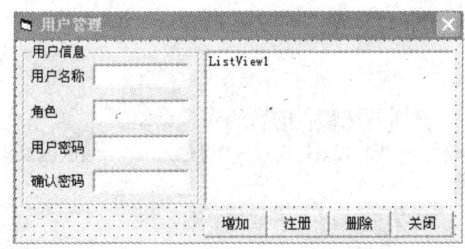

图 6.79　用户管理窗体设计界面

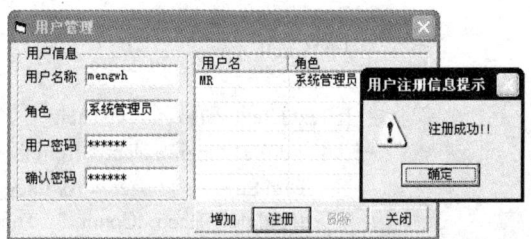

图 6.80　用户管理注册运行

（1）创建新窗体。

1）在工程中新建一个窗体，将窗体的名称属性设置为 frm_yhgl，MaxButton 属性设置为 False，Caption 属性设置为"用户管理"。在窗体中添加 1 个 Frame 控件，其 Caption 属性设置为"用户信息"。在 Frame1 控件上分别添加 4 个 TextBox 控件和 4 个 Label 控件，其中 4 个 Label 控件的 Caption 属性依次设置为"用户名称"、"角色"、"用户密码"和"确认密码"。

2）在窗体中添加 1 个 ListView 控件和 4 个 CommandButton 控件，4 个 CommandButton 控件的名称属性分别设置为 Cmd_Ful、Cmd_Add、Cmd_Del 和 Cmd_Cancel，Caption 属性分别设置为"增加"、"注册"、"删除"和"关闭"。

（2）代码设计。

1）窗体运行时单击"增加"按钮后，即可输入用户的相关信息，再单击"注册"按钮。如果用户名称已经注册过，则在弹出的"提示信息"对话框中提示信息"该用户名已经存在，请您更换其他用户名!"，否则判断用户两次输入的密码是否一致，如果不一致则在弹出的"提示信息"对话框中提示信息"两次输入的密码不一致,请您确认后重新输入"，一致则在弹出的"提示信息"对话框中提示信息"注册成功!!"。

具体实现的 Cmd_Ful 的 Click 事件代码如下：

```
Private Sub Cmd_Ful_Click()        '增加按钮
    Text1.Text = ""
    Text2.Text = ""
    Text3.Text = ""
    Text4.Text = ""
    Text1.SetFocus
```

End Sub

具体实现的 Cmd_Add 的 Click 事件代码如下：

```
Private Sub Cmd_Add_Click() '注册按钮
    If Text1.Text = "" Or Text2.Text = "" Or Text3.Text = "" Then
        MsgBox "输入的用户注册信息不完全!!", , "提示信息"
    Else
        On Error Resume Next
        rs.Open "select * from tb_User where xm='" & Text1.Text & "'", Cnn, adOpenKeyset '打开数据表
        If rs.RecordCount > 0 Then                                '如果记录集大于 0 则执行
            MsgBox "该用户名已经存在,请您更换其他用户名!", 48, "提示信息"
            '如果该用户名存在则重新输入
            Text1.Text = ""
            Text2.Text = ""
            Text3.Text = ""
            Text4.Text = ""
            Text1.SetFocus
        Else
            If Text3.Text = Text4.Text Then                '判断两次输入的密码是否一致
                AdoRs1.Open "select * from tb_user where xm='" + Text1.Text + "'", Cnn, adOpenKeyset
                Dim StrId As Integer, x As Integer
                If AdoRs1.RecordCount > 0 Then              '如果记录集大于 0 则执行
                    x = AdoRs1.RecordCount
                    AdoRs1.MoveLast                         '移动数据指针
                End If
                StrId = x + 1
                '保存注册信息
                Set AdoRs1 = Cnn.Execute("insert into tb_user(bh,xm,qx,mm) values('" & StrId & "','" & Text1.Text & "','" & Text2.Text & "','" & Text3.Text & "')")
                MsgBox "注册成功!!", 48, "用户注册信息提示"
                Text1.Text = ""
                Text2.Text = ""
                Text3.Text = ""
                Text4.Text = ""
                AdoRs1.Close
            Else
                MsgBox "两次输入的密码不一致,请您确认后重新输入", 48, "用户注册信息提示"
                Text3.Text = ""
                Text4.Text = ""
                Text3.SetFocus
            End If
        End If
        rs.Close        '关闭数据表
    End If
    Call ListLoad    '调用过程
End Sub
```

2）窗体运行时在右侧的列表中选择要删除的用户信息后，再单击"删除"按钮。如果要

删除的用户是当前登录的用户，则提示"不能删除当前用户名！！"；否则提示"您确实要删除该用户吗？"，单击"确定"按钮，如果数据库中存在该用户，则提示"用户信息删除成功"，否则提示"当前数据库中没有可删除的用户信息"。其实现的 Cmd_Del 的 Click 事件代码如下：

```
        Private Sub Cmd_del_Click()                    '删除按钮
            If Text1.Text = Name1 Then                 '如果是当前登录的用户名，则不允许删除
                MsgBox "不能删除当前用户名!!", 48, "提示信息"
            Else
                a = MsgBox("您确认要删除该用户吗?", 17, "删除用户信息提示")
                If a = vbOK Then
                    AdoRs1.Open "select * from tb_user where xm='" + Text1.Text + "'", Cnn, adOpenKeyset
'打开数据表
                    If AdoRs1.RecordCount > 0 Then                 '如果记录集大于 0 则执行
                        Set AdoRs1 = Cnn.Execute("Delete tb_user from tb_user where xm='" & Text1.Text & "'")
'删除记录信息                       '如果数据库中存在该用户信息，则将其删除
                        MsgBox "用户信息删除成功", 64, "删除用户信息提示"
                        Call ListLoad                  '调用过程
                        Text1.Text = ""
                        Text2.Text = ""
                        Text3.Text = ""
                        Text4.Text = ""
                        Text1.SetFocus

                    Else
                        MsgBox "当前数据库中没有可删除的用户信息", , "信息提示"
                    End If
                End If
            End If
        End Sub
```

3）单击窗体右侧列表中的用户信息之后，窗体文本框中将显示列表中所选择的用户信息。其实现的 ListView1 控件的 ItemClick 事件代码如下：

```
        Private Sub ListView1_ItemClick(ByVal Item As MSComctlLib.ListItem)
            AdoRs.Open "select * from tb_User where xm='" & ListView1.SelectedItem.Text & "'", Cnn,
adOpenKeyset                             '打开数据表
            If AdoRs.RecordCount > 0 Then            '如果记录集大于 0 则执行
                Cmd_Del.Enabled = True              ' "删除" 按钮可用
                Text1.Text = AdoRs.Fields("xm")     '显示 xm 字段信息
                Text2.Text = AdoRs.Fields("qx")     '显示 qx 字段信息
                Text3.Text = AdoRs.Fields("mm")     '显示 mm 字段信息
            End If
            AdoRs.Close                             '关闭数据表
        End Sub
```

4）窗体运行或注册与删除用户后，列表框中显示当前数据库中的用户名和角色信息。其实现的 ListLoad 过程代码如下：

```
        Private Sub ListLoad()
            AdoRs.Open "select * from tb_User order by bh", Cnn, adOpenKeyset
```

```
        If AdoRs.RecordCount > 0 Then
            ListView1.ListItems.Clear
            AdoRs.MoveFirst
            For i = 1 To AdoRs.RecordCount
                Set Str_SubItems = ListView1.ListItems.Add()
                With Str_SubItems
                    If AdoRs!xm = "mr" Then Exit For
                    .Text = AdoRs!xm
                    .SubItems(1) = AdoRs!qx
                    AdoRs.MoveNext
                End With
            Next i
        End If
        AdoRs.Close
End Sub
```

另外，通用部分的声明过程代码与窗体的 Load 事件代码分别如下：

```
Dim Str_SubItems As ListItem    '定义一个 ListItem 对象
Dim rs As New ADODB.Recordset '定义记录集对象
Dim a

Private Sub Form_Load()
Call ListLoad
End Sub
```

9．客户端管理设置模块设计

通过设置服务器信息，使本系统在客户机/服务器模式下运行，还是在单机模式下运行。在客户机中如果将服务器名称设置成网络中任何一台 SQL 服务器名称，则系统作为这台计算机中 SQL 服务器的客户端系统运行；如果将其设置成本地 SQL 服务器名称，那么系统将以单机模式运行。客户端管理设置窗体设计界面如图 6.81 所示。

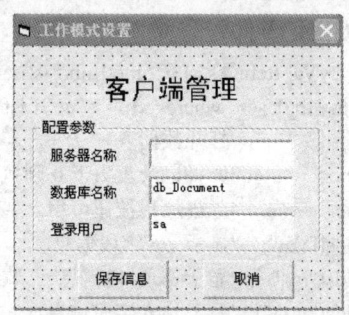

图 6.81　客户端管理窗体设计界面

（1）创建新窗体。

1）在工程中新建一个窗体，将窗体的名称属性设置为 frm_Login，Caption 属性设置为"工作模式设置"。

2）在窗体中添加 1 个 Label 控件，将 Caption 属性设置为"客户端管理"，其 font 属性设置为"黑体"，字体大小设置为"小二"。接着在窗体中添加 1 个 Frame 控件，Caption 属性设置为"配置参数"，再在 Frame 控件上添加 3 个 Label 控件和 3 个 TextBox 控件，3 个 Label 控件的 Caption 属性分别设置为"服务器名称"、"数据库名称"和"登录用户"，3 个 TextBox 控件的 Text 属性分别设置为"无"、db_Document 和 sa。然而，在窗体中添加 2 个 CommandButton 控件，将名称属性分别设置为 Cmd_Save 和 Cmd_Cancel，Caption 属性分别设置为"保存信息"和"取消"。

（2）代码设计。

1）当窗体启动时，首先通过 API 函数 GetComputerName 获取本地计算机的名称，然后再读取 Setup.ini 文件中的计算机名称。在获取计算机名称后，判断全局变量 TempNum 的值是否为 1（若为 1，工作模式设置窗体不是首启动窗体，不然为首启动窗体），若是 1，则退出过程。其具体实现的代码如下：

```
'提取计算机名和用户名
Dim Computer_str    As String * 256
Private Declare Function GetComputerName Lib "kernel32" Alias "GetComputerNameA" (ByVal lpBuffer As String, nSize As Long) As Long

Private Sub Form_Load()
        GetComputerName Computer_str, 255          '取得计算机的名称
        Txt_Temp.Text = Computer_str
        On Error GoTo x
        CompturName = Txt_Temp.Text                '将获取出的计算机名赋给 CompturName
        Open (App.Path & "\Setup.ini") For Input As #1    '打开 Setup.ini 文件并读入信息
        Line Input #1, Intext             '从 Setup.ini 文件中读出一行并将它分配给 Intext 变量
        ReadCompturName = Intext           '将 Intext 变量信息赋给 ReadCompturName 变量
        Text1.Text = ReadCompturName    'Text1 文本框中显示 ReadCompturName 变量信息
        Close #1                       '关闭文件
        If TempNum = 1 Then Exit Sub
        If ReadCompturName <> "" Then
            Call dl
        End If
        Exit Sub
x:
        Close #1                              '关闭文件
End Sub
```

2）单击"保存信息"按钮，将保存设置的服务器信息。Cmd_Save 的 Click 事件代码如下：

```
Private Sub Cmd_Save_Click()
    If Text1.Text = "" Then
        MsgBox "请输入服务器名称", 48, "提示信息"
    Else
        Open (App.Path & "\Setup.ini") For Output As #1 '打开 Setup.ini 文件并写入信息
        Print #1, Text1.Text '将服务器名称写入到文件中
        Close #1                    '关闭文件
    TempNum = 1
    MsgBox "保存成功", 64, "提示信息"
    If TempNum = 1 Then
        MsgBox "服务器配置完成,请您重新运行程序", 64, "提示信息"
```

```
        Else
            Call dl
        End If
    End If
End Sub
```

另外，自定义 dl 过程的代码如下：

```
Private Sub dl()
        frm_xtdl.Show
        Unload Me
End Sub
```

10. 用户权限管理模块设计

用户权限管理模块用来设置用户权限为分配权限和查看权限两种之一。在分配权限管理中，首先选中分配权限的操作员姓名，然后选择窗体树型列表中需要授予权限的复选项，单击"保存"按钮，给所选择的操作员赋予权限。如果要查看操作员所具有的权限，可单击"查看权限"单选按钮，然后选择列表中的操作员信息，在右边的下拉列表中将显示这一操作员的权限信息。其用户权限管理窗体的设计界面如图 6.82 所示。

用户权限管理窗体的运行结果如图 6.83 所示。

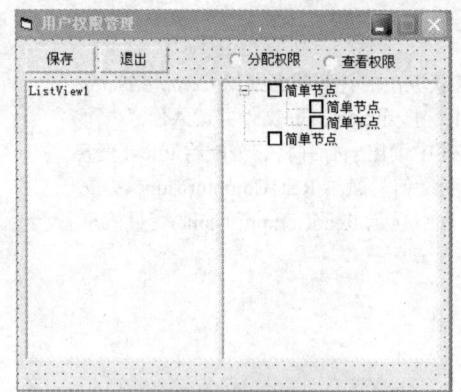

图 6.82　用户权限管理窗体设计界面

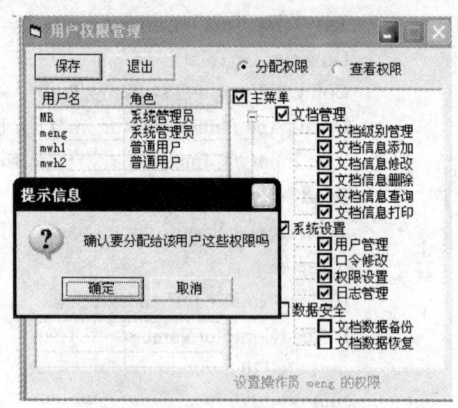

图 6.83　用户权限管理

（1）创建新窗体。

1）在工程中新建一个窗体，将窗体的名称属性设置为 frm_yhqx，MaxButton 属性设置为 False，Caption 属性设置为"用户权限管理"。在窗体中添加 2 个 CommandButton 控件，其名称属性分别设置为 Cmd_Save 和 Cmd_exit，Caption 属性分别设置为"保存"和"退出"。再在窗体中添加 2 个 OptionButton 控件，其 Caption 属性分别设置为"分配权限"和"查看权限"。

2）在窗体中添加 1 个 ListView 控件、1 个 TreeView 控件和 1 个 ListBox 控件，ListView 控件放在窗体左侧，TreeView 控件放在窗体右侧，ListBox 控件放置在 TreeView 控件之下，用于显示用户所分配的权限。再在窗体右下侧添加 1 个 Label 控件，Caption 属性设置为空。

（2）代码设计。

1）选择操作员权限信息后，通过一维数组保存操作员权限信息，然后将其保存到 ListBox 控件中。其实现的代码如下：

```
Private Sub ListView1_ItemClick(ByVal Item As MSComctlLib.ListItem)
```

```
                Dim a(11)                    '定义一个临时一维数组
                Dim i As Integer
                Dim j As Integer
                '打开数据表
                AdoRs.Open "select * from tb_User where xm='" & ListView1.SelectedItem.Text & "'", Cnn,
adOpenKeyset
                If AdoRs.RecordCount > 0 Then              '如果记录集大于 0 则执行
                    Label1.Caption = "设置操作员 " & ListView1.SelectedItem.Text & " 的权限"
                    If Option2.Value = True Then           '如果选择查看权限则执行
                        Cmd_Save.Enabled = False           '"保存" 按钮不可用
                        AdoRs.MoveFirst                    '移动记录指针
                        List1.Clear                        '清空 ListBox 控件
                        j = 4
                        For i = 0 To 10
                            a(i) = AdoRs.Fields(j)
                            j = j + 1
                        Next i
                        If a(0) = 1 Then List1.AddItem "文档级别管理"
                        If a(1) = 1 Then List1.AddItem "文档信息添加"
                        If a(2) = 1 Then List1.AddItem "文档信息删除"
                        If a(3) = 1 Then List1.AddItem "文档信息查询"
                        If a(4) = 1 Then List1.AddItem "文档信息打印"
                        If a(5) = 1 Then List1.AddItem "用户管理"
                        If a(6) = 1 Then List1.AddItem "口令修改"
                        If a(7) = 1 Then List1.AddItem "权限设置"
                        If a(8) = 1 Then List1.AddItem "日志管理"
                        If a(9) = 1 Then List1.AddItem "文档数据备份"
                        If a(10) = 1 Then List1.AddItem "文档数据恢复"
                    Else
                        Cmd_Save.Enabled = True
                    End If
                End If
                AdoRs.Close
        End Sub
```

2）选择好树型列表中的权限信息之后，选择操作员用户，并单击"保存"按钮，通过循环语句把树型列表中所选择的权限值保存到变量中，再通过保存变量值的方法保存对操作员设置的权限信息。实现这一功能的命令按钮 Cmd_Save 的 Click 事件代码如下：

```
        Private Sub Cmd_Save_Click()          '保存按钮
            Dim M1, M2, M3, M4, M5, M6, M7, M8, M9, M10, M11
            Dim Ncom As String
            c = MsgBox("确认要分配给该用户这些权限吗", 33, "提示信息")
            If c = vbOK Then
                For i = 1 To 11            '将权限设置值循环保存到变量中
                    If i >= 1 And i < 6 Then
                        If TreeView1.Nodes.Item(i + 2).Checked = True Then
                            Ncom = 1
```

```vb
            Else
                Ncom = 0
            End If
        ElseIf i >= 6 And i < 10 Then
            If i = 5 Then
            Else
                If TreeView1.Nodes.Item(i + 3).Checked = True Then
                    Ncom = 1
                Else
                    Ncom = 0
                End If
            End If
        ElseIf i >= 10 And i <= 11 Then
            If TreeView1.Nodes.Item(i + 4).Checked = True Then
                Ncom = 1
            Else
                Ncom = 0
            End If
        End If
        Select Case i
        Case 1
            M1 = Ncom
        Case 2
            M2 = Ncom
        Case 3
            M3 = Ncom
        Case 4
            M4 = Ncom
        Case 5
            M5 = Ncom
        Case 6
            M6 = Ncom
        Case 7
            M7 = Ncom
        Case 8
            M8 = Ncom
        Case 9
            M9 = Ncom
        Case 10
            M10 = Ncom
        Case 11
            M11 = Ncom
        End Select
    Next i
    Set AdoRs = Cnn.Execute("update tb_user set m1='" & M1 & "',m2='" & M2 & "',m3='" & M3
& "',m4='" & M4 & "',m5='" & M5 & "',m6='" & M6 & "',m7='" & M7 & "',m8='" & M8 & "',m9='" & M9 &
"',m10='" & M10 & "',m11='" & M11 & "' where xm='" & ListView1.SelectedItem.Text & "'")
```

```
                MsgBox "成功授权", 64, "提示信息"
            End If
    End Sub
```

3）TreeView 控件的 Change 事件代码如下：

```
Public Sub Tree_change()
        Dim Nod As Node                    '定义一个节点变量
        Dim Node1 As Node                  '定义一个节点变量
        Dim Node2 As Node                  '定义一个节点变量
        Set Node1 = TreeView1.Nodes.Add(, tvwChild, "主菜单", "主菜单", 0)    '给第 1 层节点赋与数值
        Rs1.Open "select * from tb_cd order by ID", Cnn, adOpenKeyset           '打开 tb_cd 表
            If Rs1.RecordCount > 0 Then                '如果记录集大于 0 则执行
            Rs1.MoveFirst                              '移动记录指针
            Do While Rs1.EOF = False                   '循环读取第 1 层节点中的数据信息
                key = Trim(Rs1.Fields("CD"))           '将"CD"字段中的数据赋给 key
                Text = Rs1.Fields("CD")
                StrTemp = Rs1.Fields("CD")
                Set Node2 = TreeView1.Nodes.Add(Node1.Index, tvwChild, key, Text, 0)    '给第 1 层节
点赋予数值
                Rs2.Open "select * from tb_cd1 where FLCD='" + StrTemp + "' order by ID", Cnn,
adOpenKeyset            '打开 tb_cd1 表
                If Rs2.RecordCount > 0 Then            '如果记录集大于 0 则执行
                    Rs2.MoveFirst                      '移动记录指针
                    Do While Rs2.EOF = False           '循环读取第 2 层节点中的数据信息
                        key = Trim(Rs2.Fields("XXCD")) '将"XXCD"字段中的数据赋给 key
                        Text = Rs2.Fields("XXCD")
                        Set Node3 = TreeView1.Nodes.Add(Node2.Index, tvwChild, key, Text, 0)    '给
第 2 层节点赋予数值
                        Rs2.MoveNext                   '移动记录指针
                        Node2.Expanded = True          '设置第 2 层节点被展开
                    Loop
                End If
                Rs2.Close                              '关闭数据表
                Rs1.MoveNext                           '移动记录指针
                Node1.Expanded = True                  '设置第 1 层节点被展开
            Loop
        End If
        Rs1.Close                                      '关闭数据表
    End Sub
```

4）为了添加 ListItem 对象到 ListItems 集合中，ListLoad 事件的代码如下：

```
Private Sub ListLoad()
        AdoRs.Open "select * from tb_User order by bh", Cnn, adOpenKeyset
        If AdoRs.RecordCount > 0 Then                  '如果记录集大于 0 则执行
            ListView1.ListItems.Clear                  '删除集合对象
            AdoRs.MoveFirst                            '移动记录指针
            For i = 1 To AdoRs.RecordCount
                Set Str_SubItems = ListView1.ListItems.Add() '添加 ListItem 对象到 ListItems 集合中
```

```
                With Str_SubItems
                    If AdoRs!xm = "mr" Then Exit For
                    .Text = AdoRs!xm
                    .SubItems(1) = AdoRs!qx
                    AdoRs.MoveNext          '移动记录指针
                End With
            Next i
        End If
        AdoRs.Close                         '关闭数据表
End Sub
```

5）2 个 OptionButton 按钮的 Click 事件的代码分别如下：

```
Private Sub Option1_Click()
    TreeView1.Visible = True
    List1.Visible = False
End Sub
```

和

```
Private Sub Option2_Click()
    TreeView1.Visible = False
    List1.Visible = True
End Sub
```

另外，通用部分的声明过程代码与窗体的 Load 事件代码分别如下：

```
Dim Rs1 As New ADODB.Recordset
Dim Rs2 As New ADODB.Recordset
Dim rs As New ADODB.Recordset
Dim key, Text, BH, StrTemp As String
Dim Str_SubItems As ListItem
Dim ia As Integer

Private Sub Form_Load()
        TreeView1.LineStyle = tvwTreeLines '设置在 Node 对象之间显示线的样式三线
        ListLoad
        Tree_change
        Option1.Value = 1
End Sub
```

由于篇幅限制，前面只是部分主要功能模块设计，提供的程序代码也是主要部分，其余部分功能模块可以自行设计，程序代码也可自行完善。

实验 6.3　面向对象方法系统开发实验

显著提高信息系统质量，缩短开发周期，提升系统可靠性、可扩充性、可重用性和可维护性是信息系统快速发展的客观需求，基于面向对象方法的系统分析、设计和实现技术便是能满足这样需求的信息系统开发技术，已成为系统开发人员常用的开发方法。

实验 6.3.1　面向对象系统分析

6.3.1.1　实验目的

（1）理解面向对象系统分析的基本思想。

（2）掌握面向对象系统分析的工作流程。

（3）掌握系统分析的 UML 建模方法。

6.3.1.2　预备知识

6.3.1.2.1　面向对象方法

面向对象方法是一种综合运用对象、类、继承、封装、聚合、消息传送、多态性等概念构造系统的开发方法。该方法从本质上来讲就是直接面对、正确认识信息系统所要处理问题域中客观存在的事物，并正确地描述出来进行系统开发的方法。面向对象的系统开发方法是面向对象方法在信息系统开发领域的全面运用。它包括面向对象的分析、面向对象的设计、面向对象的实施等主要内容。

6.3.1.2.2　统一建模语言

统一建模语言（Unified Modeling Language，UML）是对软件密集系统进行可视化建模的一种语言，是面向对象软件开发方法的重要技术。它融入了软件工程领域的新思想、新方法和新技术，是一种定义良好、易于表达、功能强大且普遍适用的建模语言。UML 的核心是建立系统的各类模型。模型是系统的完整抽象，是人们对某个领域特定问题的求解及解决方案，对它们的理解和认识都蕴涵在模型中。UML 模型的构成如图 6.84 所示。

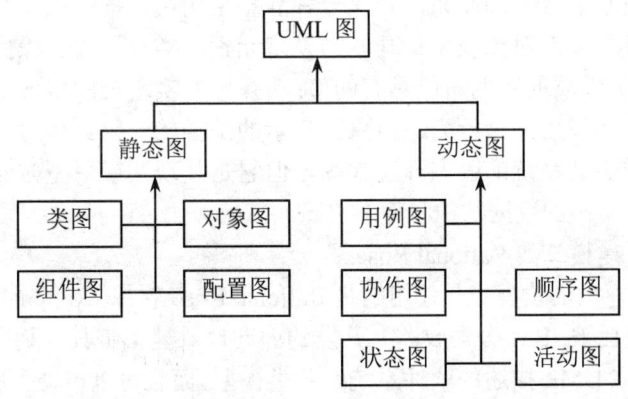

图 6.84　UML 模型的构成

6.3.1.2.3　基于 UML 的系统分析建模

1. 需求分析的模型

完整地获取需求很重要，通常是派分析人员从每个用户那里获得需求清单，并将其整理成完整、正确、一致的需求规格说明。需求捕获必须小心仔细，必须足够详细地描述系统需求，使客户和开发人员在系统应该做什么、不应该做什么方面达成共识。UML 建模语言在需求定义阶段的主要制品是用例模型，分布在用例视图中，主要是用例图。用例视图确定了系统需求。用例视图所描述的系统功能依靠外部用户或另一个系统触发激活，为用户或另一个系统提供服务，实现用户或另一个系统与系统的交互，系统实现的最终目标是提供用例视图中描述的功能。用例视图包括用来描述最终用户、分析人员和测试人员的角度所看到的系统行为的用例。用例视图约束其他视图。项目开始时，项目小组就可以在用例视图中生成业务模型。用例视图描述了一组用例和参与者以及它们之间的关系。用例视图对于系统行为的组织和建模特别重要。用例视图从角色使用系统的角度描述系统中的信息，即站在系统外部看系统功能。

2．系统分析的模型

完成了系统需求分析之后，就可以着手进行系统分析了。系统分析的主要任务是：发现问题域和系统责任所需要的类及对象，定义这些对象的属性和操作，以及它们之间的静态关系。分析的主要目的就是通过进一步深入分析需求来使问题得到解决，但与需求定义相比，最主要的差别在于它可以使用开发人员的语言来描述这些结果，也就是可以采用更为形式化的语言对系统需求中的细节问题进行描述。UML 在系统分析阶段的主要应用是构建分析模型，主要分布在开发视图中。在开发视图中，主要利用类图和对象图进行静态建模。开发视图描述了系统功能的逻辑结构。

3．静态模型设计

静态逻辑模型描述实例化（类成员关系）、关联、聚集（整体/部分）和一般化（继承）等关系，这被称为对象模型。一般化关系表示属性和方法的继承关系。定义对象模型的图形符号体系通常是从用于数据建模的实体关系图导出的。对设计十分重要的约束，如基数（一对一、一对多、多对多），也在对象模型中表示。静态模型视图主要由类图和对象图表达。类图表达了一组对象以及它们之间的联系，它是一种静态结构图，描述的是系统的静态结构，而不是系统的行为。类是面向对象模型最基本的模型元素，类有属性、操作、约束以及其他成分等。"属性"描述类性质的实例所能具有的值；"操作"实现类的服务功能，它可以被本类的对象请求执行，从而发生某种行为。对象图表示的是类的一组具体对象实例，以及它们之间的关系。对象图也表达系统的静态开发视图，但它是从现实或原型方面来透视的，说明在类图中所发现的事物实例的数据结构和静态快照。

6.3.1.2.4　UML 建模工具 Rational Rose

系统中的 UML 模型的建模工具使用的是 Rational Rose 软件。Rational Rose 建模工具是美国 Rational 公司（现已被 IBM 公司收购）开发的面向对象建模工具。利用这个面向对象建模工具，开发者可以建立 UML 描述的软件系统的各类模型，而且可以自动生成和维护 C++、Java、Visual Basic、Oracle 等语言和系统的代码，达到先建模后编码的效果。Rational Rose 是图形化的支持软件系统的面向对象的开发工具。面向对象的方法有利于理解和把握用户的需求，建立系统模型，设计出灵活、适应性强的系统构架，最终实现容易维护的软件系统。Rational Rose 集中体现了当代软件开发的先进思想，把面向对象的建模与螺旋上升式的开发过程相结合，支持团队开发，并且综合了其他的开发技术，对软件系统的开发提供了强有力的支持，为运用面向对象的思想和技术、控制系统的复杂性、提高软件开发效率创造了必要的条件。Rational Rose 工具可以对业务进行建模、建立对象模型、对数据库进行建模、建立组件模型、支持各类，目标语言。此外，利用 Rational Rose 工具能降低开发风险、降低成本、提高可用性、加快开发进度等。

6.3.1.3　实验内容

案例：某高校教务管理系统的面向对象分析

1. 教务管理系统的功能需求分析

经过反复与用户进行交流，了解到随着招生规模、教职工队伍与校园面积的不断扩大，某高校教务管理信息量急剧增加，传统的管理方法已难以适应学校发展的需要。因此，本项目的问题域是开发一个全新的教务管理系统平台，用于向全体师生和教务管理人员提供集成的、多功能的教务管理与信息服务。教务管理人员可通过本系统实现对教学资源和教务活动的管理与维护，还可在后台管理系统中根据权限级别的不同对用户除密码外的信息进行查询、修改、添加和删除；学生可以使用本系统进行个人信息、考试成绩查询以及完成选课等相关操作；教师可使用本系统查询课表、录入成绩。因此，该系统的功能需求主要包括教务管理人员、学生和教师三个角色不同的功能需求。

（1）教务管理人员的功能需求。

1）学生学籍管理。功能包括：学生注册、学生基本信息管理(可按学号查询学生信息、添加和更新学生信息)、学籍异动管理、毕业审核管理等。

2）师资信息管理。功能包括：教师注册、教师个人基本信息管理、教师课表管理等。

3）教学资源管理。功能包括：对每学年各学院中专业、年级和班级的管理(设置、查询、更新、删除)等。

4）选课管理。教务管理人员依据教学计划设置选课课程、选课统计、生成学生名单等。

5）学生成绩管理。每门课程结束后，教务人员根据教师给定的成绩进行成绩统计、审核存档。

6）系统用户管理。可以添加、删除系统用户，并设置和修改不同的用户权限。根据系统要求，将系统用户权限划分为两类：管理员级(教务管理人员)；普通用户级(包括学生和普通教职员工)；各系统用户可对个人注册信息和登录密码进行修改。

7）系统维护。系统维护主要包括：代码维护和数据维护两部分。代码维护：提供与管理员级别、单位等公共信息相关的代码数据的查询、输入、修改、删除等功能。数据维护：提供数据备份、数据恢复和跨平台的历史数据导入数据库三个功能。

（2）学生的功能需求。学生利用此系统进行与自己有关的信息查询、输入等，对功能的具体需求如下。

1）个人信息和成绩查询。功能包括：查询浏览个人学号、姓名、性别、民族、出生日期、籍贯、所在班级等；还可查询个人课表和成绩信息。

2）更新个人系统注册信息。为了保证系统的安全性，学生登录系统后，允许修改个人登录密码。

3）选课。可以浏览备选课程信息，具体包括课程名、课程类型、学时、学分和任课教师等，然后根据自身情况选修课程。在选课过程中，可浏览备选课程当前选课的人数，浏览个人的选课情况，修改选课信息等。

（3）教师的功能需求。

1）个人信息和课表查询。功能包括：查询浏览教师工号、姓名、性别、民族、出生日期、籍贯、所在单位等；还可查询教师课表。

2）更新个人系统注册信息。为了保证系统的安全性，教师登录系统后，允许修改个人登录密码。

3）成绩录入。课程考试结束后，教师将学生成绩录入系统，录入完成后保存并提交。

2．教务管理系统的用例模型建立

1）确定角色。教务管理系统中，主要角色有：教务管理人员、学生、教师等。

2）确定用例。在教务管理系统中主要用例有：学生管理、教学管理、系统管理等。

3）建立主要角色的用例图。在 Rational Rose 建模环境中，可以得到教务管理系统的顶层用例图，如图 6.85 所示。模型中的活动者代表外部与系统交互的实体，包括管理员、教师、学生；业务用例框图是对系统需求的描述，表达了系统的功能和提供的服务。

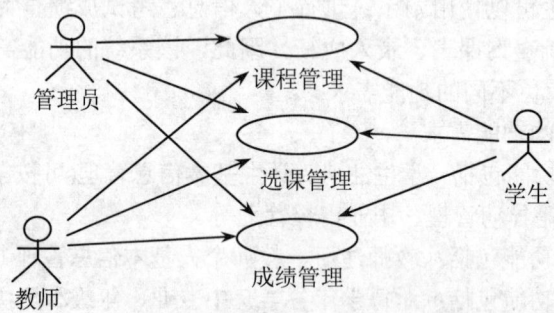

图 6.85　教务管理系统的顶层用例图

分解系统各主要角色得到的用例图分别如图 6.86～图 6.88 所示。

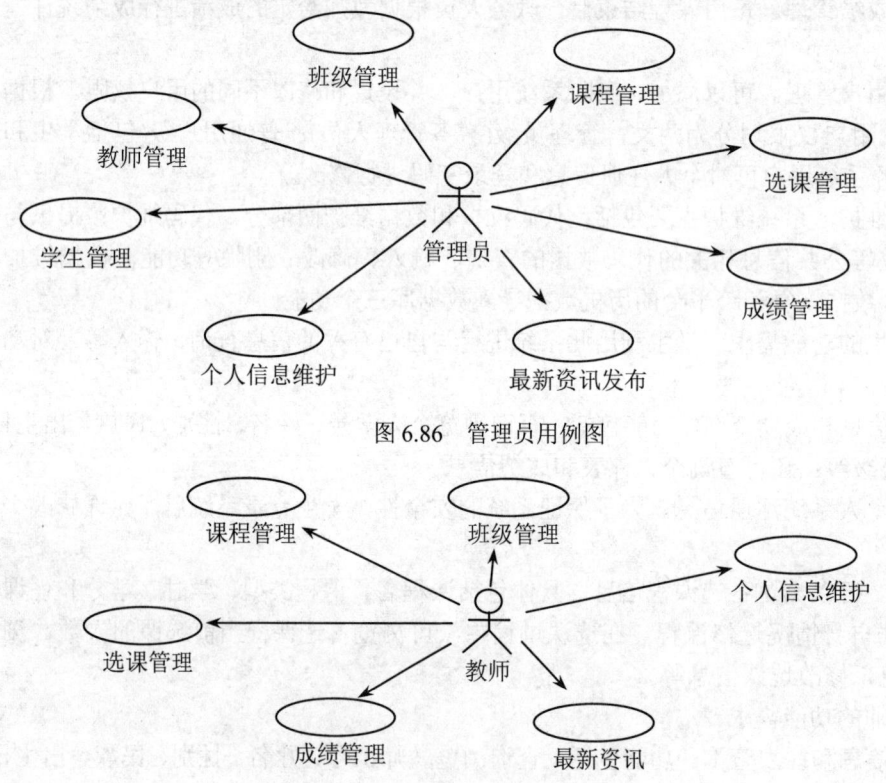

图 6.86　管理员用例图

图 6.87　教师用例图

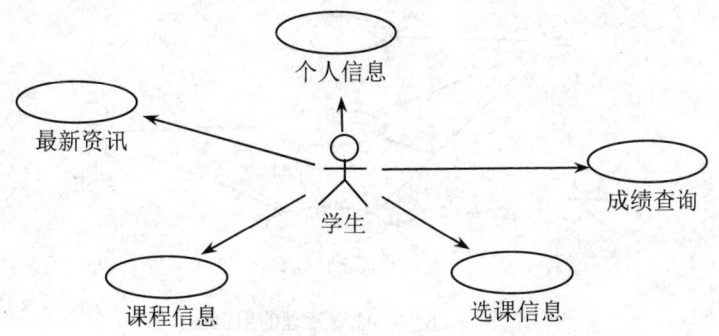

图 6.88　学生用例图

4）系统业务处理的主要用例描述。选课管理用例图如图 6.89 所示，对选课管理用例描述如下。

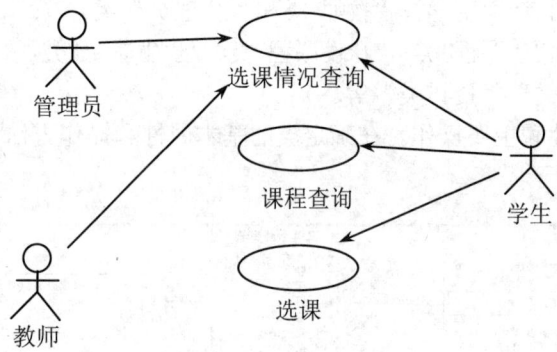

图 6.89　选课管理用例图

目标：由教务处依据教学计划创建需开设的必须、选修课程，学生自主选课，教务处根据选课情况进行调整，最后确定选修各门课程的学生名单。

主要参与者：教务管理人员、教师、学生。

步骤：①教务人员登录系统公布相关选课课程信息；②学生登录系统根据需要完成个人选课，并更新自己的选课信息；③教务人员根据学生选课信息统计选课情况，生成选课名单。

同样，课程管理用例图与成绩管理用例图分别如图 6.90 和图 6.91 所示，也可对其进行相似描述。

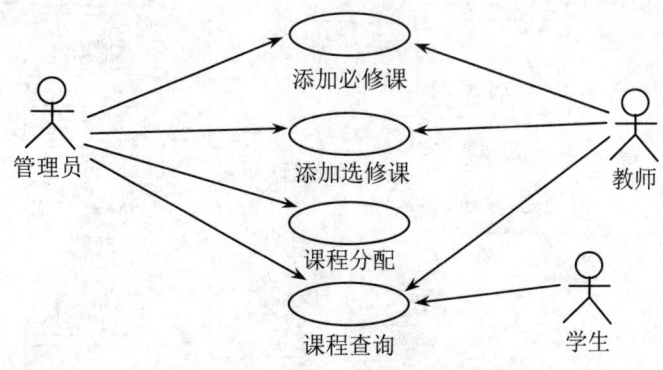

图 6.90　课程管理的用例图

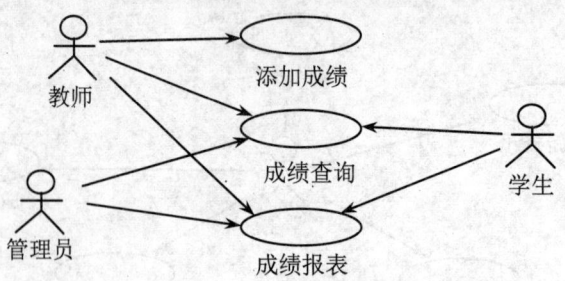

图 6.91　成绩管理的用例图

3．教务管理系统分析的 UML 建模

（1）识别对象类。通过用例可以识别出不同的对象类，本系统可以抽象出以下一些主要的对象类：

1）在用户管理方面有"学生"类、"教师"类和"管理员"类。

2）在业务处理方面有"课程"类、"开设课程"类、"学生登记"类、"课程登记"类、"学生成绩统计类"、"成绩统计类"、"资讯类"等。

（2）确定类的属性和主要操作。在确定类的基本属性和操作方法后，系统的初步模型表示如图 6.92～图 6.94 所示。

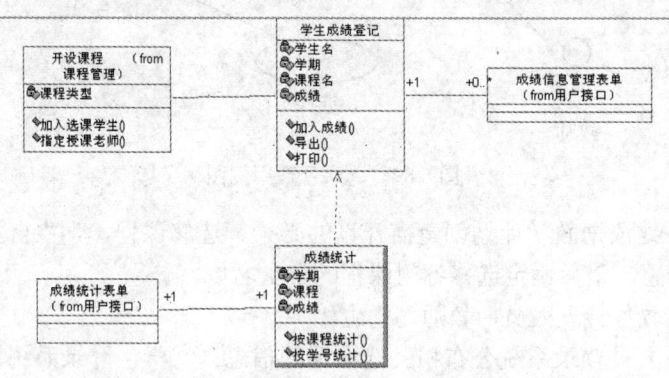

图 6.92　成绩管理对象类的模型图

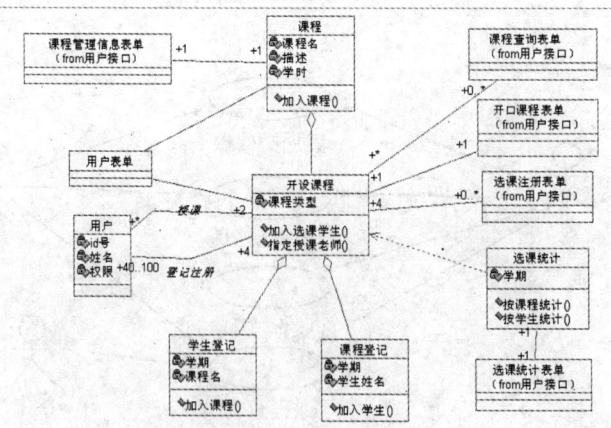

图 6.93　课程管理对象类的模型图

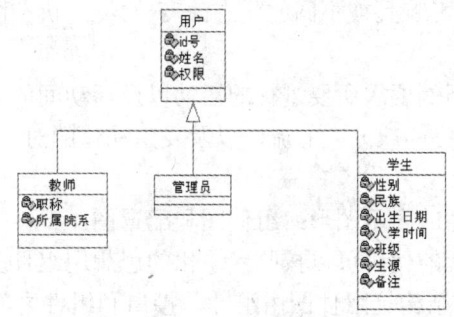

图 6.94 用户管理对象类的模型图

实验 6.3.2 面向对象系统设计

6.3.2.1 实验目的

（1）理解面向对象系统设计的基本思想。

（2）掌握面向对象系统设计的工作内容与步骤。

（3）掌握系统设计的 UML 建模方法。

6.3.2.2 预备知识

1. 面向对象系统设计的任务

在面向对象系统设计阶段，将构造系统，并实现所有需求的系统组织。通过系统设计，可以产生合理而稳定的框架，并创建实现模型的物理方案。设计模型非常接近实际的系统，它建立对系统实现的无缝抽象，它使应用代码生成以及在设计和实现之间的双向工程等技术成为可能。在这一阶段的主要任务是设计系统架构和子系统，并进行系统物理模型的构建。UML 语言在系统设计阶段的主要制作对象是设计模型的开发视图、进程视图和物理视图，主要有包图、顺序图、协作图、状态图、活动图、组件图和部署图等。

2. 动态模型视图

系统的动态模型视图包含交互图和行为图两类。交互图主要集中描述操作的具体工作流程，关键点是参与的类和角色以及它们之间的交互。行为图主要描述系统的动态模型和组成对象间的交互关系。其中交互图包含顺序图和协作图，行为图包含状态图和活动图。在系统的设计阶段中应对主要的用例和对象类绘制这些图形，以便分析系统的行为，印证和修改系统的静态结构，满足用户的需求，达到系统的目的。在具体的项目中，应根据具体情况来决定到底使用哪些图来建立系统的动态模型。

（1）顺序图是最常用的动态模型，主要反映对象之间已发送消息的先后次序，说明对象之间的交互过程，以及系统执行过程中，在某一具体位置将会有什么事件发生，它是更直观描述消息时间顺序的交互图。

（2）协作图是以对象实例为中心，强调收发消息对象结构组织的交互图。协作图显示了一组对象、这组对象间的链以及这组对象收发的消息。它更直观地描述类和角色，类和类之间的交互关系。

（3）状态图显示类的所有对象可能具有的状态，它强调对象按事件次序发生的行为。但在实际应用中，并非所有的类都有相应的状态图，状态图仅用于描述具有若干个确定状态(类的行为在这些状态下会受到影响且被不同的状态改变)的类。状态图对接口、类或协作的行为建模是非常重要的。

（4）活动图描述满足用例要求所要进行的活动以及活动间的约束关系。活动图显示了一组活动，从活动到活动的顺序的或分支的流，以及发生动作的对象或动作所施加的对象。

3．物理模型

UML 提供两种物理模型的表示图形：组件图和配置图。

（1）组件图。系统实现的代码可以按照模块化的思想用组件分别组织起来，从而明确系统各部分的功能职责和软件结构。组件图由组件、接口和组件之间的联系构成。组件图用于建立系统的实现模型，也可以用于建立业务模型，还可以用于建立开发期间的软件产物的依赖关系，用于系统的开发管理。

（2）配置图。配置图由节点和节点之间的联系构成，用于表示一个分布式系统的运行结构。节点是存在于运行期间的系统的物理元素，代表计算机资源，通常为处理器或其他硬件设备，系统的组件可以配置在节点上。经过开发得到的软件系统的组件和重用模块，必须配置在某些硬件上予以执行。

6.3.2.3　实验内容

案例：某高校教务管理系统的面向对象设计

1．建立数据库模型

教务管理系统采用关系数据库系统存储和管理数据，数据库模式通常用实体—关系模型（ERD）表示，经分析设计作出教务管理系统数据库和学生实体的 E-R 图，如图 6.95 和图 6.96 所示。同样，还可画出教师、班级、课程、用户、资讯等实体的 E-R 图。

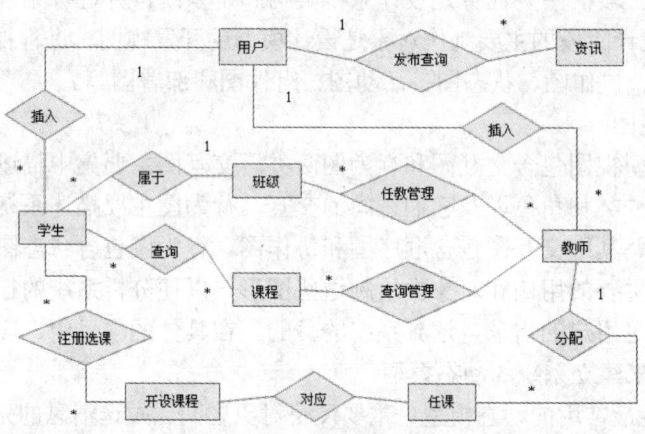

图 6.95　系统数据库 E-R 图

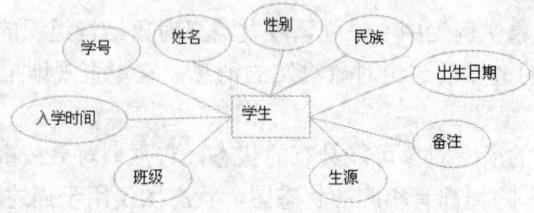

图 6.96　学生实体 E-R 图

　　（1）需要管理的 6 大实体类数据。人员数据（学生、教师）、班级数据、课程数据、选课数据、学生成绩数据、最新资讯数据。

　　（2）数据库的 8 个数据表。学生表、教师表、班级表、课程表、开设课程表、任课表、用户表、资讯表。这些基本表定义为：

　　1）学生。学号、姓名、性别、民族、出生日期、入学时间、专业、生源、备注。

　　2）教师。教号、姓名、职称、所属院系。

　　3）课程。课号、课程名、学时、学分、课程类型、备注。

　　4）开设课程。编号、学号、课程号、成绩、学期。

　　5）任课表。编号、教号、课号、班级、学期。

　　6）班级。班号、院系、学院、班主任、班级名。

　　7）用户表。用户号、密码、权限。

　　8）资讯表。编号、题目、发布时间、出处、内容。

　　需要对上述基本表建立表间关系，如图 6.97 所示，并进行关系规范化，设计触发器、存储过程等操作。

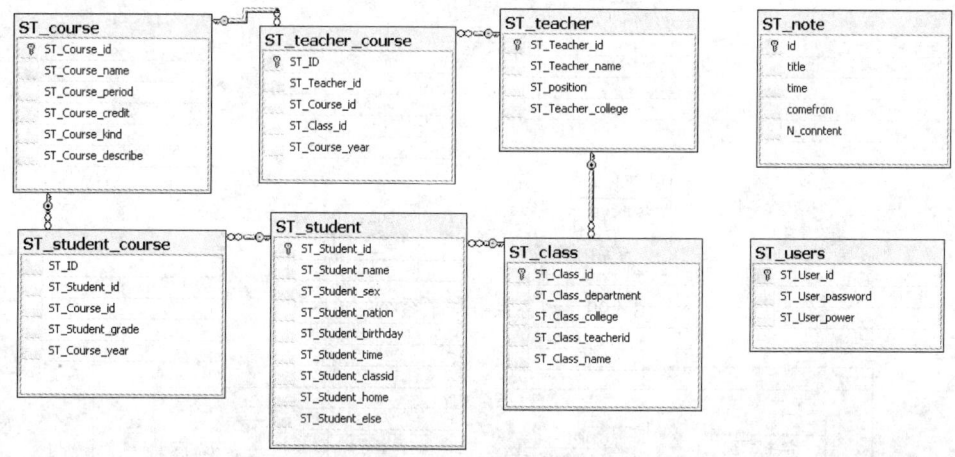

图 6.97　实体类数据表间的关系

2. 建立包图

　　对于大型的复杂系统，常需要把模型元素用包组织起来。虽然本系统不算大，为方便理解和处理，也可以把系统的对象类组织成包，以便更清楚地了解系统的结构。包图表示的是系统的静态结构，本系统共有 5 个包："教学管理"包、"用户接口"包、"数据库"包、"MFC类"包、"出错处理"包，如图 6.98 所示。

　　（1）"用户接口"包中包含了全部接口对象类："课程信息管理表单"、"查询课程表单"、"查询成绩表单"、"选课注册表单"、"开设课程表单"、"选课统计表单"、"成绩信息管理表单"、"成绩统计表单"、"注册表单"等。

　　（2）"教学管理"包中包含了为实现教学管理业务领域任务的全部对象类。

　　（3）在"数据库"包中包含了实现数据库服务功能的全部对象类。

　　（4）在"MFC 类"包中包含了支持系统的动态链接库的必要的库函数对象类。

　　（5）在"出错处理"包中包含了实现数据库服务功能的全部对象类。

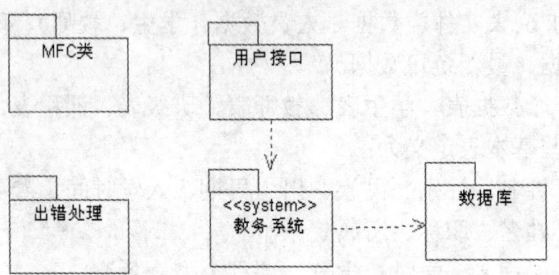

图 6.98　教务系统包图

　　教务管理系统由两个子系统组成：①教务后台管理子系统，负责教学资源的配置、规划和查询等管理工作；②教务前台学生子系统，负责学生个人信息、教学信息、成绩等查询和选课等工作。

　　其包图和各子系统的包图如图 6.99～图 6.101 所示。

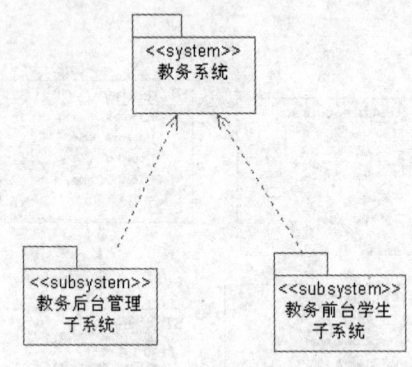

图 6.99　教务系统与子系统的包图

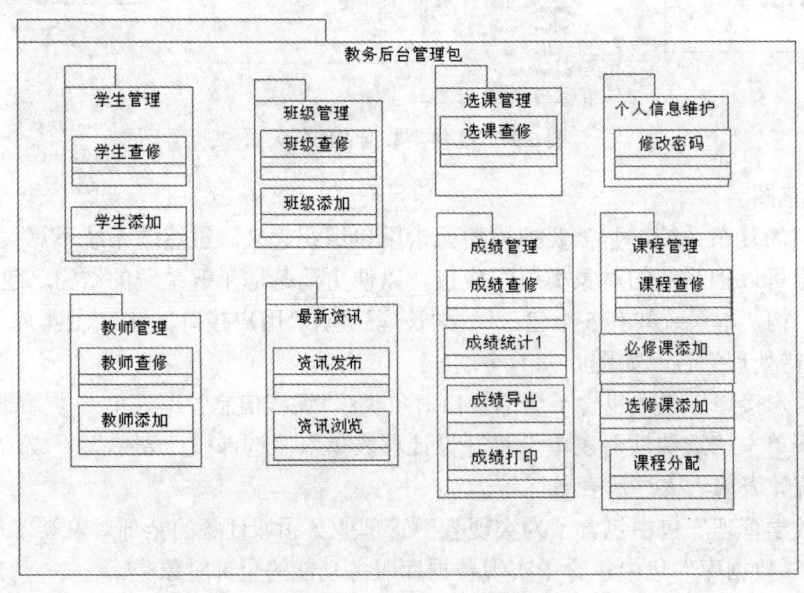

图 6.100　教务后台管理包图

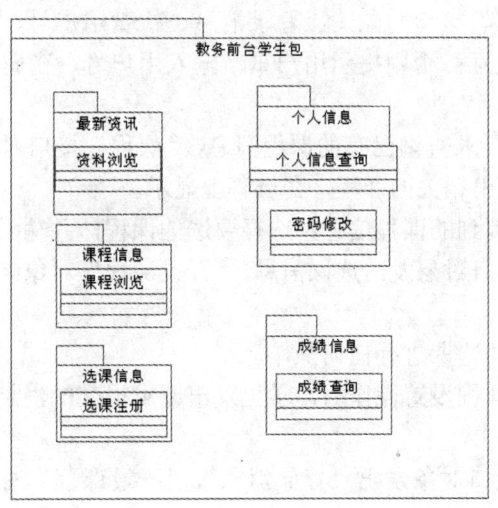

图 6.101　教务前台学生包图

3．教务管理系统动态模型的建立

系统动态建模主要是以顺序图、协作图、状态图和活动图为主，下面对教务管理系统中的主要用例分别建立顺序图、协作图、状态图和活动图。

（1）顺序图的建立。为了绘制顺序图，首先要对一个用例编写交互活动进程，然后确定参与交互的活动者和对象，确定交互事件。

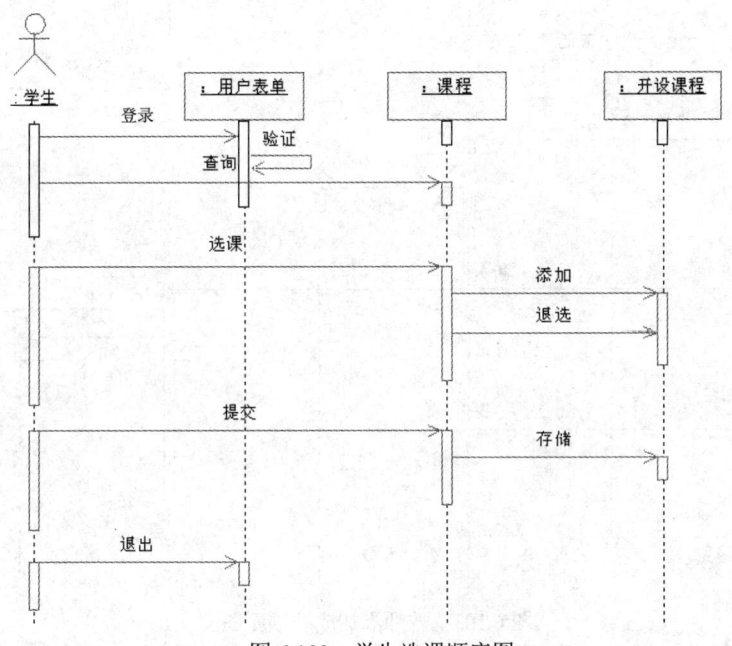

图 6.102　学生选课顺序图

例如，学生选课顺序图，如图 6.102 所示。其中的交互事件如下。

1）登录。学生登录教务管理系统进行选课活动。学生发出登录消息，输入用户号、密码和角色。

2）验证。"用户表单"接口对象响应登录消息，检查用户号、密码和角色。如果正确无误，则可以进行下一步交互；否则提示用户重新输入用户号、密码和角色，进行新一轮的身份验证。

3）查询。学生发出要求查询已有的课程消息，"课程"接口对象响应该消息，按照输入的查询条件从数据库中找出相关的课程，在屏幕上显示。

4）选课。根据已查询到的课程信息，选择要选的课程，并输入相关消息。

5）增加。"课程"接口对象发出选课消息，"开设课程"对象响应消息，并在开设课程表中增加选课的学生。

6）取消。不对前面的选课进行任何操作。

7）提交。在完成了课程设置操作后，学生发出请求提交的消息，进行存储选课的操作。"课程"接口对象响应请求。

8）存储。"课程"接口对象发出"存储消息"，"开设课程"对象响应消息，进行数据库操作，把选课的数据结果存入数据库。

9）退出。学生发出退出系统的消息，"用户表单"接口对象响应请求，关闭系统。

同样，分别绘制教师添加成绩顺序图和管理员打印成绩顺序图，如图 6.103 和图 6.104 所示。

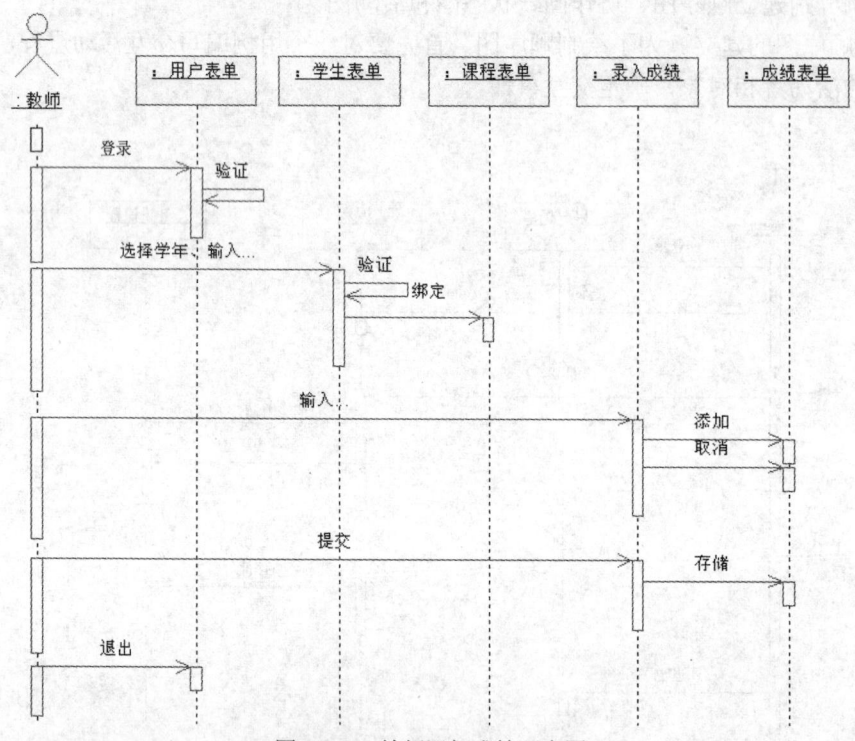

图 6.103　教师添加成绩顺序图

（2）协作图的建立。协作图用于描述系统的行为是如何由系统对象实现的。绘制主要用例图的协作图可帮助深入了解和表示系统的行为和各个对象的作用。图 6.105～图 6.107 描述的是前面教务管理系统顺序图对应的协作图。

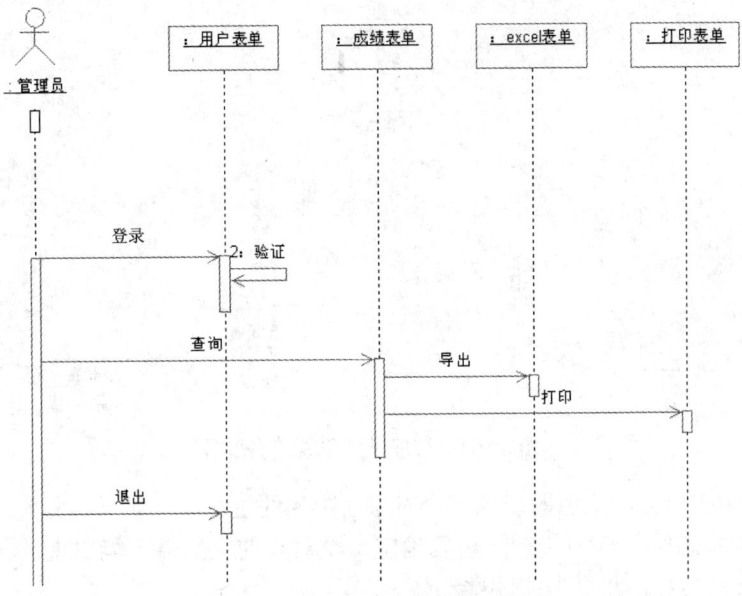

图 6.104　管理员打印成绩顺序图

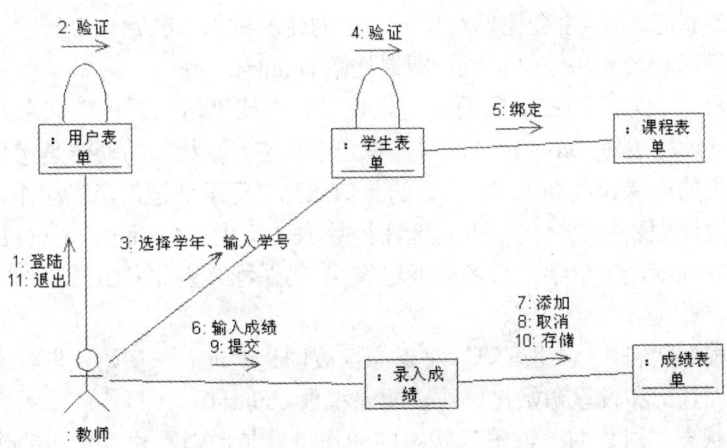

图 6.105　学生选课协作图

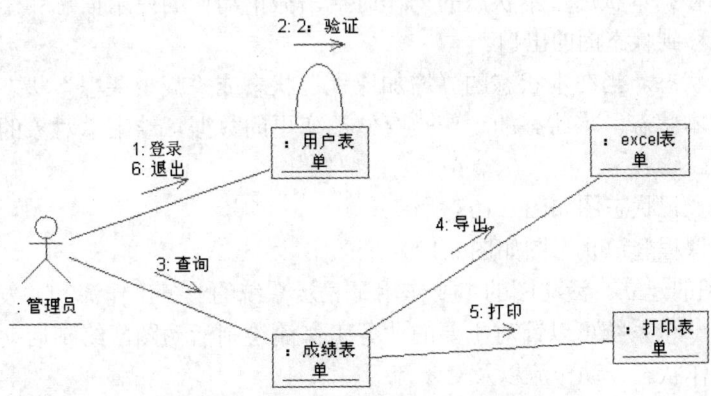

图 6.106　教师添加成绩协作图

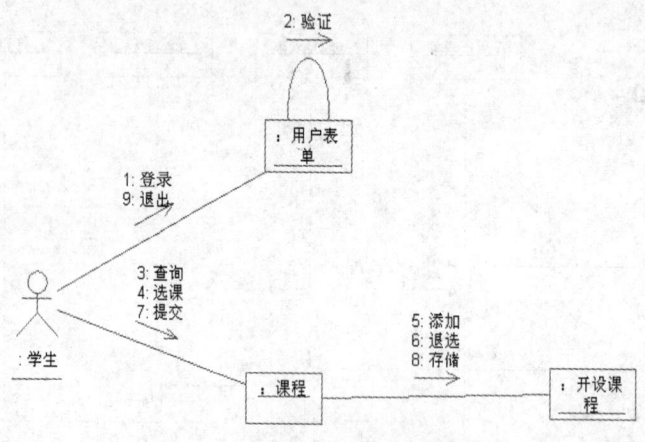

图 6.107 管理员打印成绩协作图

（3）状态图的建立。状态图表现一个对象（类）的生命史。对于一些实现重要行为动作的对象应当绘制状态图。绘制状态图需要确定一个对象的生命期可能出现的全部状态，哪些事件将引起状态的转移，将会发生哪些动作。

例如，对于教务管理系统学生选课注册的"学生登记"对象，可能出现的状态如下。

1）"初始化"状态。"学生登记"对象一旦被创建就进入"初始化"状态。在本状态的动作时初始化课程登记和设置初始化参数，即课程数 count=0。

2）"增加课程"状态。当在对象的"初始化"状态或"增加课程"状态时发生了"增加课程"事件，而且满足条件"count<4"，则转移到本状态。本状态的动作是增加学生所选修的课程信息并对学生的选课计数加 1。本状态的入口点为"记录课程信息"动作，即把学生所选的课程加入到开设课程表中去；出口点为选课计数加 1 动作："count=count+1"。根据系统业务需求规定的业务规则，一个学生最多只能选修 4 门课程，因此发生转移到本状态的条件为"count<4"。

3）"减少课程"状态。"学生登记"对象一旦被创建就进入"初始化"状态。在本状态的动作时初始化课程登记和设置初始化参数，即课程数 count=0。

4）"取消"状态。对象的"取消"状态的动作主要是撤销刚才发生的动作效果，并结束本对象的运行。当在对象的"初始化"状态、"增加课程"状态或"减少课程"状态发生了"取消"事件，则转移到本状态。本状态的动作时给出撤销动作的提示信息和结束本对象运行的提示信息，并转移到状态图的出口。

5）"关闭"状态。当在本状态的"增加课程"状态或"减少课程"状态发生了"关闭"事件时，转移到本状态。本状态的动作是存储已变更的数据，结束本对象的运行，直接转移到状态图的出口。

学生的选课登记状态图如图 6.108 所示。

同样，选课课程登记状态图如图 6.109 所示。

（4）活动图的建立。活动图的主要作用是表示系统的业务工作流和并发处理过程，类似于流程图。对于一个系统可以针对主要的业务工作流绘制活动图。绘制活动图需要确定参与活动的对象、动作状态、动作流以及对象流。

对教务管理系统设置开设课程的活动绘制活动图，如图 6.110 所示。

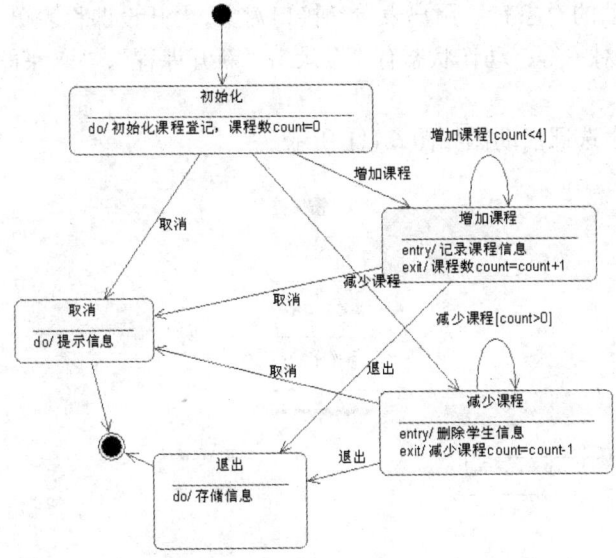

图 6.108 选课学生登记状态图

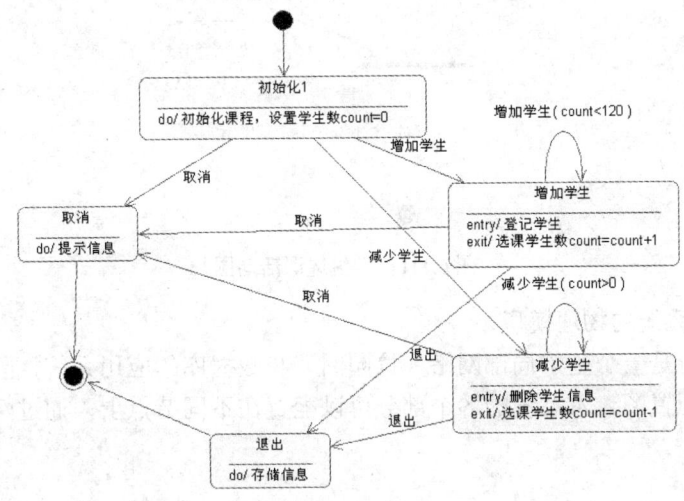

图 6.109 选课登记状态图

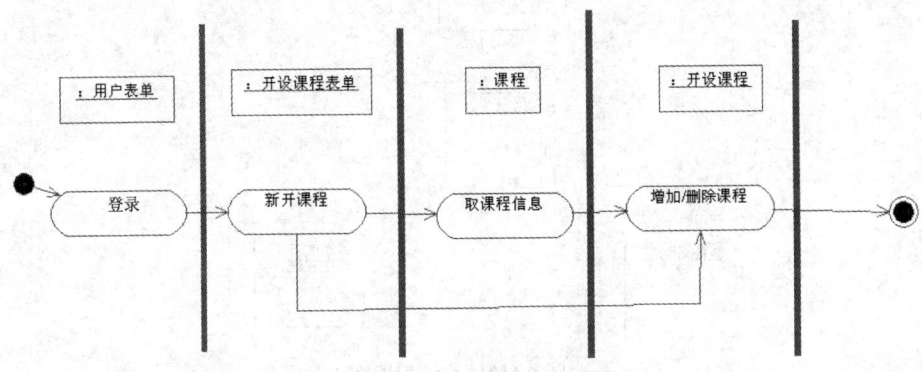

图 6.110 设置开设课程活动图

其中，参与活动的对象有"用户表单"接口对象、"开设课程表单"接口对象、"课程"对象、"开设课程"对象等；动作状态有"登录"、"新开课程"、"取课程信息"、"增加/删除课程"等。

同样，绘制学生选课活动图如图 6.111 所示。

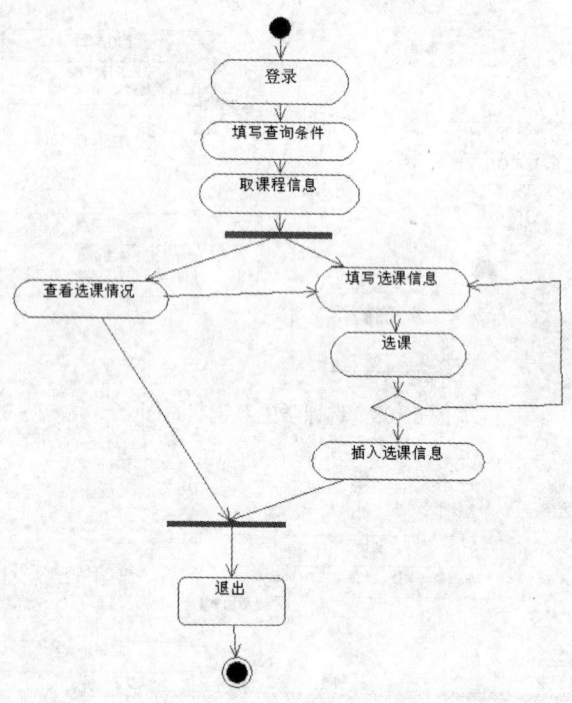

图 6.111　学生选课活动图

4. 教务管理系统的物理模型

教务管理系统是一个基于局部网络（校园网）和数据库的应用系统，因此有必要进行系统的配置，建立配置图。本系统的各个部分可以配置在不同节点上，通过网络互联通信，如图 6.112 所示。

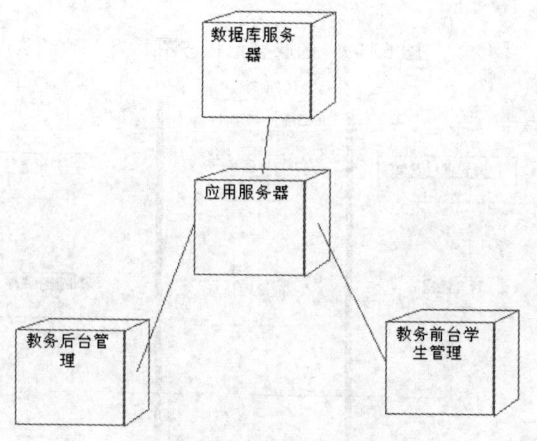

图 6.112　系统配置图

　　该系统配置图把数据库服务器、应用服务器、教务后台管理和教务前台学生管理的相应组件配置在不同的节点上。应用服务器与数据库服务器通信，数据库服务器向应用服务器提供数据服务。应用服务器向用户提供教务管理的应用服务。教务后台管理和教务前台学生管理节点具体完成后台管理和前台应用的服务操作，它们不直接与数据打交道，而是通过应用服务器请求访问数据库。

　　本教务管理系统是一个 B/S 结构的分布式系统，但主要是基于校园的局域网，所以也可以将配置图绘制成如图 6.113 所示。

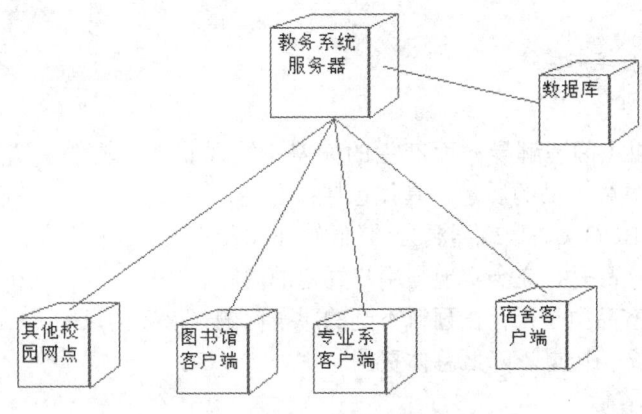

图 6.113　系统 B/S 结构配置图

　　本系统的核心教务管理软件和数据库放置在学校的中心计算机上，用户接口端只要通过浏览器，如图书馆、专业系、学生宿舍和其他校园网点的计算机浏览器即可访问应用。

实验 6.3.3　面向对象系统实施

6.3.3.1　实验目的
（1）掌握面向对象系统的实施语言。
（2）掌握面向对象程序设计的原则和方法。
（3）了解面向对象测试的目标与步骤。

6.3.3.2　预备知识
6.3.3.2.1　面向对象系统实施的任务
　　由于面向对象的系统分析与设计已经对系统进行了详细定义，并描述了各项系统功能的静态结构组成部分及其动态联系，面向对象系统实施阶段的主要任务是进行编码语言的选择、面向对象应用程序框架的构建，面向对象应用程序编写，并进行系统测试。

6.3.3.2.2　面向对象模型的代码转换技术
　　尽管系统的实现主要采用人工编码方式，但作为编码的另一种手段——自动化代码生成技术是非常优秀的，将大部分模型完整的转换成代码，可以在很大程度上减少编码人员的工作量。并充分实现了面向对象分析、设计和编码各阶段之间的无缝衔接，体现了面向对象开发方法相较于传统结构化开发方法的优越性。

　　面向对象模型向程序代码的转换技术是指利用某种自动化工具(辅助开发软件)将分析和设计阶段生成的系统逻辑模型自动转换成系统物理代码的技术。这种技术主要应用于面向对象的开发方法中，因为在面向对象开发方法中每一个开发阶段采用的都是面向对象的语义和语法，具有统一概念和边界，所以能够自动生成代码。比较专业的自动化代码生成工具可以选择 Rational Rose 软件，利用该软件可以在系统分析和设计阶段创建类模型，到编码阶段可以利用该工具提供的菜单完成代码的自动转换工作。具体步骤如下：

（1）检查类图中的类与类之间的关系设置，看是否有遗漏或错误，进行纠正与完善。

（2）在构件图中创建各种构件并且与类图中的每个类相关联。

（3）设置所有构件的编程语言。

（4）使用 ROSE 自动检查模型中的所有类是否符合指定语言的语法。

（5）生成代码。

6.3.3.2.3　系统测试方法

1．测试的目的

就是要找出并纠正因理解异同而产生的偏差、发现并排除软件系统开发过程中存在的"BUG"，从而提高软件产品的质量。具体包括：

（1）尽早发现 BUG（缺陷或漏洞），降低软件开发的成本。

（2）确认软件产品是否完全实现与用户约定的内容。

（3）确认软件产品中是否存在预料不到的质量问题（潜在的风险）。

（4）提高各类文档质量，降低总体费用。

2．测试的流程

系统进行全面测试具体包括 4 个主要步骤：

（1）单元测试。是对构筑软件系统的最小的可编译模块的测试，检查并确认其是否符合详细设计要求。在此阶段可以发现和排除模块中的 80% 以上的 BUG，具体是对编程规约和规范的审查，同时是对处理逻辑、功能及结构的测试。

（2）集成测试。是按照基本设计说明书的要求将各模块组装在一起的测试。主要测试各模块之间的接口是否存在问题；全程数据结构是否存在问题；子功能的组合是否达到主功能预期的要求等。

（3）系统测试。是与系统设计阶段对应的测试工程，主要包括系统的功能测试、操作测试、性能测试、负荷测试、排他测试、异常测试和模拟运行测试等。

（4）运行阶段测试。运行阶段测试是与开发工程的需求定义阶段所对应的测试手段。将其放到实际环境同等的条件下运行一段时间，进一步测试该系统的功能和性能是否完全符合需求定义的规格。具体包括：导入测试和现场测试。

6.3.3.3　实验内容

案例：某高校教务管理系统的面向对象实现

1．系统实现环境

（1）系统运行环境。某高校教务管理系统主要以校园网为平台，采用星型结构，以交换机为中心，将多台主机和服务器集成为一体，构成一个开放式的 Browser/Server（浏览器/服务器）体系结构。

（2）系统开发技术。该教务系统主要采用 VS.NET 2005 技术开发平台、SQL Server 2005 数据库，UML 建模工具选择 Rational Rose，并以 IIS 作为服务器。

2．数据库的实现

面向对象的设计阶段已经对数据库进行了初步设计，通过把识别出的实体类映射成数据库表，将类中的属性映射成表中的字段，将类的对象的属性值映射成表中的每一条记录，可构建该教务管理系统的数据库。

（1）打开 SQL Server 2005 数据库软件，选择工具中的企业管理器，在服务器中创建某高校教务管理系统数据库。

（2）在该数据库中创建教务管理系统所需的表。

（3）建立表与表之间的关系。

3．创建公共类

```
public static SqlConnection sqlConn()
{
    string Connection = "Server=.\\SQLEXPRESS;InitialCatalog=ST_StuManager;Trusted_Connection=true";
    SqlConnection myConnection = new SqlConnection(Connection);
    return myConnection;
}
public static DataSet Show(string str)
{
    SqlConnection ST_Conn = sqlConn();
    ST_Conn.Open();
    SqlDataAdapter sda = new SqlDataAdapter(str, ST_Conn);
    DataSet ds = new DataSet();
    sda.Fill(ds);
    return ds;
}
public static DataSet ShowAll(string SProcedure, string select1, string str1)
{
    SqlConnection ST_Conn = sqlConn();
    ST_Conn.Open();
    SqlDataAdapter sda = new SqlDataAdapter(SProcedure, ST_Conn);
    sda.SelectCommand.CommandType = CommandType.StoredProcedure;
    SqlParameter ST_Student_id = new SqlParameter(str1, SqlDbType.VarChar, 50);
    ST_Student_id.Value = select1.Trim();
    sda.SelectCommand.Parameters.Add(ST_Student_id);
    DataSet ds = new DataSet();
    sda.Fill(ds);
    return ds;
}
public static DataSet ShowAll2(string SProcedure2, string select2, string str2)
{
    SqlConnection ST_Conn = sqlConn();
    ST_Conn.Open();
    SqlDataAdapter sda = new SqlDataAdapter(SProcedure2, ST_Conn);
    sda.SelectCommand.CommandType = CommandType.StoredProcedure;
    SqlParameter ST_Student_name = new SqlParameter(str2, SqlDbType.VarChar, 50);
    ST_Student_name.Value = select2.Trim();
```

```
    sda.SelectCommand.Parameters.Add(ST_Student_name);
    DataSet ds = new DataSet();
    sda.Fill(ds);
    return ds;
}
```

4. 主要页面及其程序代码

（1）登录页面。用户在使用该系统前要先登录，输入正确的用户号、密码和选择正确的角色，经过与用户表的验证无误后才能进入相应的系统，并将登录的用户号和角色分别赋值到 Session["User_id]和 Session[User_power]中，否则不能进入使用该系统。登录页面如图 6.114 所示。

实现代码为：

```
if (tbx_id.Text != "" && tbx_pwd.Text != "")//判断用户密码是否为空
{
    SqlConnection st_conn = DBUtil.sqlConn();
    st_conn.Open();
    //连接数据库，判断用户输入的用户名，密码和选择的角色是否正确
    string st_sqlstr = "select * from ST_users where ST_User_id='" + tbx_id.Text + "'and ST_User_password='"
+ tbx_pwd.Text + "'and ST_User_power ='" + ddl_power.Text + "'";
    SqlCommand st_comm = new SqlCommand(st_sqlstr, st_conn);
    SqlDataReader st_dreader = st_comm.ExecuteReader();
    if (st_dreader.Read())
    {    //下两句用 Session 对象储存用户名和角色以备后用，不要可删除
    Session["User_id"] = st_dreader["ST_User_id"];
    Session["User_power"] = st_dreader["ST_User_power"];
    //判断用户身份跳转到不同页面
    if (ddl_power.SelectedValue == "1")
    {
    Session["ID"] = tbx_id.Text.Trim();
    Response.Redirect("a_student.aspx");
    }
    else if (ddl_power.SelectedValue == "0")
    {
    Session["ID"] = tbx_id.Text.Trim();
    Response.Redirect("~/stu_query.aspx");
    }
    else if (ddl_power.SelectedValue == "2")
    Session["ID"] = tbx_id.Text.Trim();
    {
    Response.Redirect("~/a_student.aspx");
    }
    st_conn.Close();
    }
    else
    {
    //弹出用户，密码错误提示
    Response.Write("<script>alert('用户名、密码或角色错误');location.href = 'login.aspx';</script>");
```

用户名：

密 码：

角 色：　　管理员 ▾

登录

图 6.114　登录页面图

```
    return;
    }
  }
  else
  {
  //弹出用户密码为空提示
    Response.Write("<script>alert('用户名和密码不得为空');location.href = 'default.aspx';</script>");
    return;
  }
}
```

（2）教务前台学生理页面。

1）导航页面。学生用户使用该导航可以轻松找到自己的目标页面，实现导航用到了 treeview 控件、siteMapDateSourse 控件、siteMap 站点地图等，方便浏览，为日后系统二次开发导航提供服务。导航页面如图 6.115 所示。

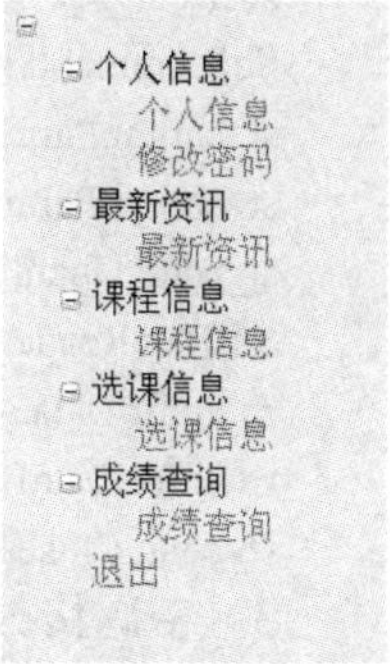

实现代码如下：

在 web.config 中声明：

图 6.115　导航页面

```
<siteMap>
<providers>
<add name="nav" type="System.Web.XmlSiteMapProvider" siteMapFile="~/nav.sitemap"/>
< addname="stu_nav"type="System.Web.XmlSiteMapProvider"siteMapFile="~/stu_nav.sitemap"/>
</providers>
</siteMap>
```

在 stu_nav.sitemap 中：

```
<siteMap xmlns="http://schemas.microsoft.com/AspNet/SiteMap-File-1.0" >
<siteMapNode url="" title=""   description="">
<siteMapNode   title="个人信息" >
<siteMapNode url="~/stu_query.aspx" title="个人信息"   description="" />
<siteMapNode url="~/stu_updatePwd.aspx" title="修改密码"   description="" />
</siteMapNode >
<siteMapNode   title="最新资讯" >
<siteMapNode url="~/stu_note.aspx" title="最新资讯"   description="" />
</siteMapNode >
<siteMapNode   title="课程信息" >
<siteMapNode url="~/stu_courStu.aspx" title="课程信息"   description="" />
</siteMapNode >
<siteMapNode   title="选课信息" >
<siteMapNode url="~/stu_sortCour.aspx" title="选课信息"   description="" />
</siteMapNode >
<siteMapNode   title="成绩查询" >
<siteMapNode url="~/stu_gradeQuery.aspx" title="成绩查询"   description="" />
</siteMapNode >
<siteMapNode url="~/login.aspx" title="退出"   description="" /></siteMapNode>
</siteMap>
```

2）个人信息页面。在该页面上显示的是登录用户的基本信息。页面如图 6.116 所示。

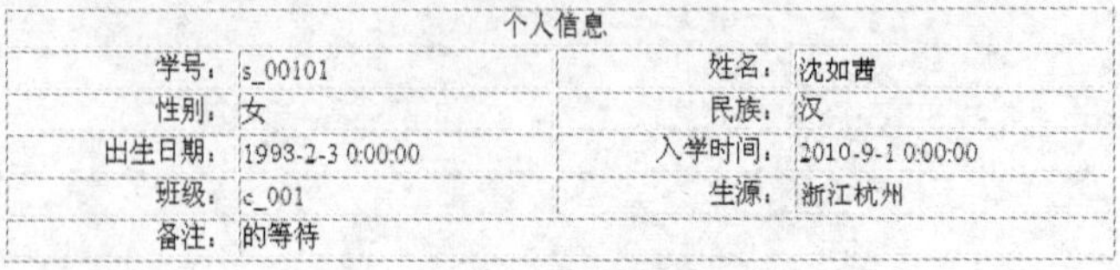

个人信息			
学号：	s_00101	姓名：	沈如茜
性别：	女	民族：	汉
出生日期：	1993-2-3 0:00:00	入学时间：	2010-9-1 0:00:00
班级：	c_001	生源：	浙江杭州
备注：	的等待		

图 6.116　个人信息页面

主要实现代码如下：

```
string st_sqlstr = "select * from ST_student where ST_Student_id=@id";
SqlCommand st_comm = new SqlCommand(st_sqlstr, st_conn);
st_comm.Parameters.Add(new SqlParameter("@id", SqlDbType.VarChar, 50));
st_comm.Parameters["@id"].Value = Session["user_id"].ToString();
st_conn.Open();
SqlDataReader st_dr = st_comm.ExecuteReader();
rp_infor.DataSource = st_dr;
rp_infor.DataBind();
st_conn.Close();
```

3）密码修改页面。该页面主要是提供用户修改自己的密码，但是不能修改用户名，用户名是学校统一分配的，不予修改，而且在修改过程中还要输入旧密码进行确认，密码修改页面如图 6.117 所示。

主要实现代码如下：

用户名：	s_00101
旧密码：	
新密码：	
新密码确认：	

修改　重设

图 6.117　密码修改页面

```
protected void tbx_modify_Click(object sender, EventArgs e)
{
    SqlConnection st_conn=DBUtil.sqlConn ();
    st_conn.Open();
    string st_sqlstr = "update ST_users set ST_User_password='" + tbx_newPwd.Text + "' where ST_User_id='"
+ Session["User_id"].ToString() + "'";
    string st_sqlstr1 = "select ST_User_password from ST_users where ST_User_id='" +
Session["User_id"].ToString() + "'";
    SqlCommand st_comm1 = new SqlCommand(st_sqlstr1, st_conn);
    SqlDataReader st_dreader1 = st_comm1.ExecuteReader();
    if (st_dreader1.Read())
    {
        string a = st_dreader1["ST_User_password"].ToString();
        st_conn.Close();
        st_conn.Open();
        SqlCommand st_comm = new SqlCommand(st_sqlstr, st_conn);
        Response.Write(a);
        if (tbx_pwd.Text == a)
        {
            try
            {
                st_comm.ExecuteNonQuery();
                Response.Write("<script>alert('修改成功！')</script>");
            }
            catch (SqlException)
            {
```

```
        Response.Write("<script>alert('修改失败')</script>");
      }
    }
    else
      Response.Write("<script>alert('请输入正确的原密码！')</script>");
  }
    st_conn.Close();
}
```

4）选课信息页面。选课流程是选查看了当年选修课的内容，然后根据课程名，选择任课老师和学年。可以通过"查看选课情况"查看有多少人选修了这门课程，最后决定是否选课，其页面如图 6.118 所示。

图 6.118　选课信息页面

主要实现代码如下：

```
protected void tbn_search_Click(object sender, EventArgs e)
{
    if (ddl_courName.SelectedItem.Text == "")
    {
    if (tbx_teaName.Text == "")
    {
      st_sqlstr = "select ST_course.ST_Course_name,ST_course.ST_Course_id,ST_teacher.ST_Teacher_name,
ST_course.ST_Course_credit,ST_course.ST_Course_period from ST_course,ST_teacher,ST_teacher_course where
ST_teacher_course.ST_Course_year='" + ddl_tearn.SelectedItem.Text + "' and ST_teacher_course.ST_Course_id=
ST_course.ST_Course_id and ST_teacher_course.ST_Teacher_id=ST_teacher.ST_Teacher_id";
    }
    else
    {
      st_sqlstr = "select ST_course.ST_Course_name,ST_course.ST_Course_id,ST_teacher.ST_Teacher_name,
ST_course.ST_Course_credit,ST_course.ST_Course_period from ST_course,ST_teacher,ST_teacher_course where
ST_teacher_course.ST_Course_year='" + ddl_tearn.SelectedItem.Text + "' and ST_teacher_course.ST_Course_id=
ST_course.ST_Course_id and ST_teacher_course.ST_Teacher_id=ST_teacher.ST_Teacher_id and
ST_teacher.ST_Teacher_name='" + tbx_teaName.Text + "'";
    }
    }
    else
    {
    if (tbx_teaName.Text == "")
    {
```

```
        st_sqlstr = "select ST_course.ST_Course_name,ST_course.ST_Course_id,ST_teacher.ST_Teacher_name,
ST_course.ST_Course_credit,ST_course.ST_Course_period from ST_course,ST_teacher,ST_teacher_course where
ST_teacher_course.ST_Course_year='" + ddl_tearn.SelectedItem.Text + "' and ST_teacher_course.ST_Course_id=
ST_course.ST_Course_id and ST_teacher_course.ST_Teacher_id=ST_teacher.ST_Teacher_id and
ST_course.ST_Course_name='" + ddl_courName.SelectedItem.Text + "'";
        }
        else
        {
            st_sqlstr = "select ST_course.ST_Course_name,ST_course.ST_Course_id,ST_teacher.ST_Teacher_name,
ST_course.ST_Course_credit,ST_course.ST_Course_period from ST_course,ST_teacher,ST_teacher_course where
ST_teacher_course.ST_Course_year='" + ddl_tearn.SelectedItem.Text + "' and ST_teacher_course.ST_Course_id=
ST_course.ST_Course_id and ST_teacher_course.ST_Teacher_id=ST_teacher.ST_Teacher_id and
ST_course.ST_Course_name='" + ddl_courName.SelectedItem.Text + "' and ST_teacher.ST_Teacher_name='" +
tbx_teaName.Text + "'";
        }
    }
    SqlDataAdapter st_da=new SqlDataAdapter(st_sqlstr,st_conn1);
    DataSet st_ds=new DataSet();
    st_da.Fill(st_ds);
    gv_sort.DataSource=st_ds;
    gv_sort.DataBind();
}


protected void tbn_sort_Click(object sender, EventArgs e)
{
//在数据库中找出选此课的总人数
string st_sqlstr = "select COUNT(ST_Student_id) from ST_student_course where ST_Course_id='" +
tbx_courId.Text + "' and ST_Course_year='" +ddl_tearn.SelectedItem.Value   + "'";
SqlCommand st_comm1 = new SqlCommand(st_sqlstr, st_conn1);
st_conn1.Open();
SqlDataReader st_dr1 = st_comm1.ExecuteReader();
if (st_dr1.Read())
{
lbl_all.Text = "选此课总人数为：" + st_dr1[0].ToString();
}
else
{
lbl_all.Text = "无人选此课";
}
st_conn1.Close();
}


protected void tbn_chose_Click(object sender, EventArgs e)
{
if (i ==true )
{
st_sqlstr = "insert into ST_student_course(ST_Student_id,ST_Course_id,ST_Course_year) values(@Student_id,
```

```
@Course_id,@Course_year)";
    SqlCommand st_comm = new SqlCommand(st_sqlstr, st_conn1);
    st_comm.Parameters.Add(new SqlParameter("@Student_id", SqlDbType.VarChar, 50));
    st_comm.Parameters.Add(new SqlParameter("@Course_id", SqlDbType.VarChar, 50));
    st_comm.Parameters.Add(new SqlParameter("@Course_year", SqlDbType.VarChar, 50));
    st_comm.Parameters["@Student_id"].Value = Session["User_id"].ToString();
    st_comm.Parameters["@Course_id"].Value = tbx_courId.Text;
    st_comm.Parameters["@Course_year"].Value = ddl_year.SelectedItem.Text;
    st_conn1.Open();
    try
    {
    st_comm.ExecuteNonQuery();
    Response.Write("<script>alert('选课成功！')</script>");
    }
    catch (SqlException)
    {
    Response.Write("<script>alert('选课失败！')</script>");
    }

    st_conn1.Close();
    }
    else
    {
    Response.Write("<script>alert('请重新选择！')</script>");
    }
    }
```

（3）教务后台管理页面。

1）增加学生页面。该页面是用来添加新学生，包括新生的基本情况，其页面如图 6.119
所示。

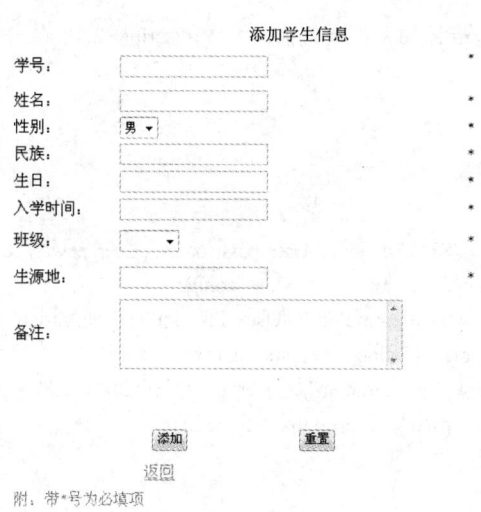

图 6.119　添加学生页面

主要实现代码如下：

```
protected void btn_stu_add_Click(object sender, EventArgs e)
{
    SqlCommand st_comm = new SqlCommand("insert_student_1", st_conn);
    st_comm.CommandType = CommandType.StoredProcedure;
    try
    {
    st_comm.Parameters.Add(new SqlParameter("@Student_id", SqlDbType.VarChar, 50));
    st_comm.Parameters["@Student_id"].Value = tbx_stu_id.Text;
    st_comm.Parameters.Add(new SqlParameter("@Student_name", SqlDbType.VarChar, 50));
    st_comm.Parameters["@Student_name"].Value = tbx_stu_name.Text;
    st_comm.Parameters.Add(new SqlParameter("@Student_sex", SqlDbType.Char, 10));
    st_comm.Parameters["@Student_sex"].Value = ddl_stu_sex.SelectedItem.Value;
    st_comm.Parameters.Add(new SqlParameter("@Student_nation", SqlDbType.Char, 10));
    st_comm.Parameters["@Student_nation"].Value = tbx_stu_nat.Text;
    st_comm.Parameters.Add(new SqlParameter("@Student_birthday", SqlDbType.DateTime, 8));
    st_comm.Parameters["@Student_birthday"].Value = tbx_stu_bir.Text;
    st_comm.Parameters.Add(new SqlParameter("@Student_time", SqlDbType.DateTime, 8));
    st_comm.Parameters["@Student_time"].Value = tbx_stu_tim.Text;
    st_comm.Parameters.Add(new SqlParameter("@Student_classid", SqlDbType.VarChar, 50));
    st_comm.Parameters["@Student_classid"].Value = ddl_stu_cla.SelectedItem.Value;
    st_comm.Parameters.Add(new SqlParameter("@Student_home", SqlDbType.VarChar, 50));
    st_comm.Parameters["@Student_home"].Value = tbx_stu_hom.Text;
    st_comm.Parameters.Add(new SqlParameter("@Student_else", SqlDbType.VarChar, 50));
    st_comm.Parameters["@Student_else"].Value = tbx_stu_else.Text;
    st_comm.Connection.Open();
    st_comm.ExecuteNonQuery();
    st_comm.Connection.Close();
    st_insert();
    }
    catch
    {
    Response.Write("<script>alert('添加失败,请检查输入！')</script>");
    }
}
```

插入函数的代码如下：

```
public void st_insert()
{
    string strsl = "insert into ST_users(ST_User_id,ST_User_password,ST_User_power) values(@User_id, @User_pwd,0)";
    SqlCommand st_comm = new SqlCommand(strsl, st_conn);
    st_comm.Parameters.Add(new SqlParameter("@User_id", SqlDbType.VarChar, 50));
    st_comm.Parameters["@User_id"].Value = tbx_stu_id.Text;
    st_comm.Parameters.Add(new SqlParameter("@User_pwd", SqlDbType.VarChar, 50));
    st_comm.Parameters["@User_pwd"].Value = tbx_stu_id.Text;
    st_comm.Connection.Open();
    try
    {
        st_comm.ExecuteNonQuery();
```

```
        Response.Write("<script>alert('恭喜啦，添加已成功！')</script>");
    }
    catch (SqlException)
    {
        Response.Write("<script>alert('添加失败')</script>");
    }
    st_comm.Connection.Close();
}
```

2）课程管理页面。该页面是课程管理的主页面，可查询、删除、编辑课程，具体功能如图 6.120 所示。

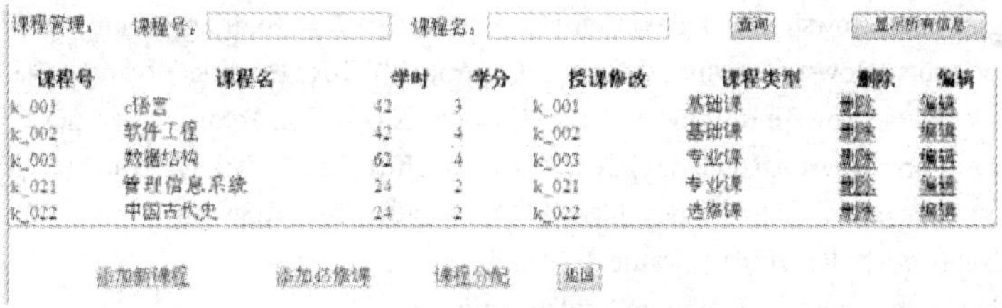

图 6.120　课程管理页面

实现分页的代码如下：

```
protected void gv_course_PageIndexChanging(object sender, GridViewPageEventArgs e)
{
    gv_course.PageIndex = e.NewPageIndex;
    show();
}
```

实现删除的代码如下：

```
protected void gv_course_RowDeleting(object sender, GridViewDeleteEventArgs e)
{
    SqlConnection sqlConn = DBUtil.sqlConn();
    SqlCommand myCommand = new SqlCommand("delete from ST_course where ST_Course_id=@cour_id", sqlConn);
    myCommand.Parameters.Add(new SqlParameter("@cour_id", SqlDbType.VarChar, 50));
    myCommand.Parameters["@cour_id"].Value = gv_course.DataKeys[e.RowIndex].Value.ToString();
    sqlConn.Open();
    if (myCommand.ExecuteNonQuery() != 0)
    {
        Response.Write("<script>alert('删除成功!')</script>");
    }
    else
    {
        Response.Write("<script>alert('删除出错!')</script>");
    }
    sqlConn.Close();
    show();
}
```

实现编辑的代码如下：

```
protected void gv_course_RowEditing(object sender, GridViewEditEventArgs e)
```

```
{
    gv_course.EditIndex = e.NewEditIndex;
    show();
}
```

实现更新的代码如下：

```
protected void gv_course_RowUpdating(object sender, GridViewUpdateEventArgs e)
{
    SqlConnection sqlcon = DBUtil.sqlConn();

    string sqlstr = "update ST_course set ST_Course_id='"
    + ((TextBox)(gv_course.Rows[e.RowIndex].Cells[0].Controls[0])).Text.ToString().Trim() + "',ST_Course_name='"
    + ((TextBox)(gv_course.Rows[e.RowIndex].Cells[1].Controls[0])).Text.ToString().Trim() + "',ST_Course_period='"
    + ((TextBox)(gv_course.Rows[e.RowIndex].Cells[2].Controls[0])).Text.ToString().Trim() + "',ST_Course_credit='"
    + ((TextBox)(gv_course.Rows[e.RowIndex].Cells[3].Controls[0])).Text.ToString().Trim() + "',ST_Course_kind='"
    + ((TextBox)(gv_course.Rows[e.RowIndex].Cells[4].Controls[0])).Text.ToString().Trim() + "',ST_Course_describe='"
    + ((TextBox)(gv_course.Rows[e.RowIndex].Cells[5].Controls[0])).Text.ToString().Trim() + "' where ST_Course_id='"
    + gv_course.DataKeys[e.RowIndex].Value.ToString() + "'";
    SqlCommand sqlcom = new SqlCommand(sqlstr, sqlcon);
    sqlcon.Open();
    sqlcom.ExecuteNonQuery();
    sqlcon.Close();
    gv_course.EditIndex = -1;
    show();
}
```

实现取消编辑的代码如下：

```
protected void gv_course_RowCancelingEdit(object sender, GridViewCancelEditEventArgs e)
{
    gv_course.EditIndex = -1;
    show();
}
```

实现课程分配的数据库插入语句：

```
string st_sqlstr = "insert into ST_teacher_course(ST_Teacher_id,ST_Course_id,ST_Class_id,ST_Course_year)
values(@Teacher_id,@Course_id,@Class_id,@Course_year)";
```

3）成绩管理页面。该页面是成绩管理的主页面，包括成绩的查询、统计和编辑等功能，具体功能如图 6.121 所示。

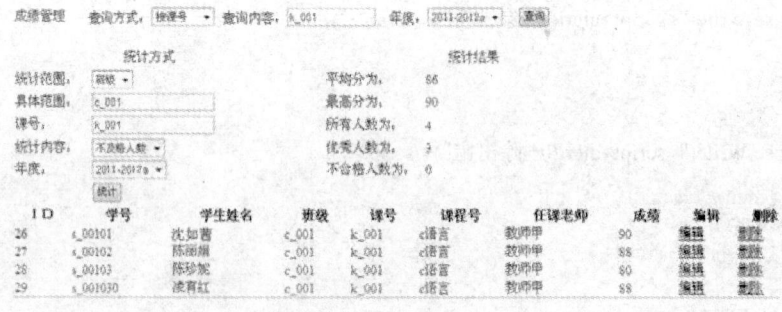

图 6.121　成绩管理页面

实现统计的代码如下：

```
protected void btn_counter_Click1(object sender, EventArgs e)
{
    st_conn = DBUtil.sqlConn();
    if (ddl_stat.SelectedItem.Value == "系别")
    {
        if (ddl_content.SelectedItem.Text == "总人数")
        {
        st_sqlstr = "select AVG(ST_Student_grade),MAX(ST_Student_grade),COUNT(*) from
ST_student_course,ST_student,ST_class where ST_Course_id='" + tbx_courId.Text + "' and
ST_student_course.ST_Course_year='" + ddl_tearn.SelectedItem.Value + "'and
ST_student_course.ST_Student_id=ST_student.ST_Student_id and ST_student.ST_Student_classid=
ST_class.ST_Class_id and ST_class.ST_Class_department='" + tbx_area.Text + "' ";
        }
        else if (ddl_content.SelectedItem.Text == "优秀人数")
        {
        st_sqlstr = "select AVG(ST_Student_grade),MAX(ST_Student_grade),COUNT(*) from
ST_student_course,ST_student,ST_class where ST_Course_id='" + tbx_courId.Text + "' and
ST_student_course.ST_Course_year='" + ddl_tearn.SelectedItem.Value + "'and
ST_student_course.ST_Student_id=ST_student.ST_Student_id and ST_student.ST_Student_classid=
ST_class.ST_Class_id and ST_class.ST_Class_department='" + tbx_area.Text + "'and ST_Student_grade>=85 ";
        }
        else if (ddl_content.SelectedItem.Text == "不及格人数")
        {
        st_sqlstr = "select AVG(ST_Student_grade),MAX(ST_Student_grade),COUNT(*) from
ST_student_course,ST_student,ST_class where ST_Course_id='" + tbx_courId.Text + "' and
ST_student_course.ST_Course_year='" + ddl_tearn.SelectedItem.Value + "'and
ST_student_course.ST_Student_id=ST_student.ST_Student_id and ST_student.ST_Student_classid=
ST_class.ST_Class_id and ST_class.ST_Class_department='" + tbx_area.Text + "'and ST_Student_grade<60 ";
        }
        else
        {
        st_sqlstr = "select AVG(ST_Student_grade),MAX(ST_Student_grade) from
ST_student_course,ST_student,ST_class where ST_Course_id='" + tbx_courId.Text + "' and
ST_student_course.ST_Course_year='" + ddl_tearn.SelectedItem.Value + "'and
ST_student_course.ST_Student_id=ST_student.ST_Student_id and
ST_student.ST_Student_classid=ST_class.ST_Class_id and ST_class.ST_Class_department='" + tbx_area.Text + "' ";
        }
    }
    else if (ddl_stat.SelectedItem.Value == "学院")
    {
        if (ddl_content.SelectedItem.Text == "总人数")
        {
        st_sqlstr = "select AVG(ST_Student_grade),MAX(ST_Student_grade),COUNT(*) from
ST_student_course,ST_student,ST_class where ST_Course_id='" + tbx_courId.Text + "' and
ST_student_course.ST_Course_year='" + ddl_tearn.SelectedItem.Value+ "'and
ST_student_course.ST_Student_id=ST_student.ST_Student_id and
```

```
ST_student.ST_Student_classid=ST_class.ST_Class_id and ST_class.ST_Class_college='" + tbx_area.Text + "' ";
        }
        else if (ddl_content.SelectedItem.Text == "优秀人数")
        {
            st_sqlstr = "select AVG(ST_Student_grade),MAX(ST_Student_grade),COUNT(*) from
ST_student_course,ST_student,ST_class where ST_Course_id='" + tbx_courId.Text + "' and
ST_student_course.ST_Course_year='" + ddl_tearn.SelectedItem.Value+ "'and
ST_student_course.ST_Student_id=ST_student.ST_Student_id and
ST_student.ST_Student_classid=ST_class.ST_Class_id and ST_class.ST_Class_college='" + tbx_area.Text + "'and
ST_Student_grade>=85 ";
        }
        else if (ddl_content.SelectedItem.Text == "不及格人数")
        {
            st_sqlstr = "select AVG(ST_Student_grade),MAX(ST_Student_grade),COUNT(*) from
ST_student_course,ST_student,ST_class where ST_Course_id='" + tbx_courId.Text + "' and
ST_student_course.ST_Course_year='" + ddl_tearn.SelectedItem.Value+ "'and
ST_student_course.ST_Student_id=ST_student.ST_Student_id and
ST_student.ST_Student_classid=ST_class.ST_Class_id and ST_class.ST_Class_college='" + tbx_area.Text + "'and
ST_Student_grade<60 ";
        }
        else
        {
            st_sqlstr = "select AVG(ST_Student_grade),MAX(ST_Student_grade) from
ST_student_course,ST_student,ST_class where ST_Course_id='" + tbx_courId.Text + "' and
ST_student_course.ST_Course_year='" + ddl_tearn.SelectedItem.Value+ "'and
ST_student_course.ST_Student_id=ST_student.ST_Student_id and
ST_student.ST_Student_classid=ST_class.ST_Class_id and ST_class.ST_Class_college='" + tbx_area.Text + "' ";
        }
    }
    else if (ddl_stat.SelectedItem.Value == "班级")
    {
        if (ddl_content.SelectedItem.Text == "总人数")
        {
            st_sqlstr = "select AVG(ST_Student_grade),MAX(ST_Student_grade),COUNT(*) from
ST_student_course,ST_student where ST_Course_id='" + tbx_courId.Text + "' and
ST_student_course.ST_Course_year='" + ddl_tearn.SelectedItem.Value+ "' and
ST_student_course.ST_Student_id=ST_student.ST_Student_id and ST_student.ST_Student_classid='" +
tbx_area.Text + "'";
        }
        else if (ddl_content.SelectedItem.Text == "优秀人数")
        {
            st_sqlstr = "select AVG(ST_Student_grade),MAX(ST_Student_grade),COUNT(*) from
ST_student_course,ST_student where ST_Course_id='" + tbx_courId.Text + "' and
ST_student_course.ST_Course_year='" + ddl_tearn.SelectedItem.Value+ "' and
ST_student_course.ST_Student_id=ST_student.ST_Student_id and ST_student.ST_Student_classid='" +
tbx_area.Text + "'and ST_Student_grade>=85";
        }
```

```
        else if (ddl_content.SelectedItem.Text == "不及格人数")
        {
            st_sqlstr = "select AVG(ST_Student_grade),MAX(ST_Student_grade),COUNT(*) from
ST_student_course,ST_student where ST_Course_id='" + tbx_courId.Text + "' and
ST_student_course.ST_Course_year='" + ddl_tearn.SelectedItem.Value+ "' and
ST_student_course.ST_Student_id=ST_student.ST_Student_id and ST_student.ST_Student_classid='" +
tbx_area.Text + "'and ST_Student_grade<60";
        }
        else
        {
            st_sqlstr = "select AVG(ST_Student_grade),MAX(ST_Student_grade) from
ST_student_course,ST_student where ST_Course_id='" + tbx_courId.Text + "' and
ST_student_course.ST_Course_year='" + ddl_tearn.SelectedItem.Value+ "' and
ST_student_course.ST_Student_id=ST_student.ST_Student_id and ST_student.ST_Student_classid='" +
tbx_area.Text + "'";
        }
    }
    Response.Write(st_sqlstr);
    SqlCommand st_comm = new SqlCommand(st_sqlstr, st_conn);
    st_conn.Open();
    SqlDataReader dr = st_comm.ExecuteReader();
    // Response.Write(dr[0].ToString());
    if (dr.Read())
    {
        if (ddl_content.SelectedItem.Text == "平均分")
        {
            lbl_average.Visible = true;
            lbl_average.Text =    dr[0].ToString();
        }
        else if (ddl_content.SelectedItem.Text == "最高分")
        {
            lbl_high.Visible = true;
            lbl_high.Text = dr[1].ToString();
        }
        else if (ddl_content.SelectedItem.Text == "总人数")
        {
            lbl_all.Visible = true;
            lbl_all.Text = dr[2].ToString();
        }
        else if (ddl_content.SelectedItem.Text == "优秀人数")
        {
            lbl_a.Visible = true;
            lbl_a.Text = dr[2].ToString();
        }
        else if (ddl_content.SelectedItem.Text == "不及格人数")
        {
            lbl_unpass.Visible = true;
```

```
            lbl_unpass.Text =dr[2].ToString();
        }
        else
        {
            lbl_note1.Text = "无此信息";
        }
        st_conn.Close();
    }
}
```

5. 系统测试与运行维护

分步对系统进行全面测试，并上传至服务器端试运行。在测试与试运行期间，应详细记录系统的状况，对出现的问题及时修改。

6.3.3.4 实验习题

问题描述如下：

有一个对外营业的会议中心，有多间不同规格的会议室，可承接各类会场出租、会务组织与管理业务，为用户提供以下具体服务项目。

（1）用户可以根据会议人数、会议时间预订会议室。可以预订 1 次会议，也可以预订定期召开的会议。开会前允许修改会议时间、人数，重新选择会议室，甚至取消预订的会议。

（2）确定会议预订后，会议中心负责会务组织与管理，包括通过电子邮件或电话，通知开会人员有关会议信息，制作代表证等。

（3）通过系统提供用户查询会议室的预定及使用情况，在线调整、更改会议室和会议时间，调整修改预订会议的时间。

请应用面向对象的系统开发方法分析与设计一个会议中心管理系统，并使用 VS.NET 2005 与 SQL Server 2005 进行编程调试，加以实现。

第 7 章　信息管理系统应用实验

信息管理系统，是一个由人、计算机及其他外围设备等组成的能进行信息的收集、传递、存储、加工、维护和使用的系统，信息管理系统应用的主要任务是最大限度地利用现代计算机及网络通信技术加强企业的信息管理，通过对企业拥有的人力、物力、财力、设备、技术等资源的调查了解，建立正确的数据，加工处理并编制成各种信息资料及时提供给管理人员，以便进行正确的决策，不断提高企业的管理水平和经济效益。

实验 7.1　工资管理系统应用实验

工资是单位依据员工付出劳动的数量和质量，在一定时期内以货币形式付给员工的劳动报酬。工资的核算和管理是单位人力资源管理的基本内容。在知识经济时代，人力资源已经成为经济和社会发展的第一资源，国际竞争也演变为人力资源素质及如何合理利用人力资源。工资核算和管理的正确与否关系到单位每一位员工的切身利益，对于调动每一位员工的工作积极性、正确处理单位与员工之间的经济关系具有重要意义。单位的员工工资费用是成本的重要组成部分。加强劳动工资管理，合理调配人员组织生产与管理，有效地控制工资费用在成本中的比例，可以有效地降低成本。

实验 7.1.1　系统管理与基础设置

7.1.1.1　实验目的

（1）掌握操作员的建立和权限设置。

（2）掌握账套的建立。

（3）掌握系统中工资管理的启用。

（4）了解账套的备份与引入。

（5）掌握系统基础信息设置的操作过程。

7.1.1.2　预备知识

7.1.1.2.1　账套管理

1．账套的概念

账套是一组相互关联的数据，每一企业（或每个独立核算的部门）的数据在系统内部都体现为一个账套。

2．年度账的概念

每个账套都存放单位不同年度的数据，这些数据称为年度账。

3．账套（年度账）的管理

（1）账套建立的主要内容。

1）账套号。用来输入新建账套的编号，用户必须输入，可输入 3 个数字字符（只能是 001～999 之间的数字，而且不能是已存账套中的账套号）。

2）账套名称。用来输入新建账套的名称，作用是标识新账套的信息，用户必须输入，可以输入不超过 40 个字符。

3）账套路径。用来输入新建账套所要被保存的路径，用户必须输入，不能是网络路径中的磁盘。

4）启用会计期。用来输入新建账套将被启用的时间，具体到"月"，用户必须输入。

5）会计期间设置。单位的实际核算期间可能和正常的自然日期不一致，系统提供此功能进行设置。用户在输入启用会计期后，用鼠标单击"会计期间设置"按钮，弹出会计期间设置界面。系统根据前面启用会计期的设置，自动将启用月份以前的日期标识为不可修改的部分；而将启用月份以后的日期（仅限于各月的截止日期，至于各月的初始日期，则随上月截止日期的变动而变动）标识为可以修改的部分。用户可以任意设置。

（2）账套的修改。当系统管理员建完账套和账套主管建完年度账后，在未使用相关信息的基础上，需要对某些信息进行调整，以便使信息更真实、准确地反映单位的相关内容时，可以进行适当的调整。只有账套主管可以修改其具有权限的年度账套中的信息，系统管理员无权修改。

（3）账套的删除。账套删除是指将账套从本系统中删除。

（4）账套的引入与输出。引入账套功能是指将系统外某账套数据引入本系统中；输出账套是指将系统中指定的账套数据保存到外存储器中。

（5）年度账结转数据的清空。有时，用户会发现某年度账中错误太多，或不希望将上一年度的余额或其他信息全部转到下一年度，这样便可使用清空年度数据的功能。"清空"并不是指将年度的数据全部清空，而还是保留一些信息的，如：基础信息、系统预置的科目报表等。保留这些信息主要是为了方便用户使用清空后的年度账重新做账。

7.1.1.2.2　工资管理系统的主要功能简介和业务处理流程

1．工资管理系统的主要功能简介

工资管理系统的主要功能包括工资类别管理、人员档案管理、工资数据管理、工资报表管理几个方面。

（1）工资类别管理。工资管理系统提供处理多个工资类别的功能。如果单位按周或月多次发放工资，或者是单位中有多种不同类别（部门）的人员，工资发放项目不同，计算公式也不同，但需进行统一工资核算管理，就应选择建立多个工资类别。如果单位中所有人员的工资统一管理，而且人员的工资项目、工资计算公式全部相同，则只需要建立单个工资类别，以提高系统的运行效率。

（2）人员档案管理。人员档案管理可以设置人员的基础信息并对人员变动进行调整，另外还提供了设置人员附加信息。

（3）工资数据管理。可以根据不同企业的需要设计工资项目和计算公式，管理所有人员的工资数据，并对平时发生的工资变动进行调整，自动计算个人所得税，结合工资发放形式进行扣零处理或向代发工资的银行传输工资数据，自动计算、汇总工资数据，自动完成工资分摊、计提、转账业务。

（4）工资报表管理。提供多层次、多角度的工资数据查询。

2．工资管理系统的业务流程处理

（1）新用户的操作流程。采用多工资类别核算的企业第一次启用工资管理系统时，应按

图 7.1 所示的步骤进行操作。

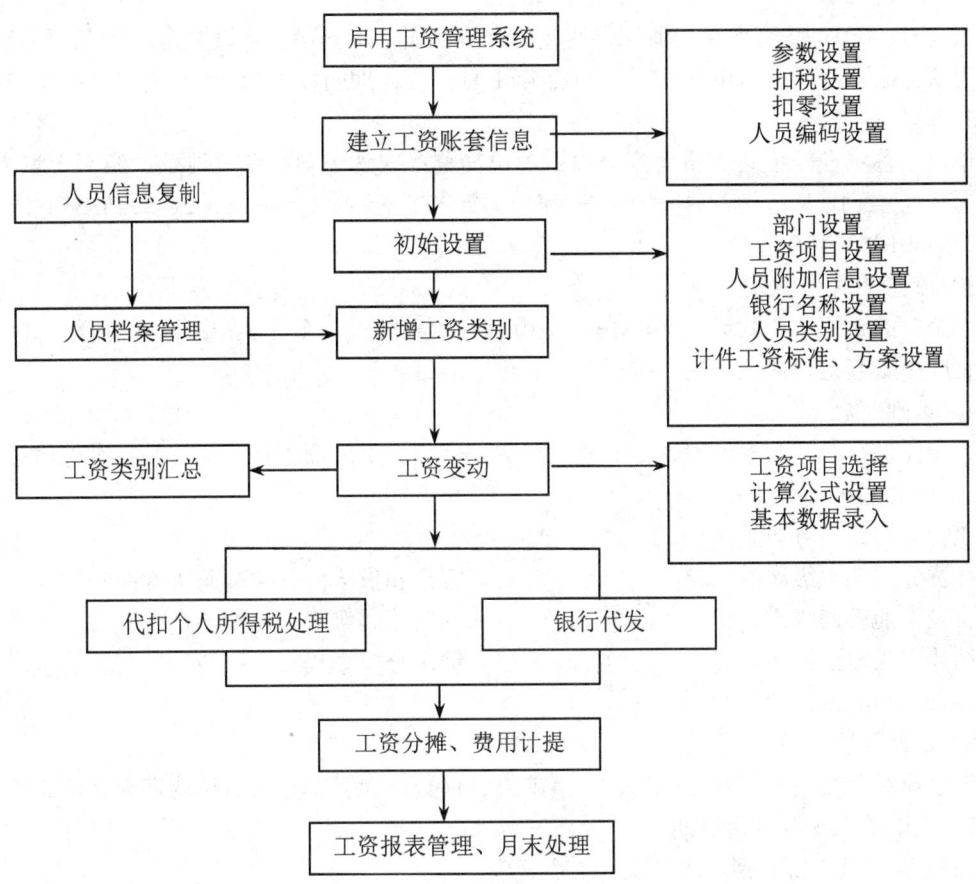

图 7.1　多工资类别核算管理企业的工资管理操作流程

（2）老用户的操作流程。如果已在使用工资管理系统，到年末应进行数据的结转，以便开始下一年度的工作。

在新的会计年度开始时，可在"设置"菜单中选择所需修改的内容，如人员附加信息、人员类别、工资项目、部门等，这些设置只有在新的会计年度第 1 个会计月中删除所涉及的工资数据和人员档案后，才可进行修改。

（3）工资管理系统的内部数据处理流程。

1）系统初始设置。工资管理系统首先投入使用时，需将企业现有职工的全部原始资料输入计算机以形成系统的基础数据库。在初始设置中，应进行部门、人员档案等编码设置，另外还需要设置应发工资、实发工资等计算公式和工资自动转账模板。

2）编制工资变动单。根据系统存储的数据工资、固定数据和输入的每一职工当月的各种变动数据，以及根据人事部门的通知输入的可能发生的职工调动和提职、晋级发生的工资变动数据，编制工资变动单。

3）汇总工资变动单。按指定条件汇总工资结算单数据生成工资汇总表及工资费用分配表，个人所得税申报表、职工福利费计提表等。

4）编制工资记账凭证并向总账系统传递凭证。

7.1.1.3　实验资料

1．账套信息

账套号：001；账套名称：浙江宏达股份有限公司；账套路径可设置为：D:\工资管理，也可采用默认账套路径；启用会计期：2012 年 1 月；会计期间设置为：1 月 1 日～12 月 31 日。

2．单位信息

单位名称：浙江宏达股份有限公司；单位简称：宏达公司；单位地址：绍兴市城南大道 900 号；法人代表：陈力；邮政编码：312000；联系电话：0575-88345555；税号：110108866018821365。

3．核算类型

该企业的记账本币代码为：RMB，本币名称：人民币；企业类型：商业；行业性质：新会计制度；账套主管：王一明；按行业性质预置科目。

4．基础信息

该企业进行经济业务处理时，需要对存货、客户、供应商进行分类，并且有外币核算。

5．分类编码方案

该企业的分类方案是：

存货分类编码级次：1223	客户和供应商分类编码级次：223
收发类别编码级次：12	部门编码级次：122
结算方式编码级次：12	地区分类编码级次：223
科目编码级次：42222	

6．数据精度

该企业对存货数量、存货单价、开票单价、件数、换算率等小数位均定为 2 位。

7．启用的系统及启用日期

2012 年 1 月 1 日分别启用总账、工资管理。

8．操作员角色分工及其权限

（1）001 王一明（口令 1），角色：账套主管，负责整个 ERP-U8 管理软件运行环境的建立，以及各项初始设置工作；负责软件的日常运行管理工作，监督并保证系统的有效、安全、正常运行；负责总账系统的凭证审核、记账、账簿查询、月末结账工作；负责报表管理及财务分析工作；具有系统所有模块的全部权限。

（2）002 何方晶（口令 2），角色：总账主管、工资管理主管，负责总账系统的凭证管理工作以及客户往来和供应商往来管理工作，具有公用目录设置、总账、工资的全部操作权限。

（3）003 刘明明（口令 3），角色：出纳，负责现金、银行账管理工作，具有出纳签字权、现金、银行存款日记和资金日报表的查询及打印权、支票登记权以及银行对账操作权限。

9．工资管理账套信息

工资类别个数：多个；核算币种：人民币 RMB；要求代扣个人所得税；不进行扣零处理。人员编码长度：3 位；启用日期 2012 年 1 月 1 日。

10．基础信息初始化设置

（1）部门档案设置（表 7.1）。

表 7.1

部门编码	部门名称	部门编码	部门名称
1	总经理办公室	402	销售二部
2	财务部	5	生产部
3	人事部	6	采购部
4	销售部	7	离退休部
401	销售一部		

（2）银行名称设置：工商银行（账号 19 位、前 15 位相同）。

（3）人员类别设置：经理人员、管理人员、经营人员、生产人员、采购人员。

（4）人员附加信息设置：性别、身份证号。

（5）工资项目设置（表 7.2）。

表 7.2

工资项目名称	类型	长度	小数	增减项
基本工资	数字	8	2	增项
职务工资	数字	8	2	增项
奖金	数字	8	2	增项
交通补贴	数字	8	2	增项
住房公积金	数字	8	2	减项
事假天数	数字	8	2	其他
事假扣款	数字	8	2	减项

7.1.1.4　实验内容

7.1.1.4.1　系统管理注册

操作步骤如下：

（1）单击"开始"按钮，选择"程序"选项下的"用友 ERP-U8"，再选择"用户 ERP-U8"的"系统服务"功能下的"系统管理"选项。

（2）选择"系统"菜单下的"注册"选项，如图 7.2 所示，输入服务器名称后，单击"确定"按钮。

图 7.2

7.1.1.4.2　增加操作员

操作步骤如下：

（1）以系统管理员的身份注册进入系统后，选择"权限"菜单中的"用户"选项。

（2）单击"增加"按钮，出现"增加用户"对话框。

（3）填入需要增加的用户的编号：001；姓名：王一明；口令：1；在"所属角色"列表中选择"账套主管"。

（4）单击"增加"按钮，增加一个操作员。

重复第（3）、（4）步，再增加两个操作员，内容如下：

编号：002；姓名：何方晶；口令：2；在"所属角色"列表中选择"财务主管"、"总账会计"、"工资管理员"、"会计主管"。

编号：003；姓名：刘明明；口令：3；在"所属角色"列表中选择"出纳"。

7.1.1.4.3　账套的建立

工资账套与系统管理中的账套是不同的概念，系统管理中的账套针对整个核算系统，而工资账套则针对工资子系统。要建立工资账套，前提是在系统管理中首先建立本单位的核算账套。

1．核算账套的建立

操作步骤如下：

（1）以系统管理员注册，在"系统管理"窗口中，选择"账套"菜单中的"建立"功能选项，弹出"账套信息"对话框，按实验资料填入新账套的信息，如图 7.3 所示。

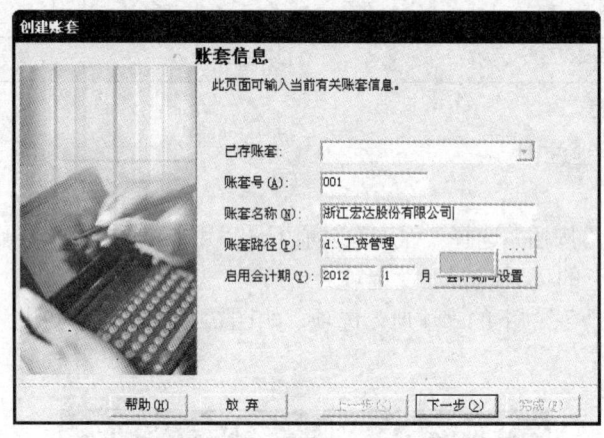

图 7.3

（2）单击"下一步"按钮，打开"单位信息"对话框，在对话框中填入实验资料，如图 7.4 所示。

（3）单击"下一步"按钮，打开"核算类型"对话框，在对话框中填入实验资料，如图 7.5 所示。

（4）单击"下一步"按钮，打开"基础信息"对话框，在对话框中填入实验资料，如图 7.6 所示。

（5）单击"完成"按钮，弹出"可以创建账套了么？"提示框，如图 7.7 所示。单击"是"按钮，弹出"分类编码方案"对话框，根据所给的实验资料修改编码方案，如图 7.8 所示。

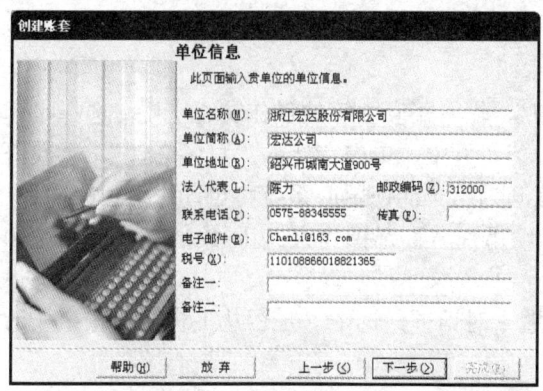

图 7.4

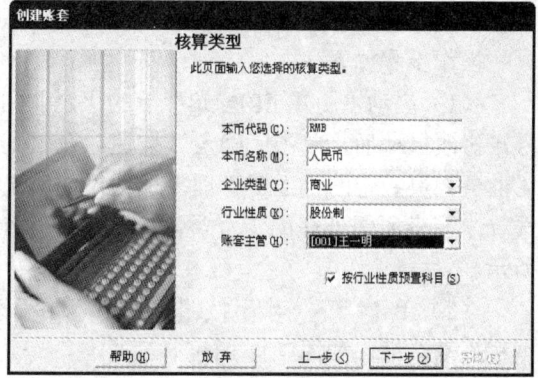

图 7.5

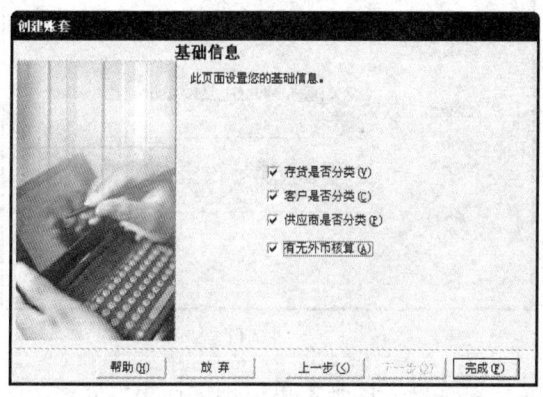

图 7.6

图 7.7

（6）单击"确认"按钮，弹出"数据精度定义"对话框，单击"确定"按钮。

（7）在显示"系统启用"的窗口中，可以启用系统所需的系统，如图 7.9 所示。单击"退出"按钮。

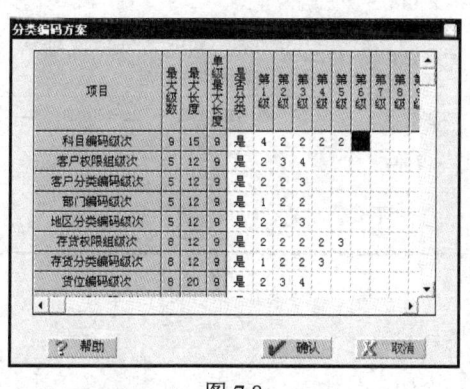

图 7.8

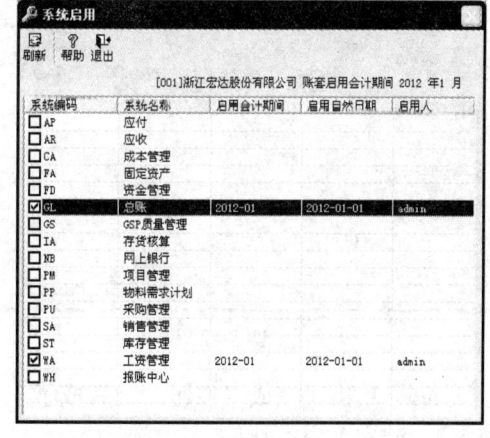

图 7.9

2. 工资管理账套的建立

在建立本单位的核算账套后，再建立工资管理账套，可以根据建账向导分 4 步进行，即参数设置、扣税设置、扣零设置、人员编码。

操作步骤如下：

（1）启动"用友 ERP-U8"下的"企业门户"，输入账套主管的操作员、密码，选择账套号，修改日期后，单击"确定"按钮。在"企业门户"中，单击左侧的"财务会计"，再双击"业务"页签中的"工资管理"选项，如所选账套为第一次使用，系统将自动进入建账向导，选择本账套所需处理的工资类别个数为"多个"，币别名称选择"人民币 RMB"，如图 7.10 所示。

（2）单击"下一步"按钮，弹出"扣税设置"对话框，选中"是否从工资中代扣个人所得税"复选框，如图 7.11 所示。

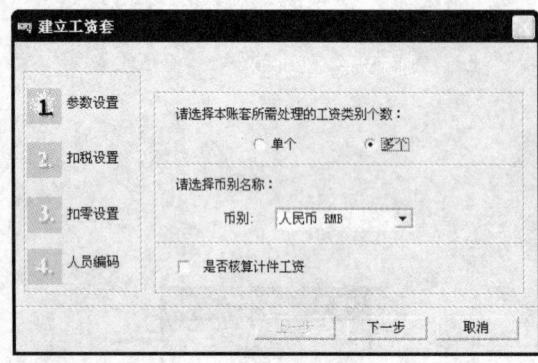

图 7.10

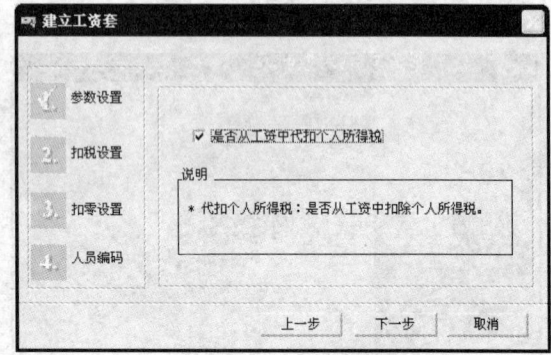

图 7.11

（3）单击"下一步"按钮，弹出"扣零设置"对话框，由于本单位不进行扣零处理，此处不选中"扣零"复选框，如图 7.12 所示。

（4）单击"下一步"按钮，弹出"人员编码"对话框，设置人员编码长度为 3，如图 7.13 所示。

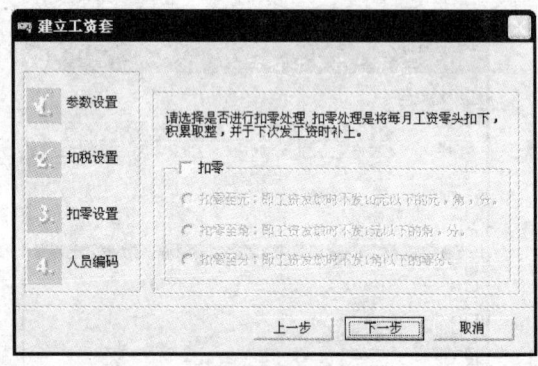

图 7.12

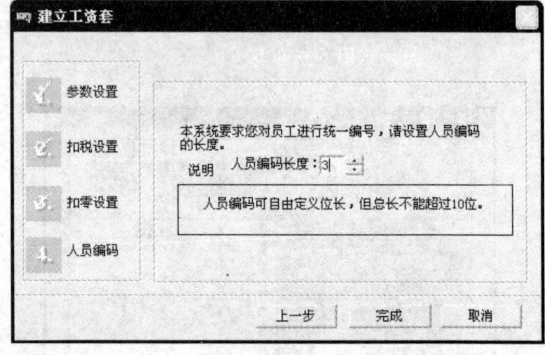

图 7.13

（5）单击"完成"按钮，就完成了工资管理账套建立。

3．建立工资类别

建立工资类别之前，必须建立部门。部门是基础信息之一。

操作步骤如下：

（1）以账套主管身份，在"企业门户"窗口中单击"基础信息"，双击"基础档案"下的"部门档案",打开"部门档案"窗口。

（2）单击"增加"按钮，在"部门档案"框内输入实验资料，如图 7.14 所示。

（3）输入完成部门信息后，单击"保存"按钮，再单击"退出"按钮。

（4）在"企业门户"窗口中单击"财务会计"，双击"工资管理"，弹出"未建立工资类别！"信息的"打开工资类别"对话框，单击"确定"按钮，弹出"新建类别工资"对话框，再单击"确定"按钮，在"输入工资类别"对话框中按实验资料要求输入工资类别名称，如图 7.15 所示。

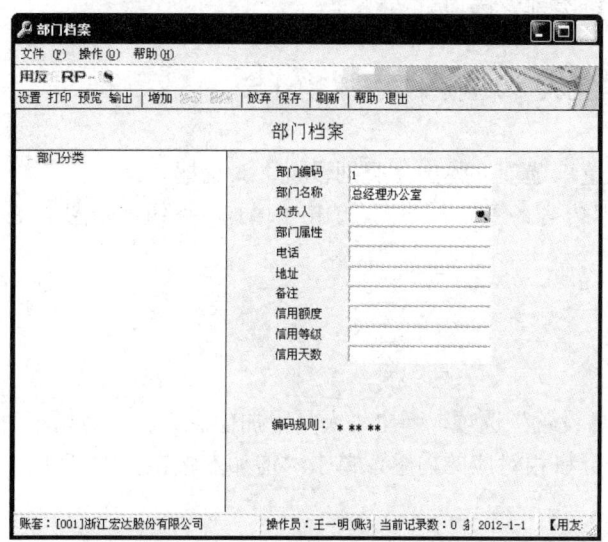

图 7.14

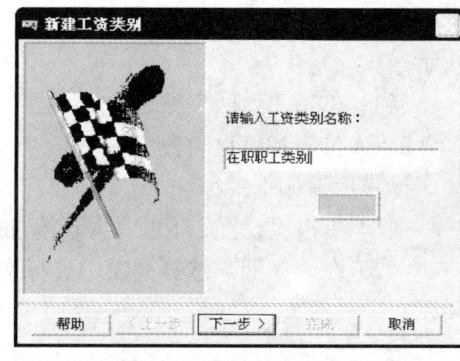

图 7.15

（5）单击"下一步"按钮，弹出"选择部门"对话框，按照实验资料要求选择部门，选中"选定下级部门"复选框，如图 7.16 所示。

（6）单击"完成"按钮，弹出"询问工资类别启用日期"对话框，如图 7.17 所示。

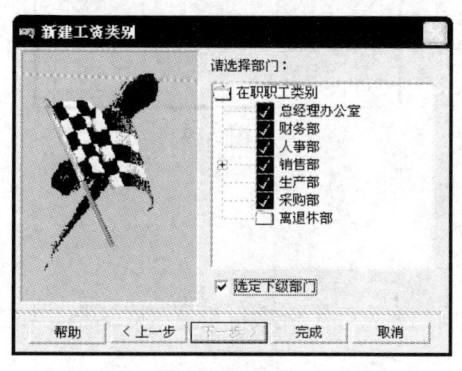

图 7.16

图 7.17

（7）单击"是"按钮，就完成了建立工资类别。

7.1.1.4.4　基础信息设置

建立账套之后，还要对整个系统运行所需的一些基础信息进行设置，包括：人员类别设置、人员附加信息设置、工资项目设置、银行名称设置。设置这些内容应该在关闭工资类别的情况下进行。

操作步骤如下：

（1）启动"用友 ERP-U8"软件的"企业门户"功能。

（2）在"注册〖企业门户〗"窗口中，输入账套主管的操作员、密码、选择账套、修改日期后，单击"确定"按钮。

（3）单击"财务会计"，双击"工资管理"，弹出"工资管理"的"新建工资类别与打开工资类别"信息对话框，单击"确定"按钮。

（4）单击"工资类别"下的"关闭工资类别"选项。

1．人员类别设置

设置人员类别的名称是为了便于按不同的人员类别进行工资汇总计算。

操作步骤如下：

（1）单击"设置"下的"人员类别设置"选项，弹出"类别设置"对话框。

（2）在"类别"输入栏中输入实验资料内容，每输入一类，单击"增加"按钮，如图7.18所示。

（3）单击"返回"按钮。

2．人员附加信息设置

操作步骤如下：

（1）单击"设置"下的"人员附加信息设置"选项，弹出"人员附加信息设置"对话框。

（2）在"参照"选择列表中选择实验资料相对应的内容，单击"增加"按钮。如图7.19所示。

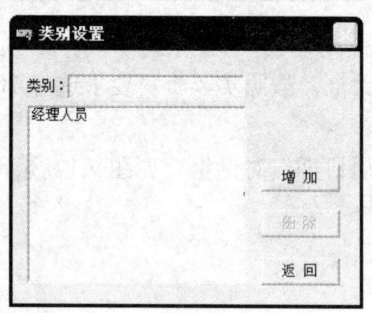
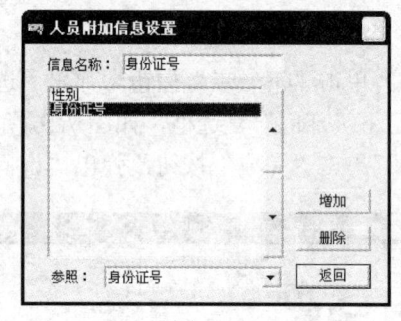

图7.18　　　　　　　　　　图7.19

（3）单击"返回"按钮。

3．工资项目设置

操作步骤如下：

（1）单击"设置"下的"工资项目设置"选项，弹出"工资项目设置"对话框，如图7.20所示。

（2）单击"增加"按钮，可在"名称参照："列表框中选择或输入实验资料要求的工资项目，设置各项目类型、长度、小数、增减项。如果位置需要移动，可单击向上或向下移动按钮。

（3）单击"确认"按钮。

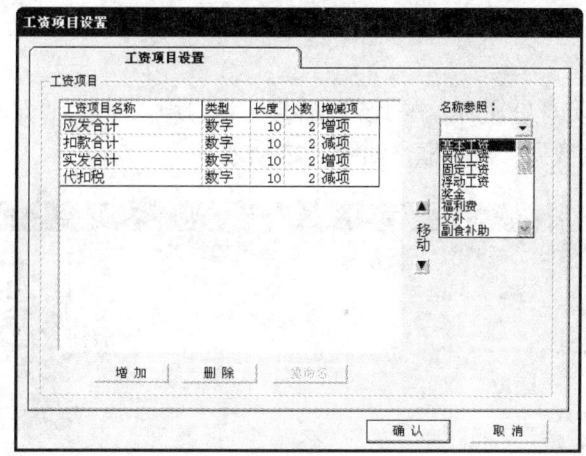

图 7.20

4. 银行名称设置

操作步骤如下:

(1) 单击"设置"下的"银行名称设置"选项,弹出"银行名称设置"对话框。

(2) 删除实验资料不要求的银行,按实验资料设置工商银行的账号长度、录入时需要自动带出的账号长度。

(3) 单击"返回"按钮。

7.1.1.4.5　账套的引入和输出

1. 账套的输出

操作步骤如下:

(1) 打开"系统管理"窗口,单击系统下的"注册"按钮,弹出"注册〖系统管理〗"对话框,如图 7.21 所示。

(2) 设置服务器,操作员为 admin,密码为空,单击"确定"按钮。

(3) 单击"账套"菜单中的"输出"选项,显示"账套输出"对话框,如图 7.22 所示。

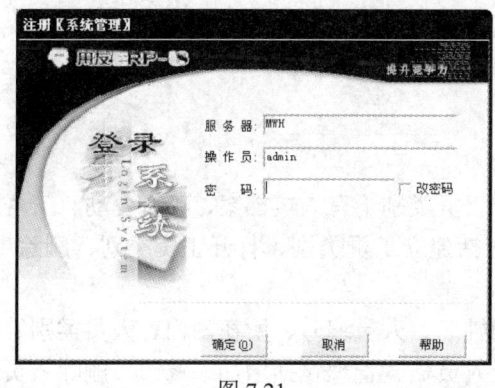

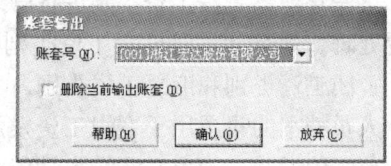

图 7.21　　　　　　　　　　　　　　图 7.22

(4) 选择账套号后,单击"确认"按钮,打开"选择备份目标"对话框。

(5) 在"选择备份目标"对话框中打开要保存的盘符与文件夹(如: D:\工资管理)。

(6) 单击"确认"按钮,弹出"账套备份完毕"对话框,单击"确定"按钮即可。

2. 账套的引入

操作步骤如下:

（1）以系统管理员身份注册,在"系统管理"窗口中,单击 "账套"菜单中的"引入"选项,打开"引入账套数据"对话框,如图 7.23 所示。

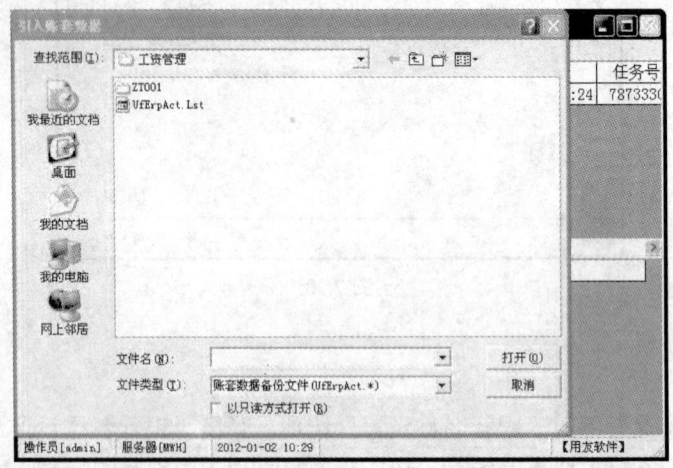

图 7.23

（2）在"引入账套数据"对话框中,选择需要引入的 001 账套数据文件,单击"打开"按钮,显示路径选择对话框。

（3）根据需要确定是否修改路径,如果单击"否",则按照默认路径引入。

（4）弹出"账套 001 引入成功"对话框,单击"确定"按钮即可。

实验 7.1.2　工资管理系统日常处理

7.1.2.1　实验目的

（1）掌握工资类别管理。

（2）掌握工资数据管理。

（3）掌握工资分钱清单、所得税计算与申报、工资分摊、工资类别汇总、工资数据查询统计等的操作过程。

7.1.2.2　预备知识

1. 工资类别管理的具体功能

工资管理系统按工资类别进行管理,每个工资类别下有人员档案、工资变动、工资数据、报税处理、银行代发等。对工资类别的维护包括建立工资类别、打开工资类别、删除工资类别、关闭工资类别和汇总工资类别。

人员档案的设置用于登记工资发放人员的姓名、人员编号、所在部门、人员类别等信息,此外员工的增减变动也必须在本功能中处理。人员档案管理包括增加、修改、删除人员档案、人员调离与停发处理、查找人员等。

对于设置工资项目和计算公式,在系统初始设置的工资项目中包括本单位各种工资类别所需要的全部工资项目。由于不同的工资类别,工资发放项目不同,计算公式也不同,因此应对某个指定工资类别所需的工资项目进行设置,并定义此工资类别的工资数据计算公式。

2．职工工资数据清单

第一次使用工资管理系统必须将所有人员的基本工资数据输入计算机，平时如每月发生工资数据的变动也在此进行调整。

3．工资分钱清单

工资分钱清单是按单位计算的工资发放分钱票额清单，会计人员根据此表从银行取款并发给各部门。执行此功能必须在个人数据输入调整完成之后。如果个人数据在计算后又做了修改，须重新执行本功能，以保证数据正确。

4．个人所得税的计算与申报

个人所得税是根据《中华人民共和国个人所得税法》对个人所得征收的一种税。手工情况下，每月末财务部门都要对超过扣除金额的部分进行计算纳税申报，系统提供申报仅限对工资薪金所得征收个人所得税，其他不予考虑。

由于许多企事业单位计算职工工资薪金所得税工作量较大，系统特提供个人所得税自动计算功能，用户只需要自定义所得税率，而所有的计算都由计算机代替，既减轻了用户的工作负担，又提高了工作效率。

5．银行代发

银行代发业务处理，是指每月末单位应向银行提供给定文件格式的数据文件，职工凭工资卡去银行取款。这样，既减轻了财务部门发放工资的繁重工作，又有效地避免了财务去银行提取大笔款项所承担的风险，同时还提高了对员工个人工资的保密程度。

6．工资类别汇总

工资管理系统提供按工资类别进行核算管理。在分类别管理的情况下，有时需将所有类别的数据进行汇总，如在多个工资类别中，以部门编号、人员编号、人员姓名为标准，将此三项内容相同人员的工资数据做合计。在需要统计所有工资类别本月发放工资的合计数，或某些工资类别中的人员工资都由一个银行代发，希望生成一套完成的工资数据传到银行时，就可使用此项功能。

所有工资类别中的币别、人员编号长度必须一致，否则不能汇总；所选工资类别中必须有汇总月份的工资数据。如果是第一次进行工资类别汇总，需在汇总工资类别中设置工资项目计算公式；如果每次汇总的工资类别一致，则公式不需要重新设置；如果与上一次所选择的工资类别不一致，则需重新设置计算公式。而且，汇总工资类别不能进行月末结算和年末结算；人员档案不可修改；汇总工资数据只保留最后一次汇总的结果。

7．工资数据查询统计

工资数据处理结果最终通过工资报表的形式反映。工资系统提供了主要的工资报表，报表的格式由系统提供。

（1）工资表。工资表包括原始的工资发放签名表、工资发放条、工资卡、部门工资汇总表、人员类别工资汇总表、条件汇总表、条件统计表、条件明细表、工资变动明细表、工资变动汇总表等，主要用于本月工资发放和统计。

1）工资发放签字表：即工资发放清单或工资发放签名表，一个职工一行。

2）工资发放表：为发放工资时交给职工的工资项目清单。

3）条件汇总（明细）表：由用户指定条件生成的工资汇总（明细）表。

4）工资卡：即工资台账，按每人一张设立卡片，工资卡片反映每个员工各月的各项工资情况。

（2）工资分析表。工资分析表是以工资数据为基础，对部门、人员类别的工资数据进行分析和比较产生的各种分析表，供决策人员使用。

· 7.1.2.3 实验资料

（1）人员档案（所有人员都是中方人员，工资计税）（表7.3）。

表7.3

部门编码	部门名称	人员编码	人员姓名	人员类型	性别	身份证号	银行账号
1	总经理办公室	101	陈力	经理人员	男	330602197801123456	11010881066108800001
2	财务部	201	王一明	管理人员	男	330602197901014577	11010881066108800002
		202	何方晶	管理人员	女	330602197904045688	11010881066108800003
		203	刘明明	管理人员	男	330602197704056759	11010881066108800004
3	人事部	301	李鹏	管理人员	女	330602197505057880	11010881066108800005
		302	丁杨刚	管理人员	男	330621198001018911	11010881066108800006
4	销售部						
401	销售一部	401	黄丽红	经营人员	女	330621198002029022	11010881066108800007
402	销售二部	402	周刘红	经营人员	女	330622197801010123	11010881066108800008
5	生产部	501	丁晓理	生产人员	男	330622198501011234	11010881066108800009
6	采购部	601	冯方	采购人员	男	330602198505051235	11010881066108800010
		602	鲍露阳	采购人员	男	330602198206061236	11010881066108800011

（2）工资项目选择：基本工资、事假扣款、事假天数、奖金、交通补贴。

（3）公式设置：事假扣款=基本工资/21*事假天数；用IFF函数设置所有销售人员的交通补贴为100元/月。

（4）录入人员工资（表7.4）。

表7.4

人员编码	姓名	基本工资（元）	事假天数	奖金（元）
101	陈力	5500	1	2000
201	王一明	5000		1500
202	何方晶	4500	2	1300
203	刘明明	4500		1300
301	李鹏	4000		1500
302	丁杨刚	4500	3	1300
401	黄丽红	5000	2	2500
402	周刘红	4500		2000
501	丁晓理	4500		1800
601	冯方	5000	3	1600
602	鲍露阳	4500		1600

（5）按工资项目中的实发工资作为计算个人所得税的标准，扣税标准为 3500 元。

（6）设置工行格式，并以 TXT 文件存储并传输到外存储器中。

（7）工资和福利费（按应发工资水平 14%计提）分摊设置。

（8）凭证处理

1）管理人员、采购人员。

   借：管理费用   借：管理费用

   贷：应付工资   贷：应付福利费

2）销售人员。

   借：营业费用   借：营业费用

   贷：应付工资   贷：应付福利费

3）生产人员。

   借：制造费用   借：制造费用

   贷：应付工资   贷：应付福利费

（9）查询销售部工资发放条。

7.1.2.4　实验内容

7.1.2.4.1　工资类别具体管理

1．人员档案管理

操作步骤如下：

（1）启动"用友 ERP-U8"下的"企业门户"，输入账套主管的操作员（001）、密码，选择账套，修改日期后，单击"确定"按钮。在"企业门户"中，单击左侧的"财务会计"，再双击"业务"页签中的"工资管理"选项，弹出"工资管理"的"新建工资类别与打开工资类别"对话框，单击"确定"按钮。

（2）单击"设置"下的"人员档案"选项，进入人员档案设置界面，如图 7.24 所示。

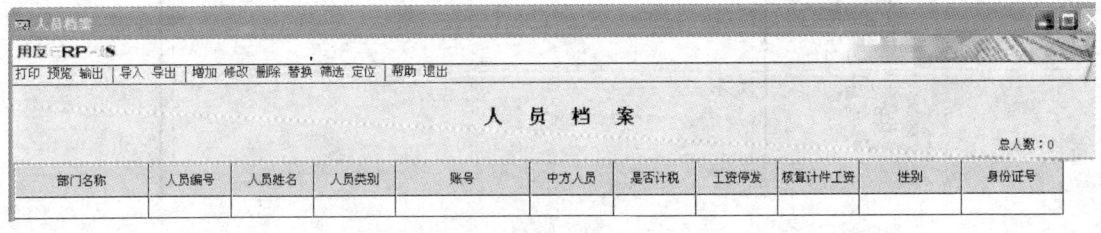

部门名称	人员编号	人员姓名	人员类别	账号	中方人员	是否计税	工资停发	核算计件工资	性别	身份证号

图 7.24

（3）单击"增加"按钮，弹出"人员档案"信息录入对话框，在"基本信息"选项卡中，按实验资料要求输入"人员编号"，长度以基础设置为准；"部门名称"及"人员类别"均从下拉列表中选择输入。在"属性"栏框中，选择该人员是否计税，是否为中方人员等，以及选择银行代发名称及输入个人银行账号，如图 7.25 所示。在"附加信息"选项卡中，"性别："输入栏中输入性别，在"身份证号："输入栏中输入身份证号，如图 7.26 所示。

（4）单击"确认"按钮，依次输入下一个人员档案。输入完成后，单击"取消"按钮。

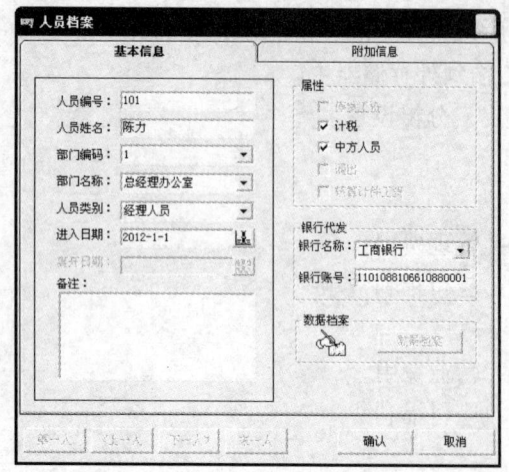
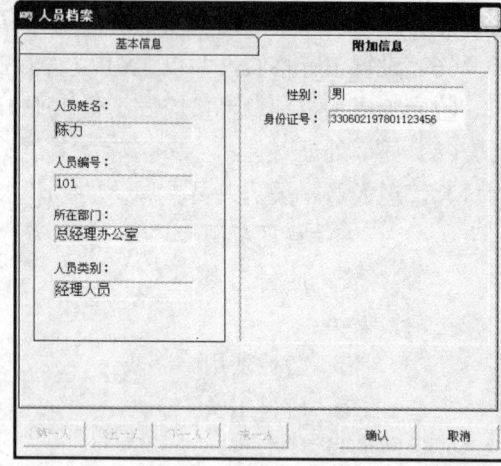

图 7.25　　　　　　　　　　　　　　　　　图 7.26

2．设置工资项目和计算公式

（1）选择建立本工资类别的工资项目。

操作步骤如下：

1）单击"设置"下的"工资项目设置"选项，进入工资项目设置界面，如图 7.27 所示。

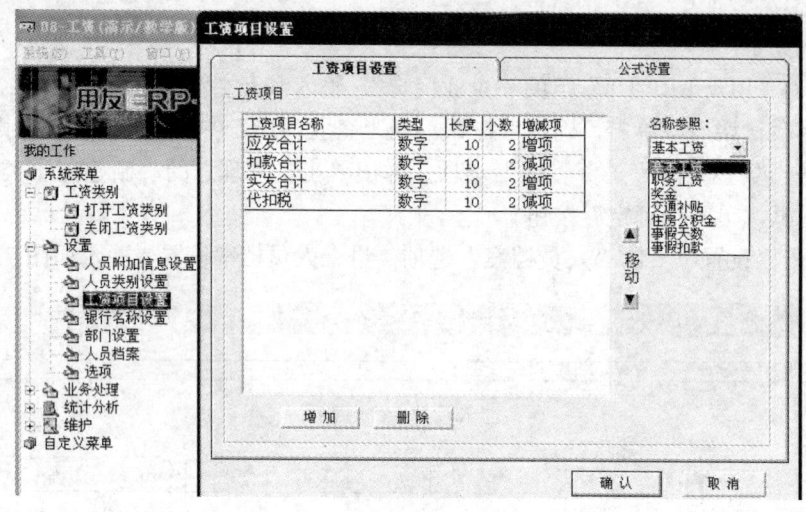

图 7.27

2）在"工资项目设置"选项卡中单击"名称参照"下拉框，选择系统初始中设置的工资项目，工资项目的类型、长度、小数位数、增减项等是不可更改的。

3）按实验资料所有项目增加完成后，可通过中间"移动"的上下箭头调整工资项目的上下排列顺序。

4）单击"确认"按钮。

（2）设置计算公式。

操作步骤如下：

1）单击"设置"下的"工资项目设置"选项，进入工资项目设置界面，在"公式设置"选项卡中单击"增加"按钮，按实验资料在列表框中选择要设置计算公式的工资项目，再在

"公式定义"文本框中按定义计算公式要求进行表达式定义（如用 IFF 函数经营人员的交通补贴为 100 元/月，即：IFF(人员类别="经营人员",100,0)）。然后单击"公式确认"按钮。

2）需要定义计算公式的所有工资项目完成设置后，通过"工资项目"栏左侧"移动"的上下箭头调整工资项目的上下排列顺序。

3）单击"确认"按钮。

7.1.2.4.2　职工工资数据清单

操作步骤如下：

（1）启动"用友 ERP-U8"下的"企业门户"，输入操作员（001）、密码，选择账套号，修改日期后，单击"确定"按钮。在"企业门户"中，单击左侧的"财务会计"，再双击"业务"页签中的"工资管理"选项，弹出"工资管理"的"新建工资类别与打开工资类别"对话框，单击"确定"按钮。

（2）单击"业务处理"下的"工资变动"选项，打开"工资变动"窗口，可以直接录入人员的所有工资项目数据，如图 7.28 所示。

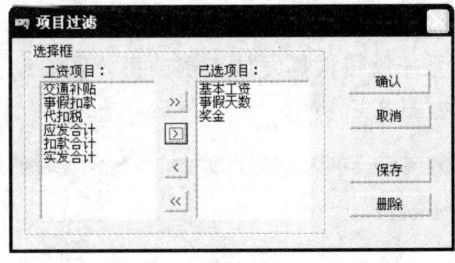

图 7.28

（3）为了快速、准确地输入或修改工资数据，可用系统提供的"过滤器"、"页编辑"、"筛选"、"定位"、"替换"等功能，如：单击"过滤器"右侧的下拉列表，选择"项目过滤"，弹出"项目过滤"对话框，选择要过滤的工资项目，如图 7.29 所示。

图 7.29

（4）单击"确认"按钮，弹出过滤后的输入界面，如图 7.30 所示。

（5）按实验资料输入所有人员工资。然而，单击"退出"按钮，弹出如图 7.31 所示的对话框。

（6）单击"是（Y）"按钮，弹出如图 7.32 所示的工资变动界面。

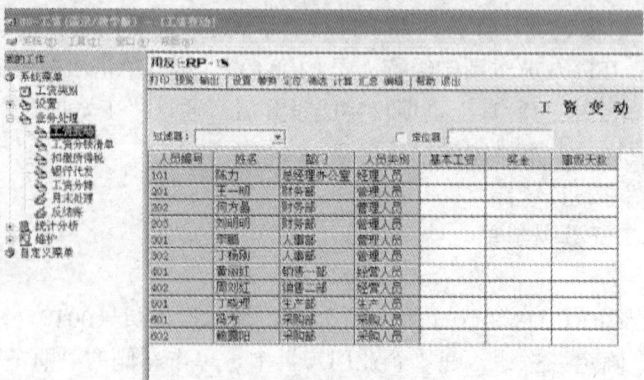

图 7.30

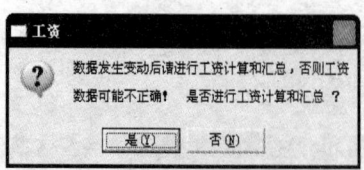

图 7.31

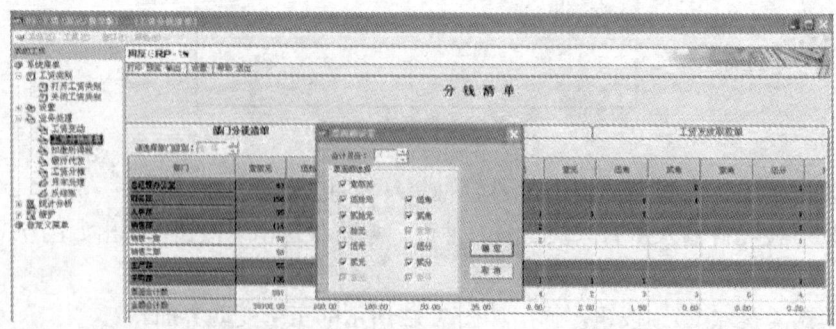

图 7.32

7.1.2.4.3 工资分钱清单

操作步骤如下：

（1）单击"业务处理"下的"工资分钱清单"选项，系统提供了按票面额设置的功能，可根据单位需要自由选择，系统就可根据发放工资项目分别自动计算出按部门、按人员、按单位整体各种面额的张数，如图 7.33 所示。

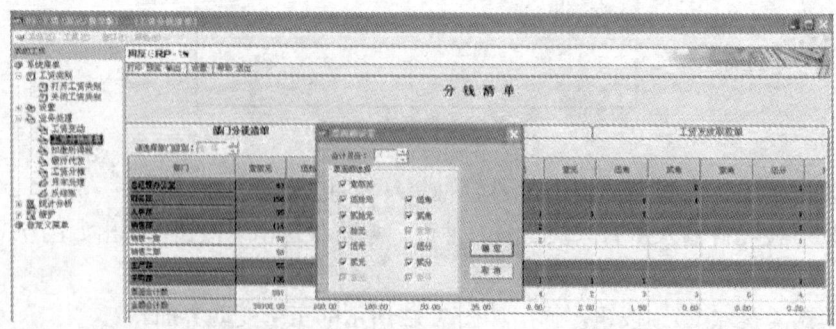

图 7.33

（2）单击"确定"按钮后的界面如图7.34所示。

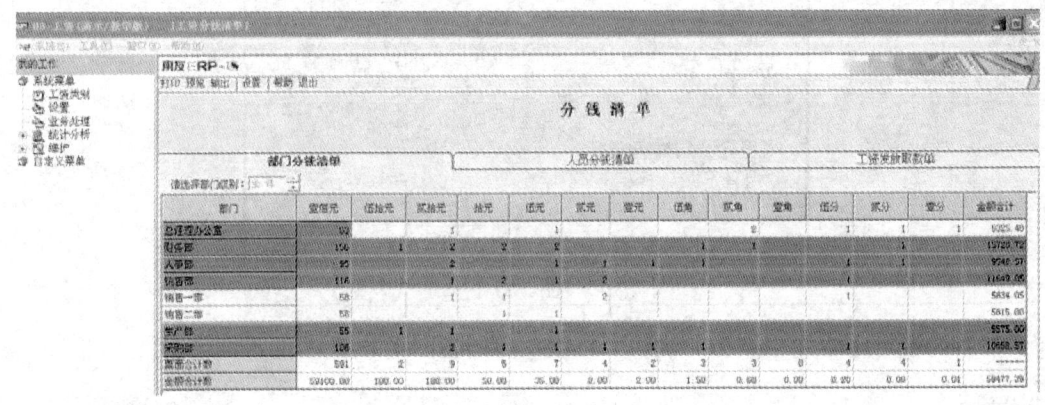

图 7.34

（3）单击"人员分钱清单"或"工资发放取款单"卡片选项，弹出相应的界面，如图7.35和图7.36所示。

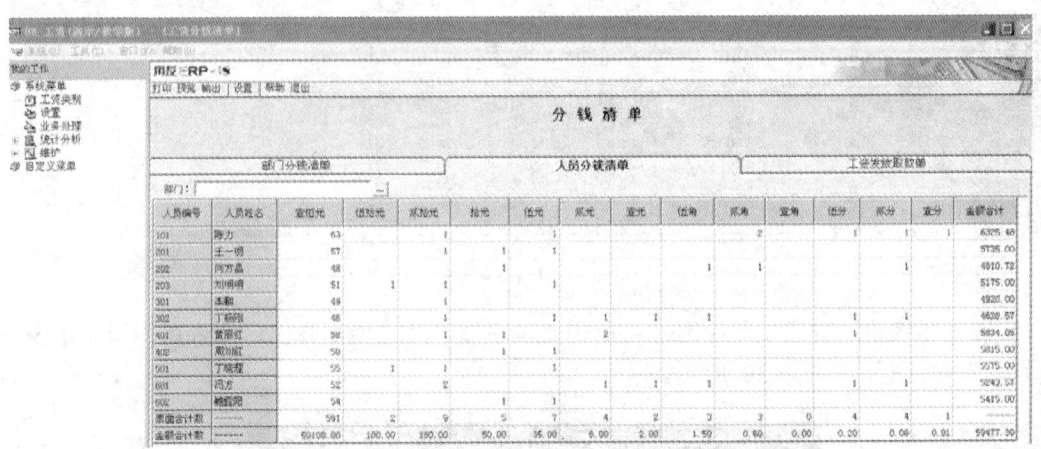

图 7.35

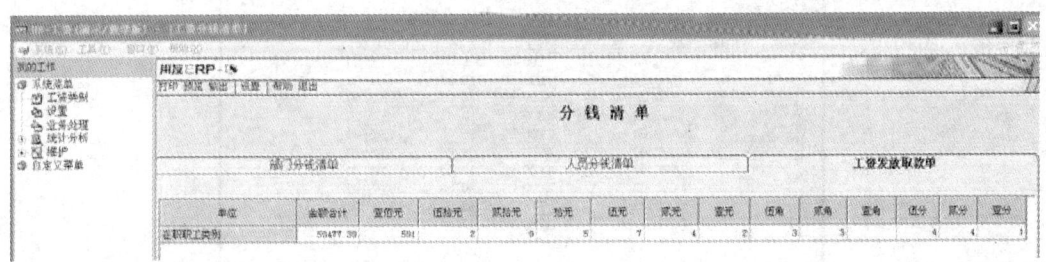

图 7.36

7.1.2.4.4　个人所得税的计算与申报

操作步骤如下：

（1）单击"业务处理"下的"扣交所得税"选项，弹出"栏目选择"对话框，如图7.37所示。

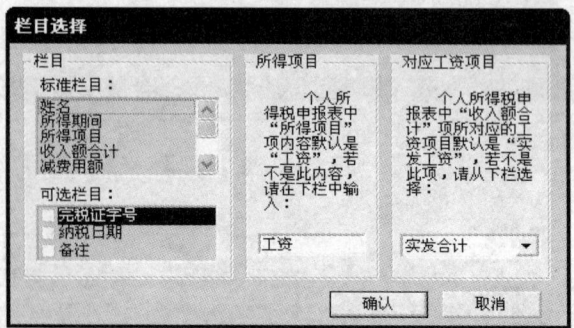

图 7.37

（2）选取可选栏目，单击"确认"按钮，弹出如图 7.38 所示的界面。

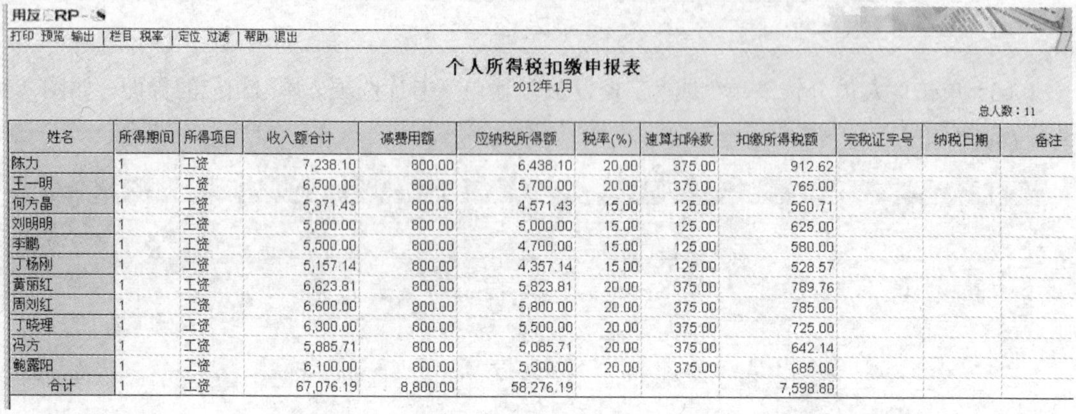

用友ERP-8
打印 预览 输出 | 栏目 税率 | 定位 过滤 | 帮助 退出

个人所得税扣缴申报表
2012年1月

总人数：11

姓名	所得期间	所得项目	收入额合计	减费用额	应纳税所得额	税率(%)	速算扣除数	扣缴所得税额	完税证字号	纳税日期	备注
陈力	1	工资	7,238.10	800.00	6,438.10	20.00	375.00	912.62			
王一明	1	工资	6,500.00	800.00	5,700.00	20.00	375.00	765.00			
何方晶	1	工资	5,371.43	800.00	4,571.43	15.00	125.00	560.71			
刘明明	1	工资	5,800.00	800.00	5,000.00	15.00	125.00	625.00			
李鹏	1	工资	5,500.00	800.00	4,700.00	15.00	125.00	580.00			
丁杨刚	1	工资	5,157.14	800.00	4,357.14	15.00	125.00	528.57			
黄丽红	1	工资	6,623.81	800.00	5,823.81	20.00	375.00	789.76			
周刘红	1	工资	6,600.00	800.00	5,800.00	20.00	375.00	785.00			
丁晓理	1	工资	6,300.00	800.00	5,500.00	20.00	375.00	725.00			
冯方	1	工资	5,885.71	800.00	5,085.71	20.00	375.00	642.14			
鲍露阳	1	工资	6,100.00	800.00	5,300.00	20.00	375.00	685.00			
合计	1	工资	67,076.19	8,800.00	58,276.19			7,598.80			

图 7.38

（3）要修改所得税扣税标准，可单击"税率"卡片选项，弹出"个人所得税申报表——税率表"对话框，如图 7.39 所示。

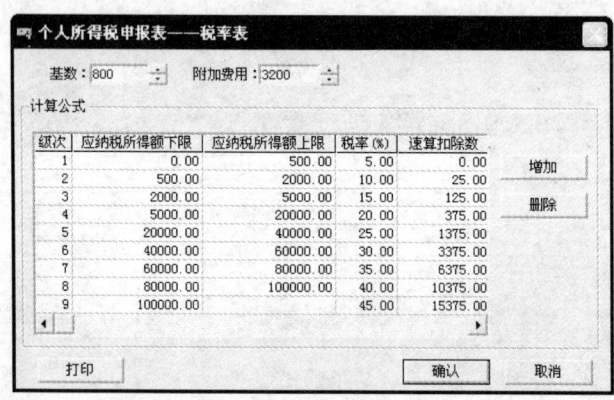

图 7.39

（4）调整基数为 3500，单击"确认"按钮，弹出"是否重新计算个人所得税？"对话框，如图 7.40 所示。

（5）单击"是（Y）"按钮，得到重新计算后的个人所得税扣缴申报表。

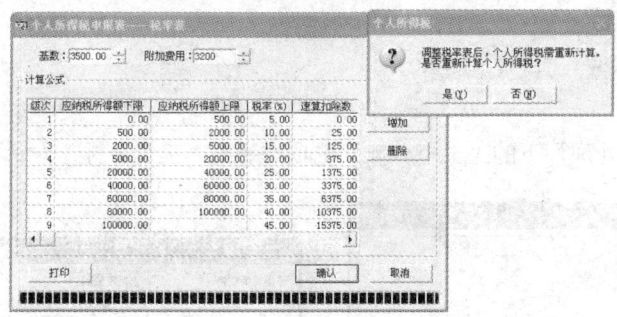

图 7.40

7.1.2.4.5　银行代发

操作步骤如下：

（1）单击"业务处理"下的"银行代发"选项，弹出"银行文件格式设置"对话框，如图 7.41 所示。

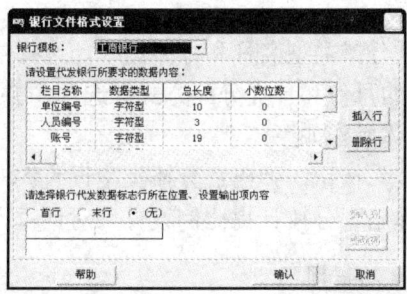

图 7.41

（2）单击"确认"按钮，在"银行代发"对话框中单击"是（Y）"按钮，弹出"银行代发一览表"界面，如图 7.42 所示。

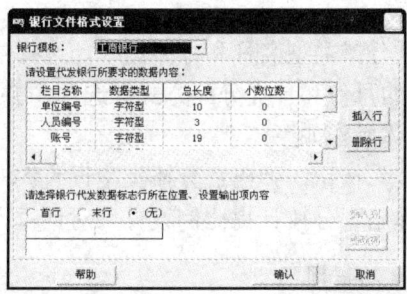

图 7.42

（3）单击界面上的"方式"按钮，弹出"文件方式设置—工商银行"对话框，如图 7.43 所示。

（4）单击"确认"按钮，在弹出的"银行代发"对话框中单击"是（Y）"按钮。

（5）单击界面上的"传输"按钮，弹出"数据输出"对话框，在对话框中设置保存的位置、文件名及文件类型（按实验资料要求）。

（6）单击"保存"按钮。

7.1.2.4.6　工资分摊

操作步骤如下：

（1）单击"业务处理"下的"工资分摊"选项，弹出"工资分摊"对话框，如图 7.44 所示。

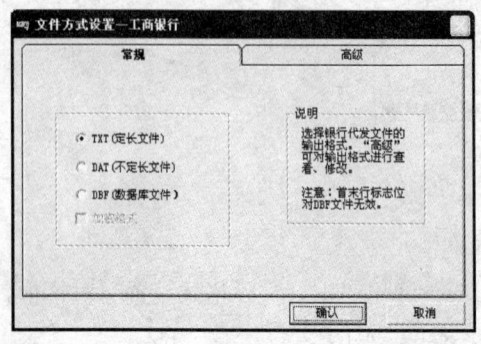

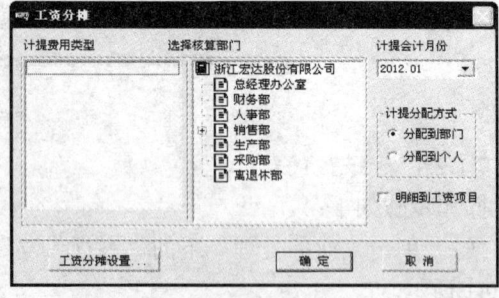

图 7.43　　　　　　　　　　　　　　　　　　图 7.44

（2）按实验资料要求设置分摊类型名称和分摊比率，选择参与本次费用分摊计提的类型和参与核算的部门、计提费用的月份和计提分配方式等选项，并选择分摊类型，单击"确认"按钮显示工资分摊一览表。具体操作如下：

1）单击"工资分摊设置…"按钮，弹出"分摊类型设置"对话框，如图 7.45 所示。

2）单击"增加"按钮，弹出"分摊计提比例设置"对话框，如图 7.46 所示。

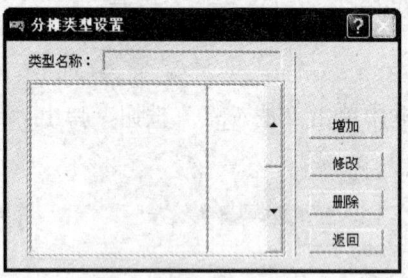

图 7.45　　　　　　　　　　　　　　　　　　图 7.46

3）在"计提类型名称："输入框中输入"工资"，分摊计提比例为 100%，单击"下一步"按钮，弹出"分摊构成设置"对话框，如图 7.47 所示。

4）双击"部门名称"属性名下的输入栏，弹出"部门名称参照"对话框，如图 7.48 所示。

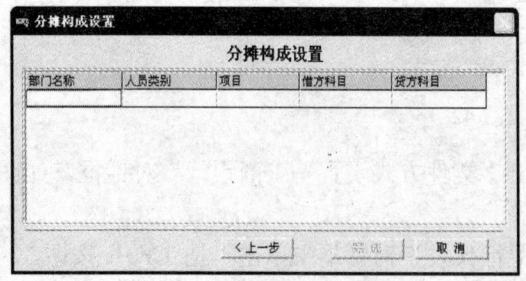

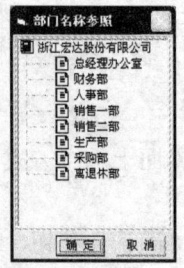

图 7.47　　　　　　　　　　　　　　　　　　图 7.48

5）单击"财务部"与"人事部"左侧的图标，选取"财务部"和"人事部"，单击"确定"按钮，再双击"人员类别"属性名下的输入栏，再在列表框中选取"管理人员"，"项目"属性名下输入栏的内容为"应发合计"。双击"借方科目"属性名下的输入栏，单击🔍按钮，弹出如图 7.49 所示的对话框。

6）单击"损益"图标，再展开"损益"子目录，弹出如图 7.50 所示的对话框。

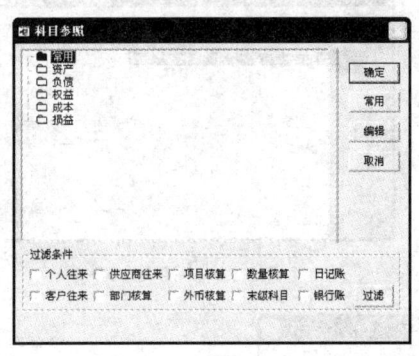

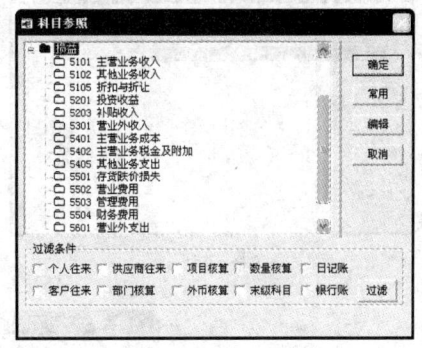

图 7.49　　　　　　　　　　　　　　　　图 7.50

7）单击"管理费用"选项，单击"确定"按钮，弹出如图 7.51 所示的对话框。

8）双击"贷方科目"属性名下的输入栏，单击🔍按钮，弹出如图 7.49 所示的对话框。单击"负债"图标，再展开"负债"子目录，弹出如图 7.52 所示的对话框。

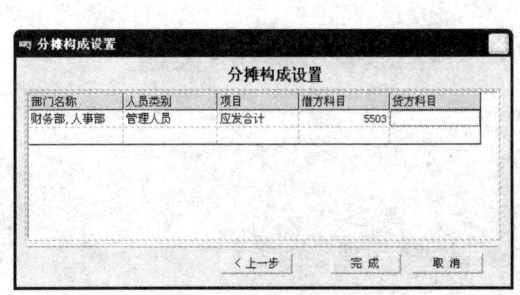
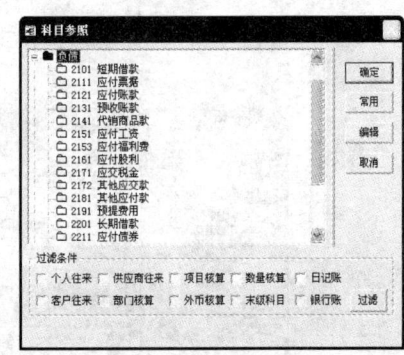

图 7.51　　　　　　　　　　　　　　　　图 7.52

9）单击"应付工资"选项，单击"确定"按钮，弹出如图 7.53 所示的对话框。按照前面的操作，继续进行分摊构成设置，如图 7.54 所示，单击"完成"按钮，弹出如图 7.55 所示的对话框。

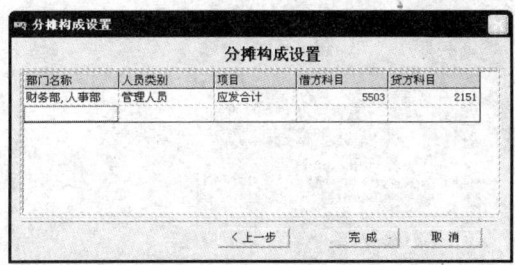
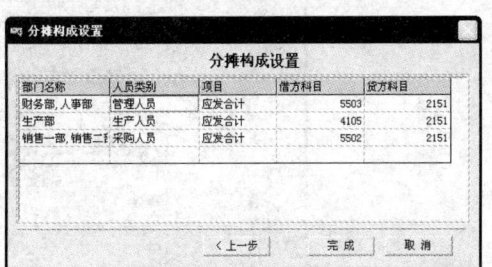

图 7.53　　　　　　　　　　　　　　　　图 7.54

10）再按照前面的操作，弹出如图 7.56 所示的对话框，单击"返回"按钮，在弹出的对话框中进行选项选取，如图 7.57 所示。单击"确定"按钮，弹出如图 7.58 所示的"工资分摊明细"界面。在"类型"列表框中选择"福利费"选项，弹出如图 7.59 所示的"福利费分摊明细"界面。

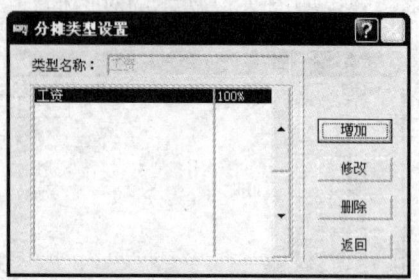

图 7.55

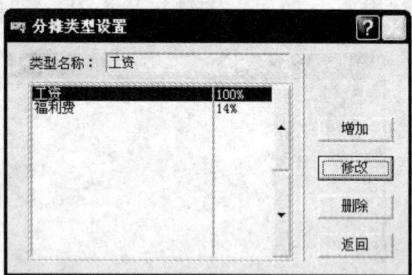

图 7.56

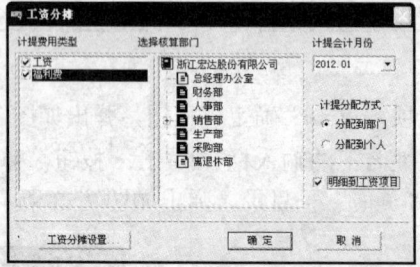

图 7.57

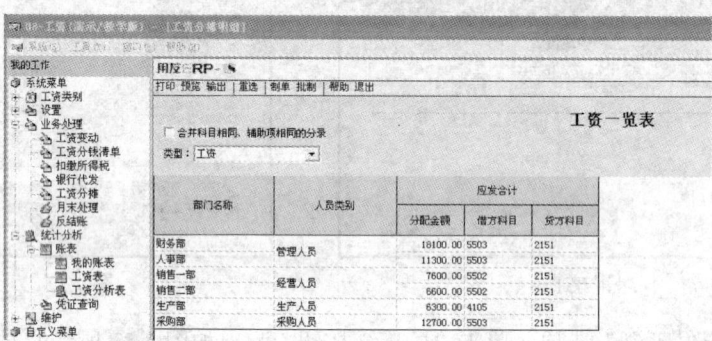

图 7.58

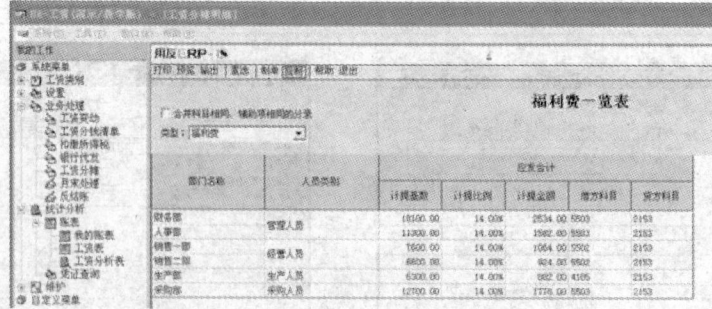

图 7.59

7.1.2.4.7　工资数据查询统计

操作步骤如下：

单击"统计分析"下的"账表"选项，可进行"我的账表"、"工资表"与"工资分析表"操作。

（1）单击"我的账表"选项，弹出"账表管理"对话框，可进行"工资"与"工资分析表"进行修改或重建等操作。

（2）单击"工资表"选项，弹出"工资表"查看对话框，如图 7.60 所示。

（3）从列表中选择要查看的表，如选择"工资发放条"，单击"查看"按钮，弹出"工资发放条"对话框，选择"销售部"，再选中"选定下级部门"复选框，如图 7.61 所示。

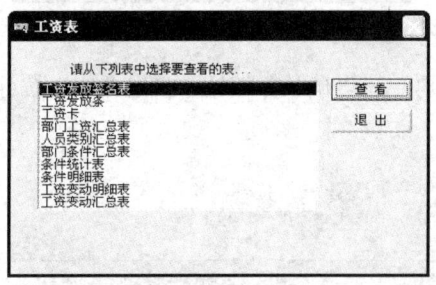
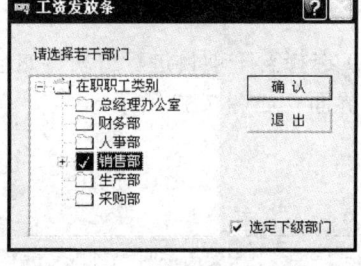

　　　　图 7.60　　　　　　　　　　　　　　　　　　图 7.61

（4）单击"确认"按钮，弹出销售部的"工资发放条"界面，如图 7.62 所示。

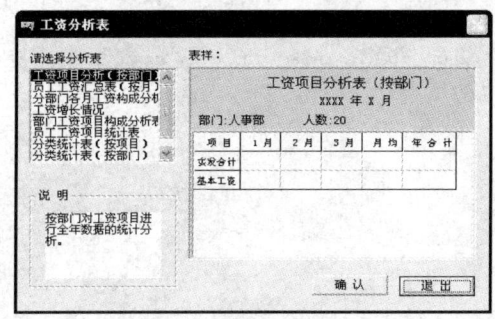

图 7.62

（5）单击"工资分析表"选项，弹出"工资分析表"对话框，如图 7.63 所示。

（6）在列表框中选择分析表名称，如选择"分类统计表（按部门）"，单击"确认"按钮，弹出"分析月份选择"对话框，如图 7.64 所示。

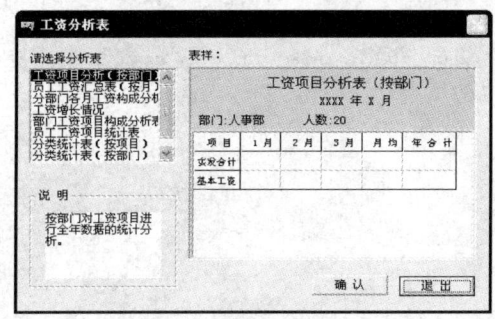
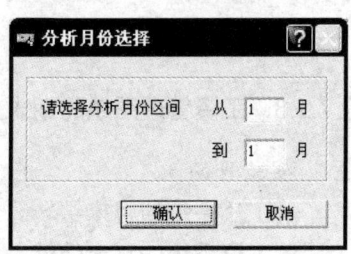

　　　　图 7.63　　　　　　　　　　　　　　　　　　图 7.64

（7）单击"确认"按钮，弹出"选择分析部门"对话框，选择各部门，再选中"选定下级部门"复选框，如图 7.65 所示。

（8）单击"确认"，弹出"分析表选项"对话框，如图 7.66 所示。

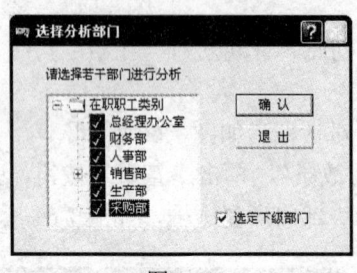

图 7.65

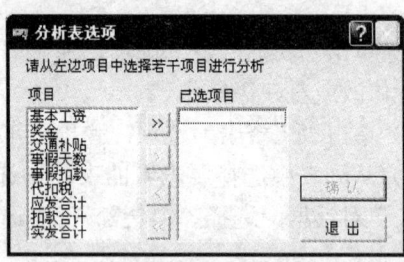

图 7.66

（9）选择若干项目进行分析，如全部选择，再单击"确认"按钮，弹出"分析统计表（按部门）"界面，如图 7.67 所示。

分类统计表（按部门）
2012 年度 1 月～1 月

部门	类别	人数	基本工资	奖金	交通补贴	事假天数	事假扣款	代扣税	应发合计	扣款合计	实发合计
总经理办公室											
	经理人员	1	5,500.00	2,000.00		1.00	261.90	435.72	7,500.00	697.62	6,802.38
	管理人员										
	经营人员										
	生产人员										
	采购人员										
财务部											
	经理人员										
	管理人员	3	14,000.00	4,100.00		2.00	428.57	707.14	18,100.00	1,135.71	16,964.29
	经营人员										
	生产人员										
	采购人员										
人事部											
	经理人员										
	管理人员	2	8,500.00	2,800.00		3.00	642.86	315.71	11,300.00	958.57	10,341.43
	经营人员										
	生产人员										
	采购人员										
销售部											
	经理人员										
	管理人员										
	经营人员	2	9,500.00	4,000.00	200.00	2.00	476.19	683.57	13,700.00	1,159.76	12,540.24
	生产人员										
	采购人员										
销售一部											
	经理人员										
	管理人员										
	经营人员	1	5,000.00	2,000.00	100.00	2.00	476.19	343.57	7,100.00	819.76	6,280.24

图 7.67

实验 7.1.3　工资管理系统的期末处理

7.1.3.1　实验目的
（1）了解工资系统的月末结转。
（2）了解工资系统的年末结转。

7.1.3.2　预备知识

1. 月末结转

月末结转是将当月数据经过处理后结转至下月，每月工资数据处理完毕后均可进行月末结转。由于在工资项目中，有的项目是变动的，即每月的数据均不相同，在每月工资处理时需将其数据清为 0，而后输入当月的数据。此类项目即为清零项目。

月末结转只有在会计年度的 1～11 月进行，且只有在当月工资数据处理完成后才可进行。若为处理多个工资类别，则应打开工资类别，分别进行月末结转。若本月工资数据未汇总，系统将不允许进行月末结转；进行期末处理后，当月数据将不允许变动。

2. 年末结转

年末结转是将工资数据经过处理后结转至下一年。进行年末结转后，新年度账将自动建立。

若在处理完所有工资类别的工资数据，对多工资类别应关闭所有工资类别，然后在系统管理中选择"年度账"菜单，进行上年度数据的结转。

年末结转只有在当月工资数据处理完毕后才能进行。若当月工资数据未汇总，系统将不允许进行年末结转；若本月无工资数据，用户进行年末处理时，系统将给出操作提示；进行年末结转后，本年各月数据将不允许变动。

7.1.3.3　实验资料

（1）2012 年 1 月 31 日，对浙江宏达股份有限公司的 1 月份工资进行月末处理，并将事假天数清零。

（2）2012 年 1 月 31 日，对进行月末处理后取消结账。

（3）对浙江宏达股份有限公司的工资进行年末结转。

7.1.3.4　实验内容

1. 对工资系统进行月末处理

操作步骤如下：

（1）启动"用友 ERP-U8"下的"企业门户"，输入操作员（002）、密码，选择账套号，修改日期后（2012 年 1 月 31 日），单击"确定"按钮。在"企业门户"中，单击左侧的"财务会计"，再双击"业务"页签中的"工资管理"选项。

（2）在打开工资类别的情况下，单击"业务处理"下的"月末处理"选项，弹出"月末处理"对话框，如图 7.68 所示。

（3）单击"确认"按钮，弹出如图 7.69 所示的对话框。

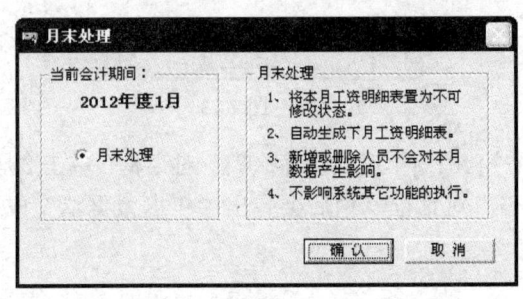

图 7.68

图 7.69

（4）单击"是（Y）"按钮，弹出"是否选择清零项？"对话框。

（5）单击"是（Y）"按钮，弹出"选择清零项目"对话框，如图 7.70 所示。

（6）选择"事假天数"作为清零项目，单击"确认"按钮，弹出"月末处理完毕"对话框，单击"确定"按钮。

2．对进行月末处理后取消结账

操作步骤如下：

（1）进入工资管理系统，关闭所有工资类别后，操作业务时间修改为下一月份的某一天（如：2012 年 2 月 1 日）。

（2）单击"业务处理"下的"反结账"选项，弹出"反结账"对话框，如图 7.71 所示。

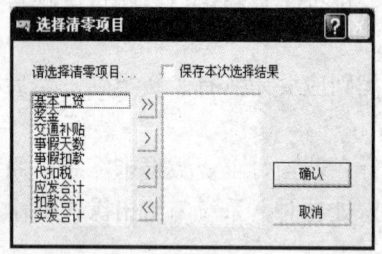
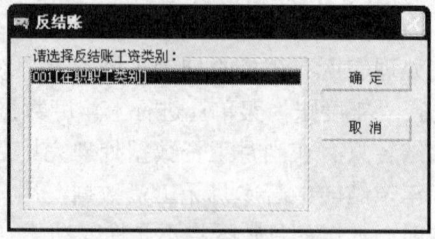

图 7.70   图 7.71

（3）选择反结账的工资类别，单击"确定"按钮，弹出如图 7.72 所示的对话框。

（4）单击"确定"按钮，弹出"反结账完成"对话框，单击"确定"按钮。

3．进行年末结转

操作步骤如下：

（1）单击"开始"按钮，选择"程序"选项下的"用友 ERP-U8"，再选择"用户 ERP-U8"的"系统服务"功能下的"系统管理"选项。

（2）输入账套主管的操作员（001）、密码，选择账套号，修改日期（如：2012 年 12 月 31 日）后，单击"确定"按钮，进入"系统管理"操作界面。

（3）选择"年度账"菜单中的"清空年度账"选项，弹出"清空年度数据库"对话框，如图 7.73 所示。

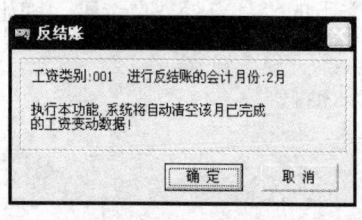

图 7.72   图 7.73

（4）单击"确认"按钮，弹出"确认清空[2012]年度数据库么？"对话框，单击"是（Y）"按钮，弹出"备份当年年度账，请稍等……"对话框，稍后会弹出"年度数据清空成功"对话框，单击"确定"按钮。

7.1.3.5　实验习题

建立离退休工资类别并进行基础设置与日常处理。人员信息见表 7.5。

表 7.5

编号	姓名	人员类别	所属部门	发放工资形式	性别	身份证号	是否中方人员	是否计税	基本工资(元)
701	刘光明	离退休	离退休部	现金	男	330602195010109456	中方	否	3000
702	陈东兴	离退休	离退休部	现金	男	330621195206069457	中方	否	2800
703	张家炎	离退休	离退休部	现金	男	330622195108080031	中方	否	2950
704	傅金美	离退休	离退休部	现金	女	330623195507071220	中方	否	2200
705	陈斐丽	离退休	离退休部	现金	女	330621195303050881	中方	否	2500
706	陶小妹	离退休	离退休部	现金	女	330622195104080063	中方	否	2750

实验 7.2　企业库存管理系统应用实验

企业库存管理是企业管理的一个重要环节，其基本工作是对每笔货物出入库业务进行监督和管理，对出入库和存货信息进行记录，随时为企业提供存货结存等相关报表，供管理者及时了解存货状况，及时安排生产和适时作出合理的采购或存货处理等决策。本实验从信息系统应用角度，重点介绍了库存管理系统的初始设置、日常业务处理和期末处理的使用过程。

实验 7.2.1　系统设置与初始化

7.2.1.1　实验目的
（1）掌握操作员的新建及权限设置。
（2）掌握系统的数据初始化。
（3）掌握系统各类基础资料的设置。
（4）了解系统数据库的备份与恢复。

7.2.1.2　预备知识
（1）用户权限。本仓库管理软件只实现模块功能权限，因为这样开发起来比较简单，且容易理解和分配。简单来说就是某些低层用户可以使用其中的一些模块功能，另一些低层用户可以使用其他的一些模块功能，而高层用户可以使用全部的模块功能，尤其体现在对数据库的访问与操作上。

（2）权限分配。本实验分成两个角色：系统管理员和普通用户。系统管理员具有本系统的全部权限，可以进行操作员管理、数据库备份处理等普通用户不具备的权限；普通用户主要具备各库存业务处理和业务单据及各类汇总数据查询的功能。

（3）数据初始化。本系统自带了一些演示数据，所以在正式使用前，应该先删除里面的所有数据，然后将期初数据录入系统，才能进行正常的业务处理。

7.2.1.3　实验资料
1. 公司概况
公司名称：浙江铭新实木家具贸易有限公司
联系人：章致奇
联系地址：浙江省绍兴市二环北路 58 号
联系电话：0575-88383833

电子信箱：zjmingxin@163.com

2．操作员

用户名称：段晓彤（普通用户）

初始密码：123

3．权限设置

在现有权限基础上，增加"数据库备份、恢复"的权限。

4．系统设置

小数点位数设置：都设置为 2。

支持负库存：是。

单号显示：是。

企业结算方式：移动加权平均。

5．仓库资料

仓库资料包括原材料仓库、成品仓库、辅料与工装设备仓库。

6．计量单位

计量单位只、张、套、盒、把。

7．部门员工资料

部门员工资料见表 7.6。

表 7.6

总经理办公室	吴旺盛
采购部	郭丽萍
销售部	董建生
生产部	何秋木
仓库	段晓彤
财务部	陈丽莎

8．货品资料

货品资料见表 7.7。

表 7.7

货品类别编码		货品及编码	计量单位	默认仓库	期初库存量
01 产成品	0101 餐桌	01 圆木餐桌	张	产成品仓库	8
	0102 餐椅	02 高背餐椅	只		48
	0103 茶几	03 橡木茶几	张		16
02 原材料	0201 实木类	04 橡木板	张	原材料仓库	100
	0202 板材类	05 E0 级木工板	张		120
03 辅料	0301 五金类	06 螺钉	盒	辅料仓库	20
	0302 工具类	07 电锯	把		5
	0303 劳保类	08 工作服	套		10

9. 单位资料

单位资料见表 7.8。

表 7.8

单位类别编码	公司名称	联系人	办公电话
01 供应商	广州市巨木建筑板材有限公司	孙西海	020-66553366
02 客户	绍兴市新天地家具商城	杨子涵	0575-88332211

7.2.1.4　实验内容

1. 系统登录

（1）单击"开始"按钮，在"程序"菜单中选择并启动"里诺仓库管理软件"，如图 7.74 所示。

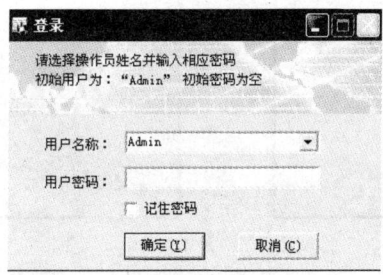

图 7.74

（2）用户名称为 Admin，初始密码为空。单击"确定"按钮即可进入软件主界面，如图 7.75 所示。

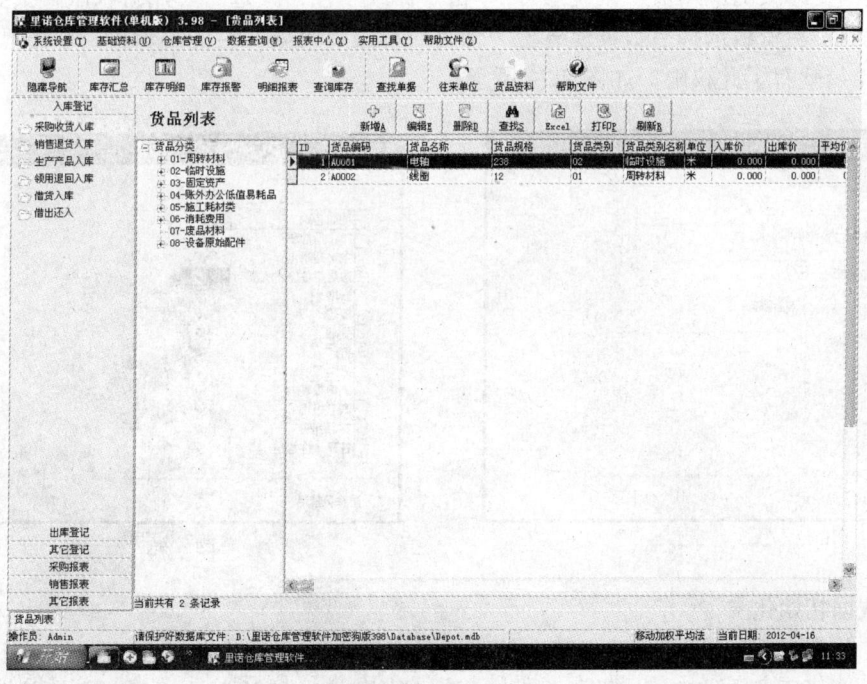

图 7.75

2．修改登录密码

（1）单击"系统设置"，选择其中的"修改我的登录密码"，弹出如图 7.76 所示的对话框。

（2）密码修改。当前密码为空，输入新密码 123，在新密码进行验证中重复输入 123，单击"确定"按钮后关闭此对话框，就可完成密码修改。

3．操作员管理

（1）增加操作员。

1）单击"系统设置"，选择其中的"操作员管理"，弹出如图 7.77 所示的对话框。

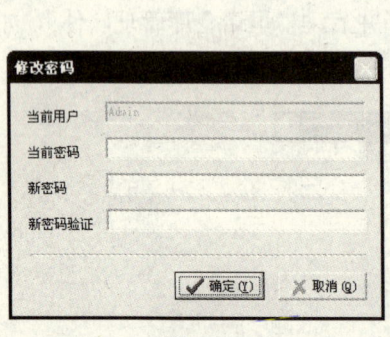

图 7.76

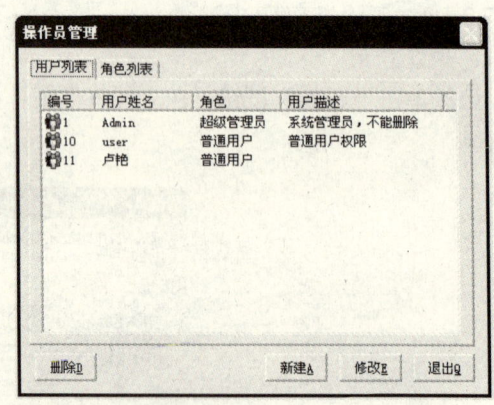

图 7.77

2）单击"新建"按钮，在"新增操作员"对话框中填入实验资料，如图 7.78 所示。

（2）权限设置。

1）单击"系统设置"，选择其中的"操作员管理"，打开如图 7.4 所示的"用户列表"。

2）选择要修改的操作员"段晓彤"，单击"修改"按钮，选择"用户权限"页签。

3）按照实验资料选择"数据库备份、恢复"对应"权限"栏的编辑框，单击"保存"按钮，该操作员就有了此权限，如图 7.79 所示。

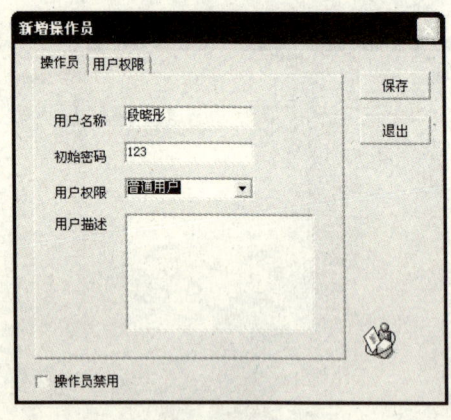

图 7.78

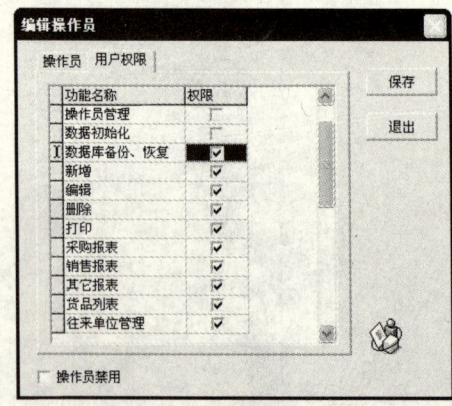

图 7.79

4．数据初始化

（1）单击"系统设置"，选择其中的"数据初始化"，弹出如图 7.80 所示的对话框。

（2）选择要清除的数据，即数据前出现对号，单击"清除"按钮后单击"关闭"按钮，就可清除相应数据。

5．重新登录

（1）单击"系统设置"，选择其中的"重新登录"。

（2）选择用户名称 Admin，输入密码 123，单击"确定"按钮，就可重新登录该系统。

6．系统设置

（1）单击"系统设置"菜单，选择其中的"选项设置"，弹出如图 7.81 所示的对话框。

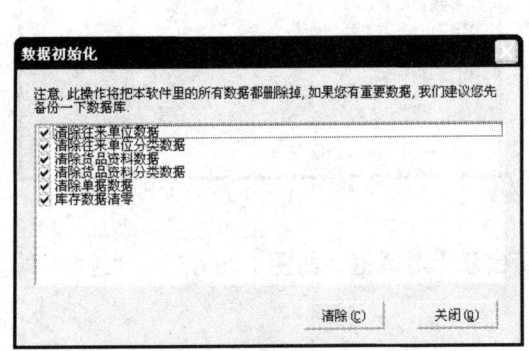

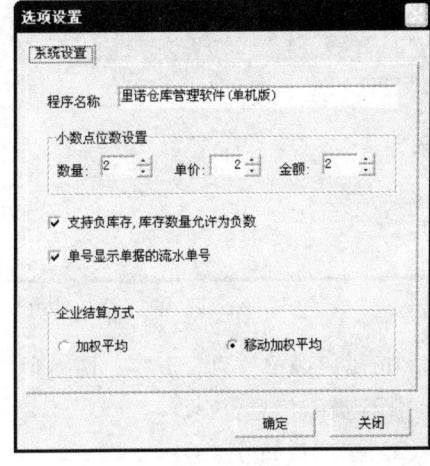

图 7.80　　　　　　　　　　　　　　图 7.81

（2）按照实验资料在编辑框中选择或点取相应数据，单击"确定"按钮后单击"关闭"按钮，即可完成系统的设置。

7．公司概况

（1）单击"基础资料"菜单，选择其中的"公司概况"选项，弹出如图 7.82 所示的对话框。

（2）按照实验资料将公司的相关信息录入相应栏目，单击"确定"按钮即可。

8．基础资料

（1）添加仓库资料、常用计量单位、部门资料与员工信息。

1）选择"基础资料"菜单中的"仓库资料"选项，弹出如图 7.83 所示的"仓库管理"对话框，根据需要逐一新增、保存仓库信息资料。

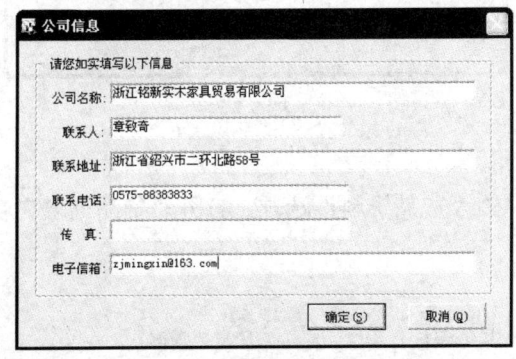

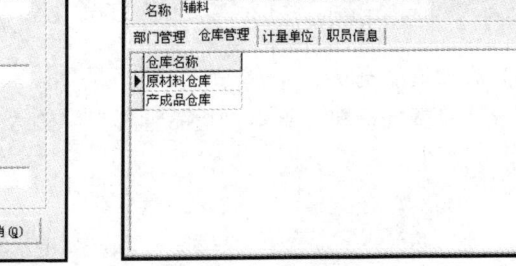

图 7.82　　　　　　　　　　　　　　图 7.83

2）单击"计量单位"页签，切换到如图 7.84 所示的"计量单位管理"对话框，根据需要逐一新增、保存计量单位的资料。

3）单击"部门管理"页签，切换到如图 7.85 所示的"部门管理"对话框，根据需要逐一新增、保存部门资料。

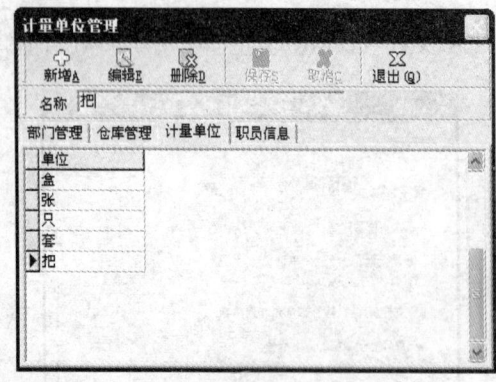

图 7.84

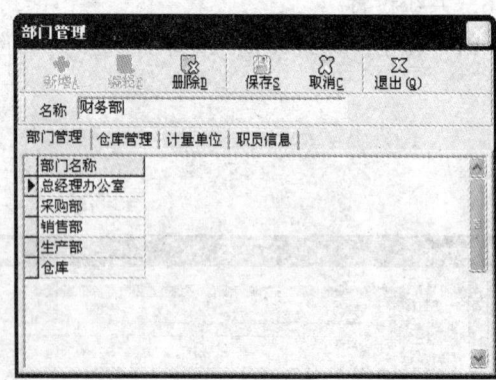

图 7.85

4）单击"职员信息"页签，切换到"员工信息"对话框，如图 7.86 所示，根据需要逐一新增、保存员工信息资料。

（2）添加货品分类。

1）选择"基础资料"菜单"货品管理"中的"货品分类管理"选项，弹出"货品类别"对话框。

2）单击"新增"按钮，输入货品类别的编码与名称，然后保存。

3）按照实验资料依次建立货品类别档案，如图 7.87 所示。

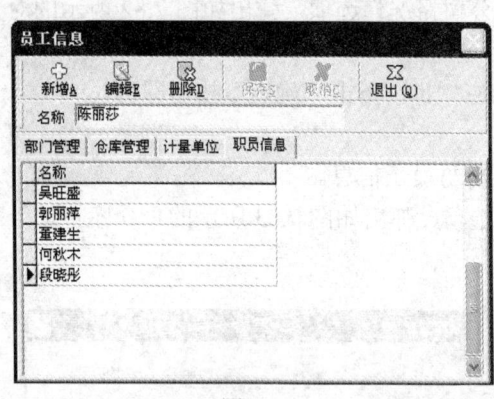

图 7.86

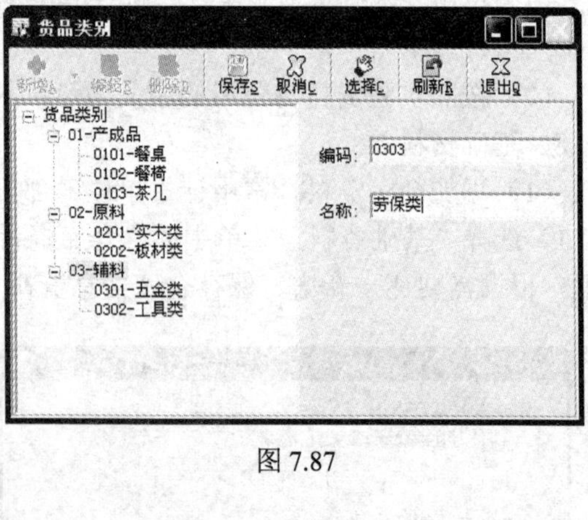

图 7.87

（3）添加货品资料。

1）选择"基础资料"菜单"货品管理"中的"货品资料"选项，打开"货品列表"功能导航按钮，如图 7.88 所示。

图 7.88

2）单击"新增"按钮，弹出"添加货品"对话框，选择或输入货品的各项基本信息。

3）在下方表的对应仓库中输入期初库存量，如图 7.89 所示，然后保存并退出。

4）按照同样方法，依次添加实验资料中的各类货品。

（4）添加单位分类。

1）选择"基础资料"菜单"往来单位管理"中的"单位分类管理"选项，弹出"单位类别"对话框，如图 7.90 所示，根据需要增加单位类别资料。

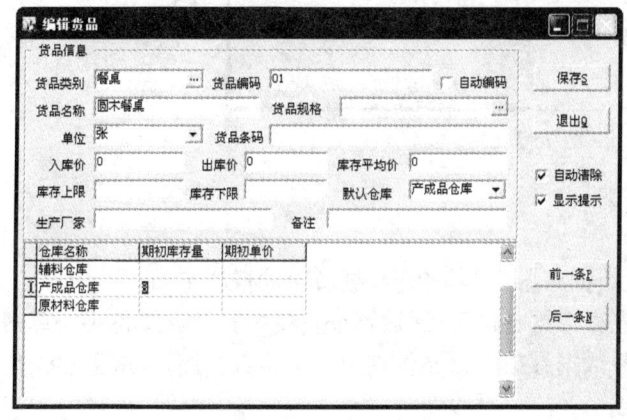

图 7.89

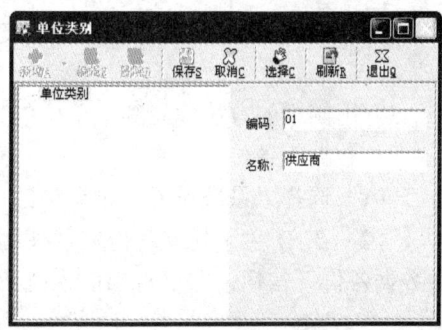

图 7.90

2）单击"新增"按钮，输入单位类别的编码与名称，然后保存。

3）按照实验资料建立其他单位类别档案。

（5）添加往来单位资料。

1）选择"基础资料"菜单"往来单位管理"中的"往来单位资料"选项，弹出"往来单位管理"对话框，如图 7.91 所示。

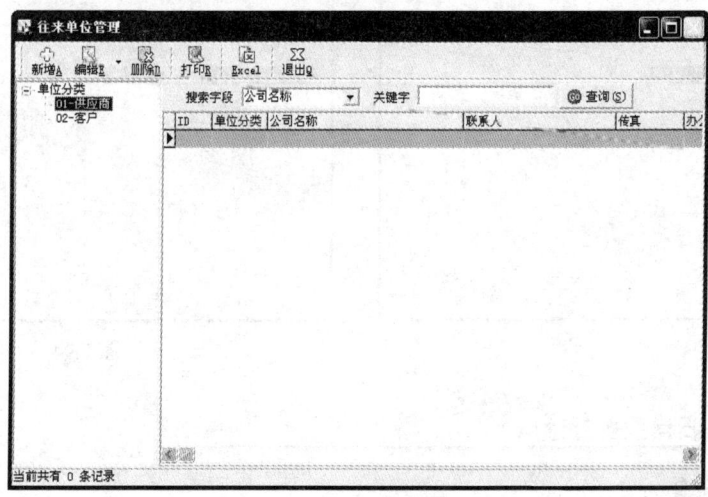

图 7.91

2）单击"新增"按钮，在新打开的对话框中选择或输入单位的各项基本信息，如图 7.92 所示，然后保存并退出。

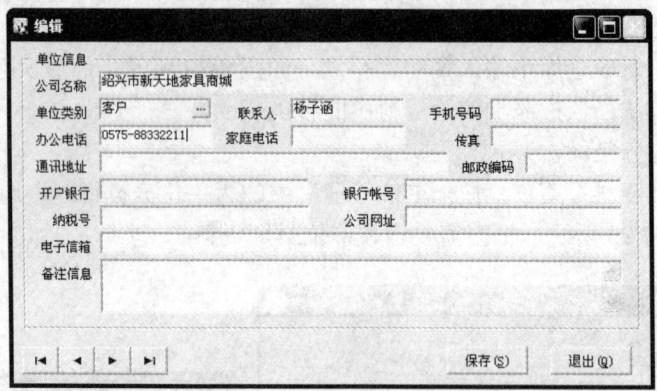

图 7.92

3）用同样的方法建立其他单位的档案。

9．数据库备份

（1）选择"系统设置"菜单中的"数据库备份"，打开数据备份的操作窗口。

（2）在 D 盘下建立备份文件夹"库存数据备份"，通过路径查找并打开该文件夹，单击"数据备份"按钮，即可将当前系统业务数据存放在该文件夹中的备份数据库，如图 7.93 所示。

10．数据库恢复

选择"系统设置"菜单中的"数据恢复"选项，弹出如图 7.94 所示的窗口。

通过路径查找并打开相应的备份文件夹，选择右侧列表中的备份文件，单击"数据恢复"按钮，即可将该备份中的数据恢复到当前系统。

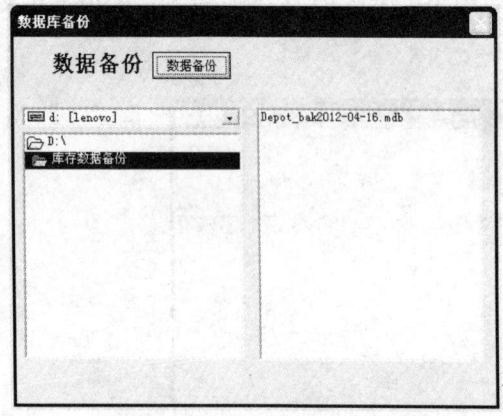

图 7.93

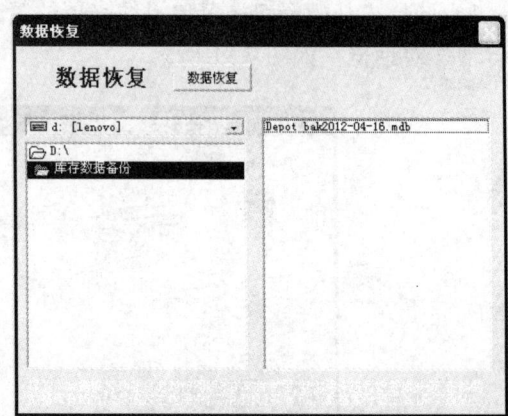

图 7.94

实验 7.2.2　日常业务处理

7.2.2.1　实验目的

（1）掌握不同类型入库、出库业务的处理方法。

（2）掌握盘点、调拨业务的处理流程。

（3）熟悉各类业务单据的填制、编辑、删除等操作。

7.2.2.2　预备知识

1. 货品入库流程

（1）当货品运抵仓库时，收货员必须严格认真检查商品外包装是否完好。确定商品外包装完好后，收货员必须依照相关单据对货品品名、等级、数量、规格、金额、单价等进行核实，核实正确后方可入库保管。

（2）入库货品明细必须由收货员和仓库管理员核对签字认可。货品验收无误后，仓库管理员依据验收单及时记账，详细记录货品的名称、数量、规格、入库时间、单证号码、验收情况、存货单位等，做到账、货相符。

（3）入库货品在搬运过程中，应按照货品外包装上的标识进行搬运；在堆码时，应按照仓库堆放距离要求、先进先出的原则进行。

2. 货品出库流程

（1）在企业生产经营活动中，货品出库是一个经常的过程并要求开具出库单。销售部开具销售出库单，采购部开具退货单，生产部门开具领料申请单，单据上都应该注明货品的品名、规格、数量、单价、金额以及领料的时间、部门等。

（2）仓库收到以上单据后，在对出库货品进行实物明细点验时，必须认真清点核对确保准确、无误，方可签字认可出库，办清交接手续。

（3）货品出库后，仓库管理员在当日根据正式出库凭证销账并清点货品结余数，做到账货相符。

3. 调拨业务

如果公司有多个仓库，可能需要把某个仓库的货品调拨到另外一个仓库，并开一张调拨单，列出所调拨货品的单价、数量、金额以及调拨的时间、经手人等。

调拨业务还有不同的情形，仓库之间存货的转库业务或部门之间的存货调拨业务。同一张调拨单上，如果转出部门和转入部门不同，表示部门之间的调拨业务；如果转出部门和转入部门相同，但转出仓库和转入仓库不同，表示仓库之间的转库业务。

4. 盘点业务

盘点业务是指定期或临时对库存商品的实际数量进行清查、清点的工作，查明存货盘盈、盘亏、损毁的数量以及造成的原因，使存货的账面记录与库存实物核对相符，以便准确地掌握库存数量。

盘点时可采用多种方式，如按仓库盘点、按类别盘点等，盘盈、盘亏的结果直接填写盘点入库单。盘盈的数据为正数，盘亏的数据为负数。

本实验是在本公司内或部门内盘点，所以没有供应商这一项。

7.2.2.3　实验资料

以下是仓库部门的日常业务。

1. 出入库业务

（1）2012 年 1 月 6 日，向广州市巨木建筑板材有限公司采购 40 张橡木板和 60 张 E0 级木工板已经到货，仓库部门办理入库手续，入库到原材料仓库（经办人：采购部，郭丽萍）。

（2）2012 年 1 月 7 日，生产部向原材料仓库领用 80 张橡木板，并从辅料仓库领用 2 把电锯、5 套工作服、10 盒螺钉，用于生产（经办人：生产部，何秋木）。

（3）2012 年 1 月 10 日，产成品仓库收到当月第一批加工的 8 张橡木茶几，产品验收合格入库（经办人：生产部，何秋木）。

（4）2012 年 1 月 10 日，向绍兴市新天地家具商城销售 4 张圆木餐桌，24 只高背餐椅（经办人：销售部，董建生）。

（5）2012 年 1 月 20 日，收到绍兴市新天地家具商城 8 只高背餐椅的退货（经办人：销售部，董建生）。

（6）2012 年 1 月 27 日，生产部向辅料仓库退回领用的 2 把电锯、5 套工作服和剩余的 3 盒螺钉（经办人：生产部，何秋木）。

2．调拨业务（经办人：仓库，段晓彤）

（1）2012 年 1 月 28 日，由于产成品仓库需要进行维修养护，将该仓库中的所有存货转移到辅料仓库中临时存放。

（2）2012 年 1 月 29 日，产成品仓库维修养护完成，将暂时转入辅料仓库的存货移回产成品仓库。

3．盘点业务（经办人：仓库，段晓彤）

（1）2012 年 1 月 30 日对原材料仓库的所有存货进行盘点。盘点后，发现 E0 级木工板多出 2 张。

（2）2012 年 1 月 30 日对辅料仓库的所有存货进行盘点。盘点后，发现电锯损坏 1 把。

7.2.2.4　实验内容

7.2.2.4.1　系统重新登录

（1）单击"系统设置"，选择其中的"重新登录"，打开系统的登录窗口。

（2）选择用户名称"段晓彤"，输入密码 123，单击"确定"按钮，就可以新用户名重新登录该系统，如图 7.95 所示。

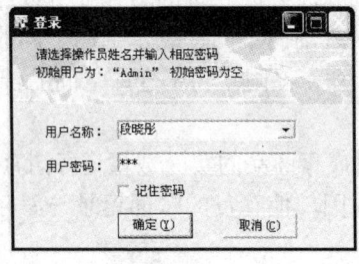

图 7.95

7.2.2.4.2　出入库业务处理

1．采购收货入库

（1）选择"仓库管理"菜单"入库登记"中的"采购收货入库"选项，打开"采购收货单"。

（2）单击工具栏中的"新增"按钮，填入 1 月 6 日的业务资料，如图 7.96 所示。

（3）单击工具栏中的"保存"按钮，保存填制好的采购收货单。

2．领用出库

（1）选择"仓库管理"菜单"出库登记"中的"领料出库"选项，打开"领用出库单"。

（2）单击工具栏中的"新增"按钮，选择领料仓为"原材料仓库"，填入 1 月 7 日原材料仓库对应的业务资料，如图 7.97 所示，单击工具栏中的"保存"按钮，保存填制好的领用出库单。

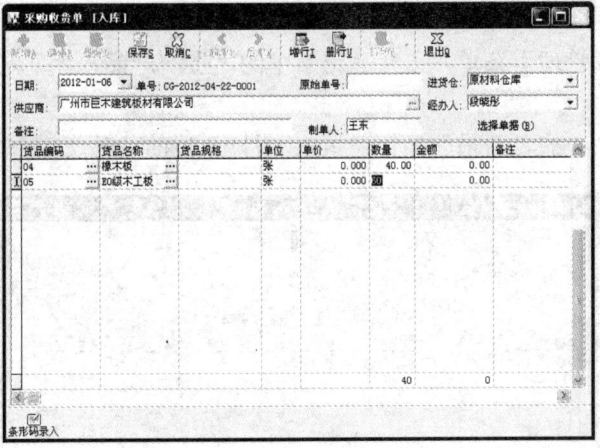

图 7.96

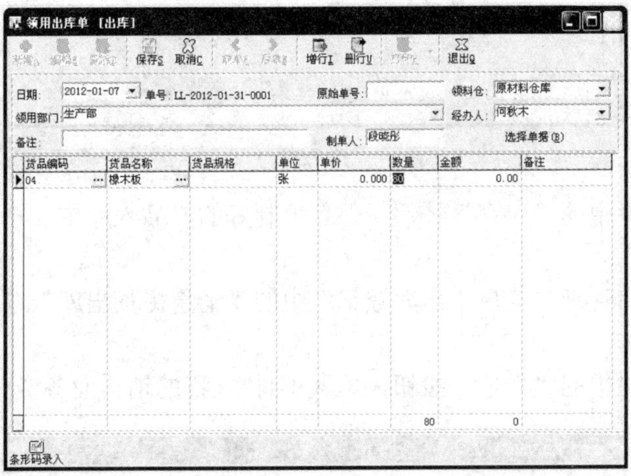

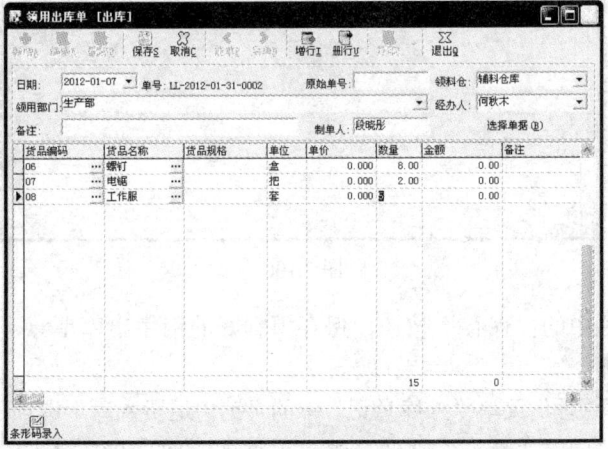

图 7.97

（3）单击工具栏中的"新增"按钮，选择领料仓为"辅料仓库"，填入 1 月 7 日辅料仓库对应的业务资料，如图 7.98 所示，单击工具栏中的"保存"按钮，保存填制好的领用出库单。

图 7.98

3. 生产产品入库

（1）选择"仓库管理"菜单"入库登记"中的"生产产品入库"选项，打开"产品入库单"对话框。

（2）单击工具栏中的"新增"按钮，填入 1 月 10 日的业务资料，如图 7.99 所示。

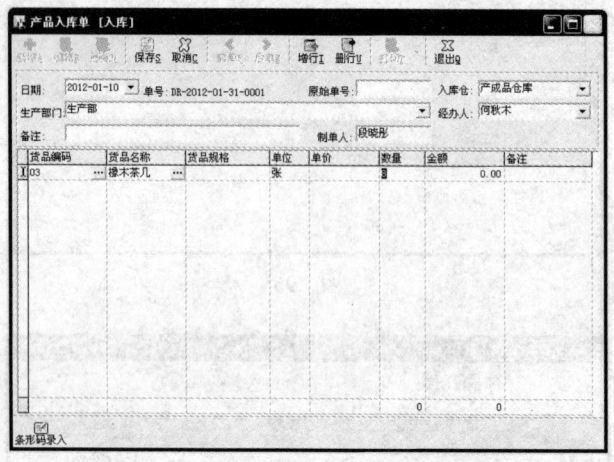

图 7.99

（3）单击工具栏中的"保存"按钮，保存填制好的产品入库单。

4. 销售提货出库

（1）选择"仓库管理"菜单"出库登记"中的"销售提货出库"选项，打开"销售出库单"对话框。

（2）单击工具栏中的"新增"按钮，填入 1 月 10 日的销售业务资料，如图 7.100 所示。

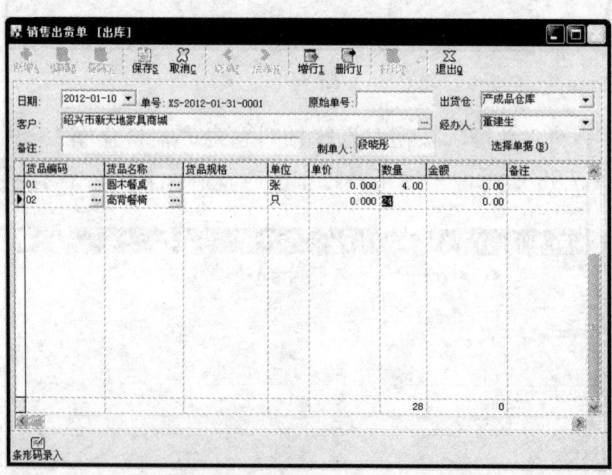

图 7.100

（3）单击工具栏中的"保存"按钮，保存填制好的销售出库单。

5. 销售退货入库

（1）选择"仓库管理"菜单"入库登记"中的"销售退货入库"选项，打开"销售退货单"。

（2）单击工具栏中的"新增"按钮，填入 1 月 20 日的业务资料，如图 7.101 所示。

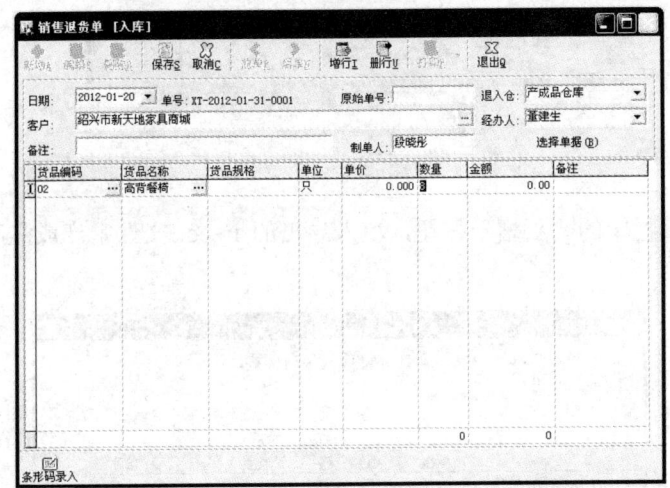

图 7.101

（3）单击工具栏中的"保存"按钮，保存填制好的销售退货单。

6．领用退回入库

（1）选择"仓库管理"菜单"入库登记"中的"领用退回入库"选项，打开"领用退回单"。

（2）单击工具栏中的"新增"按钮，填入 1 月 27 日的业务资料，如图 7.102 所示。

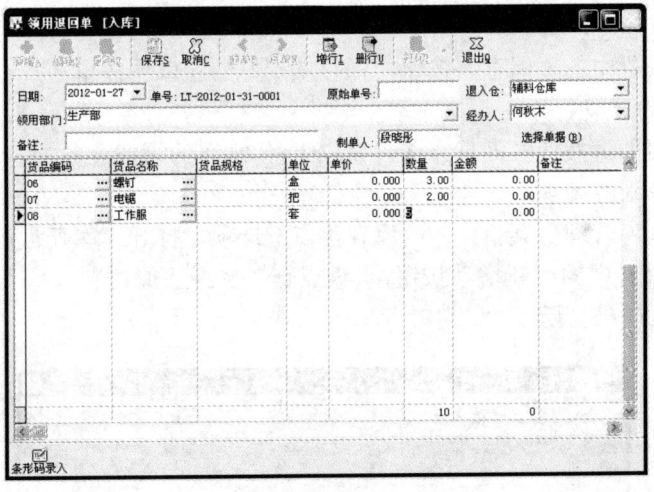

图 7.102

（3）单击工具栏中的"保存"按钮，保存填制好的领用退回单。

7.2.2.4.3 仓库调拨业务处理

1．1 月 28 日的调拨业务

（1）选择"数据查询"菜单中的"查询库存"选项，在仓库名称中选择"产成品仓库"，输入当前查询日期，单击"查询"按钮，即可得到当前产成品仓库的存货数据，如图 7.103 所示。

（2）单击 Excel 按钮，把导出的 Excel 文件保存在 D 盘的文件夹下。

（3）选择"仓库管理"菜单中的"仓库调拨"选项，打开"仓库调拨单"。

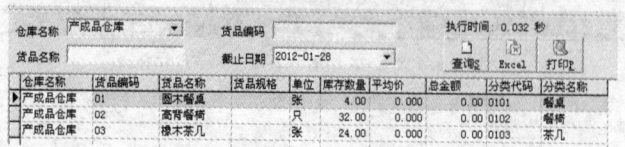

图 7.103

（4）单击工具栏中的"新增"按钮，填入导出的 Excel 文件中产成品库存的数据资料，如图 7.104 所示。

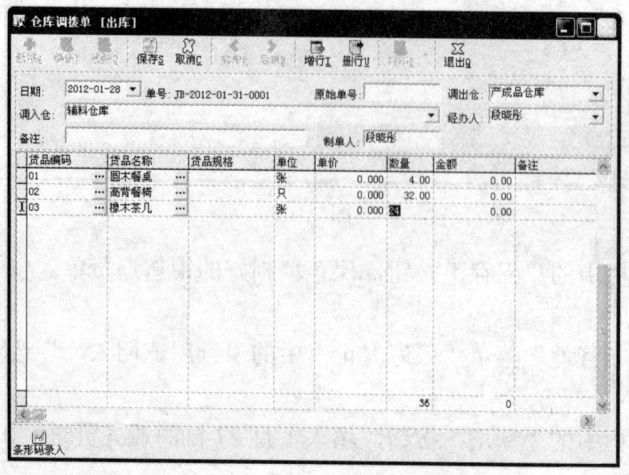

图 7.104

（5）单击工具栏中的"保存"按钮，保存填制好的仓库调拨单。

2．1月29日的调拨业务

参考1月28日的调拨业务处理方法，完成1月29日的调拨业务。

7.2.2.4.4　盘库业务处理

（1）选择"仓库管理"菜单中的"库存盘点"选项，打开"库存盘点单"。

（2）单击工具栏中的"新增"按钮，"盘点仓"选择"原材料仓库"，填入业务（1）的日期和数据，如图 7.105 所示。

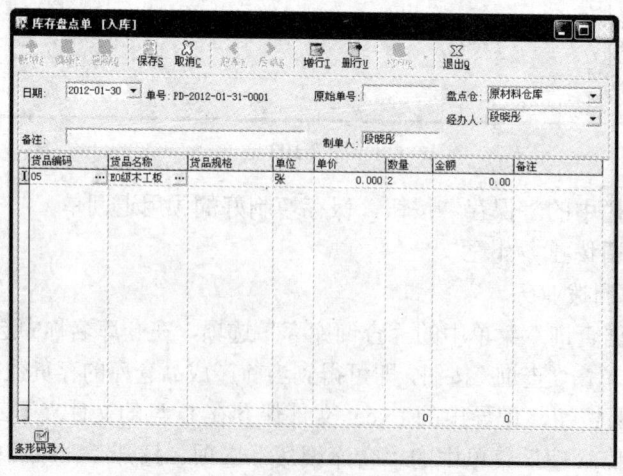

图 7.105

（3）重新选择"盘点仓"为"辅料仓库"，单击工具栏中的"增行"按钮，录入业务（2）的日期和数据，如图 7.106 所示。

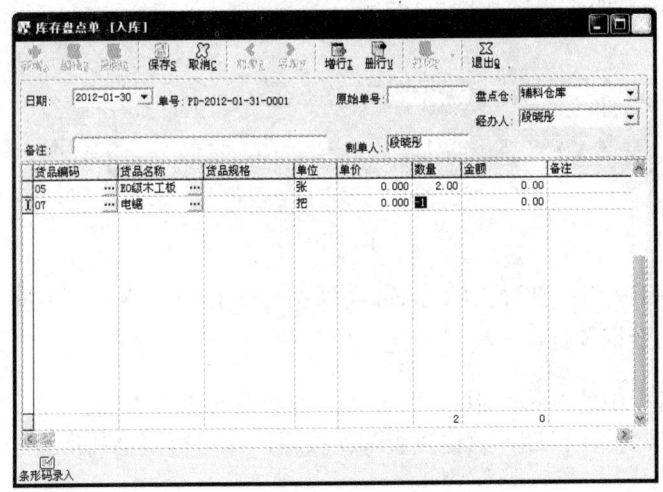

图 7.106

实验 7.2.3　期末处理

7.2.3.1　实验目的

（1）了解系统中各类账表的查询、输出与打印。

（2）掌握系统的期末结转操作。

7.2.3.2　预备知识

（1）库存系统的年终结转。库存系统的年终结转主要是统计货品的最新库存数量，把每个货品的库存数量转为该货品的期初库存量，并删除当前系统中的所有业务单据。

（2）年终结转应注意的问题。仓库系统在开始年结前需要做好两方面的准备工作：一方面是确认本年度账务业务已经处理完毕，这里主要是与业务处室、单位、银行对账，确认账务正确无误；另一方面是要做好系统的数据库备份。在完成如上两方面的工作后，即可开始年结，年结的主要操作是将本年度的余额结转到新的业务年度。这样就完成了库存系统的年终结转处理。

7.2.3.3　实验资料

（1）2012 年 1 月 31 日，查询本月餐椅的销售明细表，并输出保存。

（2）2012 年 1 月 31 日，查询当前库存货品的数量，并打印。

（3）2012 年 1 月 31 日，执行年终结转。

7.2.3.4　实验内容

1．系统重新登录

参照前面的相关步骤，选择用户名为 Admin，输入密码 123，单击"确定"按钮，就可以系统管理员身份重新登录该系统。

2．销售明细的查询及输出

（1）选择"报表中心"菜单"货品销售报表"中的"商品销售明细表"选项，打开"商品销售明细表"页面。

（2）输入查询的起止日期，在"货品类别"栏中选择"餐椅"，单击"显示"按钮，即可得到当前餐椅的销售明细表，如图 7.107 所示。

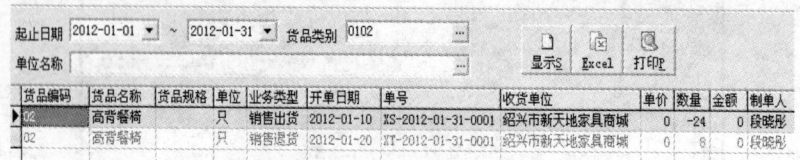

货品编码	货品名称	货品规格	单位	业务类型	开单日期	单号	收货单位	单价	数量	金额	制单人
02	高背餐椅		只	销售出货	2012-01-10	XS-2012-01-31-0001	绍兴市新天地家具商城	0	-24	0	段晓彤
02	高背餐椅		只	销售退货	2012-01-20	XT-2012-01-31-0001	绍兴市新天地家具商城	0	8	0	段晓彤

图 7.107

（3）单击 Excel 按钮，把导出的 Excel 文件保存在 D 盘的文件夹下面，打开即可查看。

3．仓库库存的查询及打印

（1）单击工具栏中的  查询库存 图标，打开"库存数量查询"页面。

（2）输入查询的截止日期，单击"查询"按钮，即可得到当前所有仓库的存货数据，如图 7.108 所示。

仓库名称	货品编码	货品名称	货品规格	单位	库存数量	平均价	总金额	分类代码	分类名称
所有仓库	01	圆木餐桌		张	4.00	0.000	0.00	0101	餐桌
所有仓库	02	高背餐椅		只	32.00	0.000	0.00	0102	餐椅
所有仓库	03	橡木茶几		张	24.00	0.000	0.00	0103	茶几
所有仓库	04	橡木板		张	60.00	0.000	0.00	0201	实木类
所有仓库	05	E0级木工板		张	182.00	0.000	0.00	0202	板材类
所有仓库	06	螺钉		盒	15.00	0.000	0.00	0301	五金类
所有仓库	07	电锯		把	4.00	0.000	0.00	0302	工具类
所有仓库	08	工作服		套	10.00	0.000	0.00	0303	劳保类

执行时间：0.032 秒

图 7.108

（3）单击"打印"按钮，可预览打印页面，如图 7.109 所示。

库存状况表

仓库名称	货品编码	货品名称	货品规格	单位	库存数量	平均价	总金额	分类代码
所有仓库	01	圆木餐桌		张	4.00	0.000	0.00	0101
所有仓库	02	高背餐椅		只	32.00	0.000	0.00	0102
所有仓库	03	橡木茶几		张	24.00	0.000	0.00	0103
所有仓库	04	橡木板		张	60.00	0.000	0.00	0201
所有仓库	05	E0级木工板		张	182.00	0.000	0.00	0202
所有仓库	06	螺钉		盒	15.00	0.000	0.00	0301
所有仓库	07	电锯		把	4.00	0.000	0.00	0302
所有仓库	08	工作服		套	10.00	0.000	0.00	0303
					331		0	

图 7.109

4．年终结转

（1）先备份数据库到 D 盘的文件夹下面。

（2）选择"系统设置"菜单中的"年终结转"选项，弹出如图 7.110 所示的对话框。

（3）单击"结转"按钮就可完成库存的结转。

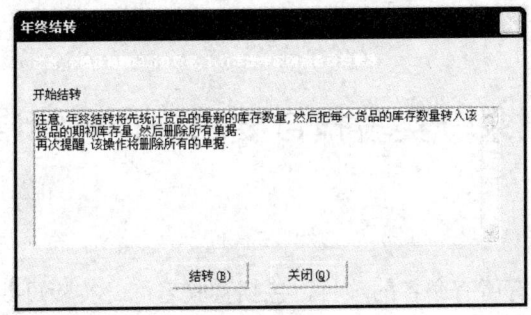

图 7.110

7.2.3.5 实验习题

1. 出入库业务

（1）2012 年 2 月 2 日，向广州市巨木建筑板材有限公司采购的 60 张 E0 级木工板已经到货，检验合格，办理入库手续，入库到原材料仓库。

（2）2012 年 2 月 5 日，生产部向原材料仓库领用 100 张 E0 级木工板，用于生产。

（3）2012 年 2 月 9 日，产成品仓库收到生产部加工的 12 张圆木餐桌，30 只高背餐椅，产品验收合格入库。

（4）2012 年 2 月 18 日，向绍兴市新天地家具商城销售 10 张圆木餐桌，20 只高背餐椅。

（5）2012 年 2 月 22 日，收到绍兴市新天地家具商城 2 只高背餐椅的退货。

2. 调拨与盘库业务

（1）2012 年 2 月 26 日，由于辅料仓库漏水，将该仓库中的所有存货转移到原材料仓库临时存放。

（2）2012 年 2 月 27 日，辅料仓库维修完成，将暂时存放原材料仓库的存货移回辅料仓库。

（3）2012 年 2 月 29 日对产成品仓库的所有存货进行盘点。盘点后，发现高背餐椅损坏 2 只。

（4）2012 年 2 月 29 日对原材料仓库的所有存货进行盘点。盘点后，发现橡木板多出 1 张。

附录　实验报告要求与评分标准

1. 实验报告要求

（1）实验报告应具有所有必备的项目，包括实验名称、实验日期与实验报告日期、实验目的、实验设备、实验步骤、实验数据与结果分析、实验心得以及教师布置的思考题的解答。

（2）实验名称要统一、规范。

（3）实验日期与实验报告日期要准确。

（4）实验目的可根据教师要求填写。

（5）实验设备包括硬件与软件，如微型计算机、电子商务模拟软件等。

（6）实验步骤应具有个性化，按本人所做实验过程来书写。

（7）实验数据与结果分析，应根据本人具体的实验数据来进行分析。

（8）实验心得应是本人实验过程中的体会，包括所得经验与教训、存在问题及解决方法等。

（9）思考题解答应是根据老师布置的思考题，再结合实验过程或结果来进行解答。

2. 评分标准

（1）实验报告各项目齐全，报告内容准确、具体，有分析，有自己的见解，能正确解答思考题，可得 A 等成绩。

（2）实验报告各项目齐全，报告内容准确、具体，有分析，有自己的见解，但不能正确解答思考题；或能正确解答思考题，但缺乏分析，缺乏自己的见解，可得 B 等成绩。

（3）实验报告各项目齐全，报告内容准确、具体，但缺乏分析，缺乏自己的见解，不能正确解答思考题，得 C 等成绩。

（4）实验报告各项目齐全，报告内容不准确、不具体，缺乏分析，缺乏自己的见解，不能正确解答思考题，得 D 等成绩。

（5）实验报告各项目不齐全，报告内容不准确、不具体，缺乏分析，缺乏自己的见解，不能正确解答思考题，得 E 等成绩。

参考文献

[1]   马费成. 信息管理学基础. 武汉：武汉大学出版社，2002.

[2]   柯平，高洁. 信息管理概论. 北京：科学出版社，2002.

[3]   冯力. 统计学实验，大连：东北财经大学出版社，2008.

[4]   萨师煊，王珊. 数据库系统概论. 北京：高等教育出版社，2000.

[5]   李雁翎，顾振山，陈光. Access 2000 基础与应用题解及实验指导. 北京：清华大学出版社，2003.

[6]   姚普选等. 数据库原理及应用（Access 2000）. 北京：清华大学出版社，2002.

[7]   黄梯云. 管理信息系统. 北京：高等教育出版社，2000.

[8]   董德民，张锋，马玲. 管理信息系统实验指导，北京：中国水利水电出版社，2005.

[9]   甘仞初. 信息系统分析与设计. 北京：高等教育出版社，2003.

[10] 李春保，张植民. Visual Basic 数据库系统设计与开发. 北京：清华大学出版社，2003.

[11] 周国民. Visual Basic + Access 数据库项目开发实践. 北京：中国铁道出版社，2004.

[12] 刘彬彬，安剑，于平. Visual Basic 项目开发实例自学手册. 北京：人民邮电出版社，2008.

[13] 高春艳，刘彬彬等. Visual Basic 开发实战宝典. 北京：清华大学出版社，2010.

[14] 常晓波，刘颖等译. Visual Basic 6.0 高级编程. 北京：清华大学出版社，2003.

[15] 张龙祥. UML 与系统分析设计. 2 版. 北京：人民邮电出版社，2007.

[16] 谢星星，沈懿卓. UML 基础与 Rose 建模实用教程. 北京：清华大学出版社，2008.

[17] 周舸. 基于 UML 的高校教务管理系统的分析、设计与实现. 成都理工大学硕士学位论文，2008.

[18] 王珏辉，张朝辉. ERP 实验教程. 长春：吉林大学出版社，2008.

[19] 黄洪. 会计电算化实务. 杭州：浙江大学出版社，2005.